BASIC CONVERSATIONAL FRENCH

JULIAN HARRIS
University of Wisconsin

ANDRÉ LÉVÊQUE
late of University of Wisconsin
revised by
CONSTANCE KNOP
University of Wisconsin

BASIC

EIGHTH EDITION

HOLT, RINEHART AND WINSTON Fort Worth Chicago Philadelphia

CONVERSATIONAL FRENCH

San Francisco Montreal Toronto London Sydney Tokyo

PUBLISHER *Nedah Abbott*
EXECUTIVE EDITOR *Vincent Duggan*
PROJECT EDITOR *Julia Mikulsky Price*
PRODUCTION MANAGER *Lula Als*
DESIGN SUPERVISOR *Renée Davis*
TEXT DESIGNER *Gayle Jaeger*
PHOTO RESEARCHER *Rona Tuccillo*

The Publisher wishes to thank *Mary Taucher* for her excellent work as copyeditor of this edition.

Photo and other credits appear on page 449

Library of Congress Cataloging-in-Publication Data

Harris, Julian Earle, [date]
    Basic Conversational French.

    English and French.
    Includes index.
    1. French language—Text-books for foreign speakers—
English. 2. French language—Conversation and phrase
books—English. I. Lévêque, André, [date].
II. Knop, Constance K. III. Title.
PC2129.E5H37   1987   448.3'421   86–18428

ISBN 0-03-004362-X

Address editorial correspondence to:
301 Commerce Street
Fort Worth, Texas 76102

Printed in the United States of America.

0 1 039 9 8 7 6 5 4

Holt, Rinehart and Winston
The Dryden Press
Saunders College Publishing

PRÉFACE

Assumptions Underlying This Book

Although our ideas about teaching foreign languages are fairly well known through previous editions of this text, we would like to begin this introduction by stating, once again, the assumptions upon which the text is based and by discussing them briefly.

Learning French by using it

Learning a language means *learning to use it*. The principal device for learning a language is to *practice* using it. It follows, then, that the main thrust of a first-year French course should be on practice in using the language.

Learning French words in phrases and in context

In learning French, the most efficient learning unit is the phrase rather than the word. When students learn to use words in familiar phrases, they learn simultaneously the meaning, gender, word's pronunciation, and how it is used in authentic patterns of the language. It is inefficient for students to learn first the meaning and gender of words, then how they are pronounced, and finally to try to figure out, on the basis of the rules of French syntax, how to put words together correctly to form French sentences.

   Thus, whether it is a question of teaching grammar, pronunciation, intonation, vocabulary, idioms, listening comprehension, speaking, reading, or writing, we regard the phrase as the basic learning unit. Of course, it is often necessary to work on a single word or even a single sound; but after working, for example, on the uvular [r] (as in au revoir) or the French [u] (as in une lettre), students will produce the sound more accurately and remember it better if they repeat the French phrase in which it occurs several times.

   By learning these phrases in the context of dialogs, students are also learning discourse sequence in speech acts, typical social interactions, and cultural connotations of the words and phrases. Since the dialogs (and many exercises) are contextualized, students are exposed to typical cultural situations and appropriate behavior for those situations.

v

However, because the number of words that can be introduced in the dialogs is limited, we use phrases that have been learned in dialogs as a basis for substitution exercises in which new words are substituted for known words. The context of the situations and sentences used in these exercises makes the meaning of the new vocabulary perfectly clear without preliminary study or explanation. For example, once students can understand and say, 《Je vais à la gare,》 they can understand and say, 《Je vais à l'aéroport, au cinéma, au stade, à la pharmacie,》 etc., with minimal prompting by the instructor. Obviously, visual aids (pictures, simple drawings, objects) and some acting out (gestures, kinesics, or pantomime) will help clarify and reinforce the meaning of the sentences and vocabulary items.

Learning French through a systematic study of grammar points already encountered and used

For adults and adolescents alike, a systematic study of grammar is invaluable—provided that it is accompanied by adequate practice. If principles of grammar are properly assimilated, they help students learn to use correctly and with confidence an ever-increasing number of authentic patterns of the language. Moreover, students are used to generalizations, and they like to see how a given expression fits into the general picture. It is important to remember, however, that massive doses of grammar—without adequate practice—will make students painfully self-conscious about avoiding mistakes, and inhibit rather than strengthen their ability to use the language.

Although we have tried to avoid overemphasis on grammar, we are convinced that the basic elements of grammar should be presented and done so with the greatest possible clarity. (We note with pleasure that the clarity of the grammar presentations has long been recognized by users of this text as one of its strongest features). We have made it a point to explain French grammar without oversimplification, particularly emphasizing points of syntax and morphology in which French is different from English.

We believe that grammar explanations should—as often as possible—describe features of the language that students have *already* encountered and used. Thus, each grammar unit throughout the book is preceded by one or more dialogs in which students practice a few new forms and constructions aurally and orally before they consider them from a grammatical and analytical point of view. For example, instead of trying to learn the subtleties of the partitive by poring over abstract explanations, students first learn to use a few concrete examples in easily remembered contexts and so come prepared for the grammatical explanation of the use of du, de, la, des, and pas de from actual use of them. While some of the grammar units may appear a bit long, we have found that students quickly grasp and assimilate principles of grammar when they are familiar with actual phrases exemplifying those principles. Again, in the case of the partitive, most students know before that grammar lesson that you say, 《Voulez-vous du café?,》 《Je ne prends pas de café.》 Consequently, the lesson explains what the students already have used and what they now need and want to know about those forms and their usage.

Learning a language through multiple skill development

We believe in first presenting language phrases for listening and speaking practice (in the dialogs, follow-up exercises and activities, and tape program) to offset the interference of English spelling on pronunciation and to give students training in auditory discrimination and listening comprehension. However, we do not neglect the reading and writing skills, nor do we unduly delay developing them. For example, we recommend that, after practicing the dialogs orally, students be asked to practice reading them aloud for further oral practice and for recognition of the written forms of the words and phrases. We also recommend that students begin to practice writing in French before the end of the first week. On the day they take up Conversation 2, we ask them to write a brief Dictée based on Conversation 1. Thereafter, for each new dialog, students are expected to learn to read and write the phrases of the preceding one. In this way, they reinforce their learning through multiple skill development and systematically review previously presented materials.

Additional provision for developing reading skills is made through ten **lectures** in the text and the follow-up activities of comprehension questions and topics for discussion (**À votre tour**). Those follow-up activities could also be assigned as written homework, further developing students' writing skills.

The workbook and lab manual offer opportunities for students to practice and develop their reading and writing skills while they continue to work on their listening and speaking abilities.

Sequence of Activities in Basic Conversational French, Eighth Edition

While we have adhered to the format of **conversation** chapters, **grammar** units, and **Lecture** sections of previous editions, we have made changes within chapters to respond to users' suggestions for updating the materials.

Sequence of Conversation Chapters:

Conversation
Cultural notes referring to the dialog
Mise en train (warm-up for the chapter)
Présentation de la conversation
Questions de compréhension de la conversation
Substitutions
Exercices d'application
Situations (found only in some chapters)
Questions personnelles
Conversations improvisées (en équipes de deux)

Conversations. As in previous editions, the new conversation is presented at the start of each chapter to introduce the basic materials to be worked on in that chapter. In accordance with users' requests to reduce the amount of material in the text, we have eliminated four conversation units.

We have shortened the remaining conversations and added more varied interactions in them (such as an increased use of rejoinders). As in past editions, each dialog is accompanied by an English version, because this is the easiest and quickest way for students to find out what the French phrases mean.

Cultural notes. In this section, English comments clarify cultural references made in the dialog or offer additional information about French customs, for example, typical French vacations. These notes involve both "big C" culture (e.g., historical references) and "little C" culture (e.g., daily behavior patterns).

Mise en train. This section serves as a "warm-up" in that it includes review material, usually from the preceding chapter. In this activity, the teacher can either ask questions or direct students to ask questions of each other or set up a structured role-play, indicating questions and answers. It is meant to be the *introductory* activity in each conversation chapter.

Présentation de la conversation. This indicates to the teacher that dialog practice should now be done, following the Mise en train section.

Questions de compréhension de la conversation. The purpose of this activity is, indeed, to check students' comprehension but also to have them repeat some of the basic sentences from the dialog in a somewhat communicative way such as through question-answer work rather than repetition.

Substitutions. Five or six of the most useful sentences (i.e., common in usage and/or demonstrating a grammar point) from the dialog are worked on in this section. The sentence is given along with four to six variations to extend and expand the use of that sentence and to present new vocabulary. While these are potentially "mechanical" drills, we have tried to make them more meaningful by contextualizing the sentences in a situation and sequencing them to form a story line or to follow a discourse sequence.

Exercices d'application. In this section, students manipulate sentences through transformation activities, such as putting sentences into the plural or changing tenses. Most often, this section involves a grammar point that was seen in the dialog and/or substitution section or reviews one from the preceding grammar unit. This section is "meaningful" in that students must know the forms to use and must choose the appropriate ones. This section involves less teacher control than does the "Substitution" section. We have again tried to contextualize and sequence the sentences to make the activity even more meaningful.

Situations. This section is still teacher-controlled, but it is moving into more communication. The activity usually involves role-playing, with the instructor asking questions appropriate to the situation, for example, Questions d'un touriste and students responding chorally (when the answer is predictable, such as supplying information from a map) or individually (when the answer is not controlled). Sometimes in this section, students repeat the activity in paired interaction, playing both roles. Unlike the following section (Questions personnelles), topics and situations here are not usually within the students' experiential base—hence the use of role-playing.

Questions personnelles. This section also involves question-answer work, but the topics and situations are related to students' actual experiences, opinions, and sharing of ideas. In this section, we often call for choral repetition of the questions (to give students practice in question formation) followed by individual responses. When a pair-group activity (en équipes de deux) closes this section, we usually include choral repetition of questions in the "tu" form or choral transformation of questions already asked in the "vous" form into the "tu" form to prepare students to perform activity in pairs.

Conversations improvisées (en équipes de deux). This is the section of finalizing activities, involving open-ended topics or situations. Students carry out a variety of functions and tasks, including role-playing, describing, asking for and giving information, narrating, giving opinions and reactions, comparing and contrasting information or opinions, and problem solving. When one student is communicating, the other student is usually asked to react and interact (by agreeing, disagreeing, expressing interest, expressing sympathy, etc.). In this way, a two-way conversation is encouraged. Students usually change roles during this activity so that they carry out functions typical of a speaker and a listener. Students have been prepared to carry out these conversations through the preceding, more controlled activities in the chapter.

Sequence of Grammar Units:

Grammar points explained in English
Substitutions
Exercices d'application
Questions personnelles or **Situations**
Conversations improvisées (en équipes de deux)

Grammar Explanations. The grammar units begin with an English explanation of a particular grammar point accompanied by examples usually drawn from material that students have already encountered. In this eighth edition, the explanations have been broken up into absorbable segments of information which are immediately followed by exercises that pertain to those particular explanations.

Substitutions. In this section, specific grammar points are practiced, overlearned, and extended in usage through five to six variations on several sample sentences. As in the conversation units, we have tried to contextualize these sentences to make the activity more meaningful and interesting to students.

Exercices d'application. Students do manipulations and transformations on structures, using the grammar points presented in the chapter.

Questions personnelles or *Situations* and
Conversations improvisées (en équipes de deux) conclude the grammar chapters.

Sequence of Lecture Sections:

Lecture
Vrai ou faux?
Questions de compréhension
À votre tour

These sections open with glossed reading passages involving narration, description, and dialog between the main characters in the book. The passages generally relate to cultural topics raised in the conversations. Additional cultural information is provided by the cultural notes.

Two types of activities are used to check comprehension:

Vrai ou faux?—a set of true/false questions that check general comprehension of the passage but require little recall of information. Students are asked to correct a sentence if it is false, as a check against random guessing.

Questions de compréhension—a section of factual questions that check for comprehension of the passage. Some inferencing questions are also included.

These chapters usually conclude with *À **votre tour**,* an open ended conversational activity in which students (in groups of two, three, or four) react to the reading passage, share experiences that pertain to the topic of the passage, or exchange ideas on the subject matter. These sections could also be assigned for written compositions.

Groupings used in the activities

We have consciously tried to sequence and vary the groupings in activities so that the interactions move from (1) repetition after the teacher to (2) question-answer work between the teacher and student or questions from the whole group to individuals to (3) question-answer work and finally to (4) communicative interchanges in pair settings. We have used the following signals for certain types of activities:

When a *whole-group* setting is involved (using choral repetition or teacher's question to students, as in Questions de compréhension du dialogue), some form of command is given to be read by the teacher.

For example:

–In the ***Questions de compréhension du dialogue:*** ⟨⟨Répondez aux questions d'après le dialogue.⟩⟩

–In the ***Substitutions:*** ⟨⟨Changez les phrases suivantes en employant les mots indiqués.⟩⟩

–In the ***Exercices d'application:*** ⟨⟨Mettez les phrases suivantes au pluriel.⟩⟩ (accompanied by an example)

–In the ***Situations:*** ⟨⟨Nous allons poser les questions suivantes tous ensemble, mais vous y répondrez individuellement.⟩⟩ If this activity requires pair work, then we use "Tous ensemble" as an indicator to return to a whole-group setting.

–*À la chasse!* This involves a whole-group setting but uses the form of a "mixer." Students have a list of questions and must go around the room asking them to find a different person who answers yes to each question. If someone answers no, they do not write down his or her name but keep asking questions until that person says yes.

En deux groupes: This is a signal to divide the class in half for the interaction. Students will still have the "security" and "maximum practice" setting of choral work, but they will be interacting with each other, with one group asking questions and the other answering, or one group making a statement and the other reacting to it.

In this interaction, "Changez de rôle" is usually included so that students get to try out each part of the interaction.

En équipes de deux: This indicates that the activity will be carried out in a pair-work interaction. We use this interaction in different activities (for example, as a follow-up to a <u>Mise en train</u> whole-group activity or asking and answering of questions at the end of a <u>Situation</u> or <u>Exercices d'application</u> section). This interaction is *always* used in the <u>Conversations improvisées</u> and <u>À votre tour</u> sections. In the pair-work directions, we have tried to keep students interacting with each other by suggesting that they react to what their partner says, find two or three things they agree on, take notes on what the partner says because they will share that information with another student afterwards, etc. We usually indicate "Changez de rôle" after the instructions to make sure that students carry out both parts of the interaction.

Additional information on teaching the various types of chapters and their sections is found in the INSTRUCTOR'S MANUAL.

About the eighth edition

In light of the comments made by users and reviewers of the seventh edition, we have made a variety of substantive changes in BASIC CONVERSATIONAL FRENCH. These changes are designed to allow instructors to complete the text with greater ease and to update the materials and activities—linguistically, culturally and pedogogically. Agreeing with colleagues who call for a reduced syllabus, we have deleted one Grammar Unit and three Conversation chapters to allow more time for communicative use of the language.

In the Grammar Units, we have provided focus for application exercises by placing them immediately after the explanation to which they are related and by adding grammatical titles to clarify their purpose. We have broken up the study of various aspects of the *passé composé* into shorter, separated grammar units. This was done to increase students' learning through distributed practice.

In the Conversation chapters, we have reworked the dialogues to make the discourse more authentic and to increase use of emotive language. We added vocabulary lists to each Conversation chapter to indicate new items and to help students review vocabulary. In order to provide additional cultural insights, the cultural notes have been rewritten or expanded and many new ones added.

The topics and content of the Lectures have been made more current and follow-up activities have been added to check students' comprehension and to exploit the readings for additional linguistic practice.

In line with recent research and emphasis on developing communicative competence, we have included personalized questions, open-ended topics and student-centered communicative activities ("Conversations improvisées—en équipes de deux"). These kinds of communicative activities are now in *every* chapter to encourage creative use of the language by students and to aid them in developing their proficiency in French.

Ancillary Materials for the Eighth Edition

We have prepared several sets of materials to reinforce the content of the textbook and to provide additional learning experiences, drawing upon various skills.

Workbook

In the workbook activities, students use the writing skill for practice and communication in French. The sequence of activities moves *from structured practice*, such as question-answer work (e.g., answering questions about the conversations) *to manipulation of the language* (e.g., transformation exercises in which students change the tense of verbs) *to communicative language use* (e.g., writing a paragraph about their family). The content of the activities is closely related to that of the textbook so that students have already encountered the vocabulary, basic structures and grammar and, therefore, should be able to work out the homework exercises on their own.

Laboratory program and laboratory manual

All the basic conversations and substitution drills are included in the laboratory program, providing additional listening and speaking exercises for students. The program also includes auditory discrimination activities, practice on basic phonemes in French, and listening comprehension work. The laboratory manual guides the listening and speaking practice and includes written work which students could hand in as a verification of their work in the laboratory.

Testing bank

In the testing program, we have included both quizzes and major examinations, following the sequence of evaluation listed in the proposed syllabus in the *Instructor's Manual*.

The quizzes include listening and writing sections and treat grammar and vocabulary in context. The major examinations also include oral tests. While these oral tests are achievement in nature, their format resembles the oral proficiency tests proposed by the American Council on the Teaching of Foreign Languages, in that 1) the oral tests are open-ended and situationally-based; 2) evaluation is based on functions that students can carry out as well as on the amount and accuracy of discourse that they deliver; and 3) the functions proceed from description to narration in the present tense to narration in the past and future. We have also included instructions to the students on how to prepare for the oral test as well as suggestions to the instructors on how to administer and evaluate the examination.

Two sets of tests are provided. In the beginning of the testing booklet, there is a set that can be reproduced for student use. These have been set up so that the students may write directly on them. In addition, the answer key in the back of the book is designed so that the answers appear on the test copy itself. This provides the teacher with an easy reference for correcting. In addition, an overhead transparency can be made from the answer key, so that when returning quizzes and tests, the class can focus on a central point while getting feedback.

Acknowledgments

It would be impossible to mention by name the many colleagues, both at the University of Wisconsin-Madison and in other institutions, who have contributed to the improvement of successive editions of BASIC CONVERSATIONAL FRENCH and, in particular, this eighth edition. We are nevertheless grateful to them for their suggestions for changes and for their continuing approval of the book.

We are grateful to the following reviewers whose comments helped shape this revision: Catherine Barry, William Patterson College; Nelly Berteaux, Merritt Junior College; Dorothy Betz, Georgetown University; Tom Bowman, Louisiana State University at Alexandria; Dan Church, Vanderbilt University; Paul P. Cloutier, College of William and Mary; Clifford Gallant, Bowling Green State University; Nancy Giguère, College of Saint Thomas; Carol Herron, Emory University; Patricia Hopkins, Texas Tech University; Dale Lange, University of Minnesota; Marthe Lavallée-Williams, Temple University; Paul Madore, Salem State College; Andrée Messali, Mesa Community College; Jean G. Nicholas, Michigan State University; D. Penot, University of Alabama; Sandra Silverberg, Bergen County Community College; May Waggoner, University of Southwestern Louisiana, and William Willis, George Mason University.

We do want to make specific acknowledgments to four people without whom this eighth edition would not have been possible: Vince Duggan, who inspired us with his enthusiasm for the revision and convinced us that BCF could be updated and still maintain its basic, traditional strengths; Véronique de la Poterie, who added insightful suggestions and revised the conversations, cultural notes, and lectures, all the while encouraging us while we wrote; Nancy Perry, one of our editors, who lent us her skills and insights as well as her empathy and support while we created and revised the materials; and Joann Foss, who accurately typed in a language she did not know, met deadlines with efficiency and good humor and cheered us on in our efforts. We thank them all.

C.K
J.H.

TABLE DES MATIÈRES

BASIC CONVERSATIONAL FRENCH

CONVERSATION 1
Première rencontre

As John Hughes, a young American chemist, leaves his apartment on Observatory Avenue in Paris, he speaks to the concierge of the building.

Première rencontre
LA CONCIERGE♦* Bonjour, monsieur.♦
JEAN HUGHES Bonjour, madame.
LA CONCIERGE Vous êtes Monsieur Hughes, n'est-ce pas?
JEAN HUGHES Oui, madame — je suis bien Jean Hughes.

First meeting
CONCIERGE Good morning, sir.
JOHN HUGHES Good morning, ma'am.
CONCIERGE You're Mr. Hughes, aren't you?
JOHN HUGHES Yes—I'm John Hughes.

---

*This symbol (♦) indicates that an explanatory cultural note follows the conversation.

2

LA CONCIERGE Voilà une lettre pour vous, monsieur.	**CONCIERGE** There's a letter for you.
JEAN Merci beaucoup.✦ Au revoir, madame.	**JOHN** Thank you very much. Goodbye.
LA CONCIERGE Au revoir, monsieur.	**CONCIERGE** Goodbye.

Le lendemain matin

The next morning

LA CONCIERGE Bonjour, monsieur. Comment allez-vous?

CONCIERGE Good morning. How are you?

JEAN Bien, merci. Et vous-même ?

JOHN Fine, thank you. And you?

LA CONCIERGE Pas mal, merci.

CONCIERGE Not bad, thank you.

JEAN Parlez-vous anglais, madame ?

JOHN Do you speak English, (ma'am)?

LA CONCIERGE Oh, non, monsieur. Je ne parle pas anglais. Mais vous parlez français, n'est-ce pas?

CONCIERGE Oh, no, (sir). I don't speak English. But you speak French, don't you?

JEAN Oui, madame, je parle un peu français.

JOHN Yes, (ma'am,) I speak a little French.

LA CONCIERGE Moi, je parle français et c'est tout. Bon, allez, bonne journée, monsieur.

CONCIERGE (As for me), I speak French and that's all. Well, now, have a good day.

JEAN Bonne journée, madame.

JOHN Have a good day.

I. *Donnez une réponse convenable à chacune des expressions suivantes.*

(*Give an appropriate response to each of the following expressions.*)

1. Bonjour, monsieur.
2. Bonjour, mademoiselle.
3. Comment allez-vous ? (Très bien, merci / Bien, merci / Pas mal, merci.)
4. Vous parlez français, n'est-ce pas ? (Oui, je parle un peu français.)
5. Vous parlez anglais, n'est-ce pas ?
6. Voilà une lettre pour vous.
7. Au revoir, madame.

II. *Demandez en français.*

(*Ask in French.*)

1. Demandez-moi si (*if*) je suis M. Hughes. (Êtes-vous Monsieur Hughes ?)
2. Demandez-moi comment je vais. (Comment allez-vous, monsieur / madame / mademoiselle ?)
3. Demandez-moi si je parle anglais. (Parlez-vous anglais, monsieur / madame / mademoiselle ?)
4. Demandez-moi si je parle français.

III. *Mini-dialogues entre deux étudiant(e)s*

Un(e) étudiant(e) (A) pose des questions et un(e) autre étudiant(e) (B) y répond.
(*One student (A) asks questions and another student (B) answers them.*)

1. A: Dites bonjour à un(e) autre étudiant(e). (Bonjour, Mlle / Mme / M.)
   B: Répondez. (Bonjour, Mlle / Mme / M.)

   A: Demandez comment il / elle va. (Comment allez-vous ?)
   B: Répondez. (Très bien / Bien / Pas mal, merci.)

   A: Dites au revoir à l'autre étudiant(e).
   B: Répondez.

2. A: Demandez à l'autre étudiant(e) s'il / si elle parle anglais. (Parlez-vous anglais ?)
   B: Répondez. (Oui, je parle anglais.)

   A: Demandez comment il / elle va. (Comment allez-vous ?)
   B: Répondez. (Pas mal / Très bien / Bien, merci.)

   A: Dites au revoir à l'autre étudiant(e). (Au revoir.)
   B: Répondez.

4

NOMS *nouns*

l' **anglais** *(m) English (language)*

le/la **concierge** *apartment manager*

l' **étudiant**, l'**étudiante** *university student*

le **français** *French (language)*

la **journée** *(all) day*

le **lendemain** *the next day*

le **matin** *morning*

la **rencontre** *meeting*

VERBES

être (je suis, vous êtes) *to be (I am, you are)*

parler *to speak, talk*

ADJECTIFS

bon (bonne) *good*

premier (première) *first*

PRONOMS SUJETS *subject pronouns*

je *I*

vous *you (formal, pl)*

DIVERS *miscellaneous*

au revoir *goodbye*

beaucoup *much, very much, a lot*

bien *well, fine, OK, good*

bonjour *hello; good morning/afternoon*

bonne journée ! *have a good day!*

c'est tout *that's all*

comment allez-vous ? *how are you?*

et *and*

le *(m) /* **la** *(f) the*

mademoiselle *miss*

mal; pas mal *bad, badly; not bad*

merci *thank you*

monsieur *Mr., sir; a gentleman*

n'est-ce pas ? *right?, aren't you?*

ne... pas *not, no*

non *no*

oui *yes*

pas *not*

peu; un peu *little; a little*

pour *for, to, in order to*

très *very*

un / une *a, an*

voilà *there is, there are*

vous-même *yourself*

MOTS AMIS

la **lettre**

madame

John Hughes is spending a few days visiting some of the interesting places in the Île-de-France.✦ He has just arrived at Chantilly where he plans to see the chateau,✦ museum, and race track. He asks for information first in the railroad station and then on the street.

À la gare

JEAN Pardon, madame. Où est le château, s'il vous plaît ?

UNE EMPLOYÉE Tout droit, monsieur.

JEAN Et le musée ?

L'EMPLOYÉE Le musée est dans le château.

JEAN Y a-t-il un restaurant près du château ?

At the station

JOHN Pardon me, ma'am. Please tell me where the chateau is.

AN EMPLOYEE Straight ahead, sir.

JOHN And the museum?

EMPLOYEE The museum is in the chateau.

JOHN Is there a restaurant near the chateau?

DANS LA GARE

L'EMPLOYÉE Oui, monsieur. Il y a un bon restaurant en face du château.

JEAN Merci beaucoup.

Dans la rue

JEAN *(à un passant)* Pardon, monsieur. Où est la poste✦ ?

LE PASSANT La poste est sur la place,✦ là-bas, à gauche. *(geste)*

JEAN Y a-t-il un bureau de tabac près d'ici ?

LE PASSANT Mais oui, monsieur. Il y a un bureau de tabac là-bas, à droite. *(geste)*

JEAN Merci beaucoup.

EMPLOYEE Yes, (sir). There's a good restaurant across from the chateau.

JOHN Thank you very much.

On the street

JOHN *(to a passer-by)* Pardon me, sir. Where's the post office?

PASSER-BY The post office is on the square, over there, to the left. *(gesture)*

JOHN Is there a tobacco shop near here?

PASSER-BY Oh yes, (sir). There's a tobacco shop over there, on the right. *(gesture)*

JOHN Thank you very much.

CULTURAL NOTES

The **Île-de-France** is not an island but the region around Paris. It occupies part of six of the **départements** (administrative divisions) of France.

The **Château de Chantilly** is about twenty-five miles north of Paris. In the seventeenth century, the rich and powerful Prince de Condé lived there and had a magnificent court that almost rivaled the court of Louis XIV at Versailles. The chateau was destroyed during the French Revolution and was rebuilt in the nineteenth century. It has a very valuable collection of manuscripts, miniatures, and other works of art.

When speaking about the post office, French people usually say **la poste**, whereas in written form (for example, signs giving directions) **le bureau de poste** is used. The usual postal services are available at **la poste**, and one can also make long-distance calls with the help of a postal clerk.

The French ministry of **Postes, Télégraphes et Téléphones** (usually called the **PTT**) runs the postal, telegraphic, and telephone services. The ministry of the PTT was renamed **Postes et Télécommunications** (P et T) but most people still refer to the PTT.

Most French towns and villages have a large open square in the center of town known as **la place**, a small version of the internationally known squares such as **la place de la Concorde** in Paris, and Venice's **Piazza San Marco**.

Exercice de mise en train (Warm-up exercise)

Répondez tous ensemble. *(Answer all together.)*

1. Dites-moi bonjour.
2. Dites bonjour à un(e) autre étudiant(e). *(Say hello to another student.)*
3. Demandez-moi comment je vais.
4. Parlez-vous français ? (Oui, je parle un peu français.)
5. Parlez-vous anglais ?
6. Demandez-moi si je parle français.
7. Voilà une lettre pour vous.
8. Au revoir.

II. *Présentation du dialogue : Les Renseignements*

III. *Questions de compréhension du dialogue*

Répondez aux questions d'après *(according to)* le dialogue.

1. Où est le château, s'il vous plaît ? Et le musée ?
2. Où est la poste, s'il vous plaît ?
3. Y a-t-il un restaurant près du château ?
4. Y a-t-il un bureau de tabac près d'ici ?

IV. *Substitutions*

A. Vocabulaire spécialisé Regardez le petit plan de la ville. Répétez les noms des bâtiments. *(Look at the map of the city. Repeat the names of the buildings.)*

Voilà la place, la poste, la gare, la mairie *(town hall)*, le musée, le restaurant, le café, le cinéma, le supermarché, l'église *(church)*.

B. Changez les phrases suivantes en substituant les mots indiqués. *(Change the following sentences by substituting the indicated words.)*

1. Où est *le château ?* — Il est *près d'ici*.
   le cinéma ?... là-bas, à gauche / **le café ?**... là-bas, à droite / **le supermarché ?**... sur la place
2. Y a-t-il un restaurant *près d'ici? ?* — Non, mais il y a un restaurant *près du château*.
   près de la mairie ?... sur la place / **dans l'hôtel ?**... à l'aéroport / **près de la gare ?**... sur la place

V. *Situation: Questions d'un touriste*

A. Regardez le petit plan de la ville à droite. Vous êtes à la gare. Je suis un touriste et je vous pose des questions. Répondez individuellement aux

8

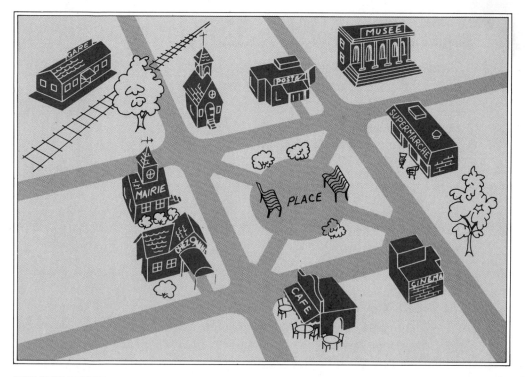

LE PLAN DE LA VILLE

questions et donnez des renseignements *(information)* d'après le petit plan.
Quand vous répondez, employez *(use)* ces expressions utiles :
près d'ici / loin *(far)* d'ici / là-bas / à gauche / à droite / tout droit / dans (le, la, l')

EXEMPLES   Où est la poste ?
                              La poste est là-bas, sur la place.
                  Y a-t-il un café près d'ici?
                              Oui, il y a un café près d'ici, à gauche.

1. Où est le musée ?
2. Est-ce que la mairie est près d'ici ?
3. Y a-t-il un café dans les environs *(in this area)*?
4. Y a-t-il un restaurant près d'ici ?
5. Où est-ce qu'il y a une église ?
6. Où est-ce qu'il y a un supermarché ?
7. Est-ce qu'il y a un cinéma près d'ici ?

B. En équipes de deux *(In pairs):* Posez les questions précédentes à un(e)
camarade. Votre camarade vous répond. *(Ask a friend/classmate the preceding
questions. Your friend answers you.)* Après ça, changez de rôle. Votre
camarade vous pose les questions et vous y répondez. *(Afterwards, reverse
roles. Your classmate asks you the questions and you answer them.)*

9

VI.   *Mini-dialogues*

Un(e) étudiant(e) (A) pose des questions et un(e) autre étudiant(e) (B) y répond.

1. A: Demandez s'il / si elle parle français.
B: Répondez que vous parlez un peu français.

A: Demandez où est le château.
B: Répondez que le château est sur la place.

A: Dites merci à l'autre étudiant(e).

2. A: Demandez à un(e) autre étudiant(e) s'il y a un restaurant près d'ici.
B: Répondez qu'il y a un restaurant en face du château.

A: Demandez où est le musée.
B: Répondez que le musée est dans le château.

A: Dites merci à l'autre étudiant(e).

VII.   *Conversations improvisées* (**original conversations**) *(en équipes de deux)*

Avec un(e) camarade, créez une conversation dans la situation suivante. *(With a friend/classmate, create a conversation in the following situation.)*

A. À la gare   Vous êtes un touriste et vous cherchez *(are looking for)* le musée, la poste, le bureau de tabac, etc. Vous posez des questions et le passant répond.

B. *Changez de rôle.* Votre camarade est le touriste et vous êtes le passant.

VIII.   *Dictée d'après la Conversation 1*

LE CHÂTEAU DE CHANTILLY

10

À LA POSTE

VOCABULAIRE

NOMS
le **bureau de poste** (la **poste**) *post office*
le **bureau de tabac** *tobacco shop*
le **château** *castle*
le **cinéma** *movies, movie theater*
l' **église** *(f) church*
la **gare** *railroad station*
la **mairie** *town, city hall*
le **passant**, la **passante** *passer-by*
la **place** *city square*
les **renseignements** *(m) (pl) information*
la **rue** *street*

la **ville** *city, town*
VERBES
être (il / elle est) *to be (he/she is)*
EXPRESSIONS DE LIEU
location expressions
à *at; to; into; by*
à droite *on/to the right*
à gauche *on/to the left*
dans *in*
en face de *across from*
ici *here*
là-bas *over there*
loin de *far from*
près de *near, close to*
sur *on*
tout droit *straight ahead*

DIVERS
il y a (y a-t-il ?) *there is/are (is/are there?)*
mais oui ! *yes, indeed! (lit., but yes!)*
où ? *where?*
s'il vous plaît *please*
MOTS AMIS
le **café**
l' **employé**, l'**employée**
le **musée**
pardon
le **restaurant**
le **supermarché**
LES NOMBRES DE 1 À 10
un deux, trois, quatre, cinq, six, sept, huit, neuf, dix

11

John is looking for a hotel and asks a policeman for information.

Dans la rue

JEAN Pardon, monsieur, est-ce qu'il y a un bon hôtel dans les environs ?

UN AGENT DE POLICE✦ Oui, monsieur, l'Hôtel Continental sur la place du Marché.

JEAN Est-ce que c'est loin d'ici ?

L'AGENT Non, non, ce n'est pas loin du tout. Et, vous savez, le restaurant de l'hôtel a une très bonne réputation.

JEAN Ah, bon ! La cuisine est bonne. Tant mieux ! Merci, monsieur.

On the street

JOHN Excuse me, (sir,) is there a good hotel in this area (nearby) ?

A POLICEMAN Yes (sir), the Continental Hotel in the place du Marché *(Market)*.

JOHN Is it far from here?

POLICEMAN Oh, no, it's not far from here at all. And, you know, the restaurant in the hotel has a very good reputation.

JOHN Oh, great! The food is good. Wonderful! Thank you, (sir).

QUESTIONS D'UN TOURISTE

12

À l'Hôtel Continental

JEAN Madame, s'il vous plaît, quels sont vos prix pour la pension ?

L'HÔTELIÈRE (*f*) À partir de trois cents francs par jour, monsieur.

JEAN Est-ce que tous les repas sont compris dans la pension ?

L'HÔTELIÈRE Mais oui, monsieur. C'est une pension complète avec petit déjeuner, déjeuner et dîner.✦

At the Continental Hotel

JOHN Excuse me, what are your prices for room and board?

HOTEL MANAGER They start at three hundred francs per day.

JOHN Are all the meals included in the room and board?

HOTEL MANAGER Certainly. It's a full room and board with breakfast, lunch, and dinner.

CULTURAL NOTES

Les agents de police are the regular city police. They should not be confused with the **gendarmes,** who belong to the French army and who usually operate outside the cities and towns, except to provide security reinforcements like our state troopers.

Most French hotels are classified by the **Direction du Tourisme.** When classified, a hotel is given up to four stars, depending on the luxury and comfort it offers—with four stars designating a **hôtel de luxe** (luxury hotel). A plaque, displaying the rating, is usually found outside the hotel. Although hotels do not always have a restaurant, a continental breakfast is often included in the price of a room. You have a choice of a bowl of **café au lait,** a cup of tea or black coffee, and French bread, butter, and jam and/or a croissant.

UN AGENT DE POLICE

Exercice de mise en train

Divisons-nous en deux groupes. Groupe A, vous êtes Jean et vous posez des questions. Groupe B, vous êtes l'employé et vous y répondez. Après ça, *changez de rôle.*

A: Dites bonjour et demandez « Comment allez-vous? »
B: Répondez que vous allez bien.

A: Demandez où est le château.
B: Répondez que le château est tout droit.

A: Demandez où est le musée.
B: Dites que le musée est dans le château.

A: Demandez s'il y a un restaurant près d'ici.
B: Dites qu'il y a un restaurant là-bas, à droite.

II. *Présentation du dialogue : À la recherche d'un hôtel*

III. *Questions de compréhension du dialogue*

Répondez aux questions d'après le dialogue.

1. Est-ce qu'il y a un bon hôtel dans les environs ?
2. Est-ce que c'est loin d'ici ?
3. Est-ce que l'hôtel a une bonne réputation ?
4. Est-ce que la cuisine est bonne ?
5. Quel est le prix pour la pension ?
6. Est-ce que tous les repas sont compris dans la pension ?

14   *LES GENDARMES À LA PLACE DE LA CONCORDE*

IV.   *Substitutions*

Changez les phrases suivantes en substituant les mots indiqués.

1. Jean est *dans la rue.*
   à l'hôtel / au château / à la gare / au restaurant / sur la place / dans le château

2. Est-ce que l'hôtel est *près d'ici ?*
   près du château / près de la gare / loin de la gare / loin du château / loin d'ici

3. Il y a un hôtel *en face de l'église.*
   en face de la poste / près de la poste / près du château / en face du château / à l'aéroport

4. Quel est le prix *de la pension ?*
   du petit déjeuner / du déjeuner / du dîner / des repas

V.   *Exercices d'application*

A. Mettez les phrases suivantes à la forme *interrogative* (pour poser une question) en plaçant **Est-ce que** ou **Est ce qu'*** devant chacune d'elle *(each one of them).*

EXEMPLES L'hôtel est loin d'ici.
          Est-ce que l'hôtel est loin d'ici ?
          Il y a un bon hôtel près d'ici.
          Est-ce qu'il* y a un bon hôtel près d'ici ?

1. L'hôtel est près d'ici.
2. L'hôtel a une bonne réputation.
3. Il y a un bon restaurant dans l'hôtel.
4. La cuisine du restaurant est bonne.
5. Il y a un restaurant dans la gare.
6. Il y a un bureau de poste sur la place.
7. Il y a un musée sur la place.

B. En deux groupes : Groupe A, vous posez les questions précédentes. Groupe B, vous répondez affirmativement *(positively)* aux questions. Après ça, *changez de rôle.*

EXEMPLE A: Est-ce que l'hôtel est près d'ici ?
         B: Oui, l'hôtel est près d'ici.

VI.   *Mini-dialogues (en deux groupes) : À l'hôtel*

Groupe A, vous êtes un(e) touriste et vous posez des questions à l'hôtelière (Groupe B). Après ça, *changez de rôle.*

A: Dites bonjour à l'hôtelière.
B: Répondez, « Bonjour, madame ».

A: Demandez le prix de la pension.
B: Répondez, « À partir de quatre cents francs par jour ».

A: Demandez si la cuisine est bonne.
B: Dites que la cuisine a une réputation excellente.

---

*Note that you change **Est-ce que** to **Est-ce qu'** in front of a word that starts with a vowel.

Situation: Questions d'un touriste

A. Moi, je suis un touriste et vous, vous êtes un passant. Je vous pose des questions et vous y répondez individuellement.

1. Est-ce qu'il y a un bon hôtel près d'ici ? Où exactement ?
2. Y a-t-il un café près de l'hôtel ?
3. Est-ce qu'il y a une église dans les environs ?
4. Est-ce que la poste est près d'ici ou loin d'ici ? Où exactement ?
5. Est-ce que la gare est loin d'ici ?

B. En équipes de deux : Répétez l'exercice précédent avec un(e) camarade. Vous êtes le touriste. Vous posez les questions précédentes et votre camarade y répond. Après ça, *changez de rôle.*

VIII. *Conversations improvisées (en équipes de deux)*

Avec un(e) camarade, créez une conversation dans les situations suivantes.

A. Dans une rue de Chantilly Vous cherchez un bon hôtel. Vous posez des questions à un agent de police. L'agent répond aux questions et il vous indique où il y a trois bons hôtels.
B. À l'hôtel Vous voulez *(You want)* aller dîner et vous cherchez un bon restaurant. Vous parlez avec l'hôtelière. Vous demandez à l'hôtelière des renseignements sur les restaurants dans les environs. L'hôtelière répond à vos questions.

IX. *Dictée d'après la Conversation 2*

___ *VOCABULAIRE* _____

NOMS
l' **agent de police** *(m) police officer*
le **déjeuner** *lunch*
les **environs** *(m) (pl) vicinity, neighborhood*
l' **hôtelier,** l'**hôtelière** *hotel manager*
la **pension** *room and board*
le **petit déjeuner** *breakfast*
le **prix** *price*
la **recherche** *search*
le **repas** *meal*
VERBES
avoir (**il / elle a**) *to have (he/she has)*
être (**ils / elles sont**) *to be (they are)*
savoir (**vous savez**) *to know (you know)*

ADJECTIFS
complet (**complète**) *full; complete*
compris(e) *included*
petit(e) *small, little*
quel / quelle; *(pl)* **quels / quelles ?** *which?, what?*
tout / toute; *(pl)* **tous / toutes** *all, every*
DIVERS
à partir de *starting at, from*
au (**à l'**) / **à la;** *(pl)* **aux** *at, to, in the*
avec *with*
ce *this, that (adj); it/he/she/they (pron)*
cent *a hundred*
dans les environs *nearby, in the vicinity*
de *of, from*

du (**de l'**) / **de la;** *(pl)* **des** *of the, from the*
est-ce que (**est-ce qu'**)... ? *is . . . ?, are . . . ?*
les *(m / f, pl)the*
pas du tout *not at all*
tant mieux *so much the better, great*
vos *your*
MOTS AMIS
l' **aéroport** *(m)*
la **cuisine**
le **dîner**
exactement
le **franc**
l' **hôtel** *(m)*
la **réputation**
LES NOMBRES DE 11 À 20
onze, douze, treize, quatorze, quinze, seize, dix-sept, dix-huit, dix-neuf, vingt

16

CONVERSATION 4
Retour à Paris

John wants to have lunch before returning to Paris and finds that he has plenty of time.

À l'hôtel

L'HÔTELIÈRE Comment ça va,✦ monsieur ?

JEAN Ça va bien, merci. Quelle heure est-il, s'il vous plaît ?

L'HÔTELIÈRE Il est onze heures.

JEAN Est-ce que le déjeuner est prêt ?

L'HÔTELIÈRE Non, monsieur, pas encore. À quelle heure voulez-vous déjeuner?

JEAN À onze heures et demie.

L'HÔTELIÈRE À quelle heure allez-vous à la gare ?

JEAN Je vais à la gare à midi. Le train pour Paris✦ arrive à midi et quart, n'est-ce pas ?

L'HÔTELIÈRE Non, monsieur. Il arrive à deux heures moins le quart.

JEAN Ah bon. Alors je vais déjeuner à midi, comme d'habitude. Est-ce que la poste est ouverte cet après-midi ?

L'HÔTELIÈRE Certainement, monsieur. Jusqu'à sept heures du soir.

At the hotel

HOTEL MANAGER How are you, sir?

JOHN Fine, thanks. What time is it, please?

HOTEL MANAGER It's eleven o'clock.

JOHN Is lunch ready?

HOTEL MANAGER No, sir, not yet. What time do you want to have lunch?

JOHN At eleven-thirty.

HOTEL MANAGER What time are you going to the station?

JOHN I'm going to the station at noon. The train for Paris arrives at twelve-fifteen, doesn't it?

HOTEL MANAGER No, sir. It comes at a quarter to two.

JOHN Oh, good. Then I'm going to have lunch at noon, as usual. Is the post office open this afternoon?

HOTEL MANAGER Certainly, sir. Until seven o'clock in the evening.

DANS LA GARE

Comment ça va ? is less formal than **Comment allez-vous ?**, but both expressions mean the same thing: greeting and salutation. French people usually shake hands with friends and acquaintances whenever they meet (even if they see each other every day) as well as when they part. The French handshake is shorter in duration than the American one and does not involve a continued up-and-down movement.

The French train system, the **S.N.C.F. — Syndicat national des chemins de fer,** is highly respected for the variety of travel schedules it offers and for the dependability and punctuality of the trains' departures and arrivals. In 1981, the S.N.C.F. enhanced its reputation by inaugurating the **T.G.V. (Train à grande vitesse)**, the fastest train in the world. This electrically run train travels between 260 and 300 kilometers (160–185 miles) an hour and has cut in half the travel time between major cities in France.

LE TGV: LE TRAIN À GRANDE VITESSE

I. *Exercices de mise en train : Questions d'un touriste*

A. En deux groupes : Groupe A, vous êtes Jean et vous posez des questions. Groupe B, vous êtes l'agent de police et vous y répondez.

A: Demandez s'il y a un bon hôtel dans les environs.
B: Répondez qu'il y a un bon hôtel sur la place.

A: Demandez si c'est loin d'ici.
B: Répondez non — que ce n'est pas loin d'ici.

A: Demandez s'il y a un bon restaurant près d'ici.
B: Répondez qu'il y a un très bon restaurant dans l'hôtel.

A: Demandez si la poste est loin d'ici.
B: Répondez que la poste est là-bas, à gauche.

B. En équipes de deux : Avec un(e) camarade, répétez l'exercice précédent.

18

II. *Présentation du dialogue : Retour à Paris*

Questions de compréhension du dialogue

Répondez aux questions d'après le dialogue.

1. Comment ça va ?
2. Quelle heure est-il ?
3. Est-ce que le déjeuner est prêt ?
4. À quelle heure voulez-vous déjeuner?
5. À quelle heure allez-vous à la gare ?
6. Le train pour Paris arrive à midi et quart, n'est-ce pas ?

IV. **Substitutions**

Changez les phrases suivantes en substituant les mots indiqués.

1. L'hôtelière demande à Jean, « Comment ça va, monsieur ? » Jean répond :
   « *Ça va bien.* »
   **Très bien / Assez bien (*Fairly well*) / Pas mal / Comme ci, comme ça
   (*So-so*)**
2. Quelle heure est-il ? — Il est *dix heures cinq.*
   **deux heures / onze heure et quart / midi et demi / neuf heures
   moins le quart / huit heures moins vingt / une heure**
3. À quelle heure allez-vous *à la gare* ? — J'y *(there)* vais à *midi.*
   **à la poste ?... à midi moins le quart / à l'hotel ?... à cinq heures et
   demie / au musée ?... à six heures / au restaurant ?... à neuf heures
   vingt-cinq**
4. Comment allez-vous à la gare ? — J'y vais *en taxi.*
   en autobus / à pied / en voiture / à bicyclette
5. Est-ce que la poste est ouverte cet après-midi ? — Oui, jusqu'à *cinq heures.*
   **quatre heures et demie / une heure quarante-cinq / trois heures
   moins le quart / six heures**
6. Je vais au musée aujourd'hui. — Est-ce que *tu y vas* aussi ?
   Jean y va / Vous y allez / Jean et Roger y vont

V. **Exercices d'application : Soyez (Be) négatifs... dites non !**

A. Moi, je dis des phrases à la forme affirmative (avec **oui**). Vous, vous mettez
ces phrases à la forme négative (avec **non**).

EXEMPLES Oui, je parle français.   Non, je ne parle pas français.
          Oui, c'est un bon hôtel.   Non, ce n'est* pas un bon hôtel.

1. Oui, je parle anglais. 2. Oui, je suis à Paris. 3. Oui, je vais à l'aéroport.
4. Oui, je vais déjeuner à midi. 5. Oui, c'est un bon hôtel. 6. Oui, c'est loin
d'ici. 7. Oui, le déjeuner est prêt. 8. Oui, le dîner est prêt. 9. Oui, la
poste est ouverte. 10. Oui, elle est ouverte à dix heures.

---

*Note that you change **ne** to **n'** before a vowel.

B. Moi, je pose les questions suivantes et vous, vous y répondez négativement.

EXEMPLE Est-ce que le déjeuner est prêt ?   Non, le déjeuner n'est pas prêt.

1. Est-ce que le dîner est prêt ? **2.** Est-ce que c'est un bon hôtel ? **3.** Est-ce que la poste est ouverte ? **4.** Allez-vous déjeuner à midi ? **5.** Êtes-vous l'hôtelière ?

VI.   *Questions personnelles*

Répondez individuellement aux questions suivantes.

1. À quelle heure allez-vous déjeuner ? **2.** À quelle heure déjeunez-vous d'habitude ? **3.** Allez-vous déjeuner au café ou à la maison *(at home)* ? **4.** Où allez-vous dîner — à la cantine *(cafeteria)* ? au restaurant ? à la maison ? **5.** À quelle heure dînez-vous d'habitude ? **6.** Allez-vous au cinéma ce week-end ? **7.** Comment allez-vous au cinéma ? à pied ? en voiture ? en autobus ? à bicyclette ?

VII.   *Conversation entre camarades (en équipes de deux)*

Posez ces questions à un(e) camarade de classe.* Après ça, *changez de rôle.*

1. À quelle heure vas-tu déjeuner ?
2. À quelle heure vas-tu dîner ?
3. Vas-tu déjeuner à la cantine ou à la maison ?
4. À quelle heure déjeunes-tu d'habitude ? Et à quelle heure dînes-tu ?
5. À quelle heure vas-tu au labo ?
6. En général, à quelle heure vas-tu au cinéma ?
7. Comment vas-tu au cinéma ? à pied ? en voiture ? en autobus ? à bicyclette ?

------

*The following questions are similar to those in exercise VI, but are set in the **tu** form to be used with friends.

CULTURAL NOTE

Up to now, you have asked and answered questions by using the **vous** form of verbs and pronouns. That form is commonly used in France between people who are not close friends. It is also used as a form of respect for older people or for people of authority (either through position in life or education, for example). However, with a friend or with family members, French people use the **tu** form of pronouns and verbs.

When you talk to a classmate of the same age and socioeconomic level as you, you will use the **tu** form to indicate this relationship. Therefore, you will be asked to do interviews or questionnaires with a **camarade de classe**, and we will show you the correct forms of **tu** to use with each other. You will see in later dialogues in this text that John Hughes begins to use **tu** with friends like Roger and Marie.

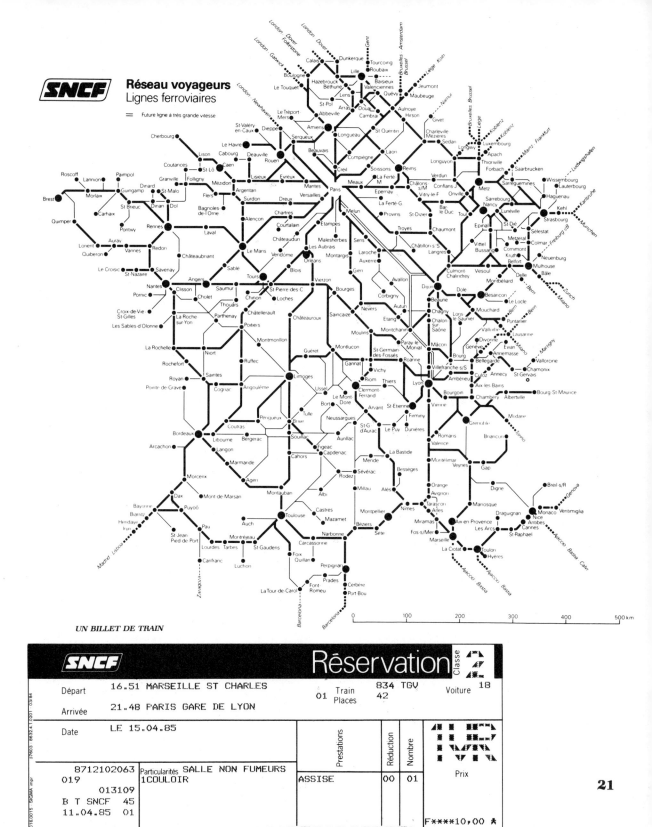

Réseau voyageurs
Lignes ferroviaires

= Future ligne à très grande vitesse

0   100   200   300   400   500 km

UN BILLET DE TRAIN

21

Conversations improvisées (en équipes de deux)

Avec un(e) camarade, créez une conversation dans les situations suivantes.

A. Dans l'hôtel à Chantilly   Vous parlez avec l'hôtelière. Vous voulez déjeuner (dîner) et vous demandez les heures des repas. L'hôtelière répond à vos questions.

B. Vous êtes toujours *(still)* dans l'hôtel à Chantilly, mais vous partez *(are leaving)* pour Paris. Vous demandez à l'hôtelière des renseignements sur les heures des trains pour Paris. L'hôtelière vous suggère des possibilités.

IX.   *Dictée d'après la Conversation 3*

—— *VOCABULAIRE* ——————————————————————————

NOMS
le/la **camarade** *classmate, partner*
le **pied; à pied;** *foot; on foot, walking*
le **retour** *return (trip)*
la **voiture; en voiture** *car; by car*

VERBES
aller *(see p. 17) to go; to feel (health)*
déjeuner *to have lunch*
partir *to leave*
vouloir (vous voulez) *to want, wish (you want, wish)*

ADJECTIFS
ce (cet) / cette ; ces *(pl) this/that; these/those*
ouvert(e) *open*
prêt(e) *ready*

L'HEURE *(f) hour, time*
l' **après-midi** *(m);* de l'après-midi *afternoon;* P.M. *(in the afternoon)*

(six heures) et demie (six heures) et quart; il est (six) heures *(six)-thirty; (six)-fifteen; it's (six) o'clock*
le **matin; du matin** *morning;* A.M. *(in the morning)*
midi *noon*
minuit *midnight*
quelle heure est-il ? *what time is it?*
(six heures) moins le quart *quarter to (six);* **à quelle heure** *at what time*
le **soir; du soir** *evening;* P.M. *(in the evening)*

PRONOMS SUJETS
elle; elles *she/it; they*
il; ils *he/it; they*
nous *we*
tu *you (fam)*

DIVERS
après *after*

assez *fairly; enough*
ça (cela) *this, that*
comme *as, like; how*
comme ci, comme ça *so-so*
comme d'habitude *as usual*
comment ? *how?*
comment ça va ? ça va (bien) *how are you?, how is it going?; fine, OK*
encore; pas encore *again, yet; not yet*
jusqu'à *until*

MOTS AMIS
arriver
l' **autobus** *(m);* **en autobus**
la **bicyclette; à bicyclette**
certainement
dîner
en général
le **laboratoire** (le **labo**)
la **possibilité**
le **taxi; en taxi**
le **train; en train**

22

GRAMMAR UNIT 1
Articles and prepositions with de and à

1. Masculine and feminine gender

In French, nouns fall into two classes, or *genders:* masculine and feminine. The articles **le** and **un** are used with masculine singular nouns; **la** and **une** are used with feminine singular nouns. The question of gender is complicated in French, because the form of the article, adjective, pronoun, and sometimes even of the verb you use must conform to the gender of the noun with which it is used. The way to master this important aspect of French grammar is to practice using each noun with the proper form of an article or adjective. For example, you have already learned to say correctly and with confidence **Où est le musée ?** and **Où est la gare ?** Now, although you did not consciously learn that **musée** is masculine and **gare** is feminine, you will always know that one says **le musée** and **la gare** —which is all you need to know in order to use the two words correctly.

There is no dependable rule of thumb for figuring out the gender of nouns in French. It is true that the gender of those that refer to persons usually corresponds to their sex, but the vast majority (those that refer to things, places, activities, abstractions, materials, measurements, etc.) have nothing whatever to do with sex.

2. Indefinite article un / une (a/an)

The masculine form **un** is used with masculine singular nouns; the feminine form, **une**, with feminine singular nouns. *Pronounce the following items after your instructor.*

Masculine		Feminine	
un musée	*a museum*	**une** employée	*an employee*
un employé	*an employee*	**une** gare	*a railroad station*
un hôtelier	*a hotel manager*	**une** hôtelière	*a hotel manager*

23

3. Definite article le / la / l' / les (the)

A. le The form **le** is used before masculine singular nouns or adjectives that begin with a consonant other than a mute **h**.* *Pronounce the following items after your instructor.*

le bureau de tabac	*the tobacco shop*	**le** bon restaurant	*the good*
le déjeuner	*(the) lunch*		*restaurant*
le restaurant	*the restaurant*	**le** bon hôtel	*the good hotel*

B. la The form **la** is used before feminine singular nouns or adjectives that begin with a consonant other than a mute **h**. *Pronounce these words after your instructor.*

la gare	*the railroad station*	**la** bonne cuisine	*good cooking*
la rue	*the street*	**la** chambre	*the room*
la poste	*the post office*	**la** pension	*room and board*

C. l' The form **l'** is used before nouns or adjectives of either gender that begin with a vowel or mute **h**. *Pronounce these words after your instructor.*

l' agent de police *(m)*	*the police officer*	**l'** église *(f)*	*the church*
l' hôtel *(m)*	*the hotel*	**l'** aéroport *(m)*	*the airport*
l' autre hôtel *(m)*	*the other hotel*		

D. les The form **les** is used before any plural noun or adjective.

les restaurants	*the restaurants*
les† autres restaurants	*the other restaurants*
les églises	*the churches*
les hôtels	*the hotels*
les bons hôtels	*the good hotels*

1. Note that the **s** of **les** is linked (and pronounced /**z**/) if the noun or adjective that follows begins with a vowel or mute **h**.

---

*Although the **h** is silent in everyday conversation, it falls into two groups traditionally known as mute **h** and aspirate **h**. (1) Before a word beginning with a mute **h**, linking and elision take place precisely as if the word began with a vowel. EXAMPLE **l'hôtel — les hôtels.** (2) Before a word beginning with an aspirate **h**, linking and elision do *not* take place. EXAMPLE **le / héros** *(the hero)*— **les / héros.** In the vocabulary lists of this book and in most dictionaries, words beginning with an aspirate **h** are marked with an asterisk.

†In general, final consonants of French words are not pronounced (for example, in **les restaurants,** the final **s** of both words is silent). However, the final consonant *is* pronounced when the following word starts with a vowel sound (for example, in **les autres restaurants, les** is pronounced / lez /). This process, called liaison, occurs between words closely linked in meaning, such as an article and a noun (**les églises**) or a subject pronoun and its verb (**nous allons.**) The sign ‿ indicates liaison.

2. In writing, the plural of most French nouns is formed by adding **s** to the singular. This **s** is not pronounced except in liaison.

In speaking, the plural of most nouns is distinguished from the singular by the article used: **le restaurant — les restaurants, la gare — les gares.**

I. *Exercices d'application*

A. Répétez les mots en remplaçant l'article indéfini (**un / une**) par l'article défini (**le / la / l'**).

EXEMPLES un restaurant   le restaurant
               un hôtel   l'hôtel

1. un bureau de tabac, un musée, un déjeuner, un château **2.** une gare, une place, une rue, une concierge **3.** un hôtel, un agent de police, une église, un étudiant, une étudiante, un employé, une employée

B. Cette fois, répétez les mots en remplaçant l'article défini (**le / la / l'**) par l'article indéfini (**un / une**).

EXEMPLES le bureau de tabac   un bureau de tabac
               l'étudiante   une étudiante

1. le dîner, le restaurant, le train, le passant **2.** la place, la concierge, la chambre, la pension **3.** l'agent de police, l'hôtel, l'église, l'étudiante, l'étudiant

C. Donnez le pluriel des mots suivants.

EXEMPLES le restaurant   les restaurants
               l'église   les églises*

1. le dîner, le repas, le train, le déjeuner **2.** la gare, la rue, la place, la chambre **3.** l'église, l'employé, l'hôtel, l'hôtelière **4.** le bon dîner, le bon restaurant

4. *Preposition* **de** *(of, from)*†

A. du When the preposition **de** is used with a noun before which the definite article **le** would normally stand, you say **du** — *never* "de le."

le déjeuner	le prix **du** déjeuner	*the price **of** lunch*
le château	près **du** château	*near **the** chateau*
le musée	loin **du** musée	*far **from the** museum*

---

*Be sure to make a liaison between **les** and the noun that follows if it starts with a vowel.
†(Although usually **de** translates to *of* or *from*, these words are not always necessary in English.)

B. **de la**   When the preposition **de** is used with a noun before which the definite article **la** would normally stand, you say **de la**.

la pension	le prix **de la** pension	*the price of room and board*
la gare	près **de la** gare	*near the station*
la place	loin **de la** place	*far from the square*

C. **de l'**   When the preposition **de** is used with a noun before which the definite article **l'** would normally stand, you say **de l'**.

l'hôtel	la cuisine **de l'**hôtel	*the hotel's cooking*
l'église	près **de l'**église	*near the church*
l'autre hôtel	en face **de l'**autre hôtel	*across from the other hotel*

D. **des**   When the preposition **de** is used with a noun before which the definite article **les** would normally stand, you say **des**— *never "de les."*

les repas	le prix **des** repas	*the price of meals*
les chambres	le prix **des** chambres	*the price of rooms*
les hôtels	la cuisine **des** hôtels	*the hotels' cooking*

5. *Preposition* à *(to, at, in)*

A. **au**   When the preposition **à** is used with a noun before which the definite article **le** would normally stand, you say **au** — *never "à le."*

le château	Je vais **au** château.	*I'm going to the chateau.*
le restaurant	Je vais **au** restaurant.	*I'm going to the restaurant.*
le musée	Je vais **au** musée.	*I'm going to the museum.*

B. **à la**   When the preposition **à** is used with a noun before which the definite article **la** would normally stand, you say **à la**.

la poste	Je vais **à la** poste.	*I'm going to the post office.*
la concierge	Je parle **à la** concierge.	*I speak to the concierge.*

C. **à l'**   When the preposition **à** is used with a noun before which the definite article **l'** would normally stand, you say **à l'**.

l'hôtel	Je vais **à l'**hôtel.	*I'm going to the hotel.*
l'agent de police	Je parle **à l'**agent de police.	*I speak to the police officer.*

D. **aux**   When the preposition **à** is used with a noun before which the definition article **les** would normally stand, you say **aux** — *never "à les."*

les bons restaurants	Je vais **aux** bons restaurants.	*I go **to the** good restaurants.*
les employés	Je parle **aux** employés.	*I speak **to the** employees.*

6. Use of the definite article

Specific cases of the use or omission of the definite article will be studied later. But meanwhile, note that articles are necessary even when they may be omitted in English.

Quel est le prix **de la** pension ?	*What's the price **of** room and board?*
Quel est le prix **des** repas?	*What's the price **of** meals?*
Je vais **à** l'église.	*I'm going **to** church.*
le déjeuner et **le** dîner	*lunch and dinner*

II. *Substitutions*

Changez les phrases suivantes en substituant les mots indiqués.

1. Jean est *à l'hôtel*. Cet après-midi il va *à la poste*.
   à la gare (au musée) / au restaurant (au café) / à l'aéroport (au supermarché) / à l'église (au château)

2. L'hotel est *près de la place*.
   près du château / près de la gare / près du musée / près de la poste

3. Jean parle *à la concierge dans l'hôtel*.
   à l'agent de police dans la rue / à l'employée dans la poste / au passant dans la rue / aux étudiants dans le café

4. Il demande à la concierge, « Quel est le prix *de la pension* ? »
   du petit déjeuner / du déjeuner / du dîner / des repas

LE TRAIN POUR PARIS

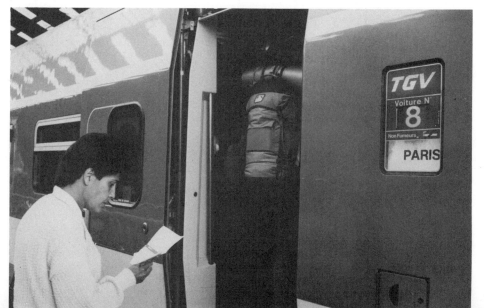

27

Exercices d'application

Complétez les phrases suivantes en employant les mots indiqués.

EXEMPLES   Je vais (à)... (le restaurant)
                   Je vais au restaurant.
           Le restaurant est près (de)... (la gare)
                   Le restaurant est près de la gare.

1. Tu vas (à)... (le château) / l'église /l'hôtel / la poste / le musée / les cafés.
2. Le supermarché est près (de)... (la rue de la Paix) / les églises / les cafés / l'autre hôtel.   **3.** Dans la rue, je parle (à)... (les passants) / l'étudiante /les étudiants / la concierge / le passant.

IV.   *Situations*

A. Questions d'un nouveau collègue *(new colleague)*   Vous êtes au bureau *(at work).* Je suis un nouveau collègue. Je vous pose des questions et vous y répondez individuellement.

1. Est-ce qu'il y a un bon restaurant près du bureau ? Où exactement ?
2. Est-ce que la poste est loin du bureau ? Où exactement ?
3. À quelle heure allez-vous déjeuner ?
4. Pour déjeuner, allez-vous à la cantine ou au restaurant ?
5. Est-ce que la cuisine est bonne à la cantine ?

B. Questions d'un touriste   En deux groupes : Groupe A, vous êtes un touriste à Paris. Vous posez des questions à un passant (Groupe B) qui y répond affirmativement. Après ça, *changez de rôle.* Demandez-lui :

1. s'il y a un restaurant près d'ici.
2. si la cuisine est bonne.
3. s'il y a un hôtel dans les environs.
4. si c'est loin d'ici ou près d'ici.
5. si c'est un bon hôtel.

V.   *Conversations improvisées* *(en équipes de deux)*

A. Dans la rue   Vous cherchez un bon restaurant et vous posez des questions à un passant qui vous répond.

B. À l'hôtel   Vous demandez des renseignements sur les trains pour Paris et l'hôtelière vous répond.

C. Dans la rue   Vous cherchez un supermarché et un passant répond à vos questions.

reviews 1st five chapters

John gets his worker's identification card.✦

L'EMPLOYÉE Comment vous appelez-vous, monsieur ?	**EMPLOYEE** What is your name, sir?
JEAN Je m'appelle Jean Hughes.	**JOHN** My name is John Hughes.
L'EMPLOYÉE Quelle est votre nationalité ?	**EMPLOYEE** What is your nationality?
JEAN Je suis américain.	**JOHN** I am American.
L'EMPLOYÉE Où êtes-vous né ?	**EMPLOYEE** Where were you born?
JEAN Je suis né à Philadelphie, aux États-Unis.	**JOHN** I was born in Philadelphia, in the United States.
L'EMPLOYÉE Quel âge avez-vous ?	**EMPLOYEE** How old are you?
JEAN J'ai vingt et un ans.	**JOHN** I'm twenty-one.
L'EMPLOYÉE Quelle est votre profession ?	**EMPLOYEE** What is your profession?
JEAN Je suis ingénieur-chimiste.	**JOHN** I am a chemical engineer.
L'EMPLOYÉE Quelle est votre adresse à Paris ?	**EMPLOYEE** What is your address in Paris?

DEVANT LA PRÉFECTURE DE POLICE DANS L'ÎLE DE LA CITÉ

29

JEAN Quinze, avenue de l'Observatoire.	**JOHN** Fifteen, Observatory Avenue.
L'EMPLOYÉE Où demeurent vos parents ?	**EMPLOYEE** Where do your parents live?
JEAN Mon père habite à Philadelphie. Je n'ai plus ma mère.	**JOHN** My father lives in Philadelphia. My mother is no longer alive.
L'EMPLOYÉE Vous avez des parents en France ?	**EMPLOYEE** Do you have any relatives in France?
JEAN Non, je n'ai pas de parents en France.	**JOHN** No, I don't have relatives in France.
L'EMPLOYÉE Voilà votre carte de travail.	**EMPLOYEE** Here is your worker's identification card.
JEAN Merci, mademoiselle.	**JOHN** Thank you.

CULTURAL NOTES

*The **préfecture de police** is on the **Île de la Cité**, an island in the Seine and the location of the great **Cathédrale de Notre-Dame**. The word **Cité** is used in Paris, as the word "City" in London, to designate the oldest and most central part of town.*

*In France everyone, whether a French citizen, an immigrant, or a tourist, should have an identification card. Any foreigner who plans to stay more than three months is supposed to get a **carte de séjour** (visitor's card). For those who are employed, a **carte de travail** (worker's card) is necessary. One should always carry a **carte d'identité.***

NOTRE DAME

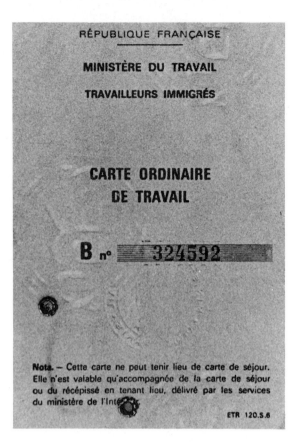

RÉPUBLIQUE FRANÇAISE

MINISTÈRE DU TRAVAIL

TRAVAILLEURS IMMIGRÉS

CARTE ORDINAIRE
DE TRAVAIL

B n° 324592

Nota. — Cette carte ne peut tenir lieu de carte de séjour.
Elle n'est valable qu'accompagnée de la carte de séjour
ou du récépissé en tenant lieu, délivré par les services
du ministère de l'Inté...

ETR 120.5.6

I. *Exercices de mise en train : À l'hôtel*

A. En deux groupes : Groupe A, vous êtes l'hôtelier et vous posez les questions. Groupe B, vous êtes Jean et vous y répondez.

A: Demandez à Jean comment ça va.
B: Répondez que ça va très bien.

A: Demandez à Jean à quelle heure il veut déjeuner.
B: Répondez que vous voulez déjeuner à midi et quart.

B: Demandez à l'hôtelière à quelle heure arrive le train pour Paris.
A: Répondez qu'il arrive à quinze heures (à trois heures de l'après-midi).

A: Demandez à Jean à quelle heure il va à la gare.
B: Répondez que vous allez à la gare à deux heures moins le quart.

B. En équipes de deux : Répétez l'exercice précédent.

II. *Présentation du dialogue : À la préfecture de police*

31

III. *Questions de compréhension du dialogue*

1. Comment vous appelez-vous ?
2. Quelle est votre nationalité ?
3. Où êtes-vous né ?
4. Quel âge avez-vous ?
5. Quelle est votre profession ?
6. Quelle est votre adresse ?
7. Où habitent vos parents ?
8. Avez-vous des parents en France ?

IV. *Substitutions*

A. **Vocabulaire spécialisé** Répétez ces nouveaux mots de vocabulaire.

1. Quelques *(Some)* professions:
une concierge / un hôtelier / une hôtelière / un ingénieur / un médecin *(doctor)* / un avocat *(lawyer)* / un professeur *(teacher)* / un infirmier *(nurse)* / une infirmière
2. Quelques nationalités* :
américain(e) / français(e) / allemand(e) *(German)* / espagnol(e) / italien(ne) / canadien(ne) / méxicain(e)
3. Quelques membres d'une famille :
les parents (la mère et le père)† / les enfants *(children)* la fille *(daughter)* et le fils *(son)*; la sœur *(sister)* et le frère *(brother)* / les grands-parents (la grand-mère et le grand-père)

B. **À la mairie** Changez les phrases suivantes, en substituant les mots indiqués.

1. Quelle est *votre nationalité ?*
votre profession / votre adresse / la nationalité de Jean / la profession de Roger / l'adresse de Jean
2. Quelle est votre nationalité ? — Je suis *américain.*
américaine / français / française / canadien / canadienne
3. Quelle est votre profession ? — Je suis *ingénieur-chimiste.*
étudiant / étudiante / professeur / architecte / médecin / infirmier / infirmière / serveur *(waiter)* / serveuse
4. Quel âge avez-vous ? — J'ai *vingt et un* ans.
dix-sept / dix-huit / dix-neuf / vingt / vingt-deux / vingt-cinq / trente
5. Vous avez des parents *en France ?* — Non, je n'ai pas de parents *en France.*
à Paris / à Philadelphie / à Boston / à Chicago / en Amérique / aux États-Unis / à Chantilly / à Montréal / à Québec
6. *Mon père* habite à Philadelphie.
Ma mère / Mon frère / Ma sœur / Ma grand-mère / Mon grand-père

---

*When nationalities are used as adjectives in French *(I am American)* they are not capitalized (**Je suis américain**). However, when nationalities are used as nouns, they *are* capitalized (**les Américains**).

†In French, **les parents** is used in two ways. As in English, it means *parents*, but it is also used to refer to *relatives* in general.

32

V. *Situation: Une carte d'identité*

A. Vous êtes français(e) et vous désirez voyager en Europe. Pour voyager, il est nécessaire d'avoir une carte d'identité. Vous allez à la mairie pour vous procurer *(to get)* la carte d'identité. Je suis un employé de la mairie. Je vous pose les questions de l'exercice III, à la page 32, et vous y répondez.

B. En équipes de deux : Vous êtes un(e) employé(e) de la mairie et vous posez les questions précédentes à Jean Hughes (un/e camarade.)

VI. *Questions personnelles*

Encore une fois *(Once again)* vous posez des questions à un(e) camarade de classe en employant la forme tu. Après ça, *changez de rôle.* Voici les questions personnelles à poser.

1. Comment t'appelles-tu ? **2.** Où es-tu né(e) ? **3.** Quel âge as-tu ? **4.** Où habites-tu ? **5.** Quelle est ton adresse ? **6.** Quelle est ta nationalité ? **7.** Quelle est ta profession ? **8.** As-tu des frères ou des sœurs ? **9.** As-tu des parents en France? **10.** Où habitent tes parents ? tes grands-parents ?

VII. *Dictée d'après la Conversation 4*

VOCABULAIRE

NOMS
l' **an** *(m) year*
la **carte** *card;* la **carte d'identité** *ID card;* la **carte de travail** *worker's ID card*
les **États-Unis** *(m) (pl) the United States*
la **préfecture de police** *police station*
le **travail** *work*

VERBES
s'appeler *to be called, named*
avoir... ans *to be . . . years old*
demeurer *to live (in a place)*
habiter *to live (in a place)*
naître (je suis né/e) *to be born (I was born)*

ADJECTIFS POSSESSIFS
mon / ma ; *(pl)* **mes** *my*
ton / ta ; *(pl)* **tes** *your (fam)*
votre ; *(pl)* **vos** *your (formal)*

PROFESSIONS
l' **avocat,** l'**avocate** *lawyer*
le/la **chimiste** *chemist*

l' **infirmier,** l'**infirmière** *nurse*
l' **ingénieur,** la **femme ingénieur** *engineer*
l' **ingénieur-chimiste** *chemical engineer*
le **médecin,** la **femme médecin** *doctor*
le **professeur** *teacher, professor*
le **serveur** *waiter*
la **serveuse** *waitress*

LA FAMILLE
l' **enfant** *(m/f) child*
la **fille** *daughter; girl*
le **fils** *son*
le **frère** *brother*
la **grand-mère** *grandmother*
le **grand-père** *grandfather*
la **mère** *mother*
les **parents** *(m) parents; relatives*
le **père** *father*
la **sœur** *sister*

DIVERS
comment vous appelez-

vous ? *what's your name?*
du (de l') / de la ; *(pl)* **des** *some, any*
en *(prép) in, by*
j'ai... ans *I'm . . . years old*
je m'appelle... *my name is . . .*
ne... plus *no longer, not anymore*
quel âge avez-vous ? *how old are you?*
quelque(s) *a few, some*

MOTS AMIS
l' **adresse** *(f)*
l' **âge** *(m)*
l' **architecte** *(m/f)*
l' **avenue** *(f)*
la **France**
les **grands-parents** *(m)*
l' **identité** *(f)*
LES NATIONALITÉS see p. 32
LES NOMBRES DE 21 À 30
vingt-et-un, vingt-deux, vingt-trois, vingt-quatre, vingt-cinq, vingt-six, vingt-sept, vingt-huit, vingt-neuf, trente

33

PREMIÈRE LECTURE
Arrivée à Paris

Jean Hughes, jeune ingénieur-chimiste américain, arrive à Paris pour travailler dans les laboratoires d'une compagnie américaine établie en France. À son arrivée, il s'installe° dans sa nouvelle chambre, avenue de l'Observatoire, et il fait connaissance de° la concierge. Il passe les premiers jours à visiter la capitale : l'Île de la Cité, la place de la Concorde, les Champs-Élysées, Montmartre. Tout° est nouveau et intéressant pour lui, mais aussi un peu difficile.

    Comme° c'est son premier séjour° en France, Jean ne comprend pas toujours ce qu'on lui dit° et souvent il doit deviner.° Il observe que certains jeunes° lui parlent anglais, mais que beaucoup de personnes « d'un certain âge », comme on dit en français, lui parlent français exclusivement.

    Un jour qu'il visite Notre Dame, Jean va à la préfecture de police, voisine de° la cathédrale, pour se procurer° la carte de travail obligatoire pour les étrangers° qui travaillent en France. Jean tient beaucoup à être en règle° avec la police française !

settles

fait... gets acquainted with

All

Because / stay

ce... what is said to him
doit... must guess
young people

next to / to get
foreigners

tient... is anxious to put himself right

L'ARC DE TRIOMPHE ET LES CHAMPS-ELYSÉES

LA CONCIERGERIE DANS L'ÎLE
DE LA CITÉ

Au cours de° sa première visite au laboratoire, Jean fait con-
naissance° d'un jeune chimiste français, Roger Duplessis, et ils de-
viennent° vite amis. Un jour, Roger invite Jean à aller avec lui à Chantilly voir les célèbres courses de chevaux.°

Le château de Chantilly est situé près d'une rivière, et le champ
de courses° est près du château. « Tout donne l'impression d'être
d'une autre époque° », pense Jean, émerveillé.° Dans l'assistance,°
des femmes très chics attirent° l'attention des spectateurs. « Ce sont
des mannequins° des grandes maisons de couture parisiennes »,
explique Roger. « Les courses de chevaux sont un rendez-vous de la
société élégante et, par conséquent, un excellent endroit° pour lan-
cer° les nouvelles modes.° » Et quelle élégance !

Au... *During*
meets
become
horse races
champ... *race
track*
another era
*amazed / audi-
ence / attract /
models*

place
launch / fashions

I. *Vrai ou faux ? (True or false?)*

Dites si les phrases suivantes sont vraies ou fausses. Si une phrase est fausse, corrigez-la *(correct it)*.

1. Jean Hughes habite maintenant aux États-Unis.
2. Il comprend bien le français.
3. Il travaille dans un laboratoire avec Roger Duplessis.
4. Roger et Jean sont des amis d'enfance *(childhood)*.
5. Au champ de courses de Chantilly, il y a beaucoup de mannequins et de femmes élégantes.

II. *Questions de compréhension de la lecture*

1. Quelle est la nationalité de Jean Hughes ?
2. Quelle est sa profession ?
3. Pourquoi est-il à Paris ?
4. Où demeure Jean ?
5. Comprend-il tout ce qu'on lui dit ?
6. Est-ce que les Français parlent anglais ou français avec Jean ?
7. Pourquoi est-ce que Jean va à la préfecture de police ?
8. Où est la préfecture de police de Paris ?
9. Qui est Roger Duplessis ?
10. Où est situé le château de Chantilly ? et le champ de courses ?

LES COURSES À CHANTILLY

John goes to lunch with his friend Roger Duplessis, who works with him in the research laboratory.

Dans la rue

ROGER Il est midi et j'ai faim.

JEAN Moi aussi. Allons déjeuner.

ROGER Tiens, je connais bien ce petit restaurant. Ça te va ?

JEAN Oui, d'accord. Allons-y. *(on y va.)*

Dans le restaurant

GARÇON Voilà une table libre, messieurs. Et voici la carte.

ROGER Merci.

In the street

ROGER It's noon and I'm hungry.

JOHN So am I. Let's go have lunch.

ROGER Say, I know this little restaurant quite well. Is it OK with you?

JOHN Sure. Let's go in.

In the restaurant

WAITER There's a free table, gentlemen. And here's the menu.

ROGER Thank you.

AU CAFÉ

Après avoir étudié la carte

JEAN Qu'est-ce que tu vas prendre comme hors-d'œuvre ?

ROGER Du pâté,* et toi ?

JEAN Moi aussi. Et comme plat principal ?

ROGER Un bifteck frites.

JEAN Moi, je veux du cassoulet.†

Le garçon revient

GARÇON Alors, messieurs, vous désirez ?

ROGER Apportez-nous deux tranches de pâté, un bifteck frites et un cassoulet, s'il vous plaît.

GARÇON Voulez-vous du vin ?

ROGER Oui. (à Jean) Tu veux du vin blanc ou du vin rouge ?

JEAN (au garçon) Du vin rouge, s'il vous plaît.

GARÇON Entendu. Merci !

Après le repas

JEAN Dis, c'est bien ici !

ROGER Oui, c'est sympathique — et la cuisine est bonne, n'est-ce pas ?

Le garçon revient

GARÇON Voulez-vous du café, messieurs ?

ROGER Oui, apportez-moi un café noir, s'il vous plaît.

JEAN Non, pas pour moi, merci. Je n'aime pas le café. Mais apportez-nous l'addition, s'il vous plaît.

GARÇON Tout de suite, monsieur.

After studying the menu

JOHN What are you going to have as an appetizer?

ROGER Some pâté, and you?

JOHN Me too. And for the main course?

ROGER Steak and french fries.

JOHN I'll have some cassoulet.

The waiter comes back

WAITER So, gentlemen, what would you like?

JOHN Please bring us two slices of pâté, steak and french fries, and a cassoulet.

WAITER Do you want some wine?

ROGER Yes. (to John) Do you want white wine or red wine?

JOHN (to the waiter) Red wine, please.

WAITER Fine. Thank you!

After the meal

JOHN Say, it's nice here!

ROGER Yes, it's pleasant — and the food is good, isn't it?

The waiter comes back

WAITER Do you want some coffee (gentlemen)?

ROGER Yes, bring me black coffee, please.

JOHN No, not for me, thank you. I don't like coffee. But bring us the bill, please.

WAITER Right away, sir.

---

*A paste or spread made of liver, meat, game, or fish.
†A baked bean dish from southwest France, made with pork, lamb, and sausages.

AU RESTAURANT

UN ÉTALAGE DE FROMAGE

Exercices de mise en train

A. **À la mairie**   Vous êtes un employé de la mairie. Je suis un touriste. Demandez-moi :

1. comment je m'appelle.
2. quelle est ma nationalité.
3. où je suis né(e).
4. où je demeure.
5. mon âge.

B. **Un nouvel étudiant**   Je suis un nouvel étudiant. Je vous pose des questions et vous y répondez individuellement.

1. Comment t'appelles-tu ?
2. Quel âge as-tu ?
3. Où es-tu né(e) ?
4. Où habitent tes parents ?
5. As-tu des parents en France ?

C. **En équipes de deux :** Avec un(e) camarade, répétez l'exercice précédent. Après ça, *changez de rôle.*

II. *Présentation du dialogue : Le Déjeuner*

III. *Questions de compréhension du dialogue*

Pour les phrases suivantes, dites vrai ou faux, d'après le dialogue. Si vous dites vrai, répétez la phrase. Si vous dites faux, corrigez la phrase.

1. Il est une heure.
2. Roger connaît un bon restaurant dans les environs.
3. Jean va prendre une soupe comme hors-d'œuvre.
4. Roger va prendre un cassoulet comme plat principal.
5. Jean veut du vin blanc.
6. Jean n'aime pas le café.
7. C'est sympathique dans le restaurant.

IV. *Substitutions : Au restaurant*

A. Vocabulaire spécialisé   La nourriture. Répétez les mots nouveaux dans la liste pour ce chapitre (à la page 42).

B. Changez les phrases suivantes en substituant les mots indiqués.

1. Qu'est-ce que vous voulez *comme hors-d'œuvre ?*
**comme entrée / comme plat principal / comme légumes /
comme vin / comme dessert**
2. Voulez-vous *des hors-d'œuvre ?*
de la viande / de la salade / des fruits / du café / du sucre
3. Oui, apportez-moi *des hors-d'œuvre*, s'il vous plaît.
un bifteck frites / une salade / une poire / du vin blanc / de l'eau

40

Menu

85 F (Service Compris)

Entrées au choix

Paté de campagne
Assiette de crudités
Soupe de poisson aux croûtons

Plats Principaux au choix

Cassoulet toulousain
Côtes de porc garnies
Biftech à l'échalote
Salade de Saison
Fromages ou Desserts
Crème au caramel
Pâtisserie Maison
Glaces

Boissons

Vin en pichet		1 ℓ	50 cl
rouge		13 F	7,50 F
blanc		13 F	7,50 F
rosé		13 F	7,50 F
Eaux minérales		1 ℓ	50 cl
Vittel		10 F	6 F
Perrier		11 F	7 F
Bière			7 F
Boisson non comprise			

4. Je vais prendre *des hors-d'œuvre*, mais je ne prends pas *de dessert.*
du pâté... de fromage / du cassoulet... de poisson / de la salade... de légumes / du vin... de café

5. J'aime *la bière*, mais je n'aime pas *le vin.*
le jambon... le poulet / les fromages... le gâteau / la glace... la crème caramel / le café au lait... le chocolat

6. Moi, je vais prendre un peu de *vin.*
bière / café / sucre / lait / dessert

V. *Questions personnelles*

Répondez individuellement aux questions suivantes.

1. Y a-t-il de bons restaurants dans les environs ? **2.** Connaissez-vous un bon restaurant près de l'université ? **3.** Comment s'appelle le restaurant ? **4.** Quelle est la spécialité du restaurant ? (la pizza ? le bifteck ? les sandwichs ? les hamburgers ?) **5.** À quelle heure allez-vous déjeuner en général ? À quelle heure allez-vous dîner ? **6.** Regardez le menu en haut de la page. **a.** Qu'est-ce que vous allez prendre comme entrée ? comme plat principal ? comme dessert ? **b.** Est-ce que vous voulez du vin ? blanc ou rouge ? **c.** Est-ce que vous allez prendre du café ? du café noir ou du café au lait ? **d.** Est-ce que vous allez laisser un pourboire ?

41

Conversations improvisées en équipes de deux : Dans un restaurant

Avec un(e) camarade, créez une conversation dans les situations suivantes.

A. Vous et votre camarade discutez ce que *(discuss what)* vous voulez pour le déjeuner. (Regardez la carte de l'exercice V.)

B. Votre camarade joue le rôle du garçon. Il / Elle vous demande ce que vous prenez pour le déjeuner et vous répondez.

C. Vous et votre camarade discutez ce que vous allez prendre comme dessert. Vous voulez du café — ou pas ?

VII. *Dictée d'après la Conversation 5*

—— *VOCABULAIRE* ——————————————————————

NOMS
l' **addition** *(f)* check, bill
la **carte** menu
le **garçon** waiter
le **pourboire** tip (for a
   service)

VERBES
aimer to like, love
apporter to bring
avoir faim to be hungry
connaître to know, be
   acquainted with
laisser to leave (behind)
prendre to take; to have
   (something to eat or drink)

ADJECTIFS
blanc (blanche) white
libre free
noir(e) black
rouge red
sympathique pleasant, nice,
   friendly

LA NOURRITURE food
la **bière** beer
le **bifteck frites** steak and
   french fries
le **café** coffee; le **café au lait**
   hot milk with coffee; le
   café crème coffee with
   cream; le **café noir**
   black coffee

le **cassoulet** baked bean
   dish (from southern
   France)
la **crème caramel** caramel
   custard
l' **eau** *(f)* water
l' **entrée** *(f)* first course
les **frites** *(f)* french fries
le **fromage** cheese
le **gâteau** cake
la **glace** ice cream
les **hors-d'œuvre** *(m, pl, inv)*
   appetizer
le **jambon** ham
le **lait** milk
le **légume** vegetable
le **pain** bread
le **pâté** pâté (meat paste)
le **plat** dish, course; le **plat
   principal** main course
la **poire** pear
le **poisson** fish
la **pomme** apple
le **poulet** chicken
le **sucre** sugar
la **viande** meat
le **vin** wine

PRONOMS DISJONCTIFS
stress pronouns
moi me
toi you (fam)

DIVERS
à la maison at home
allons-y let's go
alors so, then
aussi also, too
ça te va ? is it OK with you?
d'accord (d'ac) OK, I agree,
   sure
entendu fine, OK., I got it
mais but
messieurs gentlemen
que (qu'est-ce que)... ?
   what . . . ?
tiens ! say! hey!
tout de suite right away

MOTS AMIS
le **chocolat ; au chocolat**
la **crème**
désirer
le **dessert**
le **fruit**
le **menu**
la **pizza**
la **salade**
le **sandwich**
la **soupe**
la **spécialité**
la **table**

7.   *Explanation of nouns used in a partitive sense in French*

Voulez-vous **du** café ?	*Do you want **some** coffee?*
Voulez-vous **des** pommes ?	*Do you want **some** apples?*
Apportez-moi **des** hors-d'œuvre.	*Bring me **some** appetizers.*
Avez-vous **des** parents en France ?	*Do you have **any** relatives in France?*

In the above sentences, the nouns **café, pommes, hors-d'œuvre,** and **parents** are used in a partitive sense; that is, they refer to a *part* of the beverage, the fruit, or the food available, or to *some* of the people in question.

   In English the partitive sense is frequently expressed by the words *some* or *any*, but it is often implied rather than expressed. You can say *Do you want some coffee?*, *Do you want any coffee?*, or *Do you want coffee?* In French, however, the only possible way to express the idea is by using the partitive: **Voulez-vous *du* café ?**

8.   *The use of* du / de la / de l' / des *to express partitive meaning*

When nouns are used in a partitive sense in affirmative statements, commands, or questions, they are preceded by one of the special partitive forms **du / de la / de l' / des.**

A. du   The form **du** is used with a masculine singular noun before which **le** would normally stand.

le café	Voulez-vous **du** café ?	*Do you want (**some**) coffee?*
le sucre	Voulez-vous **du** sucre ?	*Do you want (**some**) sugar?*

B. de la   De la is used with a feminine singular noun before which **la** would normally stand.

la crème	Apportez-moi **de la** crème.	*Bring me **some** cream.*
la viande	Avez-vous **de la** viande rouge ?	*Do you have **any** red meat?*

C. **de l'** De l' is used with a masculine or feminine singular noun before which l' would normally stand.

l'argent *(m)*   Avez-vous **de l'argent** ?   *Do you have **any** money?*
l'eau *(f)*   Je veux **de l'eau**.   *I want **some** water.*

D. **des** Des is used with masculine or feminine plural nouns.

les fruits *(m)*   Avez-vous **des** fruits ?   *Do you have **any** fruit?*
les pommes *(f)*   Nous avons **des** pommes.   *We have some apples.*
les poires *(f)*   Voulez-vous **des** poires ?   *Do you want some pears?*

9. *Use of the partitive forms*

A. With verbs such as *to want, to have, to eat, to order, to bring,* and *to give,* nouns are ordinarily used in a partitive sense because you are likely to want (have, buy, order, etc.) only a part of the thing or things you are talking about.

Je veux **du vin.**
Je vais prendre **du dessert.**
Apportez-moi **des hors-d'œuvre.**

B. With verbs such as *to like, to dislike,* and *to detest,* nouns express the general (not partitive) sense; therefore you use the definite article **le / la / l' / les** whether the verb is affirmative or negative. You say:

J'aime **le café.**   *I like coffee.*
J'aime **les bananes.**   *I like bananas.*
Je n'aime pas **le café.**   *I don't like coffee.*
Je n'aime pas **les bananes.**   *I don't like bananas.*

In English, *I like some coffee* means *I like a certain kind or brand of coffee.* The partitive construction in French cannot be used to express this idea.

C. Observe the sense in which the nouns are used in the following sentences and try to see how the different meanings are expressed.

Aimez-vous **les poires** ?   *Do you like pears?* (in general)
Voulez-vous **une poire** ?   *Do you want a pear?*
Voulez-vous **de la poire** ?   *Do you want some (a part) of the
                                       pear?*
Voulez-vous **des poires** ?   *Do you want some pears?*

44

Substitutions

Changez les phrases suivantes en substituant les mots indiqués.

A. Emploi du partitif

1. Voulez-vous *des hors-d'œuvre ?* Oui, donnez-moi *des hors-d'œuvre,* s'il vous plaît.
  du café / du vin rouge / du vin blanc / de la crème / du sucre / des fruits
2. Moi, je vais prendre *des hors-d'œuvre.*
  du pâté / de la soupe / des œufs / du jambon / de la salade / du dessert

B. Emploi de l'article défini

1. Aimez-vous *les hors-d'œuvre ?*
  la soupe / le cassoulet / le vin blanc / les fruits
2. Oui, j'aime *les hors-d'œuvre,* mais je n'aime pas *la salade.*
  la soupe... le cassoulet / le vin blanc... le vin rouge / les fruits... les fromages / la crème... le sucre

10. *Use of* de *alone*

A. De is used instead of **du / de la / de l' / des** with a noun in the partitive sense if it is the direct object of the negative form of a verb.

Nous avons du café.	*We have (some) coffee.*
BUT Nous **n'**avons **pas de** café.	*We don't have **any** coffee.*
Avez-vous de la crème ?	*Do you have any cream?*
BUT Nous **n'**avons **pas de** crème.	*We have **no** cream.*
Avez-vous des parents en France ?	*Do you have any relatives in France?*
BUT Je **n'**ai **pas de** parents en France.	*I have **no** relatives in France.*
Y a-t-il de l'eau sur la table ?	*Is there any water on the table?*
BUT Il **n'**y a **pas d'**eau sur la table.	*There is **no** water on the table.*

Remember that the *definite* article does *not* change after the negative of verbs!

J'aime le vin. Je **n'**aime **pas le** vin.
J'aime la salade. Je **n'**aime **pas la** salade.

B. De is also used instead of **un / une** when the noun is the direct object of the negative form of a verb.

J'ai une carte d'identité.	*I have an identification card.*
BUT Je **n'**ai **pas de** carte d'identité.	*I have **no** identification card.*
Il y a un hôtel près d'ici.	*There is a hotel near here.*
BUT Il **n'**y a **pas d'**hôtel près d'ici.	*There is **no** hotel near here.*

45

C. De is also frequently used instead of **des,** when the noun is preceded by an adjective.

Il y a des restaurants sur la place.	There are (some) restaurants in the square.
BUT Il y a **de** bons restaurants sur la place.	There are (**some**) good restaurants in the square.
Y a-t-il des hôtels ici ?	Are there any hotels here?
BUT Y a-t-il **d'autres** hôtels ici ?	Are there (any) **other** hotels here?

D. De alone is used after the adverbs **beaucoup** (*much, many*), **un peu** (*a little*), and most expressions of quantity.

Il y a **beaucoup de** restaurants sur la place.	There are **many** restaurants in the square.
Voulez-vous **un peu de** café ?	Do you want **a little** coffee?

II. *Substitutions*

Changez les phrases suivantes en substituant les mots indiqués.

1. Voulez-vous *des hors-d'œuvre ?* — Non, merci, je ne veux pas *de hors-d'œuvre.*
   du vin rouge ?... de vin rouge / de la salade ?... de salade / du cassoulet ?... de cassoulet / du café ?... de café / des fruits ?... de fruits
2. Je n'aime pas *les hors-d'œuvre.* Donc, je ne vais pas prendre *de hors-d'œuvre.*
   la salade... de salade / le pâté... de pâté / le cassoulet... de cassoulet / le café... de café / les fruits... de fruits / la crème caramel... de crème caramel

III. *Exercices d'application : Le partitif*

A. Mettez les mots suivants au pluriel.

EXEMPLE une pomme   des pommes

1. une poire 2. un fruit 3. une hôtelière 4. un passant
5. un employé 6. un hôtel 7. une carte de travail 8. un agent de police

B. Employez **beaucoup,** puis **un peu** avec chacun des mots suivants.

EXEMPLE   le vin   beaucoup de vin
                      un peu de vin

1. le lait 2. le café 3. le fromage 4. la salade 5. la viande 6. l'eau
7. l'argent 8. le sucre

46

Situations

A. Au restaurant   Vous êtes le garçon dans un restaurant et je suis un client. Je vous pose des questions et vous y répondez affirmativement.

EXEMPLE   Avez-vous des hors-d'œuvre ?
          Mais oui, nous avons des hors-d'œuvre.

1. Avez-vous du pâté ?   5. Avez-vous des pommes ?
2. Avez-vous du cassoulet ?   6. Avez-vous des poires ?
3. Avez-vous du jambon ?   7. Avez-vous des bananes ?
4. Avez-vous des œufs ?   8. Avez-vous de la glace ?

B. Toujours dans le restaurant — mais il est minuit (*midnight*). Je vous pose les questions précédentes, mais vous y répondez négativement.

EXEMPLE   Avez-vous du pâté ?   Je regrette, (monsieur), nous n'avons pas de pâté.

C. Dans la rue   Vous êtes dans la rue. Moi, un passant, je vous pose des questions et vous y répondez affirmativement. Après ça, *changez de rôle*.

EXEMPLE   Y a-t-il un restaurant près d'ici ?
          Oui, (monsieur,) il y a un restaurant près d'ici.

1. Y a-t-il un bon restaurant près d'ici ?
2. Y a-t-il des restaurants sur la place ?
3. Y a-t-il de bons hôtels sur la place ?
4. Y a-t-il un bureau de tabac dans les environs ?
5. Y a-t-il un bureau de poste près d'ici ?

D. À l'hôtel   Vous êtes l'hôtelière. Moi (un client), je vous pose des questions et vous y répondez négativement.

EXEMPLE   Y a-t-il une lettre pour moi ?   Non, il n'y a pas de lettre pour vous.

1. Y a-t-il des lettres pour moi ?   2. Y a-t-il un restaurant dans l'hôtel ?   3. Y a-t-il un bureau de tabac près d'ici ?   4. Avez-vous des parents aux États-Unis ?

V.   **Conversations improvisées en équipes de deux**

A. Dans un restaurant   Au dîner, vous (un client), vous désirez prendre certains plats. Vous demandez si ces plats sont au menu. (Par exemple, « Y a-t-il du cassoulet ce soir ? ») Le garçon (votre camarade) répond **oui** ou **non** à chaque question. (Par exemple, « Mais oui, monsieur, il y a du cassoulet ce soir. » ou « Je regrette, monsieur, il n'y a pas de cassoulet ce soir. ») Après ça, *changez de rôle*.

B. Vous et votre camarade, vous dînez au restaurant. Vous discutez ce que vous allez prendre pour le dîner. Choisissez hors-d'œuvre, un plat principal, un dessert, du vin ou de la bière et du café ou pas de café.

C. Question de goût   Dites à votre camarade 6 ou 7 plats que vous aimez prendre au dîner. Votre camarade réagit (*reacts*) avec « Moi aussi, j'aime… » ou « Pas moi, je n'aime pas… ». Après ça, *changez de rôle*.

47

CONVERSATION 7
Voyage à Rouen✦

John and Roger plan a short trip.

JEAN Quel jour sommes-nous aujourd'hui ?

ROGER C'est aujourd'hui le vingt septembre. Quand vas-tu à Marseille ?✦

JEAN Le mois prochain. Je compte partir le quinze octobre et revenir le premier novembre.

ROGER Est-ce que tu es libre à la fin de la semaine ?

JEAN Oui, je suis libre vendredi, samedi et dimanche.

ROGER Veux-tu venir à Rouen avec moi ? Je vais chez des copains.

JEAN Volontiers. Quel jour est-ce que tu pars ?

ROGER J'ai l'intention de partir jeudi soir.

JEAN À quelle heure ?

ROGER Je crois que le train part à dix-huit heures.

JEAN Parfait... C'est entendu donc. À jeudi✦ après-midi.

JOHN What's today's date?

ROGER Today is September twentieth. When are you going to Marseilles?

JOHN Next month. I plan to leave on October fifteenth and come back November first.

ROGER Are you free this weekend?

JOHN Yes, I'm free Friday, Saturday, and Sunday.

ROGER Do you want to go to Rouen with me? I'm going to stay with friends.

JOHN I'd be glad to. What day are you leaving?

ROGER I'm planning to leave Thursday evening.

JOHN What time?

ROGER I think the train leaves at 6 P.M.

JOHN Perfect. It's all set then. Until Thursday afternoon.

48

À MARSEILLE: LE PORT

À ROUEN

CULTURAL NOTES

Rouen, *on the Seine between Paris and the English Channel, dates from pre-Roman times. It is a major port with many industries and has several fine examples of Gothic and Renaissance architecture. It is the birthplace of the seventeenth-century classical dramatist, Pierre Corneille, and the nineteenth-century novelist, Gustave Flaubert, whose masterpiece was* Madame Bovary. *It was in Rouen that Joan of Arc was burnt at the stake.*

Marseilles *is the second largest city in France and one of the largest ports on the Mediterranean. Founded around 600 B.C. by merchant sailors, it is the oldest French city. In the nineteenth century the city was greatly industrialized and, because it has long been in contact with Middle Eastern countries, it has become an important center for the oil industry.*

There are several French expressions for leave-taking, among which are **au revoir** *(goodbye, in general) and* **à jeudi, à vendredi,** *etc. (specifically, goodbye till Thursday, Friday, etc.). Other useful expressions are* **à bientôt** (see you soon) *and* **à un de ces jours** (see you one of these days) *(general terms);* **à ce soir, à demain** (see you tomorrow), **à cet après-midi,** *and* **à six heures, à sept heures,** *etc. (more specific).*

49

CONVERSATION 7

Exercices de mise en train : Le Déjeuner

A. En deux groupes : Groupe A, vous êtes Jean et Groupe B, vous êtes Roger.

1. Jean, dites à Roger qu'il est midi et que vous avez faim.
2. Roger, répondez que vous connaissez un bon petit restaurant.
3. Jean, demandez à Roger s'il veut des hors-d'œuvre.
4. Roger, répondez que vous allez prendre du pâté.
5. Jean, demandez à Roger ce qu'il veut comme plat de viande.
6. Roger, répondez que vous voulez du cassoulet. Demandez à Jean s'il veut du vin blanc ou du vin rouge.
7. Jean, répondez que vous aimez le vin rouge.

B. En équipes de deux : Avec un(e) camarade de classe, répétez l'exercice précédent.

II. *Présentation du dialogue : Voyage à Rouen*

III. *Questions de compréhension du dialogue*

Répondez aux questions d'après le dialogue.

1. Quel jour sommes-nous aujourd'hui?
2. Quand vas-tu à Marseille ?
3. Quand est-ce que tu comptes partir ?
4. Quand est-ce que tu comptes revenir ?
5. Veux-tu venir à Rouen avec moi?
6. Quand est-ce que tu as l'intention de partir?
7. À quelle heure part le train pour Rouen ?
8. À quelle heure arrive-t-il à Rouen ?

IV. *Substitutions*

A. Vocabulaire spécialisé   Répétez ces nouveaux mots.

1. Les mois de l'année : janvier, février, mars, avril, mai, juin, juillet, août, septembre, octobre, novembre, décembre
2. Les jours de la semaine : lundi, mardi, mercredi, jeudi, vendredi, samedi, dimanche
3. Révision : comptez de un à trente.

B. Changez les phrases suivantes en substituant les mots indiqués.

1. Quelle est la date aujourd'hui ? Nous sommes aujourd'hui *le 20 septembre.*
   le 30 septembre / le 25 décembre / le 14 juillet / le 15 août
2. Quel jour sommes-nous aujourd'hui ? Nous sommes aujourd'hui *le premier janvier.*
   le premier avril / le premier juin / le premier septembre / le premier novembre

50

3. Quel jour sommes-nous aujourd'hui ? Nous sommes aujourd'hui *lundi.*
   mercredi / **vendredi** / **mardi** / **jeudi**
4. Le train part à *17h*, n'est-ce pas ?
   à 17h30 / **à 18h** / **à 18h40** / **à 20h**
5. *Je compte partir* le 15 octobre.
   Je vais partir / **Je pars** / **J'ai l'intention de partir**
6. C'est entendu donc. *À jeudi après-midi.*
   À jeudi matin / **À demain** / **À ce soir** / **À bientôt** / **À tout à l'heure** / **À un de ces jours** / **Au revoir**

V. *Questions personnelles (en équipes de deux)*

Posez les questions suivantes à un(e) camarade. Après ça, *changez de rôle.*

EXEMPLE   Quel jour sommes-nous   C'est aujourd'hui lundi, le 13 octobre.
           aujourd'hui ?
           (la date et le jour)

1. Est-ce que tu es libre ce soir ? Es-tu libre demain soir ?   **2.** Où vas-tu dîner ce soir ? À quelle heure est-ce que tu dînes en général ?   **3.** Es-tu libre à la fin de la semaine ? Veux-tu aller au cinéma ?   **4.** Est-ce que tu vas chez des copains ce week-end?

VI. *Situation: Le TGV à Lyon*

A. Vous êtes à Paris. Vous allez prendre le TGV pour aller à Lyon. Je suis votre camarade. Je vous pose des questions sur vos projets et vous y répondez. Regardez l'horaire du TGV et répondez individuellement aux questions.

1. Quand est-ce que tu as l'intention de partir ?
2. À quelle heure est-ce que tu comptes partir ?
3. À quelle heure est-ce que tu vas arriver à Lyon ?
4. Y a-t-il un wagon-restaurant dans le train que tu prends?
5. Est-ce qu'il y a un bar dans le train ?

B. Répétez l'exercice précédent en équipes de deux.

SNCF
Paris - Lyon

Numéro du train	731	701	605	609	607
Notes à consulter	10	11	12	19	20

Paris-Gare de Lyon	D	06.45	07.00	07.00	07.54	08.00
Lyon-Part-Dieu	A	08.45	09.00	09.00	10.02	10.02
Lyon-Perrache	A		09.10	10.12	10.12

Tous les trains comportent des places assises en 1re et 2e cl. sauf indication contraire dans les notes.

Notes : * Autocar SNCF de Mâcon-Loché. *TGV* à Villefranche-sur-Saône.
T.G.V. : Réservation obligatoire.

10. *TGV* . Circule tous les jours sauf les sam., dim. et fêtes et sauf les 26, 27 déc., 02 et 09 mai. A supplément. 🍽 . 1re cl. ℗ .

11. *TGV* . Circule tous les jours. A supplément certains jours. ℗ .

12. *TGV* . Circule les dim. et fêtes et les 26, 27 déc., 03 et 10 mai. A suppl. certains jours. ℗ .

19. *TGV* . Circule les sam., dim. et fêtes et les 26, 27 déc., 07 fév., 02, 09 mai. A suppl. certains jours. ℗ .

20. *TGV* . Circule tous les jours sauf les sam., dim. et fêtes et sauf les 26, 27 déc., 07 fév., 02 et 09 mai. A supplément. 🍽 . 1re cl. ℗ .

Symboles

A	Arrivée	⊗	Grill-express
D	Départ	🍽	Restauration à la place
⊨	Couchettes	℗	Bar
🛏	Voitures-lits		Vente ambulante
IE	Intercités		
TGV	Train à grande vitesse		

Conversations improvisées (en équipes de deux)

A. **Un Voyage à Marseille**   Votre camarade vous propose un voyage à Marseille. Posez-lui des questions pour décider les détails du voyage. Votre camarade vous répond. Après ça, *changez de rôle* et parlez d'un voyage à Rouen.

B. **À Lyon**   Vous êtes dans une rue de Lyon. Demandez des renseignements à un passant pour aller à la place, à la poste, à un bon hôtel, à un café, à un restaurant. Le passant (votre camarade) vous répond.

VIII.   *Dictée d'après la Conversation 6*

_____ VOCABULAIRE _____

NOMS
l' **année** *(f) year (emphasis on duration)*
le **copain**, la **copine** *friend, pal*
la **fin de la semaine**, *le* **week-end** *weekend*
le **jour** *day*
le **mois** *month*
la **semaine** *week*
le **voyage** *trip*
le **wagon** *car (train);* le **wagon-restaurant** *dining car*

VERBES
avoir l'intention de *to plan, intend*
compter *to plan*
croire *to believe, think*
partir *to leave*
revenir *to come back*
venir *to come*

ADJECTIFS
parfait(e) *perfect*
prochain(e) *next*

EXPRESSIONS D'ADIEUX *expressions for leave-taking*
à bientôt *see you soon*
à ce soir *see you tonight*
à demain *see you tomorrow*
à (jeudi, à vendredi, etc.) *see you (Thursday, Friday, etc.)*
à (six heures, à sept heures, etc.) *see you at (six, at seven, etc.)*
à un de ces jours *see you one of these days*

DIVERS
aujourd'hui *today*
c'est entendu *it's all set*
chez *at/to (someone's) house/place*
donc *then, well, so; therefore*
quand *when*
quel jour sommes-nous? *what's the date?*
volontiers *gladly, I'd be glad to*
LES JOURS DE LA SEMAINE *days of the week; see p. 50, IVA*
LES MOIS DE L'ANNÉE *months of the year; see p. 50, IVA*
LES NOMBRES ORDINAUX
premier, *(f)* **première** *first**
MOT AMI
le **week-end**

52

_____
*A continuation of the forms of ordinal numbers is found in Grammar Unit 4.

11. *How to learn verb forms*

The best way to learn verb forms is to associate the forms you want to learn
with those you already know. As you study the present indicative of the verb
être, for example, bear in mind the forms you have already learned to use
and relate the unfamiliar forms to them.

12. *Present indicative of* être *(to be): irregular*

Êtes-vous français ?
— Non, **je ne suis pas** français. **Je
suis** américain.

Are you French?
—No, I'm not French. I'm American.

Quelle heure **est-il ?**
— **Il est** dix heures.

What time is it?
—It's ten o'clock.

Où **sont** Roger et Jean ?
— **Ils sont** à Paris.

Where are Roger and John?
—They're in Paris.

Repeat the forms of the present indicative of **être** *after your instructor.*

Affirmative		Negative	Interrogative
je suis	*I am*	je ne suis pas...	est-ce que je suis... ?
		(I am not . . .)	*(am I . . . ?)*
tu es	*you are*	tu n'es pas	es-tu ?
il est	*he/it is*	il n'est pas	est-il ?
elle est	*she/it is*	elle n'est pas	est-elle ?
on est	*one is/people are*	on n'est pas	est-on ?
nous sommes·	*we are*	nous ne sommes pas	sommes-nous ?
vous êtes	*you are*	vous n'êtes pas	êtes-vous ?
ils sont	*they are (m or m & f)*	ils ne sont pas	sont-ils ?
elles sont	*they are (f)*	elles ne sont pas	sont-elles ?

53

A. The **vous** *(you)* form, the second person plural, is used in speaking either to one or to more than one person.

Vous êtes américain, n'est-ce pas ? ⎫
Vous êtes américains, n'est-ce pas ? ⎬ *You're American, aren't you?*

B. **Tutoiement** (use of the **tu** form, the second person singular) was once used only in speaking to members of one's family, to children, or to very intimate friends; but today it is more commonly used, especially among young people even if they are not close friends. John and Roger naturally use **tutoiement** in talking because they know each other well. But John properly uses the **vous** form in speaking to the **concierge,** the **employée,** the **hôtelière,** and the **agent de police.** In fact, it would be improper for him to **tutoyer** people with whom he has little in common or whom he does not know well.

Note, however, that you should not **tutoyer** a French person unless he or she has already used **tu** in speaking to you. When in doubt, it is much better to **vousvoyer** a person.

C. **Il / elle / ils / elles** are used to refer to persons or things that have already been definitely identified in the context.

Jean et Roger ont faim. **Ils** vont déjeuner.
Voilà une pomme. **Elle** est rouge.

D. **On** is an indefinite pronoun that is similar to the English *one, we, they,* or *people.* It is always used with the third person singular of verbs—even if it refers to many people. It is often used for making suggestions or generalizations.

On est à la préfecture de police.	*We're at the police station.*
On va à l'hôtel, n'est-ce pas ?	*We're going to the hotel, aren't we?*
À Paris, **on** dîne à huit heures.	*In Paris, **they** have dinner (**people** dine) at eight o'clock.*

E. The interrogative construction given on page 53 for the first person singular is **Est-ce que je suis... ?** This form is given because the inverted form **Suis-je... ?** is rarely used except in literary style. **Est-ce que... ?** may, of course, be used with the other forms and is, in fact, more commonly used in spoken French than inversion.

13. *Present indicative of* avoir *(to have): irregular*

Avez-vous des frères ?	*Do you have any brothers?*
—Non, **je n'ai pas** de frères.	*—No, I don't have any brothers.*
Qu'est-ce que **vous avez** comme dessert ?	*What do you have for dessert?*
— **Nous avons** des pommes et des poires.	*—We have apples and pears.*

54

Repeat the forms of the present indicative of **avoir** *after your instructor.*

Affirmative		Negative	Interrogative
j'ai...	*I have*	je n'ai pas... *(I don't have . . .)*	est-ce que j'ai... *? (do I have . . .?)*
tu as...	*you have*	tu n'as pas...	as-tu... ?
il a...	⎰ *he/it has*	il n'a pas...	a-t-il... ?
elle a...	⎪ *she/it has*	elle n'a pas...	a-t-elle... ?
on a...	⎱ *one has*	on n'a pas...	a-t-on... ?
nous avons...	*we have*	nous n'avons pas...	avons-nous... ?
vous avez...	*you have*	vous n'avez pas...	avez-vous... ?
ils ont...	⎰ *they have (m or m & f)*	ils n'ont pas...	ont-ils... ?
elles ont...	⎱ *they have (f)*	elles n'ont pas...	ont-elles... ?

Note that when the third person is inverted, the subject pronoun (**il** / **elle** / **on**) is always preceded by the sound /t/. For verbs whose third person ends in **t** (or **d**), it is simply a matter of linking the final consonant. EXAMPLE **Est-il... ?** For verbs whose third person singular does not end in **t** (or **d**), a **t** is inserted between the verb and pronoun subject. EXAMPLES **A-t-elle... ? Déjeune-t-il... ? Habite-t-elle... ?**

I. *Substitutions:* avoir *et* être

Changez les phrases suivantes en substituant les mots indiqués.

1. *Jean est* en France.
  Je suis / Nous sommes / Jean et Roger sont / Ils sont / Tu es / Elle est

2. *Êtes-vous* français ? — Non, *nous ne sommes pas* français.
  Es-tu... je ne suis pas / Est-il... il n'est pas / Sont-ils... ils ne sont pas

3. Mais *j'ai* des parents en France.
  nous avons / elle a / vous avez / Roger et Marie ont / Roger a

4. *Avez-vous* des frères ? — Non, *nous n'avons pas* de frères.
  A-t-il... il n'a pas / A-t-elle... elle n'a pas / Ont-elles... elles n'ont pas / As-tu... je n'ai pas

---

II. *Exercices d'application*

A. Mettez les phrases suivantes au pluriel.

EXEMPLES Je suis américain(e).   Nous sommes américain(e)s.
     J'ai une carte de travail.   Nous avons une carte de travail.

1. Je suis étudiant(e). **2.** Je ne suis pas libre ce soir. **3.** Je suis français(e). **4.** Je n'ai pas faim. **5.** J'ai 20 ans. **6.** Je n'ai pas de bicyclette.

EXEMPLES Il est français.   Ils sont français.
Il a une carte d'identité.   Ils ont une carte d'identité.

1. Il est américain. **2.** Où est-il ? **3.** Il est à l'hôtel. **4.** Elle n'a pas faim.
5. Quel âge a-t-il ? **6.** Il a 21 ans.

B. Répondez aux questions en deux groupes : Groupe A, vous répondez affirmativement aux questions ; Groupe B, vous répondez négativement. Après ça, *changez de rôle.*

EXEMPLES Êtes-vous américains ?   A: Oui, nous sommes américains.
B: Non, nous ne sommes pas américains.

1. Êtes-vous étudiants ? **2.** Êtes-vous libres ce week-end ? **3.** Est-ce que le professeur est français ? **4.** La poste est-elle ouverte ce soir ? **5.** Avez-vous faim ? *(Répondez avec la forme de je).* **6.** Est-ce que Jean a faim ? **7.** Est-ce que Marie a 20 ans ? **8.** Avons-nous des parents en France ? *(Répondez avec la forme de **nous**.)*

III. ***Questions personnelles (en équipes de deux)***

A. Posez les questions suivantes à un(e) camarade de classe. Après ça, *changez de rôle.*

1. Es-tu français(e) ? **2.** As-tu faim ? **3.** Est-ce que tu as des sœurs ? **4.** Es-tu libre ce week-end ? **5.** Est-ce que tu as une voiture ? **6.** Es-tu américain(e) ? **7.** As-tu des parents en France ?

B. Maintenant, changez de partenaire. Dites *(Tell)* à votre nouveau / nouvelle partenaire les réponses de votre camarade de classe aux questions de la partie A.

EXEMPLE Il / Elle n'est pas français(e).

C. Changez la forme des questions de la partie A à la forme de **vous** et posez les questions au professeur.

---

14. Present indicative of déjeuner *(to have/eat lunch); example of first conjugation verbs, regular*

À quelle heure **déjeunez-vous ?**	At what time **do you have (eat) lunch?**
— **Je déjeune** à midi et quart.	—**I have lunch** at a quarter past twelve.
À quelle heure Roger **déjeune-t-il ?**	At what time does Roger **have lunch?**
— **Il déjeune** à midi et demi.	—**He has lunch** at half past twelve.
À quelle heure **déjeunent** vos parents ?	At what time **do your parents have lunch?**
— **Ils déjeunent** à une heure.	—**They eat lunch** at one o'clock.

56

Ici **on déjeune** à midi.	*We (people) have lunch* at noon here.
À Paris, **on déjeune** à une heure.	*In Paris, they (people) have lunch at one o'clock.*

Repeat the forms of the present indicative of **déjeuner** *after your instructor.*

Affirmative	*Negative*	*Interrogative*
je déjeune	je ne déjeune pas	est-ce que je déjeune ?
(I have lunch, I am having lunch)	*(I do not have lunch, I am not having lunch)*	*(am I having lunch? do I have lunch?)*
tu déjeunes	tu ne déjeunes pas	déjeunes-tu ?
il / elle / on déjeune	il / elle / on ne déjeune pas	déjeune-t-il / elle / on ?
nous déjeunons	nous ne déjeunons pas	déjeunons-nous ?
vous déjeunez	vous ne déjeunez pas	déjeunez-vous ?
ils / elles déjeunent	ils / elles ne déjeunent pas	déjeunent-ils / elles ?

A. Note that only the endings for the **nous** (**-ons**) and **vous** (**-ez**) forms are pronounced. All the other endings are silent.

B. The first conjugation has by far the largest number of verbs. You have already met the following verbs of this conjugation.

s'appeler	*to be named*	dîner	*to eat/have dinner*
apporter	*to bring*	donner	*to give*
arriver	*to arrive*	entrer	*to enter*
compter	*to count*	fermer	*to close*
demander	*to ask (for)*	habiter	*to live (in)*
demeurer	*to live (in)*	parler	*to speak*

C. The present indicative of regular first conjugation verbs consists of a stem and endings: the stem may be found* by dropping the **-er** of the infinitive (**donn-, habit-, étudi-**, etc.); the endings are **-e, -es, -e, -ons, -ez, -ent.** Note that verbs ending in **-ier** (**étudier**, *to study;* **copier**, *to copy*) are also conjugated like **déjeuner : j'étudie, tu étudies, il étudie, nous étudions, vous étudiez, ils étudient.**

---

*For the few verbs in whose final stem vowel is an **e** (for example, **acheter**), this **e** is silent in forms in which the ending is pronounced: **nous achétons, vous achétez.** It is pronounced like the **è** in **père** in the forms whose endings are silent: **j'achète, tu achètes, il achète,** and **ils achètent.** For **acheter**, this difference in pronunciation is indicated by writing **è** instead of **e.**

In **appeler,** however, this difference in pronunciation of the final stem vowel is indicated by writing **ll** instead of **l** in the singular and in the third person plural (forms where the endings are silent): **appelle, appelles, appelle, appellent.**

EXAMPLE   Comment vous **appelez-** vous ? —Je m'**appelle** Jean Hughes.

57

IV.   *Substitutions : Les verbes en -er*

Changez les phrases suivantes en substituant les mots indiqués.

1. *J'aime* beaucoup le café.
   Il aime / Nous aimons / Aimez-vous / Aimes-tu / Elle aime / Elles aiment / Ils aiment
2. À quelle heure *déjeunes-tu ? — Je déjeune* à midi.
   déjeunez-vous... Nous déjeunons / déjeune-t-il... Il déjeune / déjeune-t-elle... Elle déjeune / déjeunent-elles... Elles déjeunent
3. *Le garçon apporte* des poires.
   Il apporte / J'apporte / Nous apportons / Apportez-vous / Apportes-tu / Elle apporte / Elles apportent
4. *J'étudie* le français.
   Nous étudions / Vous étudiez / Il étudie / Ils étudient / Elles étudient / Elle étudie

V.   *Exercices d'application*

A. Mettez les phrases suivantes au pluriel.

EXEMPLE Je dîne à huit heures.   **Nous dînons à huit heures.**

1. Je déjeune à midi.   2. J'habite à Paris.   3. J'arrive le 30 novembre.   4. Je parle un peu français.   5. Je ne parle pas anglais.

LA VILLE DE MARSEILLE

58

EXEMPLE Où dînes-tu ?   Où dînez-vous ?

1. À quelle heure déjeunes-tu?   **2.** Demeures-tu avenue de l'Observatoire?
3. Parles-tu anglais?   **4.** Tu étudies les mathématiques ?   **5.** Tu aimes les mathématiques?

EXEMPLE Elle habite à Paris.   Elles habitent à Paris.

1. Il arrive le 29 novembre.   **2.** Elle déjeune à l'hôtel.   **3.** À quelle heure arrive-t-il?   **4.** Parle-t-elle français?   **5.** Il n'habite pas à Paris.

B. Répondez aux questions en deux groupes : Groupe A, répondez affirmativement aux questions ; Groupe B, répondez négativement. Après ça, *changez de rôle.*

EXEMPLES Habitez-vous à Paris?
　　　　　　　　A: Oui, nous habitons à Paris.
　　　　　　　　B: Non, nous n'habitons pas à Paris.
　　　　Est-ce que Jean dîne à 7h ?
　　　　　　　　A: Oui, il dîne à 7h.
　　　　　　　　B: Non, il ne dîne pas à 7h.

1. Habitez-vous à Marseille?   **2.** Déjeunez-vous à midi?   **3.** Étudiez-vous le français?   **4.** Est-ce que Jean parle français?   **5.** Est-ce que Jean et Roger dînent à 8 heures?   **6.** Est-ce que Marie demeure à Paris?

Répondez par la forme **je.**

1. Dînez-vous à 8h ?   **2.** Aimez-vous le café ?   **3.** Aimez-vous les hors-d'œuvre ?   **4.** Parlez-vous français ?

VI. *Questions personnelles (en équipes de deux)*

A. Posez les questions suivantes à un(e) camarade de classe. Après ça, *changez de rôle.*

1. Parles-tu français?
2. Est-ce que tu aimes le français ?
3. Où demeures-tu ?
4. À quelle heure est-ce que tu déjeunes ?
5. À quelle heure dînes-tu ?
6. À quelle heure arrives-tu en classe ?
7. À quelle heure est-ce que tu arrives à la maison *(at home)* ?

B. Changez de partenaire. Dites à votre nouveau / nouvelle partenaire les réponses de votre camarade de classe aux questions de la partie A.

EXEMPLE **Elle / Il parle français.**

C. Maintenant, posez les questions au professeur. Changez la forme des questions de la partie A. Utilisez la forme **vous** et posez les questions au professeur.

59

Situations: Faisons connaissance (Let's get to know each other)

A. Un nouvel étudiant arrive en classe et vous voulez mieux connaître *(know)* cet étudiant. D'abord *(First)*, formez les questions. En employant la forme **tu**, vous posez des questions à l'étudiant. Demandez-lui :

1. quelle est sa nationalité.
2. s'il étudie les mathématiques ou le français.
3. où il demeure.
4. son âge.
5. s'il a des frères et des sœurs.
6. s'il veut aller déjeuner après la classe.

B. En équipes de deux : Posez les questions précédentes au nouvel étudiant (votre camarade de classe). Après ça, *changez de rôle.*

C. Vous êtes invité(e) chez les parents de votre camarade de chambre *(room)*. Vous êtes à table à côté d'une personne que vous ne connaissez pas. En employant la forme **vous**, posez des questions à cette personne.

D'abord, formons les questions ensemble. Demandez à cette personne:

1. sa profession.
2. où il / elle demeure.
3. où habitent ses parents.
4. s'il / si elle aime dîner au restaurant ou à la maison.
5. s'il / si elle aime aller au cinéma.
6. s'il / si elle veut aller au cinéma ce week-end.

En équipes de deux : Posez les questions précédentes à la personne (votre camarade de classe). Après ça, *changez de rôle.*

VIII. *Conversations improvisées (en équipes de deux)*

A. La Famille   Parlez d'un membre de votre famille à un(e) camarade de classe. Dites son nom, son âge, sa profession ou son occupation, où il / elle habite, ses goûts. Votre camarade vous pose une ou deux questions sur les habitudes *(habits)* de ce membre de votre famille. Après ça, *changez de rôle.*

B. Chez vos parents   Un nouveau collègue de votre père arrive chez vos parents. Vous voulez mieux connaître cette personne. Vous lui posez des questions personnelles (en employant la forme **vous**) et il vous pose des questions aussi.

C. Votre premier jour à l'université   Dans votre chambre *(room)*, vous faites la connaissance de votre camarade de chambre. Vous lui posez des questions personnelles en employant la forme **tu** et il / elle vous pose des questions aussi.

—— *VOCABULAIRE* ——

60

VERBES EN **-ER** -er *verbs*	**étudier** *to study*	PRONOM SUJET
acheter *to buy*	**fermer** *to close, shut*	**on** *one/we/people*
compter *to count*	NOM	MOTS AMIS
demander *to ask*	la **maison** *home, house*	**copier**
donner *to give*		**entrer**

CONVERSATION 8
Au bureau de tabac ✦

John goes to buy a newspaper.

ROGER Où vas-tu ?

JEAN Je vais acheter un journal. Où est-ce qu'on vend des journaux?

ROGER On les vend au bureau de tabac ou au kiosque.

ROGER Where are you going?

JOHN I'm going to buy a paper. Where do they sell papers?

ROGER They sell them at a tobacco shop or at a newsstand.

AU BUREAU DE TABAC

Au bureau de tabac

JEAN Avez-vous des journaux, madame ?

MME COCHET Mais oui, monsieur. Les voilà. *(Elle les montre du doigt.)*

JEAN Donnez-moi *Le Figaro*,✦ s'il vous plaît.

MME COCHET Le voici, monsieur.

JEAN C'est combien ?

MME COCHET Quatre francs soixante-quinze, monsieur.

JEAN Avez-vous des revues américaines ?

MME COCHET Je regrette beaucoup, monsieur. *(haussant les épaules)* Nous n'avons pas de revues américaines.

JEAN Combien coûte ce plan de Paris ?

MME COCHET Dix-huit francs, monsieur. Il est très utile, même pour les Parisiens.

JEAN J'ai seulement un billet de cent francs. Avez-vous de la monnaie ?

MME COCHET Je crois que oui. La voilà. Est-ce que c'est tout, monsieur ?

JEAN Oui, je crois que c'est tout pour aujourd'hui.

At the tobacco shop

JOHM Do you have any newspapers, (ma'am) ?

MME COCHET Certainly. There they are. *(She points to them.)*

JOHN Give me *Le Figaro*, please.

MME COCHET Here it is.

JOHN How much is it?

MME COCHET Four francs, seventy-five centimes.

JOHN Do you have any American magazines?

MME COCHET I'm very sorry, sir. *(shrugging her shoulders)* We don't have any American magazines.

JOHN How much does this map of Paris cost?

MME COCHET Eighteen francs. It's very useful, even for Parisians.

JOHN I only have a hundred-franc bill. Do you have change?

MME COCHET I think so. Here it is. Is that all?

JOHN Yes, I think that's all for today.

AU KIOSQUE

62

I. *Exercice de mise en train*

A. Répondez individuellement aux questions suivantes.

1. As-tu faim ?
2. Quand est-ce que tu vas déjeuner ? Où ?
3. À quelle heure est-ce que tu dînes en général ?
4. Est-ce que tu aimes les hors-d'œuvres ? les desserts ? le vin ? la bière ?

B. En équipes de deux, posez les questions précédentes à un(e) camarade de classe. Après ça, *changez de rôle.*

II. *Présentation du dialogue : Au bureau de tabac*

III. *Questions de compréhension du dialogue*

Répondez aux questions d'après le dialogue.

1. Qu'est-ce que Jean va acheter ?
2. Où vend-on des journaux en France ?
3. Combien coûte *Le Figaro ?*
4. On vend des revues au bureau de tabac, n'est-ce pas ?
5. Est-ce que Mme Cochet a des revues américaines ?
6. Est-ce qu'elle a la monnaie de 100 francs ?

63

Substitutions

Changez les phrases suivantes en substituant les mots indiqués.

1. Je vais acheter *un journal.*
   des journaux / des revues américaines / une revue américaine / un plan de Paris
2. On vend des journaux *au bureau de tabac.*
   au kiosque / dans la rue / à la librairie (*bookstore*) **/ en face de l'hôtel**
3. Nous n'avons pas de *revues américaines.*
   plans de Paris / revues françaises / monnaie / journaux
4. Combien coûte *ce plan de Paris ?*
   Le Figaro **/ cette revue américaine / cette revue française / l'édition parisienne du** *New York Times*
5. J'ai seulement un billet de *cent francs.*
   cinquante / vingt / cinq cents / mille
6. Je crois *que oui.*
   que non / que c'est tout / que c'est tout pour aujourd'hui

V. **Exercice d'application**

Changez les phrases suivantes en remplaçant le nom par le pronom **le / la / les.**

EXEMPLE   Voilà *Le Figaro.*   Le voilà.

1. Voilà les journaux.   **2.** Voilà le plan de Paris.   **3.** Voilà votre carte de travail.   **4.** Voilà un billet de cinquante francs.   **5.** Voilà la monnaie.
6. Voilà le journal.   **7.** Voilà l'agent de police.   **8.** Voilà l'hôtelière.

VI. **Mini-dialogues (en deux groupes)**

A. À l'appartement de Roger   Groupe A, vous êtes Jean et Groupe B, vous êtes Roger.

1. Roger, demandez à Jean où il va.
2. Jean, répondez que vous allez acheter un journal. Demandez à Roger où on vend des journaux.
3. Roger, répondez qu'on vend des journaux au bureau de tabac ou au kiosque. Demandez à Jean quel journal il va acheter.
4. Jean, répondez que vous allez acheter *Le Figaro* ou *Le Monde.*

B. Au bureau de tabac   Groupe A, vous êtes Mme Cochet et Groupe B, vous êtes Jean.

1. Jean (B), demandez à Mme Cochet combien coûte *Le Figaro.*
2. Mme Cochet (A), répondez que ça coûte 4,75F.
3. Jean, demandez si elle a la monnaie de 50 francs.
4. Madame, répondez que vous croyez que oui.
5. Jean, demandez si elle a des revues américaines.

64

6. Madame, répondez que vous croyez que non. Dites que vous avez des revues françaises.

7. Jean, dites que vous croyez que c'est tout pour aujourd'hui. Dites « merci » et « au revoir » .

VII. *Situation: Un(e) camarade de chambre au téléphone*

A. Votre camarade de chambre parle au téléphone. Vous entendez *(hear)* ses réponses. Devinons ensemble les questions auxquelles il / elle répond. *(Let's guess the questions that he/she is answering.)*

EXEMPLE   Je vais déjeuner   À quelle heure est-ce que tu
          à midi.   vas déjeuner ?

1. Je vais dîner à 8h.   **2.** Je vais dîner au restaurant *Chez Marie.*   **3.** Le restaurant est tout près d'ici.   **4.** C'est un très bon restaurant.   **5.** Le menu du soir coûte 60F.   **6.** Le restaurant est ouvert à 7h.   **7.** Il est 6h30.

B. En deux groupes: Groupe A, vous posez les questions d'après les réponses précédentes. Groupe B *(livres fermés),* vous répondez aux questions. Après ça, *changez de rôle.*

VIII. *Conversations improvisées (en équipes de deux)*

A. Dans votre hôtel à Paris   Vous désirez acheter un journal et des revues. Vous demandez des renseignements (par exemple, où acheter un journal, quels journaux il y a, combien coûte un journal, où il y a un bureau de tabac ou un kiosque) à l'hôtelière (votre camarade). L'hôtelière répond à vos questions.

B. Au kiosque   Vous désirez acheter des journaux et des revues. Vous parlez avec l'employé du kiosque (votre camarade).

IX. *Dictée d'après la Conversation 7*

VOCABULAIRE _____

NOMS
le **billet** *bill (money)*
le **journal** *(pl)* les **journaux**
   newspaper
le **kiosque** *newsstand*
la **librairie** *bookstore*
la **monnaie** *change (coins)*
la **revue** *magazine*
VERBES
coûter *to cost*
regretter *to regret, be sorry*
vendre *to sell*

ADJECTIF
utile *useful*
PRONOMS COMPLÉMENTS
object pronouns
la *her, it*
le *him, it*
les *them (m & f)*
DIVERS
combien?; c'est combien ?
   how much? how many?;
   how much is it?

je crois que oui *I*
   believe/think so
même *(adv) even*
seulement *only*
tout *(adv) very, quite*
le / la voilà; *(pl)* **les voilà**
   here (there) he/she/ it is;
   here (there) they are
MOT AMI
le **Parisien**, la **Parisienne**

GRAMMAR UNIT 4
Numbers

15. Cardinal numbers (one, two, three, etc.)

1	un, une	30	trente	90	quatre-vingt-dix
2	deux	31	trente et un	91	quatre-vingt-onze
3	trois	32	trente-deux	92	quatre-vingt-douze
4	quatre	33	trente-trois	100	cent
5	cinq	40	quarante	101	cent un
6	six	41	quarante et un	102	cent deux
7	sept	42	quarante-deux	103	cent trois
8	huit	43	quarante-trois	200	deux cents
9	neuf	50	cinquante	201	deux cent un
10	dix	51	cinquante et un	300	trois cents
11	onze	52	cinquante-deux		
12	douze	53	cinquante-trois	1000	mille
13	treize	60	soixante	1100	onze cents*
14	quatorze	61	soixante et un	1200	douze cents
15	quinze	62	soixante-deux	1300	treize cents
16	seize	63	soixante-trois	1400	quatorze cents
17	dix-sept	70	soixante-dix	1900	dix-neuf cents
18	dix-huit	71	soixante et onze	2000	deux mille†
19	dix-neuf	72	soixante-douze	2100	deux mille cent
20	vingt	73	soixante-treize	2110	deux mille cent dix
21	vingt et un	80	quatre-vingts		
22	vingt-deux	81	quatre-vingt-un	20.000	vingt mille‡
23	vingt-trois	82	quatre-vingt-deux	100.000	cent mille
		83	quatre-vingt-trois	1.000.000	un million

---

*From 1100 to 1900 you may also say **mille cent, mille deux cents,** etc., though **onze cents, douze cents,** etc., are somewhat more commonly used.

†Beginning with 2000, you always count in thousands in French. In English you may say **twenty-one hundred, twenty-two hundred,** etc., but in French you may only say: **deux mille cent, deux mille deux cents,** etc.

‡In French numbers, a period is used where we use a comma and vice versa: *English: 12,000.85; French: 12.000,85.*

A. The French count by tens from 1 to 60, but by twenties from 61 to 100. The Celts, whose language was spoken in Gaul before the Roman conquest, counted by twenties; the Romans counted by tens. The French system of numbers is thus a combination of the two.

B. **Et** is used in the numbers 21, 31, 41, 51, 61, and 71 — and in these numbers only. The **t** in **et** is never pronounced.

C. Pronunciation of the final consonant of numbers

1. The final consonant of numbers is ordinarily silent when the word immediately following the number begins with a consonant. EXAMPLE **cinq francs; six pommes; huit lettres; dix poires; vingt francs.** Note, however, that the final **t** is pronounced in **vingt-deux, vingt-trois**, etc.

2. The final consonant of numbers is pronounced when the word immediately following the number begins with a vowel or a mute **h**. EXAMPLE **trois ans; cinq ans; six étudiants; sept heures; huit étudiants; cent ans.** Note, however, in **cent un** (101) the **t** is *never* pronounced, and that the **f** in **neuf heures** and **neuf ans** is pronounced **v**— /nœvœr/, /nœvɑ̃/.

3. The final consonant of **cinq, six, sept, huit, neuf**, and **dix** is pronounced when the numbers are used alone, in counting, or at the end of a phrase or sentence. EXAMPLE **Combien de cousins avez-vous ? — Cinq** / sĕk /.

16. *Ordinal numbers (first, second, third, etc.)*

premier, première*	*first*	huitième	*eighth*
second, seconde; deuxième	*second*	neuvième*	*ninth*
troisième	*third*	dixième	*tenth*
quatrième	*fourth*	onzième	*eleventh*
cinquième*	*fifth*	douzième	*twelfth*
sixième	*sixth*	vingtième	*twentieth*
septième	*seventh*	vingt et unième	*twenty-first*

Lundi est le **premier** jour de la semaine.	*Monday is the **first** day of the week.*
Quel est le **troisième** mois de l'année† ?	*What is the **third** month of the year?*
C'est un étudiant de **deuxième** année.	*He is a **second-year** student.*

---

*Ordinal numbers are formed by adding **-ième** to the cardinal number. Note that **premier** (*first*) is irregular and has a feminine form: **première**. Note also that **cinquième** takes a **u** after the **q**, that the **f** of **neuf** becomes **v** to form **neuvième** and that the **e** is dropped from **quatre, onze** and **douze** before adding the ordinal ending.
†Note that the word **an** is used with cardinal numbers but that **année** is used with ordinals. EXAMPLE **trois ans** (*three years*); **la troisième année** (*the third year*).

67

C'est aujourd'hui le **onze** juin.	*Today is June 11.*
Je vais à Marseille le **huit** octobre.	*I'm going to Marseilles on October 8.*
Louis XIV est mort en **dix-sept cent quinze (1715).**	*Louis XIV died in 1715.*

A. Always use cardinal numbers for the days of the month except the first. EXAMPLE le **deux** mai, le **trois** mai *but* le **premier** mai.

B. In English, we say: *seventeen fifteen, seventeen hundred fifteen,* or *seventeen hundred and fifteen.* In French, 1715 can be read in only two ways: **dix-sept cent quinze** or **mille sept cent quinze.** Do not omit the word **cent.**

C. Note that the **e** of **le** is not elided before **onze** or **huit.**

D. When writing dates, the French put the day first, then the month, and then the year. For example, December 2, 1986, would be written 2/12/86, compared with the English sequence of 12/2/86.

17. *Time of day*

A. In conversation

Quelle heure est-il ?	*What time is it?*
Il est onze heures et quart.	*It's quarter past eleven.*
Il est onze heures et demie.	*It's half past eleven* (or *eleven-thirty*).
Il est midi moins le quart.	*It's a quarter to twelve.*
Il est midi. Il est minuit.	*It's noon. It's midnight.*
Il est trois heures vingt-cinq.	*It's twenty-five (minutes) past three.*
Il est quatre heures moins dix.	*It's ten minutes to four.*

1. To express the quarter-hour, you say **et quart** *(quarter past),* **et demie** *(half past),* **moins le quart** *(quarter to).*

2. To express minutes between the hour and the half-hour following (for example, 4:00–4:30), you say **quatre heures cinq** *(4:05);* **quatre heures dix** *(4:10);* **quatre heures vingt-cinq** *(4:25),* and so on.

But to express minutes between the half-hour and the following hour (for example, 4:30–5:00), you count back from the next hour. Thus, 4:35 is **cinq heures moins vingt-cinq ;** 4:50 is **cinq heures moins dix.**

3. To express A.M., you say **du matin ;** for P.M., you say **de l'après-midi** *(in the afternoon)* or **du soir** *(in the evening).* EXAMPLE **neuf heures du matin** *(9:00 A.M.);* **trois heures de l'après-midi** *(3:00 P.M.);* **onze heures du soir** *(11:00 P.M.).*

68

B. Official time (twenty-four-hour system)

une heure trente (1h30)	1:30 A.M.
treize heures trente (13h30)	1:30 P.M.
six heures cinquante (6h50)	6:50 A.M.
dix-huit heures cinquante (18h50)	6:50 P.M.
vingt-quatre heures vingt (24h20)	12:20 A.M.
douze heures vingt (12h20)	12:20 P.M.

1. The twenty-four-hour system is used in all official announcements and schedules for railroads, banks, stores, theaters, offices, army, navy, and so on.

2. In this system, fractions of an hour are always expressed in terms of minutes *after* the hour.

I. *Substitutions*

Changez les phrases suivantes en substituant les mots indiqués.

1. Quel âge a votre frère ? — Mon frère a *10* ans.
   6 / 8 / 7 / 9 / 19 / 21
2. Combien coûte ce plan de Paris ? — Il coûte *8F*.
   8F50 / 8F60 / 8F75 / 8F80 / 10F
3. Combien coûte cette auto ? — Elle coûte *9.000F*.
   8.000F / 10.000F / 12.500F / 15.000F
4. Quelle est la date aujourd'hui ? — C'est *le 15 septembre*.
   le 10 janvier / le 1ᵉʳ décembre / le 20 août / le 14 juillet / le 16 mars

II. *Exercice d'application*

Répondez individuellement aux questions suivantes.

1. Combien de jours y a-t-il en avril ? dans une année ? **2.** Quel est le premier jour de la semaine ? le troisième ? **3.** Quel est le premier mois de l'année ? le cinquième ? **4.** Quel âge avez-vous ? En quelle année êtes-vous né(e) ? *(What year were you born?)* **5.** Quel âge a votre père ? En quelle année est-il né ? **6.** En quelle année est-ce que les événements suivants ont eu lieu ? *(In what year did the following take place?)* **a.** La Déclaration de l'indépendance américaine **b.** La découverte de l'Amérique par Christophe Colomb **c.** Le commencement de la première guerre mondiale *(World War)* **d.** Le commencement de la deuxième guerre mondiale **e.** La fin *(end)* de la deuxième guerre mondiale

69

Visitons Versailles et les Trianons !⁺ Vous êtes à Versailles. Vous voulez visiter le château et les Trianons. Étudiez l'horaire en bas *(on the bottom)* de la page et répondez individuellement aux questions suivantes.

1. La Chapelle, les Grands Appartements et la Galerie des Glaces du château de Versailles sont ouverts jusqu'à quelle heure ? Combien coûte l'entrée ? Le dimanche, après quelle heure est-ce que les groupes ne sont pas admis ?
2. Au Grand Trianon, il y a des visites entre quelle heure et quelle heure ? Combien coûte le tarif ?
3. Au Petit Trianon, combien coûte l'entrée ? Combien coûte le billet jumelé Grand et Petit Trianon ? Le Petit Trianon est ouvert jusqu'à quelle heure ?
4. Quels jours de la semaine le château est-il fermé ?
5. Quel est le numéro de téléphone du château ?

Petit Trianon

Ouvert de : 14 h à 17 h.
Fermé le lundi et les jours fériés.
Entrée : **10 F** (mêmes réductions qu'au Château).
Billet jumelé Grand et Petit Trianon : **18 F**

Grand Trianon

Ouvert de : 9 h 45 à 17 h.
Fermé le lundi et les jours fériés.
Entrée : **15 F** (mêmes réductions qu'au Château).
Billet jumelé Grand et Petit Trianon : **18 F**

MUSEE NATIONAL DES CHATEAUX DE VERSAILLES ET DE TRIANON

78000 Versailles Tél. 39.50.58.32
R.E.R. : ligne C ou autobus 171 - Pont de Sèvres

Le Château est ouvert tous les jours,
sauf le lundi et les jours fériés, de 9 h 45 à 17 h

CHAPELLE
GRANDS APPARTEMENTS DU ROI et DE LA REINE
GALERIE DES GLACES

Entrée C : **20 F**

tarif réduit : **10 F**

— de 18 à 25 ans et
— à partir de 60 ans
— le dimanche

Gratuit jusqu'à 18 ans

Le dimanche,
les groupes ne sont pas admis après 13 h 30.

IV.   *Questions personnelles (en équipes de deux)*

A. Vous êtes très curieux / curieuse. Vous posez les questions suivantes à un(e) camarade de classe pour mieux le (la) connaître, lui (elle) et sa famille. Après ça, *changez de rôle.*

1. Quel âge as-tu ?   **2.** Quelle est la date de ton anniversaire *(birthday)*? **3.** En quelle année es-tu né(e) ?   **4.** Quel âge a ton père ? ta mère ? ton frère ? ta sœur ?   **5.** En quelle année est-ce que ton père est né ?   **6.** Quelle est la date de l'anniversaire de ta mère ?

B. Changez de partenaire. Dites à votre nouveau / nouvelle partenaire les réponses de votre camarade aux questions de la première partie.

EXEMPLE   Marie a vingt ans.

LA GALERIE DES GLACES DANS
LE CHÂTEAU DE VERSAILLES

71

CONVERSATION 9
Une Interro✦ sur l'histoire de France

Marie Bonnier, Roger's fiancée, is playfully checking up on John's knowledge of French history.

MARIE Dis donc, Jean, tu connais* l'histoire de France ?

JEAN Bien sûr ! Je connais Jeanne d'Arc✦ et Napoléon.✦

MARIE Ah, bon ! Qu'est-ce que tu sais de Jeanne d'Arc ?

JEAN Pas grand-chose. Je ne sais pas quand elle est née, mais je sais qu'elle est morte à Rouen.

MARIE Et Napoléon ? Sais-tu où il est né ?

JEAN Il est né en Corse, au dix-huitième siècle, n'est-ce pas ?

MARIE Oui, et Louis XIV,✦ en quelle année est-il mort ?

JEAN En dix-sept cent quinze, si j'ai bonne mémoire. *(Avec impatience)* Dis donc, c'est une interro d'histoire que tu me donnes ?

MARIE Bon, ne te fâche pas ! Encore une dernière petite question et c'est tout. Tu connais le quatorze juillet ?

JEAN Bien sûr. C'est le jour de la fête nationale en France.

MARIE Sais-tu pourquoi ?

MARIE Say, John, do you know French history?

JOHN Of course. I know about Joan of Arc and Napoleon.

MARY Really! What do you know about Joan of Arc?

JOHN Nothing much. I don't know when she was born, but I know that she died in Rouen.

MARIE And what about Napoleon? Do you know where he was born?

JOHN He was born in Corsica, in the eighteenth century, wasn't he ?

MARIE Yes, and Louis XIV, what year did he die?

JOHN In 1715, if I remember correctly. *(Impatiently)* Say, is this a history test you're giving me?

MARIE OK, don't get mad! One last (little) question and that's it. Do you know about July 14th?

JOHN Of course. It's the day of the French national holiday.

MARIE Do you know why?

---

*Connaître** and **savoir** both mean *to have knowledge of*, but they are not interchangeable. **Connaître** is used only with a noun or object pronoun and usually refers to persons, places, books, works of art, and the like, with the sense of *to be familiar with*. **Savoir** is used (1) with clauses introduced by **que, quand, où, combien, si, ce que**, etc.; (2) with infinitives, to express the meaning *to know how*: **Je *sais* jouer de la guitare**; and (3) with a noun or pronoun object referring primarily to dates, time, names, and age.

JEAN Parce que c'est le jour de la prise de la Bastille,✦ en dix-sept cent quatre-vingt-neuf. Tu vois, je suis bien renseigné !

MARIE Oui, tu es génial ! Tu sais vraiment tout — ou presque !

JOHN Because it's the day of the fall (capture) of the Bastille, in 1789. You see, I'm very well informed!

MARIE Yes, you're great! You really do know everything—or almost everything!

CULTURAL NOTES

Une interro *is a slang expression for* **une interrogation.** *In French, as in other languages, common words are often shortened:* **le labo (le laboratoire), la télé (la télévision), une moto (une motocyclette), sympa (sympathique), sensas (sensationnel), impec (impeccable), d'ac (d'accord), la météo (la météorologie), imper (imperméable) le metro (le métropolitain).**

Jeanne d'Arc (Joan of Arc), *who delivered France from the English in the Hundred Years' War, became a great national heroine and was canonized by the Roman Catholic Church in 1920. A fifteenth-century peasant girl who believed she was guided by heavenly voices, Joan appealed to the dauphin, the heir to the crown, and led the French army at Orléans and Reims. She was later captured and, in Rouen, burned at the stake for witchcraft.*

JEANNE D'ARC

Faict par P. Giffart   Graueur du Roy. 1663

NAPOLEON LE GRAND

CULTURAL NOTES

As a result of a meteoric military career, general **Napoléon Bonaparte** *became First Consul; then in 1804 he crowned himself Emperor of France. Napoleon ruled until 1814, when he was defeated by the alliance of England and Prussia and exiled to Elba, an island off the Italian coast. He returned to rule, but for only a hundred days: he was again defeated in 1815 at Waterloo, and was taken as prisoner to the British island of Saint Helena in the South Atlantic where he died.*

Louis XIV, *often called* **Louis le Grand** *and* **Le Roi Soleil,** *characterized his long reign as king of France (1643–1715) by declaring "L'État, c'est moi !" This period is remembered most for its great artists, including the writers Molière and Racine, the painter Le Brun, and the architect Mansart, who directed the building of Versailles.*

La Bastille, *a former fortress and prison, was taken over, in the early stages of the French Revolution, by the French people on July 14, 1789. It was eventually torn down and the place on which it had stood was made into a public square called* **la place de la Bastille.** *July 14 is now celebrated as a national holiday.*

74

I.   *Exercice de mise en train*

   A. Questions personnelles   Nous allons poser les questions suivantes tous ensemble, mais vous allez y répondre individuellement.

   1. À quelle heure est-ce tu vas à ton premier cours *(class)* ?   **2.** À quelle heure est-ce que tu vas déjeuner ?   **3.** À quelle heure est-ce que tu vas dîner ?   **4.** À quelle heure est-ce que tu vas au labo ?   **5.** Quel âge as-tu ?   **6.** En quelle année es-tu né(e) ?   **7.** Quel jour sommes-nous aujourd'hui? (le jour et la date)

   B. En équipes de deux   Posez 3 ou 4 des questions de la partie A à un(e) camarade de classe. Après ça, *changez de rôle.*

II.   *Présentation du dialogue : Une Interro sur l'histoire de France*

III.   *Questions de compréhension du dialogue*

   Répondez aux questions d'après le texte.

   1. Est-ce que Jean connaît l'histoire de France ?
   2. Est-ce qu'il sait quand est née Jeanne d'Arc ?
   3. Est-ce qu'il sait où elle est morte ?
   4. Où est-ce que Napoléon est né ?
   5. Quelle est la date de la prise de la Bastille ?

IV.   *Substitutions :* **Connaître** *et* **savoir**

   Changez les phrases suivantes en substituant les mots indiqués.

   1. Nous connaissons *l'histoire de France.*
      Paris / *Le Figaro* / la musique de Debussy / le château de Versailles
   2. Connaissez-vous *Marie Bonnier ?*
      Roger Duplessis / Jean Hughes / la concierge / l'hôtelière / Mme Cochet
   3. (**savoir** followed by a noun) Je sais *l'adresse de Jean Hughes.*
      sa profession / sa nationalité / son âge / un tas de choses *(lots of things)*
   4. (**savoir** followed by **que**) Je sais que *Jeanne d'Arc est morte à Rouen.*
      Napoléon est né en Corse / Louis XIV est mort en 1715 / Jean Hughes est ingénieur-chimiste / le 14 juillet est le jour de la fête nationale en France
   5. (**savoir** followed by an infinitive) Elle sait *danser.*
      parler français / chanter *(sing)* / jouer au tennis / faire la cuisine *(cook)*

75

Questions personnelles avec savoir *et* connaître

Répondez individuellement aux questions suivantes.

1. Savez-vous la date de la prise de la Bastille ? Et la date de la Déclaration de l'indépendance américaine ? Et la date de la découverte de l'Amérique par Christophe Colomb ?   **2.** Connaissez-vous l'histoire de France ? des États-Unis ?   **3.** Connaissez-vous Paris ? New York ? Chicago ?   **4.** Connaissez-vous la musique de Debussy ? de Bizet ? de Saint-Saëns ? Aimez-vous la musique de Debussy ? de Bizet ? de Saint-Saëns ?   **5.** Connaissez-vous les œuvres *(the works)* de Renoir ? de Monet ? Chagall ? Aimez-vous les œuvres de Renoir ? de Monet ? de Chagall ?   **6.** Connaissez-vous l'art moderne ? Aimez-vous l'art moderne ?   **7.** Connaissez-vous la musique classique ? Aimez-vous la musique classique ?

VI. *Conversations improvisées (en équipes de deux)*

A. Une interrogation   Pour cette interro, vous posez des questions à votre partenaire en employant **Est-ce que tu sais... ?** Votre partenaire répond par « **Oui, je sais...** » et la bonne réponse ou par « **Non, je ne sais pas...** ». Après ça, *changez de rôle.*

EXEMPLE   Est-ce que tu sais la date de la prise de la Bastille ?
Oui, je sais la date. C'est le 14 juillet 1789. OU
Non, je ne sais pas la date.

Voici des possibilités :

1. où est né Napoléon
2. où est morte Jeanne d'Arc
3. la date de la Déclaration de l'indépendance américaine
4. la date de la découverte de l'Amérique par Christophe Colomb
5. où est né Georges Washington
6. la date du commencement de la deuxième guerre mondiale
7. la date de la fin de la deuxième guerre mondiale
8. la date de l'arrivée du premier homme *(man)* sur la lune *(moon)*
9. l'âge du président des États-Unis
10. où est mort le Président John Kennedy
11. la date de...
12. où est né(e)...
13. quand est né(e)...
14. l'âge de...

B. Question de goût   Demandez à votre partenaire s'il / si elle connaît les choses suivantes et aussi s'il / si elle aime ces choses. Après ça, *changez de rôle.*

76

Est-ce que tu connais la musique de Bizet ?

Oui, je connais la musique de Bizet. ou

Non, je ne connais pas la musique de Bizet.

Est-ce que tu aimes la musique de Bizet ?

Oui, j'aime la musique de Bizet. ou

Non, je n'aime pas la musique de Bizet.

1. la musique classique
2. le jazz
3. les œuvres de Sartre
4. les films de Truffaut
5. la musique de...
6. les œuvres de...
7. les films de...

VII. *Dictée d'après la Conversation 8*

_____ *VOCABULAIRE* _____

NOMS

le **commencement** *beginning*

le **cours** *course, class*

la **découverte** (de qq ch) *discovery*

la **fête** *holiday, festival;* la **fête nationale** *national holiday*

la **fin** *end*

la **guerre** *war;* la **guerre mondiale** *world war*

l' **homme** (m) *man*

l' **interro** (l'**interrogation**) (f) *quiz*

la **lune** *moon*

l' **œuvre** (f) *work*

la **prise** *capture*

le **siècle** *century*

VERBES

chanter *to sing*

se fâcher *to get mad, angry*

faire la cuisine *to cook*

voir (**tu vois**) *to see (you see)*

ADJECTIFS

dernier (**dernière**) *last*

génial(e) *clever, smart; great*

mort(e) *dead;* **il / elle est mort(e)** *he/she died*

renseigné(e) *informed*

PRONOMS COMPLÉMENTS

me *me, to me*

te *you, to you*

DIVERS

bien sûr ! *of course!*

dis donc ! *say! tell me!*

ou *or*

par *by; through*

parce que *because*

pas grand-chose *not much, nothing much*

pourquoi ? *why?*

presque *almost*

que (*pron rel*) *that, which, whom*

si *if*

un tas de *a lot of*

tout / toute ; pl tous / toutes (*pron*) *everything*

vraiment *really*

MOTS AMIS

l' **Amérique** (f)

l' **arrivée** (f)

l' **art** (m)

　classique

　danser

la **Déclaration de l'indépendance**

le **film**

l' **histoire** (f)

l' **impatience** (f)

le **jazz**

la **mémoire**

　moderne

la **musique**

le **président**

la **question**

CONVERSATION 10
Bavardage

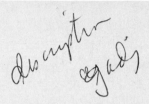

Mary and John are gossiping about Mary's friend Louise Bedel.

MARIE Dis, Jean, tu connais Louise Bedel ?

JEAN Non, je ne la connais pas.

MARIE Mais si.* Tu as fait sa connaissance chez Suzanne samedi dernier.

JEAN Tu parles de la petite jeune fille brune ?

MARIE Mais non, pas du tout ! C'est une grande blonde.

JEAN Oh, tu parles de la jeune fille qui joue de la guitare et qui chante si bien ?

MARIE Oui. Avec les cheveux blonds et de grands yeux bleus.

JEAN Eh bien ? Qu'est-ce qui lui arrive ?

MARIE Elle vient d'annoncer son mariage.

JEAN Ah oui ? Avec qui ?

MARIE Avec Charles Dupont.

JEAN Tiens! Je connais très bien Charles.

MARIE Qu'est-ce qu'il fait ?

JEAN Il est† ingénieur-électricien. Un type bien, du reste. Ils vont former un beau couple, je trouve.

MARIE John, you know Louise Bedel ?

JOHN No, I don't know her.

MARIE Oh, yes, you do. You met her at Susan's last Saturday.

JOHN Are you talking about the short girl with the dark hair ?

MARIE Oh, no, not at all ! She's tall and blond.

JOHN Oh, you're talking about the girl who plays the guitar and who sings so well ?

MARIE Yes. (The one) With blond hair and big blue eyes.

JOHN Well? What about her (*lit.,* What's happening to her)?

MARIE She just announced her marriage.

JOHN Oh, really? To whom?

MARIE To Charles Dupont.

JOHN Is that so? I know Charles very well.

MARIE What does he do?

JOHN He's an electrical engineer. A very nice guy. They're going to make a fine couple, I think.

*Si meaning *yes* is used only to contradict a negative statement.
†Note that *he/she is* expressed by **c'est** when **est** is directly followed by the article **le / la** or **un / une** : **C'est une grande blonde.** Note that *he/she is* usually expressed in French by **il / elle est** when **est** is directly followed by an adjective standing alone or by an unmodified noun: **Il est ingénieur.**

I. ***Exercice de mise en train (en deux groupes)***

Groupe A, vous posez les questions suivantes et Groupe B, vous y répondez. Après ça, *changez de rôle*. Groupe A, demandez à Groupe B:

1. quel jour nous sommes.
2. quelle heure il est.
3. s'ils connaissent l'histoire de France. (Connaissez-vous…)
4. s'ils savent quand est né Napoléon. (Savez-vous…)
5. s'ils savent quand est mort Louis XIV.

II. ***Présentation du dialogue : Bavardage***

III. ***Questions de compréhension du dialogue***

Répondez aux questions d'après le dialogue.

1. Est-ce que Jean connaît Louise Bedel ?
2. Où est-ce qu'il a fait sa connaissance ?
3. Est-ce une petite jeune fille brune ?
4. Est-ce qu'elle joue du piano ou de la guitare ?
5. Qu'est-ce qu'elle vient d'annoncer ?
6. Avec qui est-ce qu'elle va se marier ?
7. Quelle est la profession de Charles Dupont ?
8. Qu'est-ce que Jean pense de *(think about)* Charles ? Et de ce couple ?

IV. ***Substitutions***

Changez les phrases suivantes en substituant les mots indiqués.

1. Tu as fait sa connaissance *chez Suzanne* samedi dernier.
chez Robert / **chez ma sœur** / **à la boum** *(party)* / **à la bibliothèque** **(library)**
2. *Description au féminin*
   a. C'est une *grande* fille blonde.
      petite / **gentille** *(nice)* / **jolie** *(pretty)* / **ravissante** *(very attractive)*
   b. Elle est *grande*.
      petite / **belle** / **blonde** / **géniale** / **très gentille** / **très sympathique** **(sympa)**
   c. Elle a *les cheveux longs*.
      les cheveux courts *(short)* / **les cheveux blonds** / **de grands yeux** **bleus** / **les yeux marron** *(chestnut)*
3. *Description au masculin*
   a. C'est un type *bien*.
      intéressant / **génial** / **très gentil** / **très sympathique** (sympa)
   b. Il est *grand*.
      blond / **brun** / **beau** / **génial** / **très gentil** / **très sympathique** (sympa)

80

c. Il a *les cheveux bruns.*

les cheveux blonds / les cheveux courts / les cheveux longs / de grands yeux bruns *(brown)* / de grands yeux bleus

4. Qu'est-ce que votre père fait ? Il est *ingénieur électricien.*

professeur / chimiste / agent de police / hôtelier / employé de la mairie / journaliste

5. Quelle est la nationalité de votre mère ? Elle est *américaine.*

française / italienne / canadienne / mexicaine / espagnole

6. Louise Bedel vient *d'annoncer son mariage.*

d'annoncer son mariage à ses amis / d'inviter Marie à son mariage / de partir en vacances *(on vacation)* / d'aller à Reims

7. Qu'est-ce que Jean vient de faire ? Il vient *de dîner avec Roger.*

de téléphoner à Marie / de faire des courses *(run errands)* / d'aller en ville / d'acheter un journal

V. *Exercices d'application : Il / Elle est ; C'est un / une*

Complétez les phrases suivantes en employant l'expression convenable.

A. **Il est** ou **Elle est ?**

1. _____ ingénieur.
2. _____ hôtelière.
3. _____ grande.
4. _____ acteur.
5. _____ actrice.
6. _____ employée.
7. _____ musicienne.
8. _____ français.

B. **C'est un** ou **C'est une ?**

1. _____ grand jeune homme blond.
2. _____ petite jeune fille blonde.
3. _____ bon hôtel.
4. _____ bonne pomme.
5. _____ grand restaurant.
6. _____ actrice bien connue.

C. **Il / Elle est** ou **C'est un / une ?**

1. _____ petite jeune fille brune.
2. _____ très gentille.
3. _____ ingénieur. *(two ways)*
4. _____ très bon ingénieur.
5. _____ américain.
6. _____ étudiant. *(two ways)*
7. _____ étudiante. *(two ways)*
8. _____ jeune Américain.

VI. *Questions personnelles : Vos habitudes*

A. Répondez individuellement aux questions personnelles suivantes.

1. À quelle heure déjeunez-vous d'habitude *(usually)* ? Où ? 2. Quand allez-vous au cinéma ? le samedi ? le dimanche ? le soir ? 3. Avez-vous l'habitude d'étudier à la bibliothèque ou à la maison? 4. Qu'est-ce que vous avez l'habitude de faire le week-end ? (d'étudier ? d'assister *(attend)* aux matches de football ? d'aller à la bibliothèque ? d'aller au cinéma ? d'aller à des boums ?)

81

B. Vous allez poser les questions précédentes à un(e) camarade de classe. D'abord, mettons tous ensemble les questions à la forme **tu**.

C. En équipes de deux : Posez les questions précédentes à un(e) camarade de classe. Après ça, *changez de rôle.*

VII. *Conversations improvisées (en équipes de deux) : Descriptions*

A. Qui est-ce ? En 6 ou 7 phrases faites la description d'un acteur ou d'une actrice. Votre camarade écoute la description pour deviner qui est cette personne. Après ça, *changez de rôle.*

B. Un(e) camarade En 7 ou 8 phrases, décrivez *(describe)* un(e) étudiant(e) de la classe. Votre camarade écoute la description pour deviner qui est cette personne. Après ça, *changez de rôle.*

C. Un membre de la famille En 7 ou 8 phrases, décrivez un membre de votre famille (sa profession, son apparence, ses habitudes, ses goûts) à un(e) camarade. Après ça, *changez de rôle.*

VIII. *Dictée d'après la Conversation 9*

—— *VOCABULAIRE* ————————————————————————————

NOMS
le **bavardage** *gossip, chatter*
la **bibliothèque** *library*
la **boum** *party (colloq)*
les **cheveux** *(m) (pl) hair*
le **football** *soccer;* le **football américain** *football*
le **goût** *(m) taste*
l' **habitude** *(f) habit*
la **jeune fille** *girl, young woman*
le **match** *game (sports)*
le **type (argot)** *guy, fellow (slang)*
les **vacances** *(f) vacation;* **en vacances** *on vacation*
les **yeux** *(m) (pl) ;* *(sing)* **l'œil** *eyes*
VERBES
assister à *to attend*
avoir l'habitude de *to be used to*
décrire *to describe*
faire *to do; to make*

faire des courses *to run errands*
faire la connaissance de (qq'un) *to meet, get acquainted with*
jouer de *to play (musical instrument)*
se marier *to get married*
parler de (qq'un / qq ch) *to talk about*
penser de *to think about/of*
trouver *to find; to think*
venir de (+ *inf*) *to have just done something*
ADJECTIFS
beau (bel) / belle; *(pl)* **beaux / belles** *beautiful*
bleu(e) *blue*
brun(e) *dark-haired; brown*
connu(e) *known*
court(e) *short*
gentil (gentille) *nice, friendly*
grand(e) *tall; big, large*
jeune *young*
joli(e) *pretty*
marron *(inv) brown*
ravissant(e) *very attractive, beautiful*

ADJECTIF POSSESSIF
son / sa ; *(pl)* **ses** *his/her*
DIVERS
d'habitude *usually*
eh bien ? *well? so?*
qu'est-ce qui ? *what?*
qui (pron rel) *that, which, who, whom*
si *yes (to a negative question)*
MOTS AMIS
l' **acteur,** l'**actrice**
l' **apparence** *(f)*
annoncer
blond(e)
le **couple**
l' **électricien,** l'**électricienne**
former
la **guitare**
intéressant(e)
inviter
le/la **journaliste**
long (longue)
le **mariage**
le **musicien,** la **musicienne**
le **piano**
téléphoner à

82

translate

Aujourd'hui c'est l'anniversaire de Jean. Pour fêter cela,° Roger l'invite à aller dîner dans un petit restaurant populaire du Quartier latin.✦

    Les prix sont raisonnables, l'ambiance est très sympathique et la cuisine superbe.

    — Tu verras,° ce sera° une expérience, explique Roger, pour le convaincre.°

    Nos deux amis se donnent rendez-vous° à vingt heures devant° le restaurant. La carte✦ est affichée° à l'extérieur, et Roger invite Jean à l'étudier avant d'entrer. À l'intérieur, la petite salle à manger est bondée de monde° et très animée.

Pour... *To celebrate this*

you'll see / it will be / **pour...** *to convince him*
se... *decide to meet / in front of*
posted

bondée... *full of people*

LE CHEF ALAIN SENDERENS DU RESTAURANT L'ARCHESTRATE

83

À la grande surprise de Jean, leur petite table touche pratiquement les tables de droite et de gauche, et personne° ne fait attention à eux.°

— Ces menus m'ouvrent l'appétit, remarque Jean. J'ai hâte qu'on nous serve.°

— Oh, ici, tu sais, il ne faut pas être pressé.° Généralement le service est lent.° Alors, patience ! Cela va nous donner le temps de parler, de boire et de déguster.°

Après le dîner, Jean commande un café noir et observe :

— Ce n'est vraiment pas la rapidité qui intéresse les clients ici. J'ai l'impression que le « fast-food » ne prendra jamais° en France.

— Au contraire, réplique Roger. Tu sais, les jeunes Français commencent à opter pour les repas rapides. Regarde, cet article dans le journal de ce soir dit justement que la clientèle° du « fast-food » se recrute dans° les Français de moins de 35 ans.

— Oui, mais l'article dit qu'elle représente seulement 2,5% du marché de la restauration commerciale contre 34% aux États-Unis.

— Mais certains estiment° que ce n'est qu'°une question de temps, que c'est la promesse du futur.

— Triste° promesse, répond Jean. Moi, je préfère de loin ce petit restaurant où il faut attendre.° Cela donne le temps de parler, de boire et surtout de déguster, n'est-ce pas ?

no one

them

J'ai... *I'm in a hurry to be served*
il ne faut... *one can't be in a hurry / slow / to savor (food)*

ne... *will never catch on*

customers

comes from

consider / **ne... que** */ only*

sad
il faut... *we must wait*

DES ÉTUDIANTS
PRÈS DE LA SORBONNE

85

I. *Vrai ou faux ?*

Dites si les phrases suivantes sont vraies ou fausses. Si une phrase est fausse, corrigez-la.

1. Jean et Roger vont au restaurant pour fêter l'anniversaire de Roger.
2. Ils ont rendez-vous chez Jean.
3. Ce restaurant est très populaire et il y a beaucoup de monde ce soir-là.
4. Si on n'a pas beaucoup de temps, il ne faut pas aller dans un restaurant en France.
5. La majorité des Français vont maintenant régulièrement au restaurant comme McDonald's.

II. *Questions de compréhension de la lecture*

1. Où est-ce que Jean et Roger vont ce soir ? Pourquoi ?
2. Décrivez le restaurant.
3. Où se trouve la carte que Jean et Roger étudient ?
4. Comment est le service ?
5. Est-ce que cela embête *(bother)* les Français en général ? Pourquoi ou pourquoi pas ?
6. Est-ce que Roger semble pour *(for)* ou contre la restauration rapide ? Et Jean, qu'est-ce qu'il préfère ?

III. *À votre tour*

Mettons-nous en groupes de trois ou quatre et discutons le pour et le contre de la cuisine rapide.

1. Dites à vos camarades où et ce que vous mangez généralement.
2. Dites aussi combien de fois par semaine vous allez dans des restaurants de « fast-food » et pourquoi.
3. Comparez la cuisine chez vous, à la cantine et dans les restaurants où vous allez régulièrement.

86

18. *Questions by inversion and with* **est-ce que... ?**

A. When the subject of the verb is a personal pronoun

Êtes-vous libre dimanche ?
Est-ce que vous êtes libre dimanche ? } *Are you free Sunday?*

Connaissez-vous Louise Bedel ?
Est-ce que vous connaissez Louise Bedel ? } *Do you know Louise Bedel?*

When the subject of the verb is a *personal pronoun,* you ask a question either by inverting the order of subject and verb or by using **est-ce que** and the normal order of subject and verb. Note that **est-ce que** is more commonly used in spoken French.

Both patterns may be employed after an interrogative word or expression such as **où ?** *(where?),* **quand ?** *(when?),* **combien ?** *(how much?),* or **à quelle heure?** *(at what time?).* Note, however, that **est-ce que** is used more often than inversion for asking questions.

Où est-ce que vous allez ?
Où allez-vous ? } *Where are you going?*

À quelle heure est-ce que vous voulez déjeuner ?
À quelle heure voulez-vous déjeuner ? } *(At) What time do you want to have lunch?*

B. When the subject of the verb is a noun

Est-ce que le déjeuner **est** prêt ?
Le déjeuner **est-il** prêt ? } *Is lunch ready?*

87

Est-ce que le train **arrive** à 17h. ?⎱
Le train **arrive-t-il** à cinq heures ?⎰   *Does the train arrive at five o'clock?*

When the subject of the verb is a *noun,* you can ask a question in two ways: 1) express the noun subject, the corresponding pronoun subject, and the verb in the following order: noun subject, verb, pronoun subject; or, 2) use **est-ce que** and the normal word order.

    If you use an interrogative word or expression such as **où ?, quand ?, combien ?, à quelle heure ?,** the interrogative word or expression comes first and is followed by either of the patterns described above. Note, again, that **est-ce que** is used more often than inversion.

Où est-ce que vos parents **demeurent ?**⎱
Où vos parents **demeurent-ils ?**⎰   *Where do your parents live?*

À quelle heure est-ce que le train **arrive ?**⎱
À quelle heure le train **arrive-t-il ?**⎰   *(At) What time does the train arrive?*

Note also that in questions introduced by an interrogative word or expression, it is possible to ask a question simply by inverting the order of the noun subject and the verb, *if the noun subject is the final word in the question.*

Où demeurent vos parents ?   *Where do your parents live?*
À quelle heure arrive l'avion ?   *(At) What time does the plane arrive?*

If the noun subject is not final, only the two patterns described above are possible.

Où votre père achète-t-il son journal ?   Quand **votre père va-t-il** en France ?

Où est-ce que votre père achète son journal ?   Quand **est-ce que votre père va** en France ?

No matter which order you use in asking questions with interrogative words, your intonation will *always* use a descending pattern.

19. Questions with n'est-ce pas ? and by intonation

A. With n'est-ce pas ?

Vous connaissez Louise Bedel, **n'est-ce pas ?**   *You know Louise Bedel, **don't you?***
— Oui, je la connais.   —*Yes, I know her.*

Vous ne connaissez pas sa sœur, n'est-ce pas ?	*You don't know her sister, **do you?***
— Non, je ne la connais pas.	*—No, I don't know her.*

You often ask a question by simply adding **n'est-ce pas ?** to a declarative statement—especially if you expect an answer that agrees with what you have said. **N'est-ce pas ?** corresponds to a number of expressions in English, such as *don't you think so?, don't I?, don't you?, won't you?, wouldn't you?, didn't you?, didn't she?, aren't we?*, etc. You must always use an ascending intonation pattern with **n'est-ce pas ?**

B. By intonation

As in English, one often asks questions by using an ascending intonation pattern.

C'est tout ?	*That's all?*
C'est près d'ici ?	*It's near here?*
Le train est à l'heure ?	*The train is on time?*

This way of asking questions may imply surprise on the part of the speaker.

Il est à Paris ?	*Is he (really) in Paris?*
L'avion est parti ?	*The plane has left?*

20. *Negative questions*

Vous **n'**avez **pas** faim ?	
N'avez-vous **pas** faim ?	*Aren't you hungry?*
Est-ce que vous **n'**avez **pas** faim ?	
— **Si**, j'ai faim.	*—Yes, (on the contrary), **I am** hungry.*

Vous **ne** voulez **pas** de café ?	
Ne voulez-vous **pas** de café ?	***Don't** you want any coffee?*
Est-ce que vous **ne** voulez **pas** de café ?	
— **Si**, donnez-moi du café.	*—Yes (on the contrary), give me some coffee.*

French people most often use intonation to form negative questions.

Vous n'allez pas dîner ?   Tu ne veux pas de dessert ?

In this case, use the same word order as in a statement, but raise your voice at the end to indicate a question.

89

You may also ask a negative question by putting **ne** before the inverted verb form and **pas** after it.

Avez-vous... ?   N'avez-vous **pas**... ?   A-t-il... ?   N'a-t-il **pas**... ?

To disagree with a negative question, use **si** instead of **oui.**

N'avez-vous **pas** faim ?   — **Si,** j'ai faim.

I.   *Substitutions*

Changez les phrases suivantes en substituant les mots indiqués.

1. Est-ce que l'avion est *à l'heure ?* (*on time*)
   en retard (*late*) / **en avance** (*early*) / **arrivé** / **parti**
2. À quelle heure est-ce que *le train arrive ?*
   l'avion part / l'avion arrive / le train part / l'autocar (*tourist bus*) **part /
   l'autocar arrive / l'express de Paris arrive**
3. Où est-ce que votre père achète *son journal ?*
   ses revues / ses cigares / son essence (*gasoline*) **/ ses billets**
4. Vous ne voulez *pas de hors-d'œuvre ?* — Si, donnez-moi *des hors-d'œuvre.*
   **pas de vin ?... du vin / pas de poire ?... une poire / pas de viande ?...
   de la viande / pas de crème ?... de la crème**
5. De quelle couleur *sont ses cheveux ?*
   est sa robe (*dress*) **/ est son auto / est son pull-over** (*sweater*) **/ sont ses
   yeux**

II.   *Exercices d'application : Formation des questions*

A. Posez la question qui correspond à chacune des réponses suivantes.
Commencez la question par **où ?, quand ?, combien ?, quel ?, comment ?,**
etc. (*Ask the question which corresponds to each of the following answers.
Begin the questions with* **où ?, quand ?,** *etc.*) D'abord, formons les questions
tous ensemble .

1. C'est aujourd'hui jeudi.   **2.** Il est 10h.   **3.** Je vais très bien, merci.
4. Nous arrivons en classe à 9h.   **5.** Mercredi est le troisième jour de la
semaine.   **6.** Charles Dupont est ingénieur-électricien.   **7.** Roger et Jean
habitent à Paris.   **8.** Roger va partir pour Rouen jeudi prochain.   **9.** Il va
partir à 6h du soir.   **10.** Son billet coûte 45F.   **11.** Jeanne d'Arc est morte à
Rouen.   **12.** Napoléon est mort en 1821.

B. En deux groupes : Groupe A, vous posez les questions précédentes.
Groupe B (*livres fermés*), vous répondez aux questions. Après ça, *changez de
rôle.*

90

C. En deux groupes: Groupe B, vous posez les questions à la forme négative en employant l'intonation ascendante. Groupe A, vous répondez au contraire, en employant **si.** Après ça, *changez de rôle.*

EXEMPLE   Voulez-vous du cassoulet ?   A: **Vous ne voulez pas de cassoulet ?**
                                                            B: **Si, je veux du cassoulet.**

1. Avez-vous faim ?   **2.** Allez-vous déjeuner ?   **3.** Prenez-vous des hors-d'œuvre ?   **4.** Aimez-vous le vin ?   **5.** Voulez-vous du café ?   **6.** Prenez-vous du dessert ?

91

Situation : Questions d'un touriste (en deux groupes)

Groupe A (le touriste), vous posez des questions en employant **est-ce que.**
Groupe B (le passant), vous répondez *affirmativement* aux questions. Après ça,
changez de rôle.

EXEMPLE Demandez au passant si l'Hôtel Continental est près d'ici.
A: Est-ce que l'Hôtel Continental est près d'ici ?
B: Oui, monsieur, il est près d'ici.

Demandez au passant :

1. si l'Hôtel Continental est sur la place.
2. si c'est loin d'ici.
3. si c'est un bon hôtel.
4. si c'est un grand hôtel.
5. s'il y a un autre hôtel près de la gare.
6. s'il y a d'autres hôtels sur la place.
7. s'il y a un bon restaurant près d'ici.
8. si les prix sont raisonnables.
9. à quelle heure le restaurant est ouvert pour dîner.
10. s'il y a un supermarché dans le coin.

IV. *Questions personnelles*

A. Vous allez poser des questions personnelles à un(e) camarade de classe.
D'abord, formons les questions tous ensemble, en employant **est-ce que.**

EXEMPLE Demandez à un(e) camarade quand son frère est né.
Quand est-ce que ton frère est né ?

En employant la forme **tu**, demandez à un(e) camarade :

1. où demeure sa famille. 2. quand son père est né. 3. où sa mère est
née. 4. dans quelle ville il / elle est né(e). 5. comment il / elle arrive à
l'université. (à pied ? à bicyclette ? en auto ?) 6. à quelle heure il / elle arrive
à l'université. 7. où il / elle étudie le soir. 8. à quelle heure il / elle dîne.
9. où il / elle dîne.

B. En équipes de deux : Posez les questions impaires de l'exercice précédent
à un(e) camarade de classe.

C. Un sondage *(A Survey):* **À la chasse** *(mixer activity)* Vous allez vous lever
et vous allez poser des questions à vos camarades de classe. Vous voulez
trouver quelqu'un qui répond **oui** à vos questions. Si une personne répond
non, posez-lui une question différente. Si la personne répond **oui,** écrivez son
nom après la question.

EXEMPLE 1. Est-ce que tu joues de la guitare ?
2. Tu joues du piano, n'est-ce pas ?

92

Marie répond **non** à la première question. Alors, vous posez la deuxième question à Marie. Elle répond **oui** et vous écrivez **Marie** après la deuxième question.

Trouvez *une personne différente* pour chaque question. Voici les questions à poser :

1. Est-ce que tu joues de la guitare ? ———
2. Tu joues du piano, n'est-ce pas ? ———
3. Est-ce que tu as les cheveux bruns ? ———
4. As-tu les yeux bleus ? ———
5. Tu parles français, n'est-ce pas ? ———
6. Tu aimes le français, n'est-ce pas ? ———
7. Tu as un frère ? ———
8. Tu as vingt ans ? ———
9. Est-ce que tu as faim ? ———
10. Tu aimes étudier, n'est-ce pas ? ———

v.　*Conversations improvisées (en équipes de deux)*

A. Dans la rue　Vous êtes dans une rue de Paris. Vous désirez trouver un hôtel, un bon restaurant, un cinéma, un supermarché, la poste, un café. Posez des questions à un passant (votre camarade). Après ça, *changez de rôle.*

B. Qui suis-je ?　Vous jouez le rôle d'une autre personne (par exemple, un autre étudiant de la classe, un chanteur bien connu, un acteur / une actrice). Votre partenaire ne sait pas qui vous êtes. Il / Elle vous pose des questions pour deviner qui vous êtes. (Par exemple, « Êtes-vous américain(e) ? » « Êtes-vous chanteur / acteur ? » « Avez-vous les cheveux blonds / bruns ? » « Jouez-vous de la guitare / du piano ? » « Quel âge avez-vous ? » « Avez-vous 20 ans ? 30 ans ? » « Êtes-vous marié(e) ? ») Vous répondez aux questions comme cette autre personne. Après ça, *changez de rôle.*

——— *VOCABULAIRE* ———————————————————————

NOMS
l' **anniversaire** (m) birthday
l' **autocar** (le **car**) (m) tourist/intercity bus
l' **avion** (m) airplane
le **billet** ticket
l' **essence** (f) gasoline

l' **express** (m) express train
le **pull-over** sweater
la **revue** magazine
la **robe** dress
DIVERS
à l'heure on time

en avance early, ahead of time
en retard late
MOT AMI
le **cigare**
désirer

CONVERSATION 11
Une Promenade

Jean et Marie font une promenade qui finit assez mal.

Chez Marie

JEAN Veux-tu faire* une promenade ?

MARIE Je veux bien. Quel temps fait-il ?

JEAN Il fait beau, mais il fait du vent.

MARIE Est-ce qu'il fait froid ?

JEAN Non, au contraire. Il fait doux.

MARIE Faut-il prendre un imperméable ou un parapluie ?

JEAN Non, ce n'est pas la peine. Il ne va pas pleuvoir.

MARIE Tu es sûr ? Moi, j'ai vraiment l'impression qu'il va pleuvoir.

At Marie's (house, apartment, place)

JOHN Do you want to take a walk?

MARIE Yes, I'd like to. What's the weather like?

JOHN It's nice, but it's windy.

MARIE Is it cold?

JOHN No, just the opposite. It's very mild out.

MARIE Do we need to take a raincoat or an umbrella?

JOHN No, it's not worth the trouble. It's not going to rain.

MARIE Are you sure? I really have a feeling it's going to rain.

---

*Like the English verb *to do*, **faire** is used in many expressions and has a great variety of meanings, such as **faire une promenade** and **Qu'est-ce qu'il fait ?** It is also used with weather expressions such as **Quel temps fail-il ?**, **Il fait beau**, and **Il fait froid.**

PARIS SOUS LA PLUIE

JEAN Mais non, voyons ! Regarde ! Il n'y a pas un seul nuage dans le ciel. Il fait un temps formidable.

MARIE Tu as raison. Allons-y.

Une heure plus tard

MARIE Oh là, là ! Ça y est. Il pleut.* On va être trempé jusqu'aux os. Et tout ça à cause de toi !

JEAN À cause de moi ? Comment ça ?

MARIE Ne fais pas l'innocent. Tu sais très bien ce que je veux dire. Je n'ai plus confiance en toi !

JOHN Absolutely not! Look! There's not *one* cloud in the sky. The weather's great.

MARIE You're right. Let's go.

An hour later

MARIE Oh dear! That's it. It's raining. We're going to be soaked to the skin (*lit.,* to the bones). And all this because of you!

JOHN Because of me? How's that?

MARIE Don't act so innocent. You know very well what I mean. I no longer have confidence in you!

---

*Note two exceptions in weather expressions that do not use **faire** : **il pleut** and **il neige** (*it's snowing).*

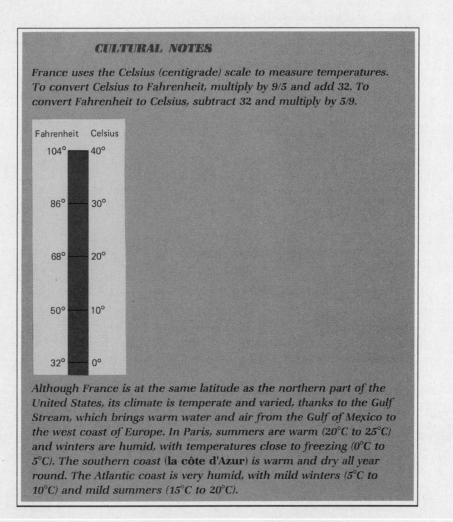

CULTURAL NOTES

France uses the Celsius (centigrade) scale to measure temperatures. To convert Celsius to Fahrenheit, multiply by 9/5 and add 32. To convert Fahrenheit to Celsius, subtract 32 and multiply by 5/9.

*Although France is at the same latitude as the northern part of the United States, its climate is temperate and varied, thanks to the Gulf Stream, which brings warm water and air from the Gulf of Mexico to the west coast of Europe. In Paris, summers are warm (20°C to 25°C) and winters are humid, with temperatures close to freezing (0°C to 5°C). The southern coast (**la côte d'Azur**) is warm and dry all year round. The Atlantic coast is very humid, with mild winters (5°C to 10°C) and mild summers (15°C to 20°C).*

95

I

Exercice de mise en train

En deux groupes: Nous parlons de Louise Bedel. Groupe A, vous êtes Marie et Groupe B, vous êtes Jean. Après ça, *changez de rôle.*

1. Marie (A), demandez à Jean s'il connaît Louise Bedel.
2. Jean (B), demandez si c'est une petite jeune fille brune. Marie, répondez que non — c'est une grande blonde.
3. Marie, dites à Jean qu'il a fait la connaissance de Louise chez Suzanne.
4. Jean, demandez à Marie si Louise joue de la guitare. Marie, répondez que oui et qu'elle chante très bien aussi.
5. Jean, demandez ce que fait son fiancé. Marie, répondez qu'il est ingénieur-électricien.

II. *Présentation du dialogue : Une Promenade*

III. *Questions de compréhension du dialogue*

Répondez aux questions d'après le dialogue.

1. Est-ce que Marie veut faire une promenade ?
2. Quel temps fait-il ?
3. Faut-il prendre un imperméable ?
4. Est-ce qu'il pleut maintenant *(now)* ?
5. Marie et Jean vont être trempés — à cause de qui ?
6. Qui fait l'innocent ? Qu'est-ce qu'il dit ?
7. Est-ce que Jean sait ce que Marie veut dire ?
8. Est-ce que Marie a toujours confiance en Jean ?

IV. *Substitutions : Le Temps*

Changez les phrases suivantes en substituant les mots indiqués.

1. Il fait *beau.*
   mauvais *(bad)* / froid / chaud *(warm)* / doux / du soleil *(sunny)* / du vent / très beau / très froid / très chaud / trop *(too)* froid / trop chaud / trop de vent
2. Il ne fait *pas froid.*
   pas très froid / pas trop froid / pas mauvais / pas de vent / pas de soleil / pas beaucoup de vent / pas trop de vent
3. J'ai *froid.*
   chaud / peur *(afraid)* / faim / soif *(thirsty)*
4. Êtes-vous sûr qu'il ne va pas *pleuvoir ?* Moi, j'ai l'impression qu'il va *pleuvoir.*
   faire froid / faire chaud / faire du vent / faire trop de vent
5. Faut-il prendre *un imperméable ?* — Non, ce n'est pas la peine de prendre *un imperméable.*
   un parapluie / un pull-over / un pardessus *(overcoat)* / un manteau *(coat)*

96

V. **_Situation: Parlons du temps !_**

En deux groupes : Groupe A, vous posez les questions suivantes et Groupe B (livres fermés), vous y répondez. Après ça, *changez de rôle.*

1. Quel temps fait-il aujourd'hui ?
2. Est-ce qu'il fait du vent ? du soleil ?
3. Est-ce qu'il pleut maintenant ? Est-ce qu'il va pleuvoir ?
4. Avez-vous froid ? Avez-vous chaud ?
5. Quel temps fait-il au mois de décembre ? Et en juin ?
6. Fait-il du vent au mois de mars ?
7. En quel mois est-ce qu'il pleut beaucoup ?
8. En quel mois est-ce qu'il fait très froid ?

VI. **_Exercices d'application_**

A. Révision : Le négatif avec **ne... pas** Vous avez l'esprit contradictoire *(You're being contrary)* aujourd'hui. Quand je dis une phrase, vous en dites le contraire en employant « Mais non » et le négatif de la phrase.*

EXEMPLE Il va pleuvoir aujourd'hui.
Mais non, il ne va pas pleuvoir aujourd'hui !

1. Il fait mauvais aujourd'hui. **2.** Il fait du vent. **3.** Il va faire chaud cet après-midi. **4.** Il y a des nuages dans le ciel. **5.** Il va pleuvoir cet après-midi. **6.** Marie aime la pluie *(rain)*. **7.** Jean a raison. **8.** Marie a confiance en Jean.

---

*Remember to change all forms of the partitive to **de** after the negative.

97

B. Le négatif avec **ne... plus** *(no longer, not anymore)* Moi, je dis la phrase à l'affirmatif et vous indiquez que les choses suivantes ne continuent pas en employant **ne... plus.**

EXEMPLES   J'ai confiance en toi.   Je n'ai plus confiance en toi.
                   Il fait toujours du soleil.   Il ne fait plus de soleil.

1. J'ai faim. **2.** Il fait froid. **3.** Il fait du vent. **4.** Elle est toujours étudiante. **5.** Elle a de la monnaie. **6.** Nous avons des revues américaines. **7.** Il y a un restaurant dans le musée. **8.** Je déjeune à la maison.

VII.   *Conversations improvisées (en équipes de deux)*

A. Question de goût Dites à un(e) camarade de classe quels mois vous aimez — et pourquoi vous aimez chaque mois. Votre camarade vous écoute et il / elle indique s'il / si elle est d'accord (« Moi aussi, j'aime... ») ou pas d'accord (« Pas moi, je n'aime pas... »). Après ça, changez de rôle.

B. Le temps idéal Avec un(e) partenaire, discutez le temps idéal pour : faire un pique-nique ; jouer à un match de tennis ; faire du ski ; jouer à un match de base-ball ; prendre un bain de soleil *(sun bathing)*.

C. Une invitation Invitez un(e) camarade de classe à faire une promenade. Discutez ensemble le temps et les endroits à visiter pendant la promenade *(places to visit during the walk)*.

───── *VOCABULAIRE* ─────────────────────────

NOMS
le **ciel** *sky*
l' **imperméable** *(m)* *raincoat*
le **manteau** *coat*
le **nuage** *cloud*
l' **os** *(m)* *bone*
le **parapluie** *umbrella*
le **pardessus** *overcoat*
la **promenade** *walk*
VERBES
dire *to say; to tell*
faire une promenade *to take a walk*
falloir (il faut) *to be necessary (one must/needs)*
finir *to finish, end*
vouloir bien *to accept; to be glad to*
vouloir dire *to mean*
ADJECTIFS
formidable *great, terrific*
seul(e) *alone; only*
trempé(e) *soaked*
LE TEMPS *weather*

quel temps fait-il ? *how's the weather?*
il fait beau *it's nice out;* **il fait chaud** *it's warm;* **il fait doux** *it's mild;* **il fait du soleil** *it's sunny;* **il fait du vent** *it's windy;* **il fait froid** *it's cold;* **il fait mauvais** *the weather is bad;* **il fait un temps formidable** *the weather is great*
neiger (il neige) *to snow (it's snowing)*
pleuvoir (il pleut) *to rain (it's raining)*
EXPRESSIONS AVEC *AVOIR*
avoir chaud *to be warm*
avoir confiance en *to trust, have confidence in*
avoir froid *to be cold*
avoir l'impression *to have the feeling*
avoir peur *to be afraid*
avoir raison *to be right*
avoir soif *to be thirsty*

DIVERS
à cause de *because of*
à la maison *at home*
au contraire *on the contrary, quite the opposite*
ça y est ! *that's it!*
ce n'est pas la peine *it's not worth the trouble*
comment ça ? *how's that?*
être trempé(e) jusqu'aux os *to be soaked to the skin*
maintenant *now*
mais non, voyons ! *of course not!*
ne... pas un seul... *not one . . .*
regarde(z) ! *look!*
toujours *always, still*
trop (de) *too much/many*
MOTS AMIS
la **confiance**
innocent(e)
le **pique-nique**
sûr(e)

98

Marie parle avec son amie Suzanne. On est au mois de décembre, et il se met (it's beginning) à neiger, ce qui est assez rare à Paris.

MARIE Quel temps ! Regarde, il neige.

SUZANNE Chouette, alors ! C'est la première fois qu'il neige* cette année.

MARIE Moi, je n'aime pas du tout l'hiver.

SUZANNE Comment peux-tu dire ça ? Je crois que l'hiver est la plus belle saison de l'année ! Et en hiver, il y a tant de choses à faire ! On peut patiner, faire du ski, aller au théâtre, ou bien écouter des disques au coin du feu.

MARIE Tu as raison. Mais l'hiver dure trop longtemps.

SUZANNE Quelle saison préfères-tu, alors ?

MARIE Je crois que je préfère l'été parce que j'aime nager, prendre des bains de soleil, faire du vélo, aller à la campagne...

SUZANNE Mais la campagne est aussi agréable en automne qu'en été. Surtout, il fait moins chaud.

MARIE Oui, c'est vrai. En fait, j'aime toutes les saisons sauf l'hiver.

MARIE What (horrible) weather ! Look, it's snowing.

SUZANNE Great! It's the first time it's snowed this year.

MARIE I don't like winter at all.

SUZANNE How can you say that? I think winter is the most beautiful season of the year! And, in winter, there are so many things to do! You can ice skate, go skiing, go to the theater, or listen to records in front of a fire.

MARIE You're right. But winter lasts too long.

SUZANNE What season do you prefer, then?

MARIE I think I prefer summer because I like to swim, sunbathe, go bicycling, go to the country...

SUZANNE But the country is as pleasant in autumn as in summer. Above all, it isn't so hot.

MARIE Yes, that's true. In fact, I like all the seasons except winter.

---

*Note that in French the present tense is used in this phrase, whereas English uses the present perfect *(has snowed)* to express the same idea.

DANS LES ALPES

99

À LA PLAGE À NICE

CULTURAL NOTES

Vacationing is a national obsession in France. Most working French have five weeks of vacation a year and will leave home to escape the daily routine. In the winter, many people go to the Alps to ski. **Chamonix** *(pronounced "chamoni,") located at the foot of* **Mont-Blanc** *and connected by a tunnel with Italy, is one of the most popular spots. In summer the beaches—especially those on the* **Côte d'Azur** *(French Riviera)—are so crowded that it is often hard "d'avoir sa petite place au soleil" (to find a small spot in the sun).*

I.   *Exercice de mise en train : Faisons une promenade !*

A. En deux groupes : Groupe A, vous êtes Marie et vous dites les choses suivantes. Groupe B, vous êtes Jean et vous répondez. Après ça, *changez de rôle.*

Marie (A), demandez à Jean:
1. s'il veut faire une promenade.
2. quel temps il fait aujourd'hui.
3. s'il va pleuvoir.
4. s'il faut prendre un imperméable.
5. s'il pleut maintenant.
6. Dites à Jean que vous allez être trempée. Dites-lui que c'est à cause de lui.

100

II

Présentation du dialogue : Les Saisons

III. *Questions de compréhension du dialogue*

Répondez aux questions d'après le dialogue.

1. Quel temps fait-il ?
2. Est-ce la première fois qu'il neige cette année ?
3. Est-ce que Marie aime l'hiver ?
4. Qu'est-ce qu'on peut faire en hiver ?
5. En quelle saison peut-on prendre des bains de soleil ?
6. En quelle saison peut-on patiner ?
7. Quelle saison Suzanne aime-t-elle, et pourquoi ?
8. Quelle saison Marie préfère-t-elle, et pourquoi ?

IV. *Substitutions : Les Saisons*

Changez les phrases suivantes en substituant les mots indiqués.

1. Regarde ! Il se met à neiger.
faire du vent / pleuvoir / faire froid / faire chaud
2. Je n'aime pas du tout *l'hiver.*
l'été / l'automne / la neige / le vent / le froid / la pluie
3. Moi, j'aime beaucoup l'hiver. En hiver on peut *faire du ski.*
patiner / jouer aux cartes (*play cards*) / écouter des disques / regarder
la télévision / aller au théâtre
4. Moi, je préfère l'été parce que j'aime *nager.*
prendre des bains de soleil / faire du vélo / faire de la voile (*go sailing*) /
aller à la campagne
5. Savez-vous *nager ?* — Oui, je sais *nager.*
patiner / faire de la voile / faire du ski / jouer au tennis / jouer au golf /
jouer du piano / jouer de la guitare
6. Marie dit: « Il neige. » Suzanne (très contente) répond : « *Chouette, alors !* »
Chouette ! / Chic alors ! / Sensationnel ! / Sensas ! / Formidable !

V. *Questions personnelles*

A. Vous allez poser des questions à un(e) camarade de classe. D'abord,
formons les questions tous ensemble. En employant la forme **tu**, demandez-
lui :

1. s'il / si elle aime l'hiver ou l'été. **2.** s'il / si elle préfère le printemps ou
l'automne. **3.** s'il / si elle sait patiner ou faire du ski. **4.** s'il / si elle sait
jouer au tennis ou au golf. **5.** s'il / si elle aime les sports d'été ou les sports
d'hiver. **6.** quels sports il / elle préfère.

B. En équipes de deux : Posez les questions impaires à un(e) camarade de
classe. Pour les questions paires, *changez de rôle.*

101

Conversations improvisées (en équipes de deux)

Discutez les sujets suivants avec un(e) camarade de classe en vous posant les questions suggérées et en y répondant.

A. Les Saisons Quelles saisons est-ce que tu préfères, et pourquoi ? Par exemple : Qu'est-ce que tu aimes faire en chaque saison ? Qu'est-ce qu'on peut faire en chaque saison ? Qu'est-ce qu'on ne peut pas faire en certaines saisons ?

B. Les Sports Quels sports est-ce que tu aimes ? À quels sports est-ce que tu joues ? À quels sports est-ce que tu ne sais pas jouer ? En quelles saisons est-ce qu'on peut jouer à tes sports préférés ?

VII. *Dictée d'après la Conversation 11*

____ *VOCABULAIRE* _____

NOMS
l' **ami**, l'**amie** *friend*
la **campagne** *country, countryside*
le **coin** *corner*
le **disque** *record (phonograph)*
le **feu** *fire*
la (**première**) **fois** *the (first) time*
le **froid** *cold*
la **neige** *snow*
le **vélo** *bicycle*
VERBES
durer *to last*
écouter *to listen to*
faire de la voile *to go sailing*
faire du ski *to ski*
faire du vélo *to go bicycling*
jouer à *to play (a sport, game)*
se mettre à *to start, begin to*

nager *to swim*
patiner *to ice skate*
prendre un bain de soleil *to sunbathe*
regarder *to watch, look at*
ADJECTIFS
chaud(e) *warm, hot*
froid(e) *cold*
LES SAISONS (*f*) *seasons*
l' **automne** (*m*) *fall, autumn;* **en automne** *in the fall / autumn*
l' **été** (*m*) *summer;* **en été** *in the summer*
l' **hiver** (*m*) *winter;* **en hiver** *in the winter*
le **printemps** *spring;* **au printemps** *in the spring*
DIVERS
au coin du feu *in front of the fire*
aussi... que *as. . . as*

chic alors ! *great! wonderful!*
chouette (alors) ! *great! fantastic!*
en fait *in fact*
longtemps *a long time*
moins *less, least*
le **plus** + *adj. the most*
quel temps ! *what (horrible) weather!*
sauf *except*
surtout *most of all, above all, especially*
MOTS AMIS
le **golf**
impeccable
préférer
rare
sensationnel (sensas)
le **ski**
la **télévision** (la **télé**)

102

21. Interrogative adjectives

Quel âge avez-vous ?	*How old are you?* (lit., *What age do* *you have?*)
Quelle heure est-il ?	*What time is it?*
À **quelle** heure arrive le train ?	*At (What) time does the train come?*
Quels sont les mois de l'année ?	*What are the months of the year?*

A. **Forms**   The forms of the interrogative adjectives are:

	Singular	Plural
Masculine	**quel ?**	**quels ?**
Feminine	**quelle ?**	**quelles ?**

B. **Agreement**   Like all adjectives, interrogative adjectives agree in gender and number with the noun they modify.

C. **Use**   Do not confuse **quel ? / quelle ?**, etc., *(what?, which?)* with **que ? / qu'est-ce que ?** *(what?).*

1. **Quel ? / quelle ?**, etc., are interrogative adjectives, and are thus used only to modify nouns. The modified noun may stand next to the adjective (**Quel âge... ? Quelle heure... ?**) or it may be separated from it by a form of the verb **être** (**Quelle est votre adresse ?**).

2. However, **que ? / qu'est-ce que ?** are pronouns and cannot be used to modify nouns : *Que pensez-vous de Charles ?* or *Qu'est-ce que vous pensez de Charles ?*; *Qu'est-ce que tu prends comme dessert ?* or *Que prends-tu comme dessert ?*

103

Exercices d'application : Posez des questions !

A. Questions avec les formes de **quel** : Vous allez poser des questions à un(e) camarade de classe. D'abord, formons les questions tous ensemble. Demandez à quelqu'un(e) :

1. quel âge il a.   **2.** quelle est son adresse.   **3.** quelle est sa nationalité.
4. quel jour nous sommes.   **5.** quelle heure il est.   **6.** quel temps il fait.
7. à quelle heure il va déjeuner.   **8.** à quel restaurant il dîne en général.

B. En équipes de deux : Posez les questions impaires à un(e) camarade de classe. Pour les questions paires, *changez de rôle.*

C. Questions avec **qu'est-ce que** : Avant de *(Before)* poser des questions à un(e) camarade de classe, formons les questions tous ensemble.

EXEMPLES   Demandez à quelqu'un ce qu'il prend comme dessert.
            Qu'est-ce que tu prends comme dessert ?

            ... ce qu'il y a comme hors-d'œuvre.
            Qu'est-ce qu'il y a comme hors-d'œuvre ?

Demandez à quelqu'un:
1. ce qu'il prend comme plat de viande.   **2.** ce qu'il veut comme plat du jour *(special of the day)* / comme vin.   **3.** ce qu'il y a comme dessert / comme fruits.   **4.** ce qu'il pense de Jean.   **5.** ce qu'il sait du 14 juillet.   **6.** ce qu'on peut faire au printemps / en hiver.

D. En équipes de deux : Posez les questions impaires à un(e) camarade de classe. Pour les questions paires, *changez de rôle.*

E. Tous ensemble : En employant la forme **vous**, posez les questions précédentes à votre professeur. Je vais y répondre.

DANS LE JARDIN DU LUXEMBOURG

22. Demonstrative adjectives   *this or that*

Quel temps fait-il **ce** matin ?	*What's the weather like **this** morning?*
Êtes-vous libre **cet** après-midi ?	*Are you free **this** afternoon?*
C'est la première fois qu'il neige **cette** année.	*It's the first time it has snowed **this** year.*
Je n'aime pas **ces** pommes.	*I don't like **these** apples.*

A. Forms   The forms of the demonstrative adjective are:

	Singular	Plural
Masculine	**ce** (**cet**)	**ces**
Feminine	**cette**	**ces**

B. Use   **Ce** is used before masculine singular nouns or adjectives that begin with a consonant other than a mute **h**. **Cet** is used before those beginning with a vowel or mute **h**. EXAMPLES **ce** matin ; **ce** soir BUT **cet** après-midi ; **cet** hôtel.

The suffix **-là** is often added to the noun following a demonstrative adjective—especially with expressions of time. The difference between **ce matin** and **ce matin-là** is *this morning* and *that morning.* Compare **cet été** and **cet été-là ; cette année** and **cette année-là.**

The suffix **-ci** is most often used with demonstrative adjectives in expressions of time. EXAMPLE **ces** jours-**ci** *(these days, some time soon).*

Demonstrative adjectives are often used to express preferences or to indicate differences between similar items.

Quel journal préférez-vous ? —Je préfère **ce** journal-**là.**
Ce journal est très récent. **Ce** journal-**là** n'est pas très récent.

II. ***Substitutions***

Changez les phrases suivantes en substituant les mots indiqués.

1. Je vais au labo *ce matin.*
   cet après-midi / ce soir / à cette heure-ci / ce week-end
2. Je préfère *cette saison.*
   ce temps / cette actrice / cet acteur / ce professeur
3. *Ce livre-ci* est intéressant. *Ce livre-là* est ennuyeux *(boring).*
   Ce journal-ci... Ce journal-là / Ce cours-ci... Ce cours-là / Ce professeur-ci... Ce professeur-là / Ce film-ci... Ce film-là

105

23. Possessive adjectives

Où habitent **vos** parents ?	*Where do **your** parents live?*
Ma mère habite à Paris.	*My mother lives in Paris.*
Voulez-vous **mon** imperméable ?	*Do you want **my** raincoat?*

A. Forms The forms of the possessive adjectives are:

Singular		Plural	
Masculine	Feminine	Masculine and Feminine	
mon	ma (mon)	mes	*my*
ton	ta (ton)	tes	*your*
son	sa (son)	ses	*his, her, its*
notre	notre	nos	*our*
votre	votre	vos	*your*
leur	leur	leurs	*their*

B. Agreement and use Possessive adjectives agree in gender and number with the noun they modify.

Roger parle à Jean de **son** père et de **sa** mère.	*Roger is talking to John about **his** father and mother.*
Marie parle à Jean de **son** père et de **sa** mère.	*Marie is talking to John about **her** father and mother.*

Note the difference between the possessive adjective of the third person singular (**son, sa, ses**) and that of the third person plural (**leur, leurs**) :

1. When referring to one person (as the *possessor*), you use the third person singular forms.

Où habite **son** père ?	*Where does **his/her** father live?*
Où habite **sa** mère ?	*Where does **his/her** mother live?*
Où habitent **ses** parents?	*Where do **his/her** parents live?*

2. When referring to two or more persons, you use the third person plural forms.

Où habite **leur** père ?	*Where does **their** father live?*
Où habite **leur** mère ?	*Where does **their** mother live?*
Où habitent **leurs** parents?	*Where do **their** parents live?*

3. The forms **ma, ta,** and **sa** are used before feminine singular nouns or adjectives beginning with a consonant. The **mon, ton, son** forms are used before those beginning with a vowel or mute **h.**

ma sœur, **ma** petite sœur BUT **mon** autre sœur
ma petite auto BUT **mon** auto
ma nouvelle adresse BUT **mon** adresse

III.   *Substitutions*

Changez les phrases suivantes en substituant les mots indiqués.

1. Roger aime bien *son père*. Marie aussi aime bien *son père*.

sa mère / **son petit frère** / **sa petite sœur** / **son cousin** / **sa cousine**

2. L'employée a demandé à Jean *son âge*. Elle a demandé aussi à Marie *son âge*.

sa profession / **sa nationalité** / **son adresse** / **sa nouvelle adresse**

3. Je vais téléphoner à *mon père*.

ma mère / **mon ami** / **mes camarades** / **ma cousine** / **mon cousin**

IV.   *Exercices d'application*

A. Changez les phrases suivantes en employant l'adjectif possessif.

EXEMPLES   le frère de Marie   son frère
                    les parents de Roger et de Marc   leurs parents

1. le père de Marie / de Roger   **2.** la mère de Roger / de Marie   **3.** la sœur de Marie / de Jean   **4.** l'adresse de Marie / de Roger   **5.** les parents de Marie / de Jean   **6.** la fiancée de Charles   **7.** les yeux de Louise / de Charles   **8.** les cousines de Roger et de Marie / de Jean et de Roger   **9.** les promenades de Roger et de Marc / d'Anne et de Roger   **10.** les heures de laboratoire de Jean et de Roger

B. Dites les mots suivants au pluriel.

EXEMPLE   votre frère   vos frères

1. mon cousin, ma cousine, mon journal   **2.** votre cousin, votre cousine, votre journal   **3.** notre cousin, notre cousine, notre journal   **4.** ton frère, ta cousine

Questions personnelles

A. Répondez individuellement aux questions suivantes en employant l'adjectif possessif.

1. Quel âge a votre père ? votre mère ? votre frère ? votre sœur ? **2.** Où demeurent vos parents ? vos grands-parents ? **3.** Aimez-vous parler avec vos amis ? avec vos parents ? **4.** Téléphonez-vous souvent *(often)* à votre petit(e) ami(e) *(boyfriend/girlfriend)?* à vos camarades ? **5.** Est-ce que vous apportez vos livres en classe ? votre cahier *(notebook)?* votre imperméable ?

B. Vous allez poser les questions précédentes à un(e) camarade de classe. D'abord, changeons les questions tous ensemble et utilisons la forme **tu**.

C. En équipes de deux : Maintenant posez quelques-unes *(some)* des questions précédentes à un(e) camarade de classe. Après ça, *changez de rôle.*

VI. ***Conversations improvisées (en équipes de deux)***

A. Ma famille Parlez des membres de votre famille ou d'une famille imaginaire (leur âge, leur profession, leurs goûts, leur apparence). Apportez des photos de votre famille — ou des dessins *(drawings)* d'une famille imaginaire. Avec l'aide des photos ou des dessins, décrivez les membres de cette famille.

Votre camarade compare les membres de sa famille avec les vôtres *(yours),* en disant, par exemple, « Ma mère aussi ! » ou « Pas ma mère ! ». Après ça, *changez de rôle.*

B. Question de goût Posez des questions à votre camarade pour apprendre ce qu'il / elle préfère comme restaurant, comme nourriture *(food)* (par exemple, quelle viande ou quels fruits), comme sports d'hiver ou d'été, comme saison, comme temps, comme profession, comme journal. Posez les questions en utilisant **qu'est-ce que** (par exemple, « Qu'est-ce que tu préfères comme restaurant ? ») *ou* des formes de **quel** (par exemple, « Quel restaurant préfères-tu ? »). Indiquez si vous êtes d'accord avec sa préférence (« Moi aussi, je préfère... ») ou pas d'accord (« Pas moi, je n'aime pas... »). Après ça, *changez de rôle.*

VII. ***Révision : Dictée d'après les Conversations de 9 à 12***

___ ***VOCABULAIRE*** _____

NOMS
le **cahier** notebook,
   workbook
le **dessin** design, drawing
le **petit ami** boyfriend
la **petite amie** girlfriend
le **plat du jour** special dish
   of the day

ADJECTIFS
ennuyeux (ennuyeuse)
   boring, tedious, annoying
préféré(e) favorite
DIVERS
avant de before
ce... -ci this (+ noun)
ce... -là that (+ noun)
souvent often

MOTS AMIS
le **cousin**, la **cousine**
le **fiancé**, la **fiancée**
récent(e)
ADJECTIFS DÉMONSTRATIFS
see p. 105
ADJECTIFS INTERROGATIFS
see p. 103
ADJECTIFS POSSESSIFS
see p. 106

108

CONVERSATION 13
Faire les courses

Jean veut acheter des provisions mais il ne sait pas trop où aller. Marie le renseigne (informs him).

JEAN Dis donc. J'ai des courses à faire. Toi, où est-ce que tu vas, en général ?

JOHN Say, I have some errands to do. How about you, where do you generally go?

MARIE Oh, il y a un tas de petits magasins, place de l'Église. Fais-moi voir ta liste.

MARIE Oh, there are a lot of small stores in the Church Square. Let me see your list.

JEAN Voilà. Je veux du pain...

JOHN Here you go. I want some bread...

MARIE Il faut aller à la boulangerie d'en face. Quelle sorte de viande veux-tu ?

MARIE You have to go to the bakery across the street. What kind of meat do you want?

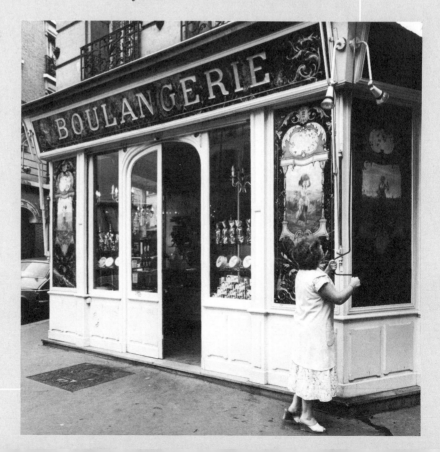

CHEZ LE BOUCHER

JEAN Du porc et du bœuf.

MARIE Pour le porc, va à la charcuterie, et pour le bœuf va à la boucherie.

JEAN Faut-il aller à deux magasins différents ?

MARIE Oui. En France, les charcutiers vendent du porc et les bouchers vendent les autres sortes de viande.

JOHN Pork and beef.

MARIE For the pork, go to the pork butcher's shop, and for the beef go to the butcher's.

JOHN Is it necessary to go to two different stores?

MARIE Yes. In France, pork butchers sell pork and butchers sell all the other kinds of meats.

110

JEAN Et pour le papier à lettres, on va à la pharmacie, n'est-ce pas ?

MARIE *(riant un peu)* Mais non. Les pharmaciens ne vendent que des médicaments et certains produits de beauté.

JEAN Ah, bon ! Alors, où faut-il aller ?

MARIE Va à la papeterie ou au bureau de tabac.

JEAN Si je comprends bien, les bouchers ne vendent pas de porc, les pharmaciens ne vendent que des médicaments, et on vend du papier à lettres dans les bureaux de tabac !

MARIE C'est ça. Remarque, tu peux toujours aller au supermarché,✦ si tu veux.

JEAN Oh non ! J'aime bien bavarder avec les marchands.

JOHN And for stationery, you go to the drugstore, right?

MARIE *(laughing a little)* Of course not. Pharmacists sell only medicine and certain beauty products.

JOHN OK, so where should I go?

MARIE Go to the stationery store or the tobacco shop.

JOHN If I understand correctly, butchers don't sell pork, pharmacists sell only medicine, and they sell stationery in tobacco shops!

MARIE That's right. You know, you can always go to the supermarket, if you want.

JOHN Oh no! I like to chat with the shopkeepers.

À LA PHARMACIE

AU SUPERMARCHÉ

I. *Exercice de mise en train : Les Passe-temps*

A. Nous allons poser les questions suivantes ensemble, mais vous allez y répondre individuellement. Demandez à quelqu'un :

1. ce qu'on peut faire en hiver / en été / au printemps.
2. s'il aime patiner / nager / prendre des bains de soleil.
3. s'il sait jouer de la guitare ou du piano ou au tennis.
4. s'il aime regarder la télévision ou faire du sport.

B. En équipes de deux : En employant la forme **tu,** posez les questions impaires à un(e) camarade de classe. Pour les questions paires, *changez de rôle.*

112 II. *Présentation du dialogue : Faire les courses*

Questions de compréhension du dialogue

Répondez aux questions d'après le dialogue.

1. Est-ce que Jean a des courses à faire ?
2. Où est-ce qu'il y a beaucoup de petits magasins ?
3. Où faut-il aller pour acheter du pain ? du porc ? du bœuf ?
4. Qui vend du porc ? Qui vend les autres sortes de viande ?
5. Qu'est-ce que les pharmaciens vendent ?
6. Pour acheter toutes ces choses (*things*), où est-ce qu'on peut aller aussi ?
7. Avec qui est-ce que Jean aime bavarder ?

IV. *Substitutions : Faire les courses*

Changez les phrases suivantes en substituant les mots indiqués.

1. Où faut-il aller pour acheter *du pain ?*
du bœuf / du porc / des médicaments / des livres
2. Il faut aller *à la boulangerie.*
à la boucherie / à la charcuterie / à la pharmacie / à la librairie / à l'épicerie (*grocery store*)
3. Il faut aller *chez le boulanger (to the baker's).*
chez le boucher / chez le charcutier / chez le pharmacien / chez le libraire (*book dealer*) / chez l'épicier
4. Pour acheter *du bœuf,* allez à *la boucherie.*
des livres... à la librairie / du beurre et du fromage... à la crémerie (*dairy*) / du sel et du poivre (*salt and pepper*)... à l'épicerie / du pain... à la boulangerie / du porc... à la charcuterie
5. J'aime bien *bavarder avec les marchands.*
bavarder avec mes amis (amies) / parler du temps qu'il fait / parler de la pluie et du beau temps (*make small talk*)
6. J'ai besoin *de (I need)* papier à lettres.
de pain / de fruits / de café / de viande / d'essence (*gasoline*)

V. *Exercice d'application : ne... que*[*]

Changez les phrases suivantes en employant **ne... que** (*only, nothing but*) pour insister sur les faits.

EXEMPLE   Les pharmaciens vendent des médicaments.
                     Les pharmaciens ne vendent que des médicaments.

1. Les charcutiers vendent du porc.   **2.** Les bouchers vendent de la viande.
3. Mme Cochet a des revues françaises.   **4.** Jean aime les revues américaines.   **5.** Jean a un billet de cent francs.   **6.** Il y a un restaurant sur la place.

---

[*]Note that after **ne... que** the partitive does not change to **de**.   **113**

VI.   *Questions personnelles*

A. Vous allez poser des questions personnelles à un(e) camarade de classe. D'abord, formons les questions tous ensemble. Demandez-lui :

1. s'il / si elle a des courses à faire cet après-midi.   **2.** s'il / si elle aime faire des courses / bavarder avec les marchands.   **3.** où il / elle va pour acheter des provisions *(groceries)*.   **4.** si on vend du pain français dans sa boulangerie. **5.** s'il / si elle aime mieux le bœuf ou le jambon.   **6.** s'il / si elle va au supermarché tous les jours ou une fois par semaine *(weekly)*.

B. En équipes de deux : Posez les questions impaires à un(e) camarade de classe. Pour les questions paires, *changez de rôle.*

C. Tous ensemble : En employant **vous,** posez les questions précédentes à votre professeur. Je vais y répondre.

VII.   *Conversations improvisées (en équipes de deux)*

A. **À Paris**   Vous êtes un touriste à Paris. Vous désirez acheter certaines choses (par exemple, du papier à lettres, un journal, de l'aspirine, du pain). Vous demandez à l'hôtelier (un/e camarade de classe) où il faut aller pour acheter les choses que vous désirez.

B. **Un pique-nique**   Vous voulez faire un pique-nique. Avec votre camarade, discutez les provisions que vous voulez acheter et où il faut aller pour acheter ces provisions.

VIII.   *Dictée d'après la Conversation 12*

───── *VOCABULAIRE* ─────────────────────────

NOMS
le **bœuf** beef
la **chose** thing
les **courses** (f pl) errands
le **livre** book
le **médicament** medicine
le **papier à lettres**
   stationery
le **poivre** pepper
les **provisions** (f pl)
   groceries; provisions
le **sel** salt
VERBES
avoir besoin de to need
bavarder to chat
comprendre to understand
parler de la pluie et du
   beau temps to make small
   talk
remarquer to notice
renseigner to inform

voir to see
LES MAGASINS (m pl) stores
   la **boucherie** butcher's shop
   (for beef, lamb, horse,
   etc.)
   la **boulangerie** bakery
   la **charcuterie** pork butcher
   shop
   la **crémerie** dairy
   l' **épicerie** (f) grocery store
   la **papeterie** stationery store
   la **pharmacie** drugstore
LES MARCHANDS (m)
shopkeepers
   le **boucher,** la **bouchère**
   butcher
   le **boulanger,** la **boulangère**
   baker
   le **charcutier,** la
   charcutière pork butcher
   l' **épicier,** l'**épicière** grocer

le/la **libraire** bookseller, book
   dealer
   le **pharmacien,** la **pharmacienne**
   pharmacist
DIVERS
autre other
ne... que only
tous les jours every day
une fois par semaine once
   a week
MOTS AMIS
   la **beauté**
      certain(e)
      différent(e)
   la **liste**
   le **papier**
   le **porc**
   le **produit ; le produit de**
      beauté
   la **sorte**
   le **tennis**

114

GRAMMAR UNIT 7
Descriptive adjectives

24. Forms and agreement of adjectives

un **petit** garçon	*a small boy*
une **petite** fille	*a small girl*
deux **petits** garçons	*two little boys*
deux **petites** filles	*two little girls*

A. Agreement   Adjectives agree in gender and number with the noun they modify.

B. Forms   When the masculine singular form of an adjective ends in a consonant, you can often form the feminine by adding **-e** to the masculine singular. The final consonant, which is normally silent in the masculine forms, is pronounced in the feminine.

Masculine	*Feminine*
content	content**e**
grand	grand**e**
français	français**e**
vert	vert**e** *(green)*
brun	brun**e**
gris	gris**e** *(gray)*

When the masculine singular form of an adjective ends in **-e**, the masculine and feminine forms are identical in form and pronunciation.

jeune *(young)*	**pâle** *(pale)*
jaune *(yellow)*	**mince** *(thin)*
rouge *(red)*	**maigre** *(thin, skinny)*

To obtain the plural form of most descriptive adjectives add **-s** to the singular. EXAMPLE petit**s** *m,* petites, *f.* This **s** is pronounced only in linking. EXAMPLE les petits enfants.

A few adjectives have irregular forms.

115

	Singular		Plural
Masculine	*Feminine*	*Masculine*	*Feminine*
actif	active	actifs	actives (*active*)
neuf	neuve	neufs	neuves (*new*)
heureux	heureuse	heureux	heureuses (*happy*)
sérieux	sérieuse	sérieux	sérieuses (*serious*)
doux	douce	doux	douces (*gentle*)
blanc	blanche	blancs	blanches (*white*)
italien	italienne	italiens	italiennes (*Italian*)

25. *Position of adjectives*

In English, adjectives precede the nouns they modify. In French, only a few adjectives normally precede.

A. Adjectives that precede the noun modified

Repeat these examples after your instructor.

Est-ce que c'est un **bon** hôtel ?	*Is it a **good** hotel?*
C'est un **grand jeune** homme.	*He's a **tall young** man.*
C'est une **petite** fille.	*She's a **small** girl.*
C'est un **vieux** monsieur.	*He's an **old** gentleman.*
Ce sont de **jolis** dessins.	*They are **pretty** drawings.*

The following adjectives normally *precede* the noun they modify:

1. Regular: **grand, petit, mauvais** (*bad*)**, joli,** and **jeune.**

2. Irregular:

	Singular		Plural
Masculine	*Feminine*	*Masculine*	*Feminine*
beau (bel)	belle	beaux	belles (*beautiful*)
bon	bonne	bons	bonnes (*good*)
gros	grosse	gros	grosses (*large, fat*)
long	longue	longs	longues (*long*)
vieux (vieil)	vieille	vieux	vieilles (*old*)
nouveau (nouvel)	nouvelle	nouveaux	nouvelles (*new*)

The masculine forms **bel, vieil,** and **nouvel** are used only before masculine words that begin with a vowel or mute **h: un bel arbre, un vieil employé, un nouvel hôtel.**

The following rhyme may serve as a mnemonic device to help you remember adjectives that *precede* the noun they modify:

116

Petit, grand, gros,
Vilain, joli, beau,
Autre, long,
Mauvais, bon
Jeune, vieux, nouveau

B. Adjectives that normally follow the noun modified

Repeat these examples after your instructor.

Elle a les yeux **bleus.**	She has blue eyes.
Il a les cheveux **blonds.**	He has blond hair.
C'est un ingénieur **français.**	He is a French engineer.
Ce sont des gens **heureux.**	They are lucky (happy) people.

C'est un garçon **maigre, adroit** *(skillful),* **maladroit** *(awkward),* **sérieux, poli** *(polite).*
Elle porte une robe **bleue, verte, noire, rouge.**
C'est une jeune fille **mince, heureuse, sérieuse, douce, active.**
Son père est d'origine **allemande, russe** *(Russian),* **espagnole, italienne.***

1. Adjectives of nationality *always follow* the noun they modify, as do usually those of color.
2. Most descriptive adjectives normally *follow* the noun modified.
3. Sometimes adjectives that normally follow the noun are placed before the noun for stylistic effect or for special emphasis, for example, **C'est une charmante jeune fille ; C'est un excellent dîner.**

I. *Substitutions*

Changez les phrases suivantes en substituant les mots indiqués.

1. Marie a une nouvelle robe *blanche.*
   rouge / **noire** / **bleue** / **rose** / **jaune**
2. C'est un jeune homme *maigre.*
   poli / **sérieux** / **adroit** / **maladroit** / **gros**
3. C'est une petite jeune fille *brune.*
   sérieuse / **grosse** / **mince** / **aimable** *(kind)* / **douce**
4. C'est un *bon* restaurant.
   petit / **grand** / **joli** / **nouveau** / **vieux**
5. Comment est Roger ? *(What is Roger like?)*— Il est *grand.*
   beau / **mince** / **jeune** / **actif** / **blond**
6. Comment est Marie ? — Elle est *grande.*
   belle / **mince** / **jeune** / **active** / **blonde**

---

*For vocabulary expansion of nationalities see list p. 123.

A. Employez la forme convenable de l'adjectif indiqué avec chacun des mots suivants d'après l'exemple.

1. **beau, bel, belle :** un château   **C'est un beau château.**
   une jeune fille / un arbre / un hôtel / une maison / un printemps / un été / un garçon

2. **vieux, vieil, vieille :** une église   **C'est une vieille église.**
   un restaurant / un arbre / un hôtel / une maison / une rue / un ami

3. **actif, active :** un homme   **C'est un homme actif.**
   un garçon / une jeune fille / une femme (*woman*) **/ un jeune homme / une personne**

4. **heureux, heureuse :** un garçon   **C'est un garçon heureux.**
   un homme / une femme / une jeune fille / un enfant / une personne

B. Formez des phrases au singulier et au pluriel en deux groupes. Groupe A, vous formez une phrase au singulier avec les mots suivants. Groupe B, vous mettez la phrase au pluriel.

EXEMPLE   un joli château   A: C'est un joli château.
                                B: Ce sont de* jolis châteaux.

1. une grande jeune fille   **2.** un vieil ami   **3.** un bel enfant   **4.** une longue histoire   **5.** un mauvais restaurant

C. *Changez de rôle.* Toujours en deux groupes, mais maintenant Groupe B, vous formez une phrase au singulier et Groupe A, vous mettez la phrase au pluriel.

EXEMPLE   un livre intéressant   A: C'est un livre intéressant.
                                      B: Ce sont des livres intéressants.

1. une histoire intéressante   **2.** une femme charmante   **3.** une voiture neuve   **4.** un enfant heureux   **5.** une personne charmante

---

118   *Use **de** when a preceding adjective modifies a *plural* noun: **de** + *adjective* + *plural noun*.

26. Comparative of adjectives: regular

A. Superiority is expressed by **plus... que** (more... than)*

Repeat these examples after your instructor.

Paris est **plus grand que** Marseille.	*Paris is **larger** than Marseilles.*
New York est **plus grand que** Paris.	*New York is **larger** than Paris.*

B. Equality is expressed by **aussi... que** (as... as)

Repeat these examples after your instructor.

La campagne est **aussi belle** en automne **qu**'au printemps.	*The country is **as beautiful** in the fall **as** in spring.*
Paris n'est pas **aussi grand que** New York.	*Paris is not **as large as** New York.*

C. Inferiority is expressed by **moins... que** (less . . . than)

Repeat these examples after your instructor.

Paris est **moins grand que** New York.	*Paris is **smaller** (less large) **than** New York.*
En automne, il fait **moins chaud qu**'en été.	*In fall, it is **cooler** (less hot) **than** in summer.*

27. Superlative of adjectives: regular

A. le / la plus; les plus (the most; the ...-est)

Repeat these examples after your instructor.

Paris est **la plus grande** ville de* France.	*Paris is **the largest** city in France.*
Marseille est **le plus grand** port de France.	*Marseilles is **the largest** port in France.*
L'hiver est **la plus belle** saison de l'année.	*Winter is **the most beautiful** season of the year.*
Ce sont les villes **les plus intéressantes.**	*They are **the most interesting** cities.*

---

*It is necessary to distinguish between **plus... que**, which is used in comparisons, and **plus de**, which is an expression of quantity. EXAMPLES   Marie a **plus de dix** cousins. *(Marie has **more than ten** cousins.)* Elle a **plus** de cousins **que** Jean. *(She has **more cousins than** John.)*
*Note that in French **de** is used after a superlative when English uses **in**.

B. le / la moins; les moins (the least)

Repeat these examples after your instructor.

L'hiver est **la moins belle** saison de l'année.	Winter is **the least beautiful** season of the year.
C'est aussi **la moins agréable.**	It is also **the least pleasant.**

1. To form the superlative of adjectives, insert the appropriate definite article before the comparative form. For example, the comparative and superlative of the adjective **grand** have the following forms:

Comparative	*Superlative*
plus (moins) grand *taller (less tall)*	**le** plus (moins) grand *the tallest (the least tall)*
plus grande	**la** plus grande
plus grands	**les** plus grands
plus grandes	**les** plus grandes

2. Superlative forms of adjectives normally stand in the same position as their positive forms in relation to the noun modified.
a. Adjectives that *precede* the noun:

le **petit** garçon	**le plus petit** garçon
la **grande** jeune fille	**la plus grande** jeune fille

b. Adjectives that *follow* the noun:

l'étudiant **intelligent**	l'étudiant **le plus intelligent**
la chambre **agréable**	la chambre **la plus agréable**

Note that when the superlative form of an adjective that follows the noun modified is used, the definite article is used *twice*—once before the noun and once as a part of the superlative form of the adjective.

28. *Irregular comparative and superlative forms of the adjective* bon *and the adverb* bien

A. Adjective bon

Repeat these examples after your instructor:

L'Hôtel Continental est un **bon** hôtel.	*The Continental is a **good** hotel.*
L'Hôtel du Cheval blanc est **meilleur.**	*The White Horse Hotel is **better.***
C'est **le meilleur** hôtel de la ville.	*It is **the best** hotel in town.*

120

Its forms are:

bon *(good)*	meilleur *(better)*	le meilleur *(best)*
bonne	meilleure	la meilleure
bons	meilleurs	les meilleurs
bonnes	meilleures	les meilleures

B. *Adverb* bien

Repeat these examples after your instructor:

Louise joue **bien du piano.**	*Louise plays the piano **well.***
Elle joue **mieux** que moi.	*She plays **better** than I do.*
Elle joue **le mieux** du monde.	*She plays **better** than anyone.*
Elle joue **le mieux** de nous tous.	*She plays **the best** of all of us.*

Its forms are: **bien** *(well)*, **mieux** *(better)*, **le mieux** *(best)*.
Note that in English the comparative and superlative of the adjective *good* and the adverb *well* are identical. We say *good, better, best;* and *well, better, best.* Consequently, we do not have to know whether *best* is an adjective or an adverb in such sentences as: *Spring is the best season* and *It's the season I like best.* But in French you have to know whether the adjective or the adverb is called for in order to choose the correct form.

Le printemps est **la meilleure** saison. *(adj)*
C'est la saison que j'aime **le mieux**. *(adv)*

III.   *Substitutions*

A. Comparaison des adjectifs   Changez les phrases suivantes en substituant les mots indiqués.

1. Marie est plus *grande* que sa cousine.
   jeune / active / intelligente / gentille / agréable / blonde
2. Il fait *plus beau* aujourd'hui qu'hier.
   plus chaud / plus mauvais / plus froid / plus de vent / moins chaud / moins froid / moins de vent
3. Ma sœur est aussi *mince* que moi.
   intelligente / grande / active / sérieuse / gentille / blonde

B. Superlatif des adjectifs   Changez les phrases suivantes en substituant les mots indiqués.

1. C'est la plus *longue* rue de la ville.
   belle / jolie / grande / petite
2. Charles est l'étudiant le plus *sérieux* de la classe.
   intelligent / heureux / agréable / gentil

121

C. L'adjectif **bon** et l'adverbe **bien**   Changez les phrases suivantes en substituant les mots indiqués.

1. Ici, on mange *bien.*
   mieux qu'à l'autre hôtel / beaucoup mieux qu'à l'autre hôtel / moins bien qu'à l'autre hôtel / beaucoup moins bien qu'à l'autre hôtel
2. Les repas sont *bons dans cet hôtel.*
   meilleurs qu'à l'autre hôtel / bien meilleurs qu'à l'autre hôtel / moins bons qu'à l'autre hôtel / beaucoup moins bons qu'à l'autre hôtel
3. *Ce café-ci* est meilleur que *ce café-là.*
   Ce restaurant-ci... ce restaurant-là / Cet hôtel-ci... cet hôtel-là / Ce cinéma-ci... ce cinéma-là
4. Tu *parles français* mieux que moi.
   joues au tennis / danses / patines / joues du piano

IV.   *Questions personnelles : Comparons les temps et les saisons !*

A. Nous allons répéter tous ensemble les questions suivantes, mais vous allez y répondre individuellement.

1. Est-ce qu'il fait plus froid ou plus chaud aujourd'hui qu'hier ?
2. Est-ce qu'il fait aussi chaud en juillet qu'en août ?
3. Est-ce qu'il fait aussi froid en juin qu'en décembre ?
4. Quel est le mois le plus chaud de l'année ?
5. À votre avis *(In your opinion),* quelle est la plus belle saison de l'année ?
6. Quel est le plus beau mois de l'année ?
7. Quelle est la meilleure saison de l'année ? Quel est le meilleur mois de l'année ?

B. En équipes de deux : Posez les questions impaires à un(e) camarade de classe. Pour les questions paires, *changez de rôle.*

V.   *Conversations improvisées (en équipes de deux) : Descriptions*

A. Une personne pas très agréable   En 5 ou 6 phrases, décrivez une personne que vous n'aimez pas beaucoup et dites pourquoi pas à un(e) camarade de classe. Après ça, *changez de rôle.*

B. Un membre de votre famille

1. En 6 ou 8 phrases, parlez d'un membre de votre famille en indiquant des similarités et des différences qui existent entre vous et cette personne (par exemple, l'apparence, les goûts *(tastes),* les passe-temps).

EXEMPLE   Je suis plus grand que mon frère. Mon frère a les cheveux blonds mais, moi, j'ai les cheveux noirs. Mon frère aime la pizza; moi, je préjère le bifteck. Il joue au tennis mais, moi, je joue du piano.

122

2. *Changez de rôle.* Votre camarade vous parle d'un membre de sa famille en indiquant des similarités et des différences qui existent entre lui et cette personne.

3. Échangez des observations sur des similarités et sur des différences qui existent entre vous et votre camarade.

--- *VOCABULAIRE* ---

NOMS
l' **avis** (*m*) *opinion*
la **femme** *woman; wife*
le **monde** *world*
VERBE
être d'origine (allemande, française, etc.) *to be originally from (Germany, France, etc.)*
ADJECTIFS
adroit(e) *skillful, clever*
agréable *pleasant, nice*
aimable *kind*
breton (bretonne) *Breton, (from Brittany)*
doux (douce) *gentle, sweet*
gris(e) *gray*
gros (grosse) *big, large; fat*
heureux (heureuse) *happy*

irlandais(e) *Irish*
jaune *yellow*
maigre *skinny, thin*
maladroit(e) *awkward*
mauvais(e) *bad*
le/la **meilleur(e)** *better, best*
mince *thin*
neuf (neuve) *(brand) new*
norvégien (norvégienne) *Norwegian*
nouveau (nouvel) / nouvelle ; (pl) nouveaux / nouvelles *new*
poli(e) *polite*
rose *pink*
russe *Russian*
suédois(e) *Swedish*
vert(e) *green*
vieux (vieil) / vieille ; (pl) vieux / vieilles *old*

vilain(e) *naughty, nasty*
DIVERS
à votre avis (à ton avis) *in your opinion*
hier *yesterday*
mieux (*adv*) *better; best*
moins... que *less . . . than*
plus *more;* **plus... que** *more . . . than;* **le / la plus +** *adj the most*
MOTS AMIS
actif (active)
charmant(e)
content(e)
l' **origine** (*f*)
pâle
la **personne**
sérieux (sérieuse)

CONVERSATION 14
Une Invitation

Jean a retrouvé (met) un vieil ami de son père.

JEAN Je suis invité chez les Brown.✦ Tu les connais ?

ROGER Non, je ne les connais pas. Est-ce qu'ils sont américains ?

JEAN M. Brown est américain, mais sa femme est française.

ROGER Et comment l'as-tu connu ?*

JEAN C'est un vieil ami de mon père. Je l'ai vu plusieurs fois chez nous, à Philadelphie. Sa femme et lui ont toujours été très gentils pour moi.

ROGER Il habite en France depuis longtemps ?

JOHN I've been invited to the Browns'. Do you know them?

ROGER No, I don't know them. Are they American?

JOHN Mr. Brown is American, but his wife is French.

ROGER And how did you meet him?

JOHN He's an old friend of my father's. I saw him several times at our home in Philadelphia. His wife and he have always been very nice to me.

ROGER Has he lived in France for a long time?

---

*Note that when **connaître** is used in the past tense, it often has the meaning of *to meet (to make the acquaintance of someone).*

124

Che pas

JEAN Je ne sais pas au juste. Je crois qu'il est venu en France il y a cinq ou six ans. Avant ça, je sais qu'il a passé deux ou trois ans en Angleterre.

ROGER Et qu'est-ce qu'il est venu faire en France ?

JEAN Il est banquier.✦ Sa banque se trouve près de l'Opéra.✦ Mais lui, il habite près du bois de Boulogne.✦

ROGER Est-ce qu'il parle français ?

JEAN Très couramment, mais hélas, avec un fort accent américain.

pronounce

JOHN I don't know exactly. I think he came to France five or six years ago. Before that, I know that he spent two or three years in England.

ROGER And what did he come to France to do?

JOHN He's a banker. His bank is near the Opera House. But he himself lives near the bois de Boulogne.

ROGER Does he speak French?

JEAN Very fluently, but, unfortunately, with a strong American accent.

L'IMMEUBLE IBM PLACE VENDÔME

CULTURAL NOTES

It is a sign of a strong and long-lasting relationship when you are invited to a French person's home, as the French are not as likely as Americans to invite people to their homes for dinner. When one is invited for dinner, it is appropriate to bring a small gift of flowers or candy.

There are branches of many American firms in Paris, including IBM, which is located on the very elegant **place Vendôme.**

The Paris Opera House, built between 1861 and 1875, dominates the **place de l'Opéra,** *the* **grands boulevards,** *and the* **avenue de l'Opéra** *and is one of the landmarks of Paris.*

The **bois de Boulogne** *is a large and beautiful park (2100 acres) west of Paris.*

L'OPÉRA

125

Exercice de mise en train : Les Courses

   A. En deux groupes : Groupe A, vous posez des questions et Groupe B, vous répondez aux questions. Après ça, *changez de rôle.* Groupe A, demandez :

   1. ce qu'on vend à la boulangerie et à la charcuterie.
   2. où il faut aller pour acheter du bœuf.
   3. ce que vendent les pharmaciens.
   4. ce qu'on vend au bureau de tabac.
   5. si les clients aiment bavarder avec les marchands.

II.   *Présentation du dialogue : Une Invitation*

III.   *Questions de compréhension du dialogue*

   Répondez aux questions d'après le dialogue.

   1. Chez qui Jean est-il invité ?
   2. Est-ce que Roger connaît les Brown ?
   3. Est-ce que M. Brown est américain ? Et sa femme ?
   4. Comment est-ce que Jean a fait la connaissance de M. Brown ?
   5. Quand est-ce que M. Brown est venu en France ?
   6. Qu'est-ce que M. Brown est venu faire en France ?

IV.   *Substitutions : M. Brown*

   Changez les phrases suivantes en substituant les mots indiqués.

   1. Je crois qu'il est venu en France il y a *cinq ou six ans.*
      deux ou trois ans / deux ou trois mois / deux ou trois semaines / quelques années
   2. Il a passé *deux ou trois ans* en Angleterre.
      un ou deux ans / un an / six mois / quelque temps (*some time*)
   3. Sa profession ? — Il est *banquier.*
      agent de change (*investment broker*) / avocat (*lawyer*) / négociant en vins (*wholesale wine merchant*) / fonctionnaire (*government employee*) / agriculteur (*farmer*)
   4. *Où* avez-vous fait sa connaissance?
      Quand / Comment / Chez qui / À quelle époque
   5. C'est un *vieil* ami de mon père.
      bon / grand / ancien (*old*) / nouvel
   6. Sa banque se trouve *près de l'Opéra.*
      sur la place Vendôme / sur les Champs-Élysées / près du Louvre / dans le Quartier latin
   7. Sa femme et lui ont toujours été très gentils *pour moi.*
      pour nous / pour Jean / pour lui (*him*) / pour nos amis / pour eux (*them*)

126

V. *Questions personnelles*

A. Répondez individuellement aux questions personnelles suivantes.

1. Êtes-vous aussi grand(e) que votre père / mère ? **2.** Quel âge a votre mère ? et votre père ? **3.** Votre mère est-elle grande ou petite ? blonde ou brune ? Et votre père ? **4.** Comment est votre sœur / frère ? **5.** Savez-vous jouer du piano ? de la guitare ? **6.** Savez-vous jouer au bridge ? aux échecs *(chess)* ? au tennis ?

B. Vous allez poser les questions précédentes à un(e) camarade de classe. D'abord, changeons les questions, tous ensemble. Utilisons la forme **tu.**

C. En équipes de deux : Posez les questions impaires à un(e) camarade de classe. Pour les questions paires, *changez de rôle.*

VI. *Conversations improvisées (en équipes de deux) : Descriptions*

A. Jean Hughes Faites une description de Jean Hughes. Votre camarade vous écoute et il / elle répond à chacune de vos phrases en disant « Oui, Jean Hughes est comme ça ! » ou « Mais non, il n'est pas comme ça ! Il est... »

B. Le mari ou la femme idéal(e) *(the ideal husband or wife)* Décrivez le mari ou la femme idéal(e). Votre camarade vous écoute, en vous indiquant s'il / si elle est d'accord *(agrees)* (« Je suis d'accord avec toi ») ou pas d'accord (« Je ne suis pas d'accord avec toi »). Après ça, *changez de rôle.*

VII. *Dictée d'après la Conversation 13*

VOCABULAIRE

NOMS
l' **Angleterre** *(f) England*
le **bois** *wood; woods*
le **bridge** *bridge (card game)*
les **échecs** *(m) chess*
l' **époque** *(f) period, time*
le **mari** *husband*
VERBES
être d'accord avec *to agree with*
passer *to spend (time); to pass/go by*
retrouver *to find again; to meet again*
se **trouver** *to be located*
ADJECTIFS
ancien (ancienne) *old, former, past*
fort(e) *strong*

PROFESSIONS *(f)*
l' **agent de change** *(m) investment broker*
l' **agriculteur,** l'**agricultrice** *farmer*
le/la **fonctionnaire** *government employee*
le **négociant,** la **négociante en vins** *wholesale wine merchant*
PRONOMS DISJONCTIFS
stress pronouns
elle *her, she, it*
elles *(f, pl) them, they*
eux *(m, m & f, pl) them, they*
lui *him, he, it*
DIVERS
au juste *exactly*
chez qui ? *at/to whose house/place?*

combien de temps ? *how long, how much time?*
couramment *fluently*
depuis (**+ *period of time***) *since, for*
depuis quand / combien de temps... ? *how long . . . ?; how long has it been since . . . ?*
hélas *alas, unfortunately*
il y a (**+ *period of time***) *ago*
plusieurs *several*
MOTS AMIS
l' **accent** *(m)*
la **banque**
le **banquier**
idéal(e)
l' **opéra** *(m)*

127

GRAMMAR UNIT 8
Passé composé *of* -er *verbs*

29. *Meaning and formation of the* passé composé

The **passé composé** *(compound past)* tense is used to indicate that the action or condition described by the verb took place in the past. It corresponds both to the English present perfect *(He has gone home)* and the simple past *(He went home)*.

      This tense is a combination of the *past participle of a verb* and the *present indicative of an auxiliary verb.* While in English the compound tenses of all verbs use the auxiliary verb *to have,* in French some verbs are conjugated with **avoir** and some with **être.** The first group is much more numerous than the second, so you will be studying verbs conjugated with **avoir** in this chapter.

Passé composé of **déjeuner**   First conjugation verbs; regular

Est-ce que vous avez déjeuné de bonne heure ?	*Did you eat early?*
Non, **j'ai déjeuné** à midi et demi.	*No, I ate lunch at twelve-thirty.*
À quelle heure vos parents **ont-ils dîné ?**	*What time did your parents have dinner?*
Ils ont dîné à sept heures et quart.	*They had dinner at seven-fifteen.*
Avez-vous acheté un journal ?	*Did you buy a paper?*
Non, **je n'ai pas acheté** de journal aujourd'hui.	*No, I didn't buy a paper today.*

Repeat these forms of the **passé composé** *of* **déjeuner** *after your instructor.*

j'ai déjeuné *I ate (lunch), I have eaten (lunch)*	*nous avons déjeuné*
tu as déjeuné	*vous avez déjeuné*
il / elle / on a déjeuné	*ils / elles ont déjeuné*

---

*Another tense used to express past actions is the "passé simple." Since that tense is primarily used in literature and in formal written documents, you do not need to recall or produce its forms. If you wish to familiarize yourself with this tense so that you recognize it when you are reading, please see Appendix page 387.

1. The passé composé of **déjeuner** is composed of the present tense of the auxiliary verb **avoir** *and* the past participle of **déjeuner : déjeuné.**
2. You can always form the past participle of regular verbs of the first conjugation by substituting **-é** for the **-er** ending of the infinitive.
3. To form the negative and interrogative, use the negative and interrogative of the *auxiliary* verb. EXAMPLE **Je n'ai pas déjeuné. Avez-vous déjeuné ?**

The following regular verbs (many of which you already know) will be used in the exercises:

acheter	*to buy*	**habiter** (à)	*to live (in)*
apporter	*to bring*	**jouer**	*to play*
commencer	*to begin*	**laisser**	*to leave*
demeurer	*to live (in)*	**manger**	*to eat*
dîner	*to have dinner*	**parler**	*to speak*
discuter	*to discuss*	**payer**	*to pay (for)*
donner	*to give*	**regarder**	*to look at*
écouter	*to listen to*	**travailler**	*to work*
étudier	*to study*	**téléphoner**	*to telephone*

I. *Substitutions*

Changez les phrases suivantes en substituant les mots indiqués.

1. Hier *Jean a* parlé français avec la concierge.
Toi, tu / Marie / Nous / Vous / Moi, je (j') / Roger et Marie, ils

2. *Jean et Roger ont* travaillé hier après-midi.
Marie / Nous / Moi, je / Marie et Jean

3. *Nous avons* écouté des disques hier soir, mais *nous n'avons pas* regardé la télé.
Roger et Jean... ils / Moi, je / Louise / Jean et Marie, ils

4. *Tu n'as* pas encore déjeuné ? — Mais si, *j'ai* déjà déjeuné à midi.
Vous... nous / Marie... elle / Roger et Jean... ils / Jean et Marie... ils

5. Qu'est-ce que tu as fait *(did you do)* hier soir ? — Hier soir j'ai *étudié*.
regardé la télé / téléphoné à mes amis / écouté mes disques / joué au tennis / joué du piano

II. *Exercices d'application*

A. La forme négative du passé composé   En deux groupes : Groupe A, vous lisez les phases suivantes et Groupe B *(livres fermés),* vous mettez les phrases au négatif. Après ça, *changez de rôle.*

EXEMPLE   A: J'ai déjeuné à midi.   B: Je n'ai pas déjeuné à midi.

1. J'ai invité Roger à dîner.   **2.** Roger a dansé.   **3.** Nous avons dîné à sept heures.   **4.** Nous avons écouté la radio.   **5.** Roger a téléphoné à Jean.   **6.** Ils ont commencé à parler en français.   **7.** Roger a parlé de Marie.   **8.** Moi, j'ai regardé la télé.

129

B. Le déjeuner d'hier de Jean (questions au passé composé)   Vous allez poser des questions à un(e) camarade de classe sur le déjeuner d'hier de Jean. D'abord, formons les questions tous ensemble. Moi, je dis une phrase au passé composé et vous, vous mettez cette phrase à la forme interrogative.

EXEMPLE   Jean a déjeuné à midi hier.   Jean a-t-il déjeuné à midi hier?

1. Jean a déjeuné en ville (*downtown*) hier.   **2.** Le garçon a apporté la carte. **3.** Jean et le garçon ont commencé à parler en français.   **4.** Ils ont parlé du beau temps.   **5.** Il a commandé (*ordered*) le menu du jour.   **6.** Le garçon a apporté le repas.   **7.** Il a donné l'addition à Jean.   **8.** Jean a payé l'addition.   **9.** Il a laissé un pourboire.

C. En équipes de deux : Posez les questions impaires à un(e) camarade de classe, en mettant les phrases à la forme interrogative. Votre camarade (*livre fermé*) répond aux questions affirmativement ou négativement. Pour les questions paires, *changez de rôle.*

D. Le dîner de Jean et Roger   Tous ensemble : Jean et Roger dînent ensemble. Je décris ce qui se passe (*what is happening*). Vous êtes surpris(e) parce qu'ils ont fait les mêmes (*same*) choses hier soir.

EXEMPLE   Jean dîne avec Roger.   Hier soir aussi, Jean a dîné avec Roger !

1. Avant de dîner, Jean achète un journal.   **2.** Jean et Roger dînent dans un restaurant.   **3.** Jean commande un cassoulet et Roger commande un bifteck frites.   **4.** Pendant le dîner, Roger téléphone à Marie.   **5.** Jean et Roger parlent de leurs vacances.   **6.** Jean demande l'addition et Roger paie l'addition.   **7.** Jean et Roger laissent un pourboire.

III.   *Questions personnelles*

A. Ta journée d'hier   Vous allez poser des questions personnelles à un(e) camarade de classe. D'abord, formons les questions tous ensemble. En employant la forme **tu**, demandez à votre camarade :

1. à quelle heure il / elle a déjeuné hier et où.   **2.** s'il / elle a déjeuné avec un copain ou avec une copine.   **3.** s'il / elle a joué au tennis ou au golf hier. **4.** s'il / elle a joué du piano ou du violon hier.   **5.** à quelle heure il / elle a dîné hier soir.   **6.** s'il / elle a écouté des disques hier soir.   **7.** s'il / elle a étudié hier soir.

B. En équipes de deux : Posez les questions impaires à un(e) camarade de classe, qui vous répond en employant « Oui, j'ai... » ou « Non, je n'ai pas... ». Pour les questions paires, *changez de rôle.*

IV.   *Conversations improvisées (en équipes de deux)*

A. Qu'est-ce que tu as fait pendant le week-end ?   Posez des questions (de 8 à 10) à un(e) camarade de classe sur le week-end passé. Écoutez bien ses

130

réponses, parce que plus tard *(later)* vous allez dire à un(e) autre camarade de classe ce que votre partenaire a fait pendant le week-end. Après ça, *changez de rôle.*

B. Bavardage   Changez de partenaire et parlez du week-end passé de votre camarade. Après ça, cette personne vous parle de ce que son / sa camarade a fait pendant le week-end.

C. Comment j'ai passé la soirée d'hier soir   En 8 or 9 phrases, décrivez à un(e) camarade de classe ce que vous avez fait hier soir. Votre camarade vous écoute et il / elle vous indique s'il / si elle a fait la même chose (« Moi aussi, j'ai... ») ou pas («Pas moi, je n'ai pas... »). Après ça, *changez de rôle.*

___ *VOCABULAIRE* _____

NOM	**commencer** *to start, begin*	**DIVERS**
la **soirée** *evening (emphasis on duration)*	**discuter (de)** *to discuss*	**ensemble** *together*
	laisser *to let; to allow*	**en ville** *downtown*
VERBES	**manger** *to eat*	**MOTS AMIS**
commander *to order*	**travailler** *to work*	**payer**
		la **radio**
		pendant *during, for + time*

Le "prince" Andrea a une petite sœur

Caroline, maman pour la deuxième fois.

La princesse Caroline a donné naissance à 19 heures, dimanche, à une petite fille prénommée Charlotte. Le bébé pèse 3,1 kg et mesure 47 cm. «La maman et l'enfant se portent bien », a déclaré le porte-parole du palais princier.

Le papa, Stéphane Casiraghi, se trouvait près de la princesse Caroline, ainsi que le prince Rainier, le prince Albert et la princesse Stéphanie.

Le premier enfant du couple, Andrea, Albert, Pierre est né le 8 juin 1984.

131

CONVERSATION 15
De bonnes affaires

Marie rentre chez elle après un après-midi dans les magasins. En chemin (along the way), *elle rencontre* (meets) *Jean.*

JEAN Tiens, Marie ! Salut ! Tu as l'air bien fatiguée.

MARIE Oui, j'ai marché tout l'après-midi.

JEAN Ah, bon ? Qu'est-ce que tu as fait ?

MARIE J'ai fait des courses.

JEAN Qu'est-ce que tu as acheté de beau ?

MARIE Pas mal de choses. Je suis d'abord allée à un Prisunic.

JOHN Hey, Marie! Hi! You look really tired.

MARIE Yes, I walked all afternoon.

JOHN Oh, really? What did you do?

MARIE I ran some errands.

JOHN Did you buy anything interesting?

MARIE Quite a few things. First I went to a Prisunic.

132

DES BOUTIQUES AUX HALLES

JEAN Un Prisunic ? Qu'est-ce que c'est que ça ?

MARIE C'est un magasin où on vend de tout à bon marché.

JEAN As-tu fait de bonnes affaires ?

MARIE Et comment ! J'ai eu beaucoup de succès ! J'ai découvert une robe sensationnelle. Et aussi ce pantalon — pas cher du tout. Comment le trouves-tu ?

JEAN Il te va à ravir.

MARIE Dis, je suis fatiguée. Tu veux aller prendre un pot avec moi ?

JEAN Avec plaisir ! Il y a un café tout près.

MARIE D'accord. Tu sais, j'ai voulu profiter du beau temps. Alors j'ai choisi d'aller en ville à pied, et maintenant je ne tiens plus debout !

JOHN A Prisunic? What's that?

MARIE It's a store where they sell all sorts of things at low prices.

JOHN Did you get any bargains?

MARIE And how! I had a lot of success. I found a fantastic dress. And this pair of pants too—not at all expensive. How do you like them?

JOHN They look very nice on you.

MARIE Say, I'm tired. Do you want to go have something to drink with me?

JOHN Sounds great! There's a café close by.

MARIE Good. You know, I wanted to take advantage of the fine weather, so I chose (decided) to walk downtown, and now I can't stand up any longer.

133

I

Exercice de mise en train : Ta journée d'hier

A. Nous allons poser les questions suivantes tous ensemble, mais vous allez y répondre individuellement.

1. À quelle heure est-ce que tu as déjeuné hier ? Où et avec qui ?
2. As-tu travaillé hier après-midi ?
3. À quelle heure as-tu dîné ? Et après, est-ce que tu as étudié ?
4. Est-ce que tu as regardé la télé hier soir ? As-tu écouté des disques ? As-tu téléphoné à des copains ou à tes parents ?

B. En équipes de deux : Posez les questions impaires à un(e) camarade de classe. Pour les questions paires, *changez de rôle.*

II.

Présentation du dialogue : De bonnes affaires

III.

Questions de compréhension du dialogue

Répondez aux questions d'après le dialogue.

1. Où est-ce que Marie a passé l'après-midi ?
2. Pourquoi est-elle fatiguée ?
3. Est-ce qu'elle a acheté beaucoup de choses ?
4. À quel magasin est-elle allée d'abord ?
5. Qu'est-ce que c'est qu'un Prisunic ?
6. Est-ce qu'elle a fait de bonnes affaires ?
7. Qu'est-ce qu'elle a découvert ?
8. Est-ce que Jean aime le pantalon qu'elle a acheté ? Qu'est-ce qu'il dit à Marie ?
9. Pourquoi est-ce que Marie est allée en ville à pied ?
10. Où est-ce que Jean et Marie vont ensemble ? Pourquoi ?

IV. *Substitutions*

A. Vocabulaire spécialisé : Les vêtements *(clothing)* Répétez les mots suivants.

un blue-jean	un chemisier *(blouse)*	un manteau
un pantalon	une cravate *(tie)*	un anorak *(ski jacket)*
une jupe *(skirt)*	une robe	un imper / imperméable
un pull-over / un pull	un costume *(suit)*	des chaussettes *(f) (socks)*
un tee-shirt	une veste *(jacket)*	des chaussures *(f) (shoes)*
une chemise *(shirt)*		

B. En ville Changez les phrases suivantes en substituant les mots indiqués.

1. Cet après-midi j'ai fait *des courses.*
   de bonnes affaires / une promenade / peu de choses / pas mal de choses

134

2. Je suis allé(e) au Prisunic où j'ai acheté *une robe*.
un blue-jean / un pantalon / un pull / un tee-shirt / une cravate / une chemise / un chemisier / une veste / un anorak / des chaussures / des chaussettes

3. Comment trouves-tu *ma robe ?* (Comment trouvez-vous *ma robe ?*)
mon blue-jean / mon pantalon / mon pull-over / mon tee-shirt / ma cravate / ma chemise / ma blouse / ma veste / mon anorak

4. *Cette robe rose* te va *à ravir*. (*Cette robe rose* vous va *à ravir.*)
Ce pantalon marron... très bien / Ce pull-over bleu... vraiment bien / Cette chemise blanche... à merveille (*wonderfully well*) **/ Ce chemisier vert... parfaitement / Cet anorak noir... bien**

5. J'ai marché tout l'après-midi et *cette promenade* m'a fait du bien (*did me a lot of good*).
le beau temps / le soleil / cette promenade au bois de Boulogne / cet après-midi en ville

6. Je suis allé(e) en ville à pied parce que j'ai voulu *profiter du beau temps*.
faire une longue promenade / faire des courses / faire de bonnes affaires

7. *Je suis allé(e) en ville à pied* et je suis un peu fatigué(e).
J'ai marché tout l'après-midi / J'ai passé tout l'après-midi en ville / Je suis allé(e) à plusieurs magasins différents / J'ai passé des heures à faire des courses

Questions personnelles

A. Votre soirée d'hier soir   En deux groupes : Groupe A, vous posez les questions suivantes et Groupe B, vous répondez affirmativement, en employant la forme **nous** (« Nous avons... »). Après ça, *changez de rôle.*

1. Avez-vous dîné avec des camarades hier soir ?   **2.** Après le dîner, avez-vous étudié ?   **3.** Avez-vous regardé la télé hier soir ?   **4.** Est-ce que vous avez écouté des disques ?   **5.** Avez-vous téléphoné à vos parents ?

B. En équipes de deux   En employant la forme **tu**, posez les questions impaires à un(e) camarade de classe, qui vous répond en employant « J'ai... » ou « Je n'ai pas... ». Pour les questions paires, *changez de rôle.*

C. Les courses   Nous allons poser les questions suivantes tous ensemble, mais vous allez y répondre individuellement.

1. Qui a fait des courses le week-end passé ? Qu'est-ce que tu as acheté ? As-tu fait de bonnes affaires ?   **2.** Es-tu allé(e) en ville à pied ? en autobus ? en auto ? en taxi ?   **3.** Est-ce qu'il y a un magasin en ville qui ressemble au Prisunic ? Comment s'appelle-t-il ? Qu'est-ce qu'on y vend ?   **4.** Je viens d'acheter... (par exemple, un pantalon, une jupe, des chaussettes). Comment le / la / les trouves-tu ?   **5.** En ce moment, qu'est-ce que tu veux acheter comme vêtements ?

135

VI. *Conversations improvisées (en équipes de deux)*

A. Qui est-ce ? Vous décrivez ce que (what) quelqu'un dans la classe porte *(is wearing)*; par exemple, « Il / Elle porte un pantalon marron, un tee-shirt vert et des chaussures noires ». Votre camarade vous écoute pour deviner qui est cette personne. Après ça, *changez de rôle.*

B. Qu'est-ce que vous voulez acheter ? Vos parents vous donnent cent dollars pour acheter des vêtements. Discutez ce que vous allez acheter avec les cent dollars. Votre camarade a cent dollars aussi et il / elle vous parle de ce qu'il / elle va acheter comme vêtements.

VII. *Dictée d'après la Conversation 14*

VOCABULAIRE

NOMS

l' **affaire** *(f) matter, business;* **une bonne affaire** *bargain*

le **plaisir** *pleasure;* **avec plaisir !** *with pleasure!*

VERBES

aller (à ravir) *to suit, fit (very well)*

avoir l'air *to look, seem*

choisir *to choose*

découvrir *to discover, come across*

faire de bonnes affaires *to get bargains*

faire du bien *to do a lot of good*

marcher *to walk; to run, work (function)*

ne... pas tenir debout *to be unable to stand up*

porter *to wear*

prendre un pot *to have a drink*

profiter de *to take advantage of*

rencontrer *to meet*

rentrer *to go home, return*

ADJECTIFS

cher (chère) *expensive, dear*

passé(e) *last*

LES VÊTEMENTS *(m pl) clothes, clothing*

l' **anorak** *(m) ski jacket*

la **chaussette** *sock*

la **chaussure** *shoe*

la **chemise** *shirt (for men)*

le **chemisier** *shirt (for women), blouse*

le **costume** *suit (for men)*

la **cravate** *tie*

la **jupe** *skirt*

le **pantalon** *a pair of pants*

la **veste** *jacket*

DIVERS

bon marché *low-priced, cheap*

d'abord *first*

de tout *all sorts of things*

debout *standing*

en chemin *along/on the way*

pas mal de *quite a few*

MOTS AMIS

le **blue-jean**

fatigué(e)

ressembler à

le **tee-shirt**

GALERIES LAFAYETTE

LE GRAND MAGASIN CAPITALE DE LA MODE

Magasin principal:
40, boulevard Haussmann (près de l'Opéra), tél. 282.34.56, tous les jours du lundi au samedi de 9 h 30 à 18 h 30.
Autre magasin:
au pied de la Tour Montparnasse, tél. 538.52.87, tous les jours du lundi au samedi de 9 h 45 à 19 h 15.

136

Passé composé of être and avoir; second and third conjugation verbs (present tense and passé composé)

30. Meaning and formation of the passé composé of être and avoir, conjugated with the auxiliary avoir

As you learned in the first part of Grammar Unit 8, the **passé composé** of most verbs in French is formed with the present indicative of the auxiliary **avoir** and the past participle of a verb. You have already learned the **passé composé** of first conjugation verbs (those with infinitives ending in **-er**). The verbs **être** and **avoir** are also conjugated with **avoir** in the **passé composé**.

A. Passé composé of être (to be)

Avez-vous été récemment* chez les Brown ?	*Have you been* to the Browns' *recently?*
Oui, **ils ont été** très gentils pour moi.	*Yes, **they've been** very nice to me.*

*Repeat the forms of the **passé composé** of être after your instructor.*

j'ai été *(I was, I have been)*	**nous avons été**
tu as été	**vous avez été**
il / elle / on a été	**ils / elles ont été**

1. The passé composé of **être** is composed of the present indicative of **avoir** and the past participle of **être** : **été.**

2. For the negative of the **passé composé** of **être**, use the negative form of the present indicative of **avoir** with the past participle **été**. EXAMPLE **Je n'ai pas été...**

3. For the interrogative of this tense, use the interrogative of the auxiliary with the past participle **été**. EXAMPLE **Avez-vous été... ?**

---

*Adverbs are often formed by adding **-ment** to the feminine form of adjectives: **heureusement, vivement, doucement;** but adverbs formed from adjectives ending with **-ent** or **-ant** do not follow this pattern: évident — évidemment; courant — couramment, récent — récemment.

B. Passé composé of avoir (to have)

J'ai eu un rhume.
Marie **a eu** beaucoup de succès.

*I had (**have had**) a cold.*
*Marie **had (has had)** a lot of success.*

*Repeat the forms of the **passé composé** of avoir after your instructor.*

j'ai eu *(I had, I have had)*
tu as eu
il / elle a eu

nous avons eu
vous avez eu
ils / elles ont eu

1. The passé composé of **avoir** is composed of the present indicative of the auxiliary verb **avoir** and the past participle of **avoir** : **eu**.

2. For the negative and interrogative forms, use the negative and interrogative forms of the auxiliary verb with the past participle **eu**. EXAMPLES **Je n'ai pas eu... Avez-vous eu... ?**

I. *Substitutions*

Changez les phrases suivantes en substituant les sujets indiqués et la forme nécessaire du verbe **avoir** au passé composé.

1. *J'ai été* chez les Brown.
   Jean / Jean et Roger / Nous / Marie / Tu / Vous
2. *J'ai eu* un rhume la semaine dernière.
   Marie / Nous / Roger et Jean / Tu / Vous / Marie

II. *Exercices d'application*

A. En deux groupes : Groupe A, vous posez les questions suivantes. Groupe B, vous répondez *affirmativement* aux questions, en employant la forme **nous**.

1. Avez-vous été malades *(sick)* récemment ?   2. Avez-vous eu un rhume récemment ?   3. Avez-vous été chez le médecin pour le rhume ?   4. Avez-vous été chez le dentiste récemment ?   5. Avez-vous eu du succès à la surprise-partie du week-end dernier ?

B. *Changez de rôle.* Mais cette fois, Groupe B, vous répondez *négativement* aux questions, en employant « Nous n'avons pas... » .

C. Vous allez poser les questions précédentes à un(e) camarade de classe. D'abord, formons tous ensemble les questions en employant la forme **tu**.

D. En équipes de deux : Posez les questions impaires à la forme **tu** à un(e) camarade de classe, qui vous répond en employant « J'ai... » . Après ça, *changez de rôle* avec les questions paires.

138

31. *Second and third conjugation verbs (present tense and* passé composé)

A. Present indicative of **finir** (to finish): second conjugation verbs: regular

You have already studied first conjugation verbs (verbs ending in **-er**) in the present and past tenses. In French, there is also a group of verbs with infinitives ending in **-ir.** These are referred to as second conjugation verbs.

À quelle heure **finissez-vous** votre travail ?	*At what time* **do you finish** *your work?*
Je finis d'habitude vers cinq heures.	*I usually* **finish** *around five o'clock.*
Je grossis facilement.	**I gain weight** *easily.*

Repeat the affirmative forms of the present indicative of finir after your instructor: **je finis** *(I finish, I do finish, I am finishing),* **tu finis, il / elle / on finit, nous finissons, vous finissez, ils / elles finissent.**

1. The negative and interrogative forms follow the usual pattern. EXAMPLE **Il ne finit pas... Finit-il... ?**
2. The following verbs (conjugated like **finir**) will be used in the oral practice exercises.

choisir *to choose*	**maigrir** *to lose weight*
grossir *to gain weight*	**obéir*** *to obey*

B. Passé composé of **finir** and other second conjugation verbs

À quelle heure **avez-vous fini** votre travail hier soir ?	*At what time* **did you finish** *your work last night?*
J'ai fini mon travail vers onze heures.	**I finished** *my work at about eleven o'clock.*

Repeat the forms of the **passé composé** *of finir after your instructor:* **j'ai fini** *(I finished, I have finished),* **tu as fini, il / elle a fini, nous avons fini, vous avez fini, ils / elles ont fini.**

1. To form the negative and interrogative, use the negative and interrogative of the *auxiliary* verb and the past participle **fini.** EXAMPLE **Avez-vous fini ? — Non, je n'ai pas fini.**

2. The past participle of **finir** and of other regular second conjugation verbs is formed by substituting the ending **-i** for the infinitive ending **-ir.**

---

*Note that **obéir** does not take a direct object, but, rather, always requires **à** before a noun: Tu obéis à tes parents.

139

C. Present indicative of **répondre** (to answer): third conjugation verbs: regular

Another group of verbs in French has infinitives ending in **-re**. These are referred to as third conjugation verbs.

Répondez-vous toujours aux* coups de téléphone ?	*Do you always **answer** the telephone?*
Oui, **je réponds** toujours aux coups de téléphone.	*Yes, I always **answer** the telephone.*

Repeat the affirmative forms of the present indicative of répondre after your instructor: **je réponds** *(I answer, I do answer, I am answering),* **tu réponds, il / elle répond, nous répondons, vous répondez, ils / elles répondent.**
1. The negative and interrogative forms follow the usual pattern. Note, however, that in **répond-il ?** the **d** is linked to the **i** and pronounced **t.**

2. The following verbs (conjugated like **répondre**) will be used in the oral practice exercises.

attendre *to wait for*
entendre *to hear*
perdre *to lose*
perdre patience *to lose patience, become angry*
perdre (son) temps *to waste one's time*
rendre *to return (something)*
rendre visite (à) *to visit (someone)*

D. Passé composé of **répondre** (à) and other third conjugation verbs

Avez-vous répondu à la demande de M. Duval ?	*Have you **responded to** (Did you respond to) Mr. Duval's request?*
Oui, **j'ai répondu à** sa demande.	*Yes, I **responded to** his request.*

*Repeat the forms of the **passé composé** of répondre after your instructor:* **j'ai répondu** *(I answered, I have answered),* **tu as répondu, il / elle a répondu, nous avons répondu, vous avez répondu, ils / elles ont répondu.**

The past participle of regular verbs of the third conjugation is found by substituting the ending **-u** for the infinitive ending **-re.**

_____
*Note that **répondre** does not take a direct object but, rather, always requires **à** before a noun: **Je réponds au professeur.**

Substitutions: Au bureau (verbes en -ir et en -re)

A. Changez les phrases suivantes en substituant les sujets indiqués et les formes nécessaires des verbes indiqués au passé composé.

1. En général, *je finis mon* travail à cinq heures. (*Attention au changement de l'adjectif possessif.*)
nous / **vous** / **Jean** / **Jean et Roger** / **tu**

2. Mais hier, *j'ai fini mon* travail à sept heures !
nous / **vous** / **Jean** / **Jean et Roger** / **tu**

3. Et pourquoi si tard (*late*)? *J'ai répondu* à beaucoup de lettres hier.
Nous / **Vous** / **Jean** / **Jean et Roger** / **Tu**

4. Et aussi *j'ai perdu* beaucoup de temps hier.
nous / **vous** / **Jean** / **Jean et Roger** / **tu**

5. Mais aujourd'hui, *je* ne *perds* pas de temps du tout !
nous / **vous** / **Jean** / **Jean et Roger** / **tu**

B. En équipes de deux : En employant la forme **il**, racontez la petite histoire précédente (Partie IIIA) au sujet de Jean. Puis votre camarade raconte la même histoire au sujet de Jean et de Roger (en employant la forme **ils**).

IV. *Exercices d'application avec les verbes en -ir*

A. Verbes en **-ir** ; le négatif.   En deux groupes : Groupe A, vous répétez des phrases affirmatives après moi et Groupe B, vous mettez ces phrases au négatif.

EXEMPLE   Je finis la leçon.   A: Je finis la leçon.
B: Moi, je ne finis pas la leçon.

1. Tu finis la leçon.   **2.** Tu choisis la robe.   **3.** Tu obéis à la loi (*law*).
4. Elle finit la lettre.   **5.** Il choisit le vin.   **6.** Il maigrit trop.

B. *Changez de rôle.* Groupe B, vous répétez des phrases affirmatives après moi et Groupe A, vous mettez ces phrases au négatif.

1. Vous choisissez le journal.   **2.** Vous finissez le journal.   **3.** Vous obéissez à l'agent de police.   **4.** Nous aussi, nous obéissons à l'agent de police.
5. Nous choisissons ce livre.   **6.** Nous finissons l'exercice.

C. Verbes en **-ir** ; le singulier.   En deux groupes: Groupe A, vous répétez des phrases au pluriel après moi et Groupe B, vous changez ces phrases en mettant le pronom sujet et le verbe au *singulier*. Après ça, *changez de rôle.*

EXEMPLES   A: Nous finissons le livre.   A: Ils choisissent un livre.
B: Je finis le livre.   B: Il choisit un livre.

1. (Jean et Roger,) ils choisissent un livre.   **2.** Ils finissent ce livre.   **3.** Ils grossissent beaucoup en ce moment.   **4.** Nous aussi, nous grossissons beaucoup !   **5.** Nous maigrissons en été.   **6.** Nous choisissons de nouveaux vêtements.

141

D. Verbes en **-ir** ; questions au présent.   Tous ensemble, répétez les questions suivantes après moi. Après chaque question, un(e) étudiant(e) répond à la question en employant la forme **je.** Puis deux étudiant(e)s répondent à *la même question* par la forme **nous.**

EXEMPLE   Tous ensemble : Choisissez-vous un livre ?
              Une personne : **Oui, je choisis un livre.**
              Deux étudiant(e)s : **Oui, nous choisissons un livre.**

1. Choisissez-vous ce journal ?   **2.** Finissez-vous le journal ?   **3.** Obéissez-vous à vos parents ?   **4.** Grossissez-vous pendant les vacances ?

.

V.   *Exercices d'application avec les verbes en -re*

A. Verbes en **-re** ; le négatif.   En deux groupes : Groupe A, vous répétez des phrases affirmatives après moi et Groupe B, vous répétez ces phrases *au négatif.*

EXEMPLE   Je réponds à la question.   A: Je réponds à la question.
                                  B: Je ne réponds pas à la question.

1. J'attends le professeur.   **2.** J'entends le professeur.   **3.** Je réponds au professeur.   **4.** Roger répond au professeur.   **5.** Roger et Jean répondent au professeur.

B. *Changez de rôle.* Groupe B, vous répétez des phrases affirmatives après moi et Groupe A, vous mettez ces phrases au négatif.

1. Nous attendons un coup de fil *(phone call).*   **2.** Nous entendons le téléphone.   **3.** Mes parents répondent au téléphone.   **4.** Nous perdons patience.   **5.** Vous perdez votre temps.

C. Verbes en **-re** ; le singulier.   Toujours en deux groupes : Cette fois, Groupe A, vous répétez les phrases 1 à 3 au pluriel après moi et Groupe B, vous répétez ces phrases en mettant le sujet et le verbe *au singulier.* De 4 à 6, *changez de rôle.*

EXEMPLES   Nous vendons la maison.   A: Nous vendons la maison.
                                 B: Je vends la maison.
            Ils vendent la maison.   A: Ils vendent la maison.
                                 B: Il vend la maison.

1. Les étudiants attendent le professeur.   **2.** Ils perdent patience.   **3.** Enfin, ils entendent le professeur qui arrive.   **4.** Vous attendez un coup de fil.
5. Vous entendez le téléphone.   **6.** Vos amis répondent au téléphone.

D. Verbes en **-re** ; questions au présent.   Vous allez poser des questions à un(e) camarade de classe. D'abord, nous allons poser les questions tous ensemble et vous allez y répondre individuellement.

142

1. Le professeur répond-il à nos questions ? **2.** Le professeur attend-il nos réponses ? **3.** Est-ce que tu réponds aux lettres de tes amis immédiatement ? **4.** Quand est-ce que tu rends visite à tes grands-parents ? **5.** Est-ce que tu attends un coup de téléphone ? **6.** Est-ce que tu perds patience quand tu attends un coup de fil ? **7.** Est-ce que tu entends le téléphone maintenant ?

E. En équipes de deux : Posez les questions impaires à un(e) camarade de classe. Pour les questions paires, *changez de rôle.*

VI. **Exercices d'application: des verbes en -ir et -re**

A. Mélange *(Mixture)* des verbes.   En deux groupes : Groupe A, vous répétez la phrase au présent après moi et Groupe B, vous répétez la phrase au passé composé.

EXEMPLE   Je finis mon travail à cinq heures.
A: Aujourd'hui je finis mon travail à cinq heures.
B: Et hier aussi, j'ai fini mon travail à cinq heures.

1. Nous finissons notre travail à six heures.   **2.** Nous maigrissons un peu. **3.** Je choisis un bon programme à la télé.   **4.** Je finis le journal.   **5.** Ils entendent la chaîne-stéréo de leurs voisins *(neighbors)*.   **6.** Ils répondent aux lettres de leurs amis.

B. *Changez de rôle.*

1. Tu attends un coup de fil.   **2.** Tu entends sonner *(ring)* le téléphone. **3.** Ta mère répond au téléphone.   **4.** Tu perds patience.   **5.** Tes parents perdent patience.

V. **Questions personnelles**

A. Nous allons poser les questions suivantes tous ensemble, mais vous allez y répondre individuellement.

1. À la maison, qui répond au téléphone, en général ?   **2.** Entends-tu tes voisins à cinq heures du matin ?   **3.** As-tu répondu aux questions du prof en anglais ou en français ?   **4.** En général, est-ce que tu réponds aux questions du prof en anglais ou en français ?   **5.** Est-ce que tu finis toujours tes devoirs *(homework)* à l'heure ? As-tu fini tes devoirs hier soir ?   **6.** Au dîner hier soir, qu'est-ce que tu as choisi comme plat de viande ? Est-ce que tu as fini ce plat ?   **7.** En général, qu'est-ce que tu choisis comme dessert ?   **8.** En général, est-ce que tu perds ton temps ? As-tu perdu ton temps hier ?

B. En équipes de deux : Posez les questions impaires à un(e) camarade de classe. Pour les questions paires, *changez de rôle.*

143

NOMS
la **chaîne-stéréo** stereo
le **coup de téléphone / fil**
   phone call
le **devoir** homework; duty
la **leçon** lesson
la **loi** law
la **réponse** answer
le **rhume** cold (illness)
le **voisin**, la **voisine** neighbor
VERBES
attendre to wait for
entendre to hear
finir to end
grossir to get fat; to gain
   weight

maigrir to lose weight
obéir à to obey
perdre to lose; **perdre du**
   temps to waste time
rendre to return/give back
   (something); **rendre visite**
   (à) to visit (someone)
répondre (à) to answer
sonner to ring
ADJECTIF
malade sick
DIVERS
en ce moment right now
facilement easily

récemment recently
tard late
vers toward(s), to; about
MOTS AMIS
 l' **exercice** (m)
le **futur**
   futur(e)
   immédiatement
le **moment**
la **patience**
la **police**
le **succès**
le **téléphone**

144

TROISIÈME LECTURE
Scènes parisiennes

Marie et Jean marchent ensemble dans le jardin du Luxembourg.
C'est un beau jardin près de l'université qui est très fréquenté par les
étudiants.

Nous sommes à la fin de septembre. Les feuilles des arbres sont
déjà jaunes et rouges, et l'humidité est pénétrante. Jean demande à
Marie s'il fait froid à Paris pendant l'hiver.

— Pas particulièrement, répond Marie. La température ne descend pas au-dessous° de zéro degré et il neige rarement. Mais le ciel
est souvent gris et il pleut beaucoup de sorte que° l'hiver à Paris
paraît° plus froid qu'il ne l'est véritablement. Par contre,° Paris au
printemps est magnifique. Les avenues plantées de marronniers°
sont couvertes de fleurs blanches et roses ; c'est un spectacle splen-
dide.

*ne... doesn't fall
below*
de... *so that
seems / On the
other hand
chestnut trees*

Près d'une fontaine, un aveugle° joue de l'accordéon. Sa musique semble très nostalgique et Jean et Marie décident de s'installer sur un banc° pendant quelques° instants pour l'écouter. Puis ils lui donnent un peu de monnaie et quittent° le jardin. Ils descendent vers Saint-Germain-des-Prés et passent par les Thermes, anciens bains° publics bâtis par les Romains. Un peu plus loin, Jean s'arrête° à la vitrine° d'une librairie et s'étonne° de l'apparence austère des livres français.

— Aux États-Unis, il y a souvent une image sur la couverture° de nos livres, remarque-t-il. Une couverture jaune ou grise comme cela n'a pas tendance à attirer° l'attention du lecteur !°

— Tu as raison, lui répond Marie. Mais en France, les illustrations sur les couvertures sont généralement réservées aux livres de voyages et aux livres d'art.

Un peu plus tard, nos deux amis décident de s'installer à la terrasse d'un café pour reposer° leurs pieds fatigués.

blind man

*bench / **pendant...** for a few leave*

baths / stops

shop window / is surprised

cover

attract / reader

to rest

146

I. **Vrai ou faux ?**

Dites si les phrases suivantes sont vraies ou fausses. Si une phrase est fausse, corrigez-la.

1. Nous sommes au printemps.
2. En hiver à Paris il fait beau, mais c'est un peu humide.
3. Beaucoup d'avenues parisiennes sont plantées d'arbres.
4. Les Thermes sont des bains modernes ouverts au public.
5. Les livres américains sont en général plus attirants *(attractive)* que les livres français.

II. **Questions sur la compréhension de la lecture**

1. Où se trouve le jardin du Luxembourg ?
2. Par qui est-il fréquenté ?
3. Décrivez *(Describe)* Paris en automne.
4. Est-ce qu'il neige souvent à Paris en hiver ?
5. Qu'est-ce que Marie et Jean décident de faire avant de quitter le jardin ?
6. Qui a construit les anciens bains publics de Paris ?
7. Où Jean s'arrête-t-il un instant ?
8. Est-ce qu'il préfère l'apparence des livres français ou des livres américains ? Expliquez *(Explain)* votre réponse.
9. Est-ce que certains livres français ont des couvertures illustrées ? Quels livres ?

III. **À votre tour**

Mettez-vous en groupes de trois ou quatre. Choisissez de préférence des camarades qui ont vécu *(lived)* dans des villes différentes. Maintenant, partagez *(share)* vos impressions d'une ville où vous avez vécu. En 8 ou 10 phrases, décrivez cette ville, comparez-la à d'autres villes et discutez des avantages et des inconvénients d'habiter dans cette ville en différentes saisons.

Lundi 4 août

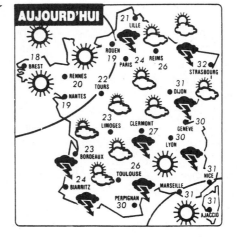

147

GRAMMAR UNIT 10
Passé composé *of verbs conjugated with* être

As you learned in Grammar Unit 8, the **passé composé** of French verbs may be formed with the auxiliary verb **avoir** or **être.** You have already studied verbs conjugated with **avoir.** In this chapter, you will work on verbs conjugated in the **passé composé** with **être.**

32. Passé composé *of verbs conjugated with the auxiliary* être

Quand **êtes-vous arrivé** à Paris ?	*When **did you arrive** in Paris?*
Je suis arrivé hier.	*I **arrived** yesterday.*
Quand **M. Brown est-il venu** en France ?	*When **did Mr. Brown come** to France?*
Il est venu en France il y a deux ou trois ans.	*He **came** to France two or three years ago.*

Aside from the reflexive verbs (which will be studied in Grammar Unit 11), the following verbs are the only common ones that are conjugated with **être** :

Infinitive	Past Participle	Infinitive	Past Participle
aller *(to go)*	**allé**	monter *(to go up)*	**monté**
venir *(to come)*	**venu**	descendre *(to go down)*	**descendu**
entrer *(to go in)*	**entré**	tomber *(to fall)*	**tombé**
sortir *(to go out)*	**sorti**	devenir *(to become)*	**devenu**
partir *(to leave)*	**parti**	revenir *(to come back)*	**revenu**
arriver *(to arrive)*	**arrivé**	rentrer *(to go back)*	**rentré**
rester *(to stay)*	**resté**	naître *(to be born)*	**né**
retourner *(to return)*	**retourné**	mourir *(to die)*	**mort**

It may help you to remember these verbs by memorizing them in pairs of synonyms or antonyms (for example, **naître** and **mourir**). Another mnemonic device to use is the acronym DR. and MRS. VANDERTRAMP, which contains the first letter of common verbs conjugated with **être** : *devenir, revenir, monter,*

rester, sortir, venir, aller, naître, descendre, entrer, rentrer, tomber, retourner, arriver, mourir, partir.

La Maison D'Être

A third mnemonic device is to visualize the verbs as contained in the actions of **La Maison d'être.** (See diagram above.)

A. The negative of the **passé composé** of verbs conjugated with **être** is formed in exactly the same way as the **passé composé** of **avoir** verbs. That is, the **ne (n')** precedes the auxiliary and **pas** follows it.

Je **ne** suis **pas** allé au cinéma hier soir.
Jean **n'**est **pas** sorti hier.

B. In compound tenses of the verbs listed above, the past participle agrees in gender and number with the *subject* of the verb.

1. Therefore, if the subject of the verb is masculine, the forms of the **passé composé** of **aller** are:

je suis allé	**nous sommes allés**
tu es allé	**vous êtes allé(s)**
il est allé	**ils sont allés**

2. If the subject is feminine, the forms are:

je suis allée	**nous sommes allées**
tu es allée	**vous êtes allée(s)**
elle est allée	**elles sont allées**

149

C. If you listen carefully to questions, you will be able to choose the appropriate auxiliary verb very quickly. For example, in the question, **Êtes-vous arrivé(e) à l'heure ?**, you know that **Êtes-vous... ?** is always answered by **Je suis... / Je ne suis pas...** . Therefore, you can easily answer the question by using an automatic pair: **Êtes-vous arrivé(e)... ? / Je suis arrivé(e)...** . Similarly, **Avez-vous... ?** is answered by **J'ai... / Je n'ai pas...** ; so **Avez-vous vendu la maison ?** should guide you to answer with the correct auxiliary : **J'ai...**

Of course, if the question is addressed to more than one person, then the **nous** form plus the correct auxiliary must be used : **Êtes-vous arrivé(e)s à l'heure ? — Nous sommes / Nous ne sommes pas...** ; **Avez-vous vendu la maison ? — Nous avons / Nous n'avons pas....**

33. *Agreement of the past participle in compound tenses: Verbs conjugated with* être *(excluding reflexives)*

Jean est **allé** en ville.	*John went downtown.*
Marie est **allée** en ville.	*Marie went downtown.*
Ils sont **arrivés** à dix heures.	*They (m) arrived at ten o'clock.*
Elles sont **arrivées** à neuf heures.	*They (f) arrived at nine o'clock.*

Thus, except for reflexive verbs, when a verb is conjugated with **être**, the past participle agrees in gender and number with the *subject* of the verb. **Vous** may, of course, be masculine or feminine, singular or plural. EXAMPLE **Marie, êtes-vous allée** au cinéma ? **Henri, êtes-vous allé** au cinéma ? **Êtes-vous allés** au cinéma ensemble ?

I. *Substitutions*

Changez les phrases suivantes en substituant le sujet indiqué et la forme correcte du verbe.

1. *Jean est allé(e)(s)* chez les Brown plusieurs fois.
   Jean et Roger / Nous / Vous / Tu / Je
2. À quelle heure *êtes-vous arrivé(e)(s)* en classe ?
   -tu / -ils / -nous / -elles / -elle
3. *Je suis arrivé(e)(s)* en classe à neuf heures.
   Tu / Jean / Marie / Jean et Marie / Nous / Vous
4. *Êtes-vous resté(e)(s)* à la maison hier soir ?
   -tu / -elle / -elles / -ils / -il
5. Non, *je* ne *suis* pas *resté(e)(s)* à la maison hier soir.
   nous / ils / il / elle / elles

150

Exercices d'application

A. Le négatif. En deux groupes : Écoutez les phrases suivantes et répondez à la question « Et vous ? » Groupe A, vous avez fait ces choses hier soir. Groupe B, vous n'avez pas fait ces choses hier soir.

EXEMPLE   Je suis resté(e) à la maison hier soir. Et vous ?
          A: Moi aussi, je suis resté(e) à la maison hier soir.
          B: Pas moi, je ne suis pas resté(e) à la maison hier soir.

1. Je suis sorti(e) avec des copains / copines hier soir. **2.** Nous sommes allé(e)s au cinéma. **3.** Après ça, nous sommes allé(e)s au café. **4.** Je suis rentré(e) à une heure hier soir. **5.** Mes copains / copines sont resté(e)s au café jusqu'à deux heures.

B. *Changez de rôle.* Groupe B, vous répondez affirmativement aux questions suivantes et Groupe A, vous répondez négativement.

EXEMPLE   Roger est allé au cinéma hier soir ?
          A: Mais oui, Roger est allé au cinéma hier soir.
          B: Mais non, Roger n'est pas allé au cinéma hier soir.

1. Roger est allé à la gare hier soir ?
2. Marie est arrivée de Reims hier soir ?
3. Roger et Marie sont allés chez Jean ?
4. Ils sont restés chez Jean jusqu'à minuit ?
5. Ils sont rentrés à une heure ?

C. Questions au passé composé. En deux groupes : Groupe A, vous posez des questions et Groupe B, vous répondez affirmativement aux questions.

EXEMPLE   Demandez si Jean est allé au cinéma hier soir.
          A: Est-ce que Jean est allé au cinéma hier soir ?
          B: Oui, il est allé au cinéma hier soir.

Groupe A, demandez:
1. si Roger est allé chez Jean hier soir. **2.** s'ils sont restés à la maison toute la soirée. **3.** si Marie est venue chez Jean. **4.** si Marie est arrivée en taxi. **5.** si Marie et Roger sont partis ensemble.

D. *Changez de rôle.* Groupe B, vous posez les questions et Groupe A, vous répondez négativement aux questions.

EXEMPLE   Demandez si Jean est allé en ville hier soir.
          B: Est-ce que Jean est allé en ville hier soir ?
          A: Non, il n'est pas allé en ville hier soir.

Groupe B, demandez:
1. si Jean est né à Paris. **2.** si Jean et Roger sont allés à New York la semaine dernière. **3.** s'ils sont restés à la maison hier soir. **4.** si Roger est sorti avec Marie hier soir. **5.** si Marie et Louise sont venues chez Jean hier soir.

151

E. En équipes de deux : Posez les questions suivantes à un(e) camarade de classe qui vous répond affirmativement « Oui, je suis... » ou négativement « Non, je ne suis pas... ». Après ça, *changez de rôle.*

1. Es-tu venu(e) en classe hier ?   **2.** Es-tu allé(e) à la bibliothèque hier après-midi ? hier soir ?   **3.** Est-ce que tu es resté(e) à la maison hier soir ?   **4.** Es-tu sorti(e) avec des copains hier soir ?   **5.** Est-ce que tu es rentré(e) tard hier soir ?

III.

Questions personnelles

A. Nous allons poser les questions suivantes tous ensemble, mais vous allez y répondre individuellement.

1. À quelle heure êtes-vous parti(e)(s) de la maison ce matin ?   **2.** Êtes-vous arrivé(e)(s) en classe à l'heure aujourd'hui ?   **3.** Et les autres étudiants, à quelle heure sont-ils arrivés ?   **4.** Est-ce que le prof a posé beaucoup de questions ?   **5.** Est-ce que vous avez bien répondu aux questions ?   **6.** Hier soir, êtes-vous resté(e)(s) à la maison ?   **7.** Êtes-vous sorti(e)(s) hier soir ? Où êtes-vous allé(e)(s) ?   **8.** À quelle heure êtes-vous rentré(e)(s) ?   **9.** Avez-vous eu un rhume récemment ? Si oui, êtes-vous allé(e)(s) chez le médecin ?

B. Questions pour un(e) camarade : **Qu'est-ce que tu as fait ce week-end ?** Vous allez poser des questions personnelles à un(e) camarade de classe. D'abord, formons les questions tous ensemble. En employant la forme **tu,** demandez à quelqu'un :

1. s'il a étudié pendant le week-end.   **2.** s'il est allé à la bibliothèque pendant le week-end.   **3.** s'il a regardé la télé ou écouté des disques ce week-end.   **4.** s'il est sorti avec des copains / copines ce week-end.   **5.** s'il a téléphoné à ses parents ou à des copains / copines.   **6.** s'il a été chez des copains / copines pendant le week-end.   **7.** s'il est allé prendre un pot avec des copains / copines.   **8.** s'il a fini tous ses devoirs ce week-end.

C. En équipes de deux : Posez les questions impaires à un(e) camarade de classe. Pour les questions paires, *changez de rôle.*

Conversations improvisées (en équipes de deux)

A. Qu'est-ce que tu as fait hier soir ? Posez 6 ou 8 questions à un(e) camarade sur ses activités d'hier soir. Votre camarade vous répond. Prenez des notes parce que, après l'interview, vous allez parler de ses activités à un(e) autre camarade de classe. Après ça, *changez de rôle*.

B. Bavardage Vous racontez à un(e) autre camarade de classe les activités d'hier soir de votre premier / première partenaire. En vous écoutant, ce / cette partenaire vous indique si son / sa camarade a fait la même chose ou pas (par exemple, « Marie aussi, elle a regardé la télé hier soir » ou « Pas Marie, elle n'est pas allée au cinéma hier soir »). Après ça, *changez de rôle*.

C. Qu'est-ce que Jean Hughes a fait ce week-end ? En employant votre imagination, parlez du week-end passé de Jean avec un(e) camarade. Racontez à ce / cette camarade ce que Jean a fait pendant le week-end. Votre camarade indique s'il / si elle *est d'accord* avec vous (« Oui, d'accord, Jean a... / Jean est... » ou *pas* (« Mais non, Jean n' a pas... / Jean n'est pas... »). Employez une variété d'expressions. Par exemple :

Expressions d'accord	*Expressions de désaccord*
Je suis d'accord.	Je ne suis pas d'accord.
Oui, c'est vrai.	Ça, ce n'est pas vrai.
Ça, c'est vrai !	Mais non, voyons !
Tu as (absolument) raison !	Tu n'as pas raison.

D. Qu'est-ce que le président a fait ce week-end ? En employant son imagination, votre partenaire vous raconte ce qu'une personne bien connue *(well-known)* a fait ce week-end (par exemple, le président des États-Unis, un acteur / une actrice, un chanteur / une chanteuse). Vous écoutez votre partenaire et lui indiquez si vous êtes d'accord ou pas d'accord avec ce qu'il dit. Employez une variété d'expressions d'accord et de désaccord.

VOCABULAIRE

VERBES
descendre *to go down*
devenir *to become*
monter *to go up; to climb*

mourir *to die*
rester *to stay*
sortir *to go out*
tomber *to fall*

DIVERS
voyons ! *expression of reproach*
MOT AMI
retourner

CONVERSATION 16

Jean et Roger ont décidé de louer un appartement ensemble. Jean va visiter un trois-pieces♦ 8, rue du Docteur Roux, dans le quinzième arrondissement.♦

JEAN Bonjour, madame. Vous avez un appartement meublé à louer, n'est-ce pas ?

JOHN Good morning, ma'am. You have a furnished apartment for rent, don't you?

Jen d have one of — J'en ai en

MME DUVAL Mais oui, monsieur. J'en ai un au premier.✦

JEAN Est-ce que je peux le voir ?

MME DUVAL Certainement, monsieur. Je vais vous le montrer. Par ici, s'il vous plaît. C'est la première porte à droite, en haut de l'escalier. *(ouvrant la porte)* Voici l'appartement. Comment le trouvez-vous ?

JEAN Il a l'air très agréable.

MME DUVAL Et il est très tranquille, monsieur. Il n'y a jamais de bruit dans le quartier.

JEAN Tant mieux, parce que j'ai besoin de travailler le soir.

MME DUVAL Voici la salle de bains. Nous avons le chauffage central, bien entendu, et l'eau chaude toute la journée.

JEAN Quel est le loyer, s'il vous plaît ?

MME DUVAL Trois mille quatre cents francs par mois, monsieur, tout compris.

JEAN Je crois que cet appartement nous conviendra tout à fait. Si ça ne vous dérange pas, mon ami viendra le voir demain matin.

MME DUVAL Sans problème, monsieur. Je serai là toute la journée.

MRS. DUVAL Yes, sir. I have one on the second floor.

JOHN May I see it?

MRS. DUVAL Certainly, sir. I'll show it to you. This way, please. It's the first door on the right, at the top of the stairs. *(opening the door)* Here's the apartment. How do you like it?

JOHN It looks very pleasant.

MRS. DUVAL And it's very quiet. There's never any noise in the neighborhood.

JOHN So much the better, because I need to work at night.

MRS. DUVAL Here's the bathroom. We have central heating, of course, and hot water all day long.

JOHN What's the rent, please?

MRS. DUVAL Three thousand four hundred francs per month, utilities included.

JOHN I think this apartment will suit us perfectly. If it's not too inconvenient for you, my friend will come to see it tomorrow morning.

MRS. DUVAL That's no problem. I'll be here all day.

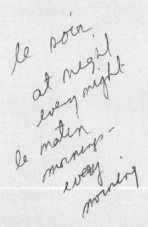

le soir, at night / every night
le matin — mornings — every morning

CULTURAL NOTES

*When describing an apartment or a house, French people talk about the number of rooms (**pièces**) the place has, excluding the kitchen and bathroom(s). For instance, **un trois-pièces** is an apartment with either two bedrooms and a living room or one bedroom, a living room, and a dining room.*

*Le **quinzième** (**XVᵉ**) **arrondissement** is one of twenty administrative subdivisions within Paris, each of which has an appointed mayor and a justice of the peace. The **arrondissements** that make up the city combine with seven **départements** to make up the region of Paris.*

*In general, French cities are informally divided into **quartiers** (neighborhoods), each having a life and character of its own (shopping streets, movie theaters, parks, etc.).*

*Le **premier** (**étage**) is one flight up from the ground floor. The **rez-de-chaussée** is the street level, or ground floor.*

I

Exercices de mise en train : Faire des courses

A. Nous allons poser des questions ensemble, mais vous allez y répondre individuellement. En employant la forme **tu**, demandez à quelqu'un :

1. s'il a fait des courses ce week-end.
2. s'il a acheté quelque chose de beau.
3. ce qu'il a acheté.
4. comment il est allé en ville. (en autobus ? en voiture ? à bicyclette ? à pied ?)
5. s'il a beaucoup marché.
6. s'il est allé prendre un pot après.

B. En équipes de deux : Posez les questions précédentes à un(e) camarade de classe. Après ça, *changez de rôle.*

II.

Présentation du dialogue : Louer un appartement

III.

Questions de compréhension du dialogue

Répondez aux questions d'après les réponses de Mme Duval.

1. Bonjour, madame. Vous avez un appartement meublé à louer, n'est-ce pas ?
2. Est-ce que je peux le voir ?
3. Y a-t-il du bruit dans le quartier ?
4. Avez-vous le chauffage central ? Et l'eau chaude ?
5. Quel est le loyer, s'il vous plaît ?
6. Est-ce que vous serez là demain matin ?

IV.

Substitutions

A. Vocabulaire spécialisé   Répétez ces nouveaux mots de vocabulaire.

1. Le logement *(housing, living arrangements):*

une chambre *(bedroom)*
une cuisine *(kitchen)*
une salle à manger *(dining room)*
un salon *(living room)*
une salle de bains *(bathroom)*
un WC✦ *(toilet)*

> **CULTURAL NOTE**
>
> *In French homes, the WC (water closet) and the bathroom are often found in separate rooms.*

2. Les meubles *(furnishings):*

une table	une lampe	un fauteuil *(armchair)*
une chaise *(chair)*	un lit *(a bed)*	un sofa
un frigo *(refrigerator)*	un bureau *(desk)*	un tapis *(rug)*
une cuisinière *(stove)*	une armoire *(closet)*	

156

B. Louer un appartement   Changez les phrases suivantes en substituant les mots indiqués.

1. Vous avez *un appartement meublé* à louer, n'est-ce pas ?
   un studio / un appartement / une chambre meublée / une maison / un trois-pièces / la salle de séjour

2. Oui, monsieur, j'en ai un *au premier.*
   au deuxième / au rez-de-chaussée / au sous-sol (*below the street level*)

3. Décrivez-moi cet appartement, s'il vous plaît. — Dans l'appartement, il y a *une grande cuisine.*
   une salle de bains / un WC / deux petites chambres / un salon / une salle à manger

4. Quels meubles y a-t-il dans l'appartement ? — Dans la cuisine, il y *une table.*
   des chaises / un frigo / une cuisinière
   — Dans la chambre, il y a *un lit.*
   un bureau / une armoire / deux lampes
   — Dans la salle de séjour, il y a *un fauteuil.*
   un sofa / des lampes / un tapis / des chaises

5. Est-ce que je peux voir *l'appartement ?*
   le studio / le trois-pièces / la chambre / la maison

6. Mais oui. *Par ici,* monsieur.
   Par là / Il est là-bas / c'est tout droit / Il est à gauche / Il est à droite / Il est en haut de l'escalier

7. Comment trouvez-vous l'appartement ? — Je le trouve très *bien.*
   agréable / joli / tranquille

8. J'ai besoin de *travailler le soir.*
   de faire des courses / d'aller en ville / d'aller chez le dentiste / de faire mes devoirs

9. J'ai besoin *d'un nouveau bureau.*
   d'une lampe / d'un tapis / d'un sofa / d'une nouvelle cuisinière

V.   *Exercices d'application : Le négatif avec* **ne... pas** *et* **ne... jamais**

A. Mes activités   En deux groupes : Groupe A, vous n'êtes pas d'accord avec les phrases suivantes. Alors, vous mettez les phrases au négatif en employant **ne... pas**. Groupe B, c'est même plus rare chez vous. Alors, vous répétez la phrase au négatif, en employant **ne... jamais**.

EXEMPLE   Je déjeune dans un restaurant.
        A: Pas moi, je ne déjeune pas dans un restaurant.
        B: Et moi, je ne déjeune jamais dans un restaurant.

1. Je regarde la télé le matin.   2. Je déjeune à 2h.   3. Je finis mon travail avant 5h.   4. Je dîne dans un restaurant.   5. Je travaille le soir.

157

B. *Changez de rôle.*

EXEMPLE Jean commande de la viande.

B: Mais non, Jean ne commande pas de viande.

A: En fait, Jean ne commande jamais de viande !

1. Jean et Roger vont dîner à 6h.   **2.** Jean commande des hors-d'œuvre.
3. Roger prend une bière.   **4.** Jean prend du dessert.   **5.** Jean et Roger commandent du café.

VI. *Questions personnelles : Ton logement*

A. Nous allons poser les questions suivantes tous ensemble, mais vous allez y répondre individuellement.

1. Est-ce que tu habites dans un appartement, dans une maison ou dans une chambre?   **2.** Combien de pièces y a-t-il chez toi ? Y a-t-il une cuisine ? un salon ? Combien de chambres ?   **3.** Quel est le loyer ?   **4.** Est-ce que ton logement est loin de l'université ?   **5.** À quel étage est ton appartement ?
6. As-tu un(e) camarade de chambre ?   **7.** Quels meubles y a-t-il dans ta chambre ?   **8.** Y a-t-il beaucoup de bruit chez toi, ou est-ce que c'est tranquille ?   **9.** As-tu besoin d'étudier le soir ? Est-ce que tu étudies chez toi ou à la bibliothèque ?   **10.** Dans ton quartier, y a-t-il un supermarché ? un cinéma ? une boulangerie ?

B. En équipes de deux : Posez les questions précédentes impaires à un(e) camarade de classe. Pour les questions paires, *changez de rôle.*

VII. *Conversations improvisées (en équipes de deux)*

A. Le logement de vos parents   Décrivez la maison ou l'appartement de vos parents à un(e) camarade de classe en employant les noms des pièces et des meubles; des adjectifs décrivant les couleurs et les tailles *(sizes)* comme **immense, grand, petit.** Votre camarade vous indique les similarités (« Chez moi aussi... ») et les différences (« Pas chez moi... ») entre le logement de vos parents et le logement de ses parents.

B. Votre logement à l'université   *Changez de rôle.* Votre camarade vous décrit *son logement à l'université.* Vous lui indiquez les similarités et les différences entre son logement et votre logement à l'université.

C. Votre quartier   Décrivez votre quartier à un(e) camarade de classe (les bâtiments, les magasins, le bruit, la distance de l'université, les gens). Après ça, *changez de rôle.* Votre camarade vous décrit son quartier. Trouvez deux ressemblances et deux différences entre les deux quartiers.

D. Un appartement meublé   Vous allez chez M. Dupont (un/e camarade de classe), qui a un appartement à louer. Vous lui posez des questions sur l'appartement et il vous répond. Vous décidez si vous allez louer cet appartement ou pas.

158

E. L'appartement de M. Dupont Maintenant, votre camarade joue le rôle d'un(e) ami(e) avec qui vous parlez de l'appartement de M. Dupont. Votre ami(e) vous pose des questions sur cet appartement. Vous répondez en lui expliquant pourquoi vous voulez (ou vous ne voulez pas) le louer.

VIII. *Dictée d'après la Conversation 15*

─── *VOCABULAIRE* ───────────────────────

NOMS
l' **arrondissement** (m) *administrative subdivision in large French cities*
le **bruit** *noise*
le/la **camarade de chambre** *roommate*
le **chauffage** *heating*
l' **étage** (m) *floor;* le **premier étage** *second floor*
le **logement** *lodging, living quarters, housing*
le **loyer** *rent*
la **porte** *door*
le **quartier** *neighborhood*
la **taille** *size*
le **rez-de-chaussée** *main/ground floor*

VERBES
convenir à (qq'un) *to suit (someone)*
déranger *to bother, inconvenience*
louer *to rent*
montrer *to show*

ADJECTIF
meublé(e) *furnished*

LES MEUBLES *(m pl)* *furniture, furnishings*
l' **armoire** (f) *wardrobe closet*
le **bureau** *desk*
la **chaise** *chair*
la **cuisinière** *stove*
le **fauteuil** *armchair*
le **frigo** *refrigerator*
le **lit** *bed*
le **meuble** *piece of furniture*
le **tapis** *rug*

LES PIÈCES DE LA MAISON *rooms of the house*
la **chambre** *bedroom*
la **cuisine** *kitchen*
l' **escalier** (m) *stairs, staircase*
la **pièce** *room,* un **trois-pièces** *two-bedroom apartment*
la **salle** *room*
la **salle à manger** *dining room*
la **salle de bains** *bathroom*
le **salon** *living room*

le **sous-sol** *basement*
le **WC** *toilet, restroom*

DIVERS
demain *tomorrow*
en haut (de) *up above, upstairs, on top (of)*
ne... jamais *never*
par (jour) *per (day)*
par ici *this way, over here*
par là *that way, over there*
sans *without*
tout à fait *exactly, totally*
tout compris *utilities included (rent)*

MOTS AMIS
l' **appartement** (m)
central(e)
décider
le **dentiste**
immense
la **lampe**
le **problème**
le **sofa**
le **studio**
tranquille
visiter

159

GRAMMAR UNIT 11
Unstressed personal pronouns

34. *Remark about the types of personal pronouns*

There are two types of French personal pronouns: *unstressed,* which are used only in conjunction with verbs (that is, as subjects or objects of verbs), and *stressed.* The unstressed forms are sometimes called *conjunctive (conjonctifs)* pronouns and the stressed forms *disjunctive (disjonctifs)* pronouns. In this unit, we will study only the *unstressed forms.*

35. *Unstressed personal pronouns used as subjects of verbs*

Je vais à l'hôtel.   *I am going to the hotel.*
Il est américain.   *He is American.*
Qu'est-ce que **vous** voulez ?   *What do you want ?*

The subject forms, which you know, are **je, tu, il / elle / on, nous, vous, ils / elles.**

36. *Unstressed personal pronouns used as direct objects of verbs*

Voici la chambre. Comment **la** trouvez-vous ? —Je **la** trouve très agréable.   *Here is the room. How do you like it? —I think it is very nice.*

Aimez-vous les pommes ? —Oui, je **les** aime assez.   *Do you like apples? —Yes, I like them all right.*

Quand allez-vous venir **me** voir ? —Je vais venir **vous** voir dimanche.   *When are you going to come to see me? —I'm going to come to see you Sunday.*

A. Forms

160

The forms of direct object pronouns are **me, te, le / la, nous, vous, les.**

B. Use and position

Le / la / les refer either to persons or things. EXAMPLES Comment trouvez-vous **la chambre ?** —Je **la** trouve très agréable. Comment trouvez-vous **Marie ?** —Je **la** trouve très gentille.

The direct object pronoun precedes the verb.* In compound tenses it precedes the auxiliary verb. EXAMPLE Je l'ai trouvé(e) très agréable.

C. Agreement of the past participle in compound tenses

1. Verbs conjugated with **être** (excluding reflexives):

As you learned in Grammar Unit 10, the past participle of verbs conjugated with **être** agrees in gender and number with the *subject* of the verb.

2. Verbs conjugated with **avoir :**

J'ai **planté** des fleurs dans mon jardin.	*I've **planted** flowers in my garden.*
Je les ai **plantées** en mai.	*I **planted** them in May.*

For verbs conjugated with **avoir,** the participle agrees in gender and number with the *preceding* direct object. If the direct object follows the participle, or if the verb has no direct object, there is no agreement and the masculine singular form of the participle is used. Thus, in **J'ai planté des fleurs,** there is no agreement because the direct object **des fleurs** *follows* the participle.

In **Je les ai plantées,** the participle **plantées** is in the feminine plural form because the direct object **les,** which *precedes* the verb, refers to **les fleurs,** which is feminine plural.

37. *Unstressed personal pronouns used as indirect objects of verbs—referring only to persons*

Avez-vous donné votre adresse à la concierge ? — Oui, je **lui** ai donné mon adresse.	*Did you give your address to the concierge?—Yes, I gave **her** my address.*
Avez-vous téléphoné à vos parents ? —Oui, je **leur** ai téléphoné hier.	*Did you telephone your parents?— Yes, I telephoned **them** yesterday.*

Note that in **Je lui ai donné mon adresse,** *lui* is the indirect object of **J'ai donné,** *I gave (it) to her;* in **Je leur ai téléphoné,** *leur* is the indirect object of **J'ai téléphoné,** *I telephoned them.* There is no agreement of the past participle because the preceding object of the verb is an *indirect object.*

---

*The only exception, that of the affirmative imperative, will be studied in Grammar Unit 14.

A. Forms

The forms of the indirect object pronouns used to refer to persons are **me, te, lui, nous, vous, leur.**

Note that **lui** and **leur** are used to refer to either a masculine or a feminine noun. Thus, **Je** *lui* **ai donné mon adresse** answers both the questions **Avez-vous donné votre adresse à** *Charles* **?** and **Avez-vous donné votre adresse à** *Marie* **?**

B. Position

The personal pronoun object precedes the verb.* If you have both a direct and an indirect object pronoun, they come before the verb in the following order:

1. Indirect object (**me, te, nous, vous**) before direct object (**le, la, les**):

Roger me montre le journal.   Il **me le** montre.
Il me montre la revue.   Il **me la** montre.
Il me montre les romans.   Il **me les** montre.

2. Direct object (**le, la, les**) before indirect object (**lui, leur**):

Roger donne le journal à Jean (Marie).   Roger **le lui** donne.
Il donne la revue à Jean (Marie).   Il **la lui** donne.
Il donne les livres à Jean (Marie).   Il **les lui** donne.

I.   *Substitutions*

A. Au présent   Changez les phrases suivantes en substituant les mots indiques.

1. (le journal) Il *me* le donne.
   nous / te / vous
2. (les hors-d'œuvre) Il *nous* les apporte.
   me / te / vous
3. (la carte) Elle *me* la montre.
   nous / te / vous
4. (la route) Ils *me* l'indiquent.
   nous / te / vous
5. (les nouvelles) Elles *nous* les annoncent.
   me / te / vous

B. Au passé composé   En deux groupes : Groupe A, vous changez les phrases suivantes en substituant les mots indiqués. Groupe B, vous changez les phrases en remplaçant les noms par des pronoms compléments. Après ça, *changez de rôle.*

---

162   *Except in the affirmative imperative.

EXEMPLE Est-ce qu'il t'a donné *le livre?*   A: Il m'a donné le livre.

                                                    B: Il me l'a donné.

1. Est-ce qu'il t'a donné *le journal ?* — Oui, il m'a donné *le journal.*
la carte / les fleurs / les devoirs / la monnaie

2. Est-ce qu'il vous a apporté *le journal ?* — Oui, il nous a apporté *le journal.*
la carte / les lettres / le livre / les journaux

II.   *Exercices d'application*

A. Les pronoms compléments directs **le / la / les**

1. Question de goût   En deux groupes : Groupe A, vous posez les questions suivantes et Groupe B, vous répondez affirmativement aux questions en remplaçant les noms dans les questions par un pronom complément direct **(le / la / les).**

EXEMPLE   A: Aimez-vous l'opéra ?   B: Oui, je l'aime.

1. Est-ce que vous aimez la musique classique ? Et le jazz ?   **2.** Est-ce que vous aimez beaucoup les romans d'espionnage *(spy novels)?*   **3.** Est-ce que vous détestez les films d'horreurs ? et la violence dans ces films ?   **4.** Est-ce que vous aimez l'art moderne ?   **5.** Est-ce que vous détestez la publicité *(commercials)* à la télé ?

2. Le soir   *Changez de rôle.* Groupe B, vous posez les questions suivantes. Groupe A, vous répondez *négativement* en remplaçant les noms dans les questions.

EXEMPLE   B: Est-ce que vous écoutez la musique le soir?

                 A: Non, je ne l'écoute pas.

1. Préparez-vous le dîner le soir ?   **2.** Est-ce que vous achetez le journal tous les soirs ?   **3.** Est-ce que vous lisez *(read)* le journal ?   **4.** Est-ce que vous écoutez la radio ?   **5.** Regardez-vous la télé ?   **6.** Vous faites vos devoirs, n'est-ce pas ?

3. Hier soir   Toujours en deux groupes : Group B, vous demandez à un(e) camarade (Groupe A) s'il / si elle a fait les choses suivantes hier soir. Groupe A, vous répondez affirmativement aux questions en employant un pronom complément direct **(le / la / les).**

EXEMPLE   Demandez à un(e) camarade s'il / si elle a fini le journal hier soir.

                 B: Est-ce que tu as fini le journal hier soir ?

                 A: Oui, je l'ai fini.

Demandez à un(e) camarade :

1. s'il / si elle a acheté les provisions hier soir.   **2.** s'il / si elle a préparé le dîner.   **3.** s'il / si elle a écouté la radio hier soir.   **4.** s'il / si elle a fait ses devoirs.   **5.** s'il / si elle a regardé la télé.

163

4. Encore *Changez de rôle.* Groupe A, vous posez les questions précédentes à un(e) camarade (Groupe B). Groupe B, vous répondez *négativement* aux questions en employant un pronom complément direct.

5. Camarades En équipes de deux : Posez 4 ou 5 questions des exercices A1, A2 et A3 à un(e) camarade qui vous répond (affirmativement ou négativement) en employant le pronom qui convient. Après ça, *changez de rôle.*

B. Les pronoms compléments indirects lui et leur

1. En classe hier matin En deux groupes : Groupe A, vous dites à Groupe B que vous avez fait les choses suivantes. Groupe B, vous avez fait les mêmes choses ! Donc, vous répétez la phrase, mais vous remplacez le nom par un pronom complément indirect (**lui** ou **leur**).

EXEMPLE A: J'ai parlé au professeur hier soir.
B: Moi aussi, je lui ai parlé hier soir.

1. En entrant *(Upon entering)* dans la salle de classe hier, j'ai dit bonjour au professeur. **2.** J'ai dit salut *(hi)* à mes copains. **3.** J'ai répondu au professeur en français. **4.** J'ai parlé à mes camarades en français. **5.** En sortant *(Upon leaving)*, j'ai dit au revoir à tout le monde *(everybody)*.

2. En général Toujours en deux groupes : Groupe B, vous posez les questions suivantes à Groupe A. Groupe A, vous répondez affirmativement aux questions en employant un pronom complément indirect (**lui** ou **leur**). Après ça, *changez de rôle;* et Groupe A, vous répondez négativement.

EXEMPLE B: En entrant dans la classe, est-ce que vous dites bonjour au professeur ?
A: Oui, je lui dis bonjour.

1. Est-ce que vous téléphonez souvent à vos parents ? **2.** Est-ce que vous envoyez *(send)* souvent une lettre à votre mère ? **3.** En classe, est-ce que vous répondez toujours en français au professeur ? **4.** Est-ce que vous rendez vos devoirs au professeur tous les jours ? **5.** Est-ce que vous dites au revoir à vos copains quand vous sortez de la classe ?

3. Soyez honnête ! Tous ensemble : Nous allons poser les questions de l'exercice précédent tous ensemble, mais vous allez y répondre individuellement (affirmativement ou négativement) en employant le pronom complément qui convient.

GLACES GERVAIS

Gervais, j'en veux !

164

38. Personal pronoun y used as indirect object of verb—referring only to things

Y replaces both singular and plural indirect objects (things).

Avez-vous répondu à la lettre ? — Oui, j'y ai répondu.	*Did you answer the letter?—Yes, I answered (replied to)* **it.**
Avez-vous répondu aux lettres ? — Oui, j'y ai répondu.	*Did you answer the letters?—Yes, I answered (replied to)* **them.**

39. Uses of en as a partitive pronoun

A. To replace nouns in a partitive sense

En is used* as a pronoun object to replace nouns that are used in a partitive sense (**du pain, de la viande, des pommes**). When the preceding direct object is **y** or **en**, there is no agreement with the past participle.

Avez-vous du pain ? — Oui, j'**en** ai.	*Do you have any bread?—Yes, I have* **some** *(of it).*
Avez-vous acheté de la viande ? — Oui, j'**en** ai acheté.*	*Did you buy any meat?—Yes, I bought* **some** *(of it).*
Voici des pommes. **En** voulez-vous ?	*Here are some apples. Do you want* **some** *(any)?*

B. With expressions of quantity

When you use expressions of quantity (**beaucoup, un peu, pas de**, etc.) or numbers in such phrases, **en** must still be expressed:

Avez-vous une chambre à louer ? — Oui, j'**en** ai **une.** Non, je n'**en** ai **pas.**	*Do you have a room for rent?—Yes, I have* **one** *(of them). No, I don't have* **any.**
Avez-vous des cousins ? — Oui, j'en ai **beaucoup.**	*Do you have any cousins?—Yes, I have* **a lot** *(of them).*
Voici des pommes. En voulez-vous **une ?**	*Here are some apples. Do you want* **one** *(of them)?*

C. Position

When there is another personal pronoun object of the verb, the pronoun **en** always comes last. EXAMPLES Est-ce qu'il vous a donné **des poires ?** — Oui, il m'**en** a donné. Est-ce que vous avez donné **des pommes à Charles ?** — Oui, je **lui en** ai donné.

---

*En used to replace a noun object of the preposition **de** will be studied in ¶49, Grammar Unit 15.

These charts may help you visualize the sequence of object pronouns.

Simple tenses

		me					
		te	le	lui	y		
Subject	(ne)	se	la	leur	en	*verb*	(pas)
		nous	les				
		vous					

EXAMPLE Il les aime beaucoup.
Je ne la connais pas.

Compound tenses

		me						
		te	le	lui	y			
Subject	(ne)	se	la	leur	en	*auxiliary verb*	(pas)	*past participle*
		nous	les					
		vous						

EXAMPLE Je l'ai vu plusieurs fois chez nous.
Je ne t'ai pas vu la semaine passée.

IV.   *Substitutions : Les pronoms y et en*

A. Changez les phrases suivantes en substituant les mots indiqués.

1. (des fruits) Il *vous* en donne beaucoup.
me / te / nous / lui / leur

2. (des fruits) C'est vrai ! Il *m*'en a donné vraiment beaucoup !
te / vous / nous / lui / leur

3. (du vin) Il *m*'en a seulement donné un peu.
vous / te / lui / nous / leur

4. (à la bibliothèque) *Tu* y *vas* ce soir ?
Vous... allez / Jean... va / Jean et Roger... vont / Nous... allons

5. (à la bibliothèque) Mais non, *j*'y *suis allé* hier soir.
nous... sommes allés / Jean... est allé / Jean et Roger... sont allés / vous... êtes allé / tu... es allé

IV.   *Exercices d'application*

A. Le pronom *en*

À table chez vous   En deux groupes : Groupe A, vous posez les questions suivantes et Groupe B, vous répondez en employant le pronom **en**. Après ça, *changez de rôle.*

166

EXEMPLE A: Y a-t-il des hors-d'œuvre ce soir ?   B: Oui, il y en a ce soir.

1. Est-ce qu'il y a du pain sur la table ?   **2.** Y a-t-il du beurre *(butter)* dans le frigo ?   **3.** Est-ce que tu as préparé de la salade ce soir ?   **4.** Est-ce que tu as acheté des fruits ?   **5.** As-tu trouvé de bons fromages ?   **6.** Est-ce que nous avons du vin rouge ?   **7.** Est-ce qu'il y a du dessert ce soir ?

B. En... un / une (un peu / beaucoup / plusieurs)

Ma chambre   En deux groupes : Groupe A, vous parlez de votre logement dans les phrases suivantes. Groupe B, vous indiquez que c'est la même chose chez vous. Répétez l'expression de quantité, mais remplacez les noms dans la phrase par le pronom **en**. Après ça, *changez de rôle.*

EXEMPLE A: J'ai une chambre au rez-de-chaussée.
        B: Moi aussi, j'en ai une au rez-de-chaussée.

1. J'ai une chambre au premier.   **2.** J'ai mis *(put)* deux lits dans la chambre.   **3.** J'ai beaucoup de livres.   **4.** J'ai acheté deux lampes pour ma chambre.   **5.** J'ai plusieurs chaises dans la chambre.

C. Le pronom *y*

Nous allons poser les questions suivantes tous ensemble, mais vous y répondrez individuellement en employant le pronom **y**.

EXEMPLE Est-ce que tu réponds en français *aux questions du professeur ?*
        — Oui, j'y réponds en français.

1. Est-ce que tu joues *au tennis ?*   **2.** Est-ce que tu réponds immédiatement *aux lettres de tes amis ?*   **3.** Vas-tu souvent *au cinéma ?*   **4.** Es-tu allé(e) *au cinéma* hier soir ?   **5.** Est-ce que tu réponds tout de suite *au téléphone* quand il sonne ?   **6.** Est-ce que tu vas aller *en France* un jour ? (y aller)   **7.** Est-ce que tu vas aller *au Canada* un jour ? Et *en Afrique ?*   **8.** Es-tu déjà *(already)* allé *au Canada ?* Et au *Mexique ?*

D. En équipes de deux : Posez les questions impaires à un(e) camarade de classe, qui vous répond en employant le pronom **y**. Pour les questions paires, *changez de rôle.*

V. *Questions personnelles*

A. Répondez individuellement aux questions personnelles suivantes en employant le pronom complément qui convient.

Le Soir

1. À quelle heure est-ce que vous préparez le dîner ?   **2.** Est-ce que vous lisez le journal ?   **3.** Vous téléphonez souvent à vos amis, n'est-ce pas ?
4. Est-ce que vous regardez plusieurs émissions *(programs)* de télévision tous les jours ?   **5.** Vous lisez beaucoup de livres ?

167

Le Week-end

6. Allez-vous souvent au cinéma ?   **7.** Est-ce que vous écoutez les nouvelles ?
8. Dînez-vous à la cantine ?   **9.** Vous avez trop de devoirs le week-end, n'est-
ce pas ?   **10.** Est-ce que vous téléphonez à vos parents ?

B. En équipes de deux : En employant la forme de **tu**, posez 4 ou 5 questions
précédentes à un(e) camarade de classe qui vous répond en employant un
pronom. Après ça, *changez de rôle.*

VI. *Conversations improvisées (en équipes de deux)*

A. Qui est-ce ?   Vous dites à votre camarade que vous avez parlé à
quelqu'un de très intéressant hier soir. Votre partenaire essaie de deviner à
qui vous avez parlé. (Par exemple, « Tu as parlé au président des États-
Unis ? » Vous dites « Non, tu as tort (*wrong*). Je ne lui ai pas parlé. » ou s'il /si
elle a raison « Tu as raison. Je lui ai parlé ! »). Vous pouvez aider votre
partenaire en lui donnant des détails sur cette personne (sur sa profession, sa
nationalité, son âge). Après ça, *changez de rôle.*

B. Projets de week-end   Votre partenaire vous demande si vous allez
quelque part (*somewhere*) ce week-end. Il / Elle vous pose 5 ou 6 questions
(par exemple, si vous allez au cinéma, à la bibliothèque, en ville, chez vos
parents, à une surprise-partie). Vous répondez en lui donnant des détails (par
exemple, à quelle heure, avec qui, quel jour, par quel moyen de transport :
« Oui, j'y vais samedi soir à neuf heures avec Françoise et Pierre en autobus. »).
Après ça, *changez de rôle.*

VOCABULAIRE

NOMS
le **beurre** *butter*
la **cantine** *cafeteria*
l' **émission** (f) *program*
  (TV/radio)
les **nouvelles** (f pl) *news*
la **publicité** *advertising,*
  advertisement
le **roman** *novel;* le **roman**
  d'espionnage *spy novel*

VERBES
avoir tort *to be wrong*
écrire *to write*
envoyer *to send*
lire *to read*
mettre (mis) *to put, put on*
DIVERS
déjà *already*
quelque part *somewhere*

en (entrant) *upon, by, while*
  (entering)
en (sortant) *upon, by, while*
  leaving
salut ! (fam) *hi! hello!*
tout le monde *everybody,*
  everyone
MOT AMI
préparer
PRONOMS COMPLÉMENTS
see p. 166

168

QUATRIÈME LECTURE
Une promenade le long de la Seine

Par une belle matinée° d'été, Roger et Jean font ensemble une promenade le long de la Seine. On est au mois de juillet et il commence à faire chaud. Heureusement, les arbres le long des quais donnent de l'ombre,° ce qui rend la chaleur plus supportable.°

Les deux amis s'arrêtent un instant devant l'étalage° d'un bouquiniste.°*

— Regarde ces vieux livres, dit Roger. Est-ce que cela ne te donne pas envie de t'installer au bord de l'eau° et de lire ?

— Pas particulièrement, répond Jean. L'eau de la Seine ne me semble pas très limpide.° Je m'étonne° de voir ces enfants la ligne° à la main, là-bas.

— Oui, c'est un fait que la Seine est vraiment polluée. Je suis bien sûr qu'il n'y a plus rien à pêcher, maintenant. Par contre, il y a trente ou quarante ans, à côté de Notre-Dame, il y avait° toujours un petit groupe de pêcheurs.° On les voyait° arriver le matin avec leurs lignes, leurs vers° et leurs pliants.° Ils s'installaient confortablement et pêchaient toute la journée.

— Est-ce qu'ils attrapaient° quelque chose ?

— Ils rentraient le soir chez eux, parfaitement satisfaits s'ils avaient attrapé deux ou trois petits poissons.° Hélas, maintenant, ces petits poissons n'existent plus.

morning

donnent... *cast shadows / ce... which makes the heat more bearable / stand secondhand-book seller*

Est-ce que... *Doesn't that make you feel like sitting by the water / clear / I am surprised / fishing pole*

il... *there was fishermen / One could see them worms / folding stools*

Est-ce que... *Did they catch*

fish

169

170

I. *Vrai ou faux ?*

Dites si les phrases suivantes sont vraies ou fausses. Si une phrase est fausse, corrigez-la.

1. Nous sommes au printemps.
2. Il fait chaud, mais le long des quais la chaleur est supportable à cause des arbres.
3. Jean a envie d'acheter un vieux livre et de le lire, assis *(seated)* au bord de l'eau.
4. Il y a toujours un petit groupe de pêcheurs installé près de Notre-Dame.
5. Il y a trente ans, il y avait encore des poissons mangeables *(edible)* dans la Seine.

II. *Questions sur la compréhension de la lecture*

1. Où est-ce que Jean et Roger font une promenade ?
2. En quel mois sommes-nous ?
3. Quel temps fait-il ?
4. Où les deux amis s'arrêtent-ils ?
5. Qu'est-ce qu'ils voient à l'étalage d'un bouquiniste ?
6. Qu'est-ce que cela donne envie de faire à Roger ? Et à Jean ?
7. Est-ce qu'il y a beaucoup de pêcheurs le long de la Seine ? Expliquez. Et il y a trente ou quarante ans ?
8. Décrivez les habitudes des pêcheurs parisiens il y a trente ou quarante ans.
9. Est-ce qu'ils attrapaient quelque chose ?
10. Décrivez la Seine maintenant.

171

GRAMMAR UNIT 12

Reflexive verbs: present tense *and* passé composé

40. *Present indicative of* se dépêcher *(to hurry): example of first conjugation verbs; reflexive*

Vous dépêchez-vous pour arriver en classe à l'heure ?	*Do you hurry to get to class on time?*
Beaucoup de gens **se dépêchent** mais, moi, **je ne me dépêche pas.**	*Many people **hurry**, but **I don't hurry.***

A. A reflexive verb always has a pronoun object that refers to the *subject* of the verb. English has a few reflexive verbs *(I hurt myself, you hurt yourself,* etc.), but in French they are very common. Note that some French verbs simply have a reflexive pronoun as an idiomatic part of their formation and meaning. For example, **se dépêcher** means *to hurry* (not "to hurry oneself"); **s'amuser,** *to have a good time;* **se reposer,** *to rest, relax.*

B. The forms of the present indicative of **se dépêcher** are:

Affirmative	*Negative*
je me dépêche *(I hurry)*	je ne me dépêche pas
tu te dépêches	tu ne te dépêches pas
il / elle / on se dépêche	il / elle / on ne se dépêche pas
nous nous dépêchons	nous ne nous dépêchons pas
vous vous dépêchez	vous ne vous dépêchez pas
ils / elles se dépêchent	ils / elles ne se dépêchent pas

Interrogative
est-ce que je me dépêche ?
te dépêches-tu ?
se dépêche-t-il / elle ?
nous dépêchons-nous ?
vous dépêchez-vous ?
se dépêchent-ils / elles ?

1. Note that **est-ce que** *must* be used with the first person singular (**je**). For the other persons, either **est-ce-que** or inversion may be used, with **est-ce que** more commonly used in conversation.

172

2. Also note that in the affirmative both the pronoun subject (**il** / **elle**) and the pronoun object (**se**) precede the verb. In the negative forms, **ne** follows the subject (**il** / **elle**) and **pas** follows the verb. In the interrogative forms, the pronoun object (**se**) precedes the verb and the pronoun subject (**il** / **elle**) follows it.

C. When the subject of a reflexive verb is a noun, it takes the place of the pronoun subject **il** / **elle** / **on** but the pronoun object **se** must *always* be expressed. EXAMPLE Marie **se dépêche.** Charles ne **se dépêche** pas.

D. There are reflexive verbs in all conjugations. In the oral practice exercises, the following verbs will be used:

se coucher	*to lie down; to go to bed*	**se peigner**	*to comb one's hair*
se réveiller	*to wake up*	**se maquiller**	*to put on makeup*
se lever	*to get up*	**se raser**	*to shave*
s'habiller	*to get dressed*	**se promener**	*to go for a walk*
se laver	*to wash oneself*	**s'amuser**	*to have a good time*
se brosser	*to brush*	**se reposer**	*to rest, relax*
(les* dents	*(one's teeth/ hair)*	**s'appeler**	*to be named, called*
/ les cheveux)			

I. *Substitutions : Le présent des verbes pronominaux*

Changez les phrases suivantes en substituant les mots indiqués.

1. Le matin *(In the morning),* je *me réveille en général à 7h.*
me lève tout de suite / me brosse les dents / me brosse les cheveux / m'habille très vite / me dépêche pour aller prendre le bus
2. Marie *se réveille en général à 8h* le matin.
se lève tout de suite / s'habille vite / se maquille avec soin *(carefully)* / se peigne avec soin / se dépêche pour arriver à l'heure au bureau *(office)*
3. Le week-end, mes amis et moi, nous faisons la grasse matinée *(we sleep late).* Le week-end, nous *nous réveillons à onze heures.*
ne nous levons pas tout de suite / ne nous habillons pas tout de suite / ne nous dépêchons pas du tout / nous reposons / nous amusons
4. Quant à *(As for)* Jean, il *se réveille tôt* le week-end.
se lève tout de suite / se rase / se peigne avec soin / s'habille avec soin / se promène en ville / s'amuse avec ses amis
5. Au contraire, Roger *se couche tard* le week-end.
ne se réveille pas de bonne heure *(early)* / ne se rase pas / ne se lève pas tout de suite / ne s'habille pas / se repose

---

*Note that in French, the definite article is used with parts of the body whereas English usually uses the possessive adjective.

Questions personnelles

A. En général Nous allons poser les questions suivantes tous ensemble, mais vous allez y répondre individuellement.

1. À quelle heure vous couchez-vous en général pendant la semaine ? Et pendant le week-end, à quelle heure vous couchez-vous ? **2.** Est-ce que vous vous levez de bonne heure ou tard pendant la semaine ? et le week-end ?
3. Pour aller en classe, est-ce que vous vous habillez en blue-jean ?
4. Le matin, est-ce que vous vous dépêchez pour arriver en classe à l'heure ?
5. Le week-end, est-ce que vous vous promenez en ville ? Est-ce que vous vous promenez quelquefois *(sometimes)* à la campagne ?

B. Avec un(e) camarade Toujours tous ensemble : Vous allez poser des questions personnelles à un(e) camarade de classe. D'abord, nous allons poser ces questions tous ensemble et vous allez y répondre individuellement.

En général, pendant la semaine

1. À quelle heure est-ce que tu te lèves ? **2.** Est-ce que tu t'habilles tout de suite ? **3.** Est-ce que tu te dépêches pour aller en classe ? **4.** Comment est-ce que tu t'amuses le soir ? **5.** Est-ce que tu te couches tôt ou tard le soir ?

En général, pendant le week-end

6. À quelle heure est-ce que tu te réveilles ? **7.** Est-ce que tu te rases ? Est-ce que tu te maquilles ? **8.** Comment est-ce que tu t'amuses le samedi soir ? **9.** Est-ce que tu te reposes le samedi et le dimanche ?

C. En équipes de deux : Posez les questions impaires à un(e) camarade de classe. Pour les questions paires, *changez de rôle.*

D. Un peu de mime Un(e) étudiant(e) fait une action en employant les verbes pronominaux que vous avez étudiés. Les autres étudiants essayent de deviner le verbe, en disant «Il / Elle se... » .

---

41. Passé composé *of* se dépêcher *and other reflexive verbs*

Vous êtes-vous dépêché pour arriver en classe à l'heure ? — Oui, **je me suis dépêché.**   *Did you hurry* to get to class on time?—Yes, *I hurried.*

All reflexive verbs are conjugated with **être.** The easiest way to learn the forms of the **passé composé** is to think of the auxiliary verb **être** as a reflexive verb (**je me suis**) and place the past participle (**dépêché**) after it.

174

A. Repeat the forms of the **passé composé** of « **se dépêcher** » for a masculine or feminine subject after your instructor:

Affirmative
je me suis dépêché(e) *(I hurried)*
tu t'es dépêché(e)
il / elle s'est dépêché(e)
nous nous sommes dépêché(e)s
vous vous êtes dépêché(e)(s)
ils / elles se sont dépêché(e)s

Negative
je ne me suis pas dépêché(e)
tu ne t'es pas dépêché(e)
il / elle ne s'est pas dépêché(e)
nous ne nous sommes pas dépêché(e)s
vous ne vous êtes pas dépêché(e)(s)
ils / elles ne se sont pas dépêché(e)s

Interrogative
est-ce que je me suis dépêché(e) ?
t'es tu dépêché(e) ?
s'est-il / elle dépêché(e) ?
nous sommes-nous dépêché(e)s ?
vous êtes-vous dépêché(e)(s) ?
se sont-ils / elles dépêché(e)s ?

Note that **est-ce que** plus the regular word order is more commonly used with all persons in the **passé composé** than is inversion.

B. If the subject is a noun, follow the same order as for the present tense (see ¶ 40). The past participle comes at the end.
EXAMPLE **Charles s'est dépêché. Charles ne s'est pas dépêché. Charles s'est-il dépêché ?**

C. As noted in Grammer Unit 11 (¶ 36, C), in compound tenses the past participle of a verb conjugated with **avoir** agrees in number and gender with the preceding *direct object* (**J'ai planté les fleurs. Je *les* ai *plantées*.**) whereas the past participle of a verb conjugated with **être** agrees with the *subject* of that verb (***Marie et Louise sont allées en ville***). In compound tenses of reflexive verbs, the past participle agrees in number and gender with the preceding reflexive pronoun only if it is the *direct object* of the verb (which is typical of most of the verbs studied in this chapter).

Marie s'est levée de bonne heure hier matin. **Jean et Roger se sont promenés** dans le Quartier latin pendant le week-end.

However, if the reflexive pronoun is not the direct object of the verb, there is no agreement.

Marie s'est brossé les cheveux. (Here, **les cheveux** is the direct object of the verb.)
Roger et Jean **se sont lavé** les mains. (Here, **les mains** is the direct object of the verb.)

175

Substitutions: Le passé composé des verbes pronominaux

Changez les phrases suivantes en substituant les mots indiqués.

1. Qu'est-ce que tu as fait le week-end passé ? — Je *me suis couché(e) tard vendredi soir.*

   me suis réveillé(e) tard samedi matin / me suis promené(e) en ville samedi après-midi / me suis amusé(e) avec mes amis samedi soir / me suis levé(e) de bonne heure dimanche matin / me suis promené(e) à la campagne dimanche après-midi / me suis couché(e) de bonne heure dimanche soir

2. Vos amis vous ont rendu visite le mois passé. Comment avez-vous passé le week-end avec eux ? — Nous *nous sommes promenés en ville vendredi soir.*

   nous sommes amusés au cinéma et au bar samedi soir / nous sommes levés très tard dimanche matin / nous sommes promenés dans le parc dimanche après-midi

3. Jean a passé le week-end chez Roger. Qu'est-ce qu'ils ont fait pendant le week-end ? — Ils *se sont amusés à une surprise-partie vendredi soir.*

   se sont promenés dans le jardin du Luxembourg samedi après-midi / se sont amusés dans le Quartier latin samedi soir / se sont réveillés de bonne heure dimanche matin / se sont dépêchés pour attraper (*to catch*) le train à Versailles / se sont promenés dans le jardin du château de Versailles / se sont reposés dimanche soir

4. Et Marie ? Comment a-t-elle passé le week-end ? — Elle *s'est amusée en allant (by going) à la Comédie-Française* vendredi soir.*

   s'est amusée avec des copines après la pièce (*play*) / s'est couchée très tard / s'est reposée samedi / s'est dépêchée pour attraper le train à Versailles dimanche / s'est promenée avec Jean et Roger dans le jardin du château / s'est couchée de bonne heure dimanche soir

LA COMÉDIE FRANÇAISE: VUE DE L'INTÉRIEUR

IV.   *Questions personnelles*

A. Le passé récent   Nous allons poser les questions suivantes tous ensemble, mais vous allez y répondre individuellement.

1. À quelle heure est-ce que vous vous êtes couché(e) hier soir ? Et à quelle heure vous êtes-vous levé(e) ce matin ?   **2.** Vous êtes-vous habillé(e) en blue-jean hier ?   **3.** Monsieur, vous êtes-vous rasé ce matin ? Mademoiselle, est-ce que vous vous êtes maquillée avec soin aujourd'hui ?   **4.** Pendant le week-end, est-ce que vous vous êtes promené(e) ? Où ?   **5.** Vous êtes-vous reposé(e) pendant le week-end ?

B. Tes activités du week-end passé   Toujours tous ensemble : Vous allez poser des questions personnelles à un(e) camarade de classe. D'abord, nous allons poser les questions tous ensemble et vous allez y répondre individuellement.

1. Est-ce que tu t'es couché(e) tôt ou tard vendredi soir ? Et samedi soir ?
2. À quelle heure est-ce que tu t'es levé(e) samedi matin ? Et dimanche matin ?   **3.** Où est-ce que tu t'es promené(e) pendant le week-end ?   **4.** Est-ce que tu t'es amusé(e) pendant le week-end ? Comment est-ce que tu t'es amusé(e) ?   **5.** Est-ce que tu t'es reposé(e) pendant le week-end ? Comment est-ce que tu t'es reposé(e) ?

C. En équipes de deux   Posez les questions impaires à un(e) camarade de class. Pour les questions paires, *changez de rôle.*

V.   *Conversations improvisées (en équipes de deux)*

A. Ma routine matinale *(morning)*   Posez cinq ou six questions à un(e) camarade sur sa routine matinale (par exemple, « À quelle heure est-ce que tu te lèves le matin ? »).

B. Une comparaison   *Changez de rôle.* Votre camarade vous pose cinq ou six questions sur votre routine matinale. Trouvez trois ou quatre similarités dans vos routines matinales.

C. En groupes de quatre   Vous et votre camarade parlez des similarités de vos routines à deux autres camarades (par exemple, « Tous les deux, nous nous levons avant sept heures le matin »). Après ça, *changez de rôle* dans votre groupe.

177

D. Le Week-end idéal   Décrivez « le week-end idéal » (par exemple, à quelle heure vous vous couchez et vous vous levez; comment vous vous amusez — où vous allez, à quels sports ou jeux *(games)* vous jouez; comment vous vous reposez). Après ça, *changez de rôle.* (*Attention* : Employez, bien sûr, le présent des verbes pronominaux mais aussi d'autres verbes que vous avez étudiés.)

E. Un Week-end amusant   Décrivez un week-end amusant à un(e) camarade : ce que vous avez fait, avec qui vous avez passé ce week-end, où vous êtes allé(e). Après ça, *changez de rôle.* Votre partenaire vous décrit un week-end amusant (ou peut-être un week-end désagréable).

VOCABULAIRE

NOMS
la **dent** *tooth*
la **matinée** *morning (emphasis on duration)*
la **pièce de théâtre** *play*

VERBES
s'amuser *to have a good time, have fun*
attraper *to catch*
se brosser (les cheveux / les dents) *to brush (one's hair/teeth)*
se coucher *to lie down; to go to bed*
se dépêcher *to hurry*

faire la grasse matinée *to sleep late*
s'habiller *to get dressed*
se laver *to wash (oneself)*
se lever *to get up, rise*
se maquiller *to put on makeup*
se peigner *to comb one's hair*
se promener *to go for a walk*
se raser *to shave*
se reposer *to rest*
se réveiller *to wake up*

DIVERS
avec soin *with care, carefully*
de bonne heure *early*
quant à *as for*
quelquefois *sometimes*
tôt *early*

MOTS AMIS
le **bar**
le **parc**
le/la **partenaire**
la **surprise-partie**

PRONOMS RÉFLÉCHIS
reflexive pronouns: see p. 172

LA COMÉDIE FRANÇAISE

178

Jean et Marie parlent de leurs projets de week-end.

JEAN Qu'est-ce que tu feras ce week-end ?

MARIE J'irai en ville.

JEAN Ah, bon ? Qu'est-ce que tu y feras ?

MARIE Je ferai des courses. C'est l'anniversaire de Roger bientôt. Alors je lui achèterai un pull ou quelque chose comme ça.

JEAN Comment est-ce que tu iras en ville ?

MARIE J'irai à pied s'il fait beau.

JEAN Mais ça te fatiguera ! Pourquoi ne pas prendre le métro ?*

MARIE Tu sais bien que je n'aime pas prendre le métro.

JOHN What are you doing this weekend?

MARIE I'm going downtown.

JOHN Oh, really? What are you going to do there?

MARIE I'm going to run some errands. Roger's birthday is soon, so I'll buy him a sweater or something like that.

JOHN How will you go downtown?

MARIE I'll walk if the weather is nice.

JOHN But that will tire you out! Why not take the subway?

MARIE You know I don't like the subway.

179

JEAN Et qu'est-ce que tu feras s'il pleut ?

MARIE Je ne sais pas. Je prendrai un taxi probablement.

JEAN N'oublie pas que nous allons tous les trois au cinéma ce soir.

MARIE Ne t'en fais pas. Je n'oublierai pas.

JEAN À quelle heure Roger viendra-t-il te chercher ?

MARIE Il viendra me chercher à huit heures précises, a-t-il dit. Alors, viens donc vers huit heures.

JEAN Entendu. À ce soir.

JOHN And what will you do if it rains?

MARIE I don't know. I'll probably take a taxi.

JOHN Don't forget that the three of us are going to the movies this evening.

MARIE Don't worry. I won't forget.

JOHN What time will Roger pick you up?

MARIE He'll come for me at eight o'clock sharp, he said. So come around eight.

JOHN Okay. See you this evening.

CULTURAL NOTE

Le métro, *the Paris subway, was first opened in 1900. It is a fast, efficient, and very inexpensive mode of transportation. Thanks to its suspension system and the rubber tires on the trains,* **le métro** *is remarkably quiet. In order to use* **le métro,** *you must know the names of both the station you want to go to (for example,* **Concorde**) *and the main line or* **direction** *that covers that station. The name of the* **direction** *is usually the last stop on that line, such as* **Pont de Neuilly.**

180

LE MÉTRO

Pour venir au Printemps, descendez à la station Havre-Caumartin, St-Lazare, Opéra ou Auber. Les tickets peuvent s'acheter à l'unité ou par carnets de 10. Ils sont valables dans le métro et les autobus. Vous pouvez aussi acheter un billet de Tourisme, valable 2, 4 ou 7 jours, pour faire dans Paris autant de voyages que vous voudrez, en métro ou en bus.

To reach "Printemps" get off the metro at stations : Havre-Caumartin, St-Lazare, Opéra or Auber. You can buy metro tickets either separately or by booklets of ten. You can use the same tickets on bus lines. When sightseeing, ask for a "Tourist Ticket" : valid 4 or 7 consecutive days it entitles you to unlimited travel by metro and on all bus lines operated in Paris and its suburbs.

Der Printemps befindet sich in unmittelbarer Nähe der U-Bahn-Haltestellen Havre-Caumartin, St-Lazare, Opéra oder Auber. Die Fahrscheine kaufen Sie einzeln oder im Zehner-Abonnement ("carnet") ; sie gelten für U-Bahn oder Busverkehr. Sie können auch ein Touristen-Abonnement für 2, 4 oder 7 Tage kaufen, das unbegrenzt für den gesamten Pariser U-Bahn- und Busverkehr gültig ist.

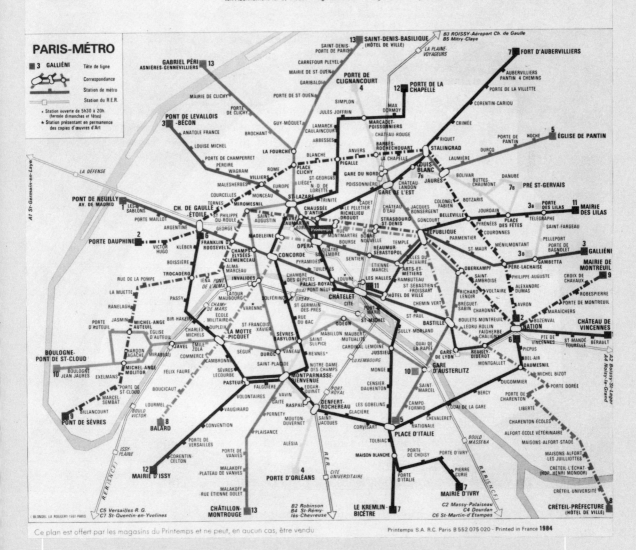

Ce plan est offert par les magasins du Printemps et ne peut, en aucun cas, être vendu

Printemps S.A. R.C. Paris B 552 075 020 - Printed in France **1984**

LE PLAN DU MÉTRO

181

I. Exercice de mise en train

Nous allons poser les questions suivantes ensemble, mais vous allez y répondre individuellement.

Hier matin

1. À quelle heure vous êtes-vous réveillé(e) hier matin ?
2. Vous êtes-vous levé(e) tout de suite ?
3. Comment est-ce que vous vous êtes habillé(e) ?
4. Vous êtes-vous dépêché(e) pour aller en classe ?

En général

5. Est-ce que vous vous couchez tôt ou tard pendant la semaine ?
6. À quelle heure est-ce que vous vous levez pendant le week-end ?
7. Est-ce que vous vous promenez souvent en ville ? et à la campagne ?
8. Vous amusez-vous avec vos copains pendant le week-end ? Comment ?

II. Présentation du dialogue : En ville

III. Questions de compréhension du dialogue

Répondez aux questions d'après le dialogue.

1. Où est-ce que Marie ira ce week-end ? Qu'est-ce qu'elle y fera ?
2. Pour qui est-ce qu'elle achètera un cadeau (present) ? Pourquoi ?
3. Est-ce qu'elle prendra le métro pour aller en ville ? Pourquoi ou pourquoi pas?
4. Qu'est-ce qu'elle fera s'il pleut ?
5. Où est-ce que Jean, Marie et Roger vont ce soir ?
6. À quelle heure est-ce que Roger viendra chercher Marie ?
7. À quelle heure est-ce que Jean viendra chez Marie ?

IV. Substitutions

A. Changez les phrases suivantes en substituant les mots indiqués.

1. Où irez-vous *cet après-midi ?*
   ce soir / demain / ce week-end / la semaine prochaine
2. J'irai *en ville.*
   au cinéma / chez des copines / à la bibliothèque / au cinéma / au théâtre
3. Je rentrerai *de bonne heure.*
   avant cinq heures / vers six heures / après sept heures

B. En deux groupes : Groupe A, changez les questions suivantes en substituant un pronom pour le nom objet direct. Groupe B, répondez affirmativement à Groupe A en employant un pronom. Après ça, *changez de rôle.*

182

EXEMPLE Est-ce que vous viendrez chercher *Jean ?*
A: **Est-ce que vous viendrez** *le* **chercher ?**
B: **Oui, je viendrai** *le* **chercher.**

1. Est-ce que vous viendrez chercher *Marie ?*
   Jean / Marie et Roger / vos amis / votre père / votre sœur
2. Vous irez chercher *Roger ?*
   Marie / Marie et Jean / vos copines / vos copains / votre mère / votre frère

C. Le futur proche : **aller** + infinitif   Changez les phrases suivantes en substituant l'infinitif indiqué.

1. Qu'est-ce que tu vas faire ce soir ? — Ce soir je vais *étudier.*
   regarder la télé / me promener en ville / prendre un pot avec mes copains / me coucher de bonne heure
2. Qu'est-ce que Marie et Roger vont faire ce soir ? — Ce soir ils vont *dîner dans un bon restaurant.*
   aller au cinéma / se promener en ville / rentrer assez tard
3. Tes amis viennent chez toi ce week-end. Qu'est-ce que vous allez faire ?
   — Ce week-end nous allons *beaucoup nous amuser.*
   nous promener en ville / jouer au tennis / regarder la télé / discuter de la politique / prendre un pot avec d'autres copains

LE MÉTRO

V

Questions personnelles

A. Vos activités de ce soir   Nous allons poser les questions suivantes ensemble, mais vous allez y répondre individuellement.

1. Est-ce que vous allez en ville ce soir ?   **2.** Est-ce que vous allez faire des courses en ville ?   **3.** Est-ce que vous allez vous promener un peu en ville ?   **4.** Allez-vous au cinéma ce soir ?   **5.** Allez-vous prendre un pot avec des copains ce soir ?

B. Ce week-end   Vous allez poser des questions à un(e) camarade de classe. D'abord, nous allons poser les questions tous ensemble et vous allez y répondre individuellement.

1. Est-ce que tu vas te coucher de bonne heure ou assez tard vendredi soir ?   **2.** Est-ce que tu vas faire des courses samedi ?   **3.** Qu'est-ce que tu vas acheter ?   **4.** Quel film est-ce que tu vas voir au cinéma ?   **5.** S'il fait beau dimanche, est-ce que tu vas faire une promenade ?

C. En équipes de deux   Posez les questions impaires à un(e) camarade de classe. Pour les questions paires, *changez de rôle*.

VI.   *Conversations improvisées (en équipes de deux)*

A. Le week-end passé   Posez 7 ou 8 questions à un(e) camarade sur ce qu'il / elle a fait le week-end passé (par exemple, s'il / si elle est allé(e) au cinéma, s'il / si elle a beaucoup étudié). Après ça, *changez de rôle*.

B. Ce soir   Vous avez beaucoup de choses à faire ce soir ! Racontez à votre camarade ce que vous allez faire (en employant **je vais** + *infinitif*, comme « Ce soir je vais regarder la télé »). Après ça, votre camarade vous raconte tout ce qu'il / elle va faire aussi. Trouvez 3 ou 4 activités similaires que, tous les deux, vous allez faire ce soir (par exemple, « Tiens ! Tous les deux, nous allons regarder la télé »).

VII.   *Dictée d'après la Conversation 16*

_____ *VOCABULAIRE* _____

NOMS	VERBES	ADJECTIF
le **cadeau** present	**chercher** *to look for; to pick up*	**précis(e)** *precise, exact;* **à (huit) heures précises** *at (eight) o'clock sharp*
le **métro (le métropolitain)** *subway;* **en métro** *by subway*	**s'en faire** *to worry*	
le **projet** *plan; project*	**fatiguer** *to tire*	
	oublier *to forget*	

184

42. *Formation of the future of regular verbs*

Déjeunerez-vous en ville ? — Oui, **je déjeunerai** à l'Hôtel Continental.

Will you have lunch downtown?— Yes, I will have lunch at the Continental Hotel.

Quand **finirez-vous** votre travail ? — **Je finirai** de bonne heure (avant minuit).

When will you finish (get through) your work?—I will finish early (before midnight).

Répondrez-vous à sa lettre ?

Will you answer his / her letter?

Vous dépêcherez-vous de finir votre travail ? — Oui, **je me dépêcherai.**

Will you hurry to finish your work?—Yes, I'll hurry.

Repeat the forms of the future tense of regular verbs after your instructor.

First conjugation	*Second conjugation*	*Third conjugation*
je déjeunerai *(I will have lunch)*	je finirai *(I will finish)*	je répondrai *(I will answer)*
tu déjeuneras	tu finiras	tu répondras
il / elle déjeunera	il / elle finira	il / elle répondra
nous déjeunerons	nous finirons	nous répondrons
vous déjeunerez	vous finirez	vous répondrez
ils / elles déjeuneront	ils / elles finiront	ils / elles répondront

A. To form the future tense of regular verbs, add the future endings **-ai, -as, -a, -ons, -ez, -ont** to the infinitive. With third conjugation (**-re**) verbs, omit the final **e** of the infinitive.

B. Reflexive verbs follow the usual pattern. EXAMPLE **je me dépêcherai, tu te dépêcheras, il se dépêchera**, etc.

185

43. *Future tense of* être *and* avoir

Vos parents **seront** contents de vous voir.	*Your parents will be glad to see you.*
—Je **serai** content aussi de les voir.	*—I'll be glad to see them too.*
Est-ce que **j'aurai** le temps de déjeuner ?	*Will I have time to have lunch?*
—Bien sûr, **tu auras** assez de temps pour déjeuner.	*—Of course, you'll have enough (plenty of) time to have lunch.*

Repeat the forms of the future tense of **être** *and* **avoir** *after your instructor.*

Être	*Avoir*
je serai *(I will/shall be)*	j'aurai *(I will/shall have)*
tu seras	tu auras
il / elle sera	il / elle aura
nous serons	nous aurons
vous serez	vous aurez
ils / elles seront	ils / elles auront

44. *Other irregular future forms*

You have already used the future forms of the following verbs:

venir → viendr-   **aller → ir-**   **faire → fer-**

Note that although the basic root is irregular (that is, not formed from the infinitive), the endings are regular for all three verbs in all persons.

45. *Uses of the future tense*

Je ferai des courses demain.	*I will do some errands tomorrow.*
S'il pleut, **je prendrai** un taxi.	*If it rains, I'll take a taxi.*

A. Generally speaking, the future tense is used, as in English, to refer to events that will be taking place in the future.

B. Note particularly that in French it is used in the *result clause* of sentences that express what will happen if a given condition is fulfilled. EXAMPLE Je prendrai un taxi *(the result)*, s'il pleut *(the condition)*.

C. Note also that, as in English:

1. The *present tense* is frequently used for the future along with an adverb or another expression of futurity. EXAMPLE **Il part** pour l'Europe la semaine prochaine.

2. The *present tense* of **aller** with an infinitive is often used to express the future. EXAMPLE **Il va faire** des courses demain matin. This is referred to as **le futur proche.**

D. However, contrary to English usage, the future tense is *always* used in temporal clauses introduced by **quand, lorsque** *(when)*, **aussitôt que, dès que** *(as soon as)*, if the future is implied. EXAMPLES Je déjeunerai **quand je rentrerai.** *(I'll have lunch when I get home.)* **Lorsqu'il neigera,** je ferai du ski. *(When it snows, I'll go skiing.)*

I. *Substitutions: Un week-end à la campagne*

Changez les phrases suivantes en substituant les mots indiqués.

1. Je finirai mon travail *de bonne heure* ce soir.
   tard / avant *(before)* **8h / après 10h / vers minuit**
2. Demain, j'irai à la campagne. Quand je serai à la campagne, *je me lèverai tard.*
   je jouerai aux cartes / je jouerai du piano / je prendrai des bains de soleil / je me promènerai tous les jours / je me reposerai
3. S'il fait beau, *nous ferons des promenades.*
   nous jouerons au tennis / nous prendrons des bains de soleil / nous nagerons dans le beau lac
4. S'il pleut, *je lirai des romans.*
   je regarderai la télé / je téléphonerai à mes copains / j'écrirai des lettres / j'écouterai des disques
5. Ma mère sera contente *quand mon frère et ma sœur arriveront.*
   quand toute la famille sera là / quand nous dînerons tous ensemble / quand nous aurons le temps de bavarder ensemble / quand elle ira en ville avec ma sœur / quand elle et ma sœur feront des courses ensemble

II. *Exercices d'application*

A. **Cet après-midi et demain** (le futur)
1. En deux groupes : Groupe A, vous êtes d'accord avec les phrases suivantes. Alors, vous dites, « Moi aussi ». Group B, vous aussi, vous êtes d'accord avec les phrases et vous dites « Nous aussi ». De 6 à 10, *changez de rôle.*

EXEMPLE   Je déjeunerai à midi aujourd'hui.
          A: Moi aussi, je déjeunerai à midi.
          B: Nous aussi, nous déjeunerons à midi.

1. Je choisirai un déjeuner assez léger *(light)*.   **2.** Je me promènerai en ville après le déjeuner.   **3.** J'irai chez des amis à cinq heures.   **4.** Je bavarderai avec mes amis.   **5.** Je rentrerai vers sept heures.   **6.** Je me lèverai de bonne heure demain matin.   **7.** J'arriverai au bureau vers huit heures.   **8.** Je ferai beaucoup de travail.   **9.** Je répondrai à beaucoup de lettres.   **10.** Je finirai le travail avant quatre heures.

187

2. Toujours en deux groupes : Cette fois, nous parlons de Louise, de Jean, de Roger et de Marie. Groupe A, vous remarquez que demain Jean fera les mêmes choses que Louise. Groupe B, vous remarquez que Roger et Marie aussi, ils feront les mêmes choses que Louise. De 6 à 10, *changez de rôle*.

EXEMPLE   Louise prendra un taxi pour aller au bureau.
          A: Jean aussi, il prendra un taxi pour aller au bureau demain.
          B: Tiens ! Roger et Marie aussi, ils prendront un taxi pour aller au bureau demain.

1. Louise répondra aux coups de téléphone.   **2.** Elle écrira beaucoup de lettres.   **3.** Elle déjeunera dans un restaurant à midi.   **4.** Elle finira le travail vers six heures.   **5.** Elle rentrera en métro.

6. Louise ira en ville ce soir.   **7.** Elle fera des courses.   **8.** Elle achètera beaucoup de nouveaux vêtements.   **9.** Elle se promènera en ville.   **10.** Elle prendra un pot avec des copains.

B. Le week-end de nos amis (Le futur proche — **aller** + infinitif)

En deux groupes : Groupe A, vous indiquez que Roger va faire les mêmes choses que Jean ce week-end. Groupe B, vous indiquez que Marie fera les mêmes choses aussi. Après ça, *changez de rôle*.

EXEMPLE   Jean fait un voyage ce week-end.
          A: Roger aussi, il va faire un voyage ce week-end.
          B: Et Marie aussi, elle fera un voyage ce week-end.

1. Jean va à Chartres.✦   **2.** Il prend un taxi pour aller à la gare.   **3.** Il part à 9 heures précises.   **4.** Il visite la cathédrale de Chartres pendant l'après-midi.   **5.** Il dîne dans un bon restaurant.   **6.** Il se promène un peu dans la petite ville de Chartres.   **7.** Il retourne à Paris en train.   **8.** Il rentre vers minuit.

C. À l'avenir (*in the future*) Quand + le futur   En deux groupes : Groupe A, répétez les phrases suivantes. Groupe B, changez la phrase en employant **quand** et le futur. De 5 à 8, *changez de rôle*.

EXEMPLE   A: Si j'ai le temps, je lirai ce roman.
          B: Quand j'aurai le temps, je lirai ce roman.

1. S'il fait beau, je ferai une promenade.   **2.** Si nous avons le temps, nous irons au cinéma.   **3.** Si je suis libre, je viendrai vous voir.   **4.** Il finira son travail s'il a le temps.

5. Si Marie vient nous voir, nous serons contents.   **6.** S'il y a de la neige, je ferai du ski.   **7.** J'irai en France si j'ai de l'argent.   **8.** Parlerez-vous français si vous allez en France ?

III.   *Questions personnelles : L'été prochain*

188

A. Vous allez poser des questions à un(e) camarade de classe. D'abord, nous allons poser les questions tous ensemble et vous y répondrez individuellement.

1. Est-ce que tu travailleras l'été prochain ? Où est-ce que tu travailleras ?
2. Est-ce que tu prendras des cours ? Qu'est-ce que tu étudieras ?   **3.** Est-ce que tu iras chez tes parents l'été prochain ?   **4.** Quand tu seras chez tes parents, est-ce que tu te reposeras ?   **5.** Quand tu seras avec tes copains, est-ce que tu joueras au tennis ou au golf ? Est-ce que tu iras à la plage *(beach)* ? Est-ce que tu joueras aux cartes ? Est-ce que tu iras au cinéma ?   **6.** Est-ce que tu seras content(e) à la fin des vacances ?

B. En équipes de deux : Maintenant, posez les questions impaires à un(e) camarade de classe. Votre camarade vous répond, et vous, vous indiquez si vous allez faire les mêmes choses (« Moi aussi ») ou pas (« Pas moi »). Pour les questions paires, *changez de rôle.*

189

IV.   *Conversations improvisées (en équipes de deux)*

A. Ce week-end   Essayez *(Try)* de deviner ce que votre camarade fera ce week-end. Dites-lui 5 ou 6 choses que vous pensez qu'il / elle fera (par exemple, « Tu joueras aux cartes ce week-end »). Votre camarade vous indique si vous avez raison (« Oui, c'est vrai / Oui, tu as raison, je jouerai aux cartes ce week-end) ou si vous avez tort *(are wrong)* (« Non, ce n'est pas vrai / Non, tu n'as pas raison, je ne vais pas jouer aux cartes ce weekend »). Après ça, *changez de rôle.*

B. Vos vacances   Racontez 7 ou 8 choses que vous ferez pendant les vacances prochaines. Votre partenaire réagit en disant, par exemple, « Bonne idée ! », « C'est vrai ? », « Quelle chance ! *(How lucky!)* », « Que tu as de la chance ! », « Moi aussi ! ». Après ça, *changez de rôle.*

C. Si j'ai le temps ce week-end... En 6 ou 7 phrases, racontez à votre partenaire ce que vous ferez ce week-end si vous avez le temps. Après ça, *changez de rôle.*

─── *VOCABULAIRE* ──────────────────────────────────

NOMS
 l **argent** *(m) money*
la **chance** *luck;* **quelle chance !** *how lucky!*
 l' **idée** *(f) idea*
la **plage** *beach*
VERBE
essayer *to try*

ADJECTIF
léger (légère) *light (in weight)*
DIVERS
avant *before*
lorsque *when*
par exemple *for example*

MOTS AMIS
la **cathédrale**
 l' **Europe** *(f)*
le **lac**

Francois Ancellet

CHARLES AZNAVOUR
SUSAN HAMPSHIRE
PARIS AU MOIS D'AOUT

VACANCES D'ÉTÉ

Fermeture Annuelle
du   1 Août 86
au   31 Août 86

190

CONVERSATION 18
À la Gare de l'Est

Jean va à Reims◆ *pour voir la cathédrale.*

Au guichet, à la Gare de l'Est◆

JEAN Je voudrais un billet aller-retour pour Reims.

L'EMPLOYÉ Quelle classe, monsieur ?

JEAN Seconde, s'il vous plaît. Combien de temps est-ce que ce billet est bon ?

L'EMPLOYÉ Quinze jours,◆ monsieur.

JEAN Est-ce que je dois changer de train en route ?

L'EMPLOYÉ Oui, vous devez changer à Épernay.

JEAN Combien de temps est-ce qu'il faut attendre la correspondance ?

L'EMPLOYÉ Vous aurez à peu près une demi-heure à Épernay.

At the ticket window of the Gare de l'Est (East Station)

JOHN I'd like a round-trip ticket to Rheims.

EMPLOYEE Which class, sir?

JOHN Second, please. How long is this ticket good?

EMPLOYEE Two weeks, sir.

JOHN Do I have to change trains on the way?

EMPLOYEE Yes, you have to change trains at Épernay.

JOHN How long do you have to wait for the connection?

EMPLOYEE You will have about a half-hour at Épernay.

Sur le quai, à Épernay	On the platform in Épernay
JEAN Pardon, monsieur. Est-ce que le train pour Reims est à l'heure ?	**JOHN** Excuse me, sir. Is the Rheims train on time?
L'EMPLOYÉ Oui, monsieur. En France, les trains ne sont jamais en retard.✦	**EMPLOYEE** Yes, sir. In France, the trains are never late.
JEAN Oh, vraiment ? Dans ce cas-là, est-ce que j'aurai le temps d'aller au buffet ?	**JOHN** Oh, really? In that case, will I have time to go get something to eat?
L'EMPLOYÉ Vous pouvez essayer, mais dépêchez-vous. Le train s'arrête seulement trois minutes. Si vous manquez ce train, vous serez obligé de passer la nuit à Épernay.	**EMPLOYEE** You can try, but hurry. The train stops for just three minutes. If you miss this train, you will have to spend the night in Epernay.

CULTURAL NOTES

Reims (pronounced /rês/), or Rheims in English, is located in northeast France in the region **Champagne** about 90 kilometers from Paris. It has many notable historic monuments including a Roman arch and a magnificent Gothic cathedral which dates to the 13th and 14th centuries. The Kings of France were crowned in the cathedral beginning in 1137. It was there that Joan of Arc had Charles VII crowned in 1429. The cathedral was seriously damaged in World War I and was restored with the help of John D. Rockefeller. Reims has been the center of the champagne industry for two centuries and is an important manufacturer of woolen textiles.

Note that there are several railway stations in Paris, each serving a different section of the country. French trains are, indeed, always on time. Owned in large part by the government, they are very well managed and maintained. They are also very fast.

The French say **quinze jours** for two weeks and **huit jours** for a week.

LA PORTE DE MARS À REIMS

Exercice de mise en train : Qu'est-ce que tu vas faire aujourd'hui ?

A. Nous allons poser les questions suivantes tous ensemble, mais vous y répondrez individuellement. En employant la forme **tu**, demandez à quelqu'un :

1. à quelle heure il déjeunera aujourd'hui.
2. s'il va étudier cet après-midi.
3. ce qu'il fera s'il fait beau cet après-midi.
4. s'il va dîner avec des copains.
5. s'il se promènera après le dîner.
6. s'il ira en ville ce soir.
7. s'il fera des courses.
8. ce qu'il achètera.
9. à quelle heure il rentrera.
10. s'il se couchera de bonne heure ou tard ce soir.

B. En équipes de deux : Posez les questions impaires à un(e) camarade de classe. Pour les questions paires, *changez de rôle.*

II. *Présentation du dialogue : À la Gare de l'Est*

193

III. *Questions de compréhension du dialogue*

Répondez aux questions d'après le dialogue.

1. Où est-ce que Jean va ? Pourquoi ?
2. Quelle sorte de billet veut-il ? Quelle classe ?
3. Combien de temps son billet est-il bon ?
4. Est-ce qu'il doit changer de train en route ?
5. Combien de temps faut-il attendre la correspondance ?
6. Le train est-il en retard ?
7. Est-ce que Jean aura le temps d'aller au buffet ?
8. Qu'est-ce qu'il sera obligé de faire s'il manque la correspondance ?

IV. *Substitutions : À la gare*

Changez les phrases suivantes en substituant les mots indiqués.

1. Je voudrais un billet aller-retour pour *Reims*.
   Lyon / Marseille / Chartres / Rouen / Bruxelles / Rome
2. Est-ce que je dois changer *de train ?*
   de gare / d'autobus / de ligne / d'hôtel
3. Vous devez *changer de train à Épernay.*
   prendre une correspondance / réserver une place dans le train / apporter quelque chose à manger / vous dépêcher
4. Le train est *à l'heure*, monsieur.
   juste à l'heure / en retard / en avance / en avance d'une ou deux minutes
5. J'aurai le temps *d'aller au buffet*.
   de déjeuner / de dîner / de téléphoner à une copine / d'acheter des cartes postales / d'acheter un journal

V. *Exercices d'application*

A. Un voyage à Chartres (l'expression **combien de temps**)
Vous êtes dur d'oreille *(hard of hearing)*. Alors, quand on vous dit quelque chose, vous demandez qu'on répète.

EXEMPLES   Il faut attendre vingt minutes.
           Excusez-moi ! Combien de temps faut-il attendre ?
           Elle a voyagé en Europe pendant deux mois.
           Excusez-moi ! Combien de temps est-ce qu'elle a voyagé en Europe ?

1. Ce billet pour Chartres est bon quinze jours.   **2.** Il faut une demi-heure pour aller à Chartres.   **3.** Je serai à Chartres deux jours.   **4.** Il faut attendre une heure pour avoir une visite guidée à la cathédrale.   **5.** L'été dernier, Marie a passé une semaine à Chartres.

B. Obligations de cette classe (l'expression **vous devez** [*you must*] + infinitif) En deux groupes : Groupe A, vous donnez des ordres en employant

194

les impératifs suivants ; Groupe B, vous employez **vous devez** + *infinitif*.
Après ça, *changez de rôle.*

EXEMPLE   Parlez français dans cette classe.
Vous devez parler français dans cette classe.

1. Faites attention en classe.   **2.** Étudiez chaque soir.   **3.** Finissez tous les
devoirs.   **4.** Arrivez à l'heure.   **5.** Écoutez bien le prof et les autres
étudiants.   **6.** Amusez-vous en classe !

VI.   *Questions personnelles : Faire des voyages*

A. Nous allons poser les questions suivantes tous ensemble, mais vous y
répondrez individuellement.

1. Est-ce que vous voyagez souvent ? Comment est-ce que vous voyagez ?
2. Est-ce que vous aimez voyager en avion ou avez-vous peur d'aller en avion ?
Avez-vous jamais *(ever)* voyagé en train ?   **3.** Où avez-vous voyagé aux États-
Unis ? dans le sud *(the South)* ? dans le nord *(the North)* ? dans l'ouest *(the
West)* ? dans l'est *(the East)* ?   **4.** Avez-vous jamais visité le Canada ? le
Mexique ? l'Europe ? Où êtes-vous allé(e) exactement ?   **5.** Quelles villes
intéressantes avez-vous visitées ?   **6.** Si vous voyagez cet été, où irez-vous ?
Comment est-ce que vous voyagerez ? et avec qui ?   **7.** Si vous allez au
Canada, est-ce que vous parlerez français ?   **8.** Quand vous voyagerez en
Europe, quels pays *(countries)* est-ce que vous visiterez ? la France ? l'Italie ?
l'Allemagne *(Germany)* ? l'Espagne ? Et quelles villes est-ce que vous visiterez ?

B. En équipes de deux : En employant la forme **tu**, posez les questions
impaires à un(e) camarade de classe. Pour les questions paires, *changez de
rôle.*

VII.   *Conversations improvisées (en équipes de deux)*

A. Au guichet d'une gare   Vous voulez aller à Chartres. Demandez des
renseignements à l'employé (un/e camarade) et achetez un billet aller-retour.

B. Le TGV   *Changez de rôle.* Maintenant, votre camarade voudrait aller à
Lyon par le TGV. Il / Elle pose des questions à l'employé (vous-même).

C. Un voyage au futur   Décrivez un voyage que vous voudriez faire à l'avenir
(would like to make in the future). (Par exemple, « Un jour je voudrais aller
en Europe. Quand je serai en Europe, je visiterai... J'irai à... Je ferai [telle et
telle chose][*such and such*] ».) Votre camarade vous indique si ça l'intéresse
aussi (« Moi aussi, je voudrais faire cela / aller en Europe » « Ça m'intéresse
aussi ! ») ou pas (« Moi, je ne voudrais pas faire cela / aller en Europe » « Ça
ne m'intéresse [vraiment] pas »). Après ça, *changez de rôle.*

VIII.   *Dictée d'après la Conversation 17*   **195**

NOMS

le **buffet** *sandwich counter; lunchroom*

la **correspondance** *connection (transport); correspondence*

la **demi-heure** *half-hour*

l' **est** *(m) east*

le **guichet** *ticket window*

le **nord** *north*

l' **ouest** *(m) west*

le **pays** *country*

la **route** *road; route;* **en route** *on the way*

le **sud** *south*

VERBES

s'arrêter *to stop*

devoir *to have to, must, ought to; to owe*

être obligé(e) de *to have to, be forced to*

manquer *to miss*

pouvoir *to be able to, can; may*

voyager *to travel*

DIVERS

à peu près *about, nearly*

aller-retour *round trip*

ça alors ! *expression of surprise*

huit jours *one week*

jamais *ever; never*

quinze jours *two weeks*

tel (telle) *such*

MOTS AMIS

la **carte postale**
  changer de
  guidé(e)
  intéresser
  juste
  second(e)
la **visite**

CONVERSATION 19
Au musée du Jeu de Paume✦

Jean et Marie se promènent dans le jardin des Tuileries.✦ Ils arrivent sur la place de la Concorde.✦

MARIE Est-ce que tu voudrais jeter un coup d'œil sur le musée du Jeu de Paume ?

JEAN Qu'est-ce que c'est que ça ?

MARIE C'est le musée des Impressionnistes : Manet, Monet, Renoir et beaucoup d'autres.

JEAN Pourquoi appelle-t-on ces gens-là des impressionnistes ?

MARIE Do you want to take a look at the Jeu de Paume?

JOHN What's that?

MARIE It's the museum of the Impressionists: Manet, Monet, Renoir, and many others.

JOHN Why do they call those people impressionists?

LE DÉJEUNER SUR L'HERBE—UN TABLEAU IMPRESSIONNISTE D'ÉDOUARD MANET

197

MARIE À cause d'un tableau de Monet intitulé *Impression*. Il représente le lever du soleil au bord de la mer. Un critique qui n'aimait pas les nouveaux peintres leur a donné le nom d'impressionnistes, et le nom est resté.

À la sortie du musée

MARIE On vend ici des reproductions de tableaux. Est-ce que cela t'intéresse ?

JEAN Mais oui. Voici justement un tableau de Manet qui me plaît beaucoup. *(Il regarde le titre: Le Déjeuner sur l'herbe.) (à la vendeuse)* C'est combien ?

LA VENDEUSE Soixante-quinze francs, monsieur.

JEAN Bon, donnez-le-moi, s'il vous plaît. *(à Marie)* Je vais le mettre sur le mur de ma chambre.

MARIE Because of a painting by Monet entitled *Impression*. It represents the sunrise at the seashore. A critic who didn't like the new painters referred to them as impressionists and the name stuck.

As they leave the museum (lit., at the exit)

MARIE They sell reproductions of paintings here. Are you interested?

JEAN Yes, indeed. As a matter of fact, here's a Manet painting that I like very much. *(He looks at the title: Le Déjeuner sur l'herbe [Luncheon on the Grass].) (to the salesclerk)* How much is it?

SALESCLERK Seventy-five francs, sir.

JOHN OK. I'll take it *(lit., give it to me)*. *(to Marie)* I'm going to put it on the wall in my room.

CULTURAL NOTES

*Plans are underway to move the collection of the **Jeu de Paume** to a new museum, **le musée d'Orsay**, in 1987. This museum will house paintings, sculpture, photography, and other artistic achievements from the second half of the nineteenth century and the early years of the twentieth.*

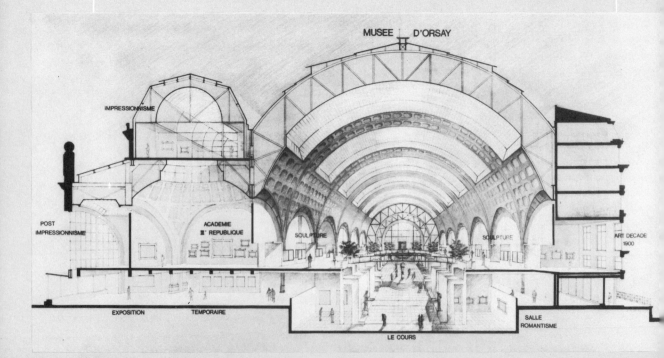

MUSÉE D'ORSAY

IMPRESSIONNISME

POST
IMPRESSIONNISME

ACADÉMIE
II° RÉPUBLIQUE

SCULPTURE

SCULPTURE

ART DÉCADE
1900

SALLE
ROMANTISME

EXPOSITION TEMPORAIRE

LE COURS

Le jardin des Tuileries, la place de la Concorde, *and* **l'avenue des Champs-Élysées** *together form a vast and handsome ensemble in the center of Paris.* **Le jardin des Tuileries** *was once a palace garden and is now a public park. The palace and the garden were designed in the sixteenth century; later the palace was the residence of* **Napoléon Ier**. *They are decorated with many statues, including several by the twentieth-century sculptor Aristide Maillol.*

The vast **place de la Concorde,** *in the center of which is an Egyptian obelisk, is surrounded by statues or monuments that symbolize the principal cities of France. It was given its name to help erase the memory of the execution of* **Louis XVI,** *which took place on that spot in 1793.*

LA PLACE
DE LA CONCORDE

199

Exercice de mise en train : À la gare

A. En deux groupes : Groupe A, vous êtes l'employé au guichet de la gare. Groupe B, vous êtes un touriste qui va à Reims.

1. **B:** Dites « Bonjour, monsieur » à l'employé et dites que vous voudriez un billet aller et retour pour Reims.
2. **A:** Demandez au touriste quelle classe il voudrait.
3. **B:** Répondez première classe et demandez combien de temps ce billet est bon.
4. **A:** Répondez qu'il est bon quinze jours.
5. **B:** Demandez si vous devez changer de train en route.
6. **A:** Répondez qu'il doit changer de train à Épernay.
7. **B:** Demandez si vous aurez le temps d'aller au buffet.
8. **A:** Répondez que oui, mais dites-lui de se dépêcher parce que le train s'arrête seulement trois minutes.

B. En équipes de deux : Répétez l'exercice précédent. Après ça, *changez de rôle.*

II. *Présentation du dialogue : Au musée du Jeu de Paume*

III. *Questions de compréhension du dialogue*

Répondez aux questions d'après le dialogue.

1. Où est-ce que Jean et Marie se promènent ?
2. Qu'est-ce que c'est que le musée du Jeu de Paume ?
3. Qui a donné le nom « impressionistes » aux nouveaux peintres ? Pourquoi ?
4. Quelle reproduction est-ce que Jean achète ?
5. Où est-ce qu'il va la mettre ?

IV. *Substitutions : Au musée*

Changez les phrases suivantes en substituant les mots indiqués.

1. Est-ce que tu voudrais jeter un coup d'œil sur *le musée ?*
   ces reproductions / ce quartier de Paris / le journal / cette revue
2. Est-ce que tu voudrais jeter un coup d'œil sur le musée ?— *Je veux bien !*
   Pourquoi pas ? / Avec plaisir ! / Mais oui, ça m'intéresse beaucoup ! / Bonne idée ! / Allons-y !
3. Voici un tableau de *Monet* qui me plaît.
   Renoir / Degas / Manet / Van Gogh / Pissarro / Signac
4. (le tableau) Donnez-*le*-moi, s'il vous plaît.
   (le livre) / (la carte [*map*]) / (les tableaux) / (la photo)
5. (le tableau) Je vais *le* mettre sur le mur de ma chambre.
   (la carte) / (les tableaux) / (la photo) / (les photos)

200

Questions personnelles

A. Répondez individuellement aux questions suivantes.

1. Allez-vous souvent aux musées ? **2.** Aimez-vous mieux les musées des beaux-arts ou les musées d'histoire naturelle ? **3.** Quand vous serez à Paris, est-ce que vous irez au musée du Jeu de Paume ? Pourquoi ? **4.** Comment trouvez-vous les peintres impressionnistes ? **5.** Quels Impressionnistes connaissez-vous ? **6.** Quels Impressionistes préférez-vous ? Renoir ? Degas ? Monet ?... Pourquoi ? **7.** Y a-t-il de beaux musées dans la ville où vous habitez ? Quelles sortes de musées ? **8.** Connaissez-vous l'origine du nom impressionniste ? **9.** Avez-vous visité la Galerie Nationale à Washington ? Qu'est-ce qu'il y a d'intéressant dans ce musée ? **10.** Avez-vous vu *Le Déjeuner sur l'herbe* de Manet ? Décrivez-le. **11.** Connaissez-vous *les Nénuphars (Water Lilies)* de Monet ? Décrivez-les.

B. En équipes de deux : En employant la forme **tu**, posez 5 ou 6 questions de l'exercice précédent à un(e) camarade de classe. Après ça, *changez de rôle.*

VI. *Conversations improvisées (en équipes de deux)*

A. Quels tableaux préférez-vous ? Le professeur vous montre des reproductions de quelques Impressionistes. Vous choisissez 3 ou 4 reproductions qui vous plaisent plus particulièrement et vous dites à un(e) camarade de classe pourquoi vous aimez ces reproductions. Votre partenaire vous dit s'il / si elle est d'accord (« Moi aussi, j'aime bien... » « Moi aussi, je trouve cela beau / intéressant ») ou pas d'accord (« Pas moi, je n'aime pas... » « Je ne trouve pas cela beau / intéressant »). Après ça, *changez de rôle.*

B. Un voyage à Paris ! Vous avez passé une quinzaine de jours *(two weeks)* à Paris. En 10 ou 12 phrases, décrivez à votre camarade ce que vous avez fait, ce que vous avez visité, ce que vous avez trouvé intéressant ou pas très intéressant. Votre camarade réagit à ce que vous dites. Après ça, *changez de rôle.*

VII. *Dictée d'après la Conversation 18*

——— *VOCABULAIRE* ————————————————————————

NOMS
les **beaux-arts** *(m) fine arts*
le **bord** *edge;* **le bord de la mer** *seashore*
la **carte** *map*
l' **herbe** *(f) grass; herb*
le **lever du soleil** *sunrise*
la **mer** *sea*
le **mur** *wall*
le **nom** *name*
le **peintre** *painter*

le **tableau** *painting*
VERBES
appeler *to call*
jeter un coup d'œil *to glance*
plaire *to please, be pleasing*
ADJECTIF
intitulé(e) *entitled*
DIVERS
justement *as a matter of fact; by coincidence*

MOTS AMIS
le **critique**
la **galerie**
le **groupe**
l' **histoire naturelle**
l' **impressionniste** *(m/f)*
national(e)
représenter
la **reproduction**
le/la **touriste**

201

GRAMMAR UNIT 14
Imperatives

46. Formation and use of the imperative

A. Imperative of regular verbs

Regardez la neige !	**Look at** the snow!
Répondez, s'il vous plaît. (R.S.V.P.)	Please **answer**.
Allons déjeuner.	**Let's go** have lunch.
Voici un restaurant. **Entrons.**	Here's a restaurant. **Let's go in.**
Donnez-moi la carte, s'il vous plaît.	**Give me** the menu, please.

1. Repeat the imperative forms of regular verbs after your instructor:

First Conjugation
regarde(s)*   *look (tu form)*
regardons   *let's look*
regardez   *look (vous form)*

Second Conjugation
finis   *finish (tu form)*
finissons   *let's finish*
finissez   *finish (vous form)*

Third Conjugation
réponds   *answer (tu form)*
répondons   *let's answer*
répondez   *answer (vous form)*

2. The imperative of regular verbs is the same as the second person singular* and the first and second persons plural of the present indicative—without the subject pronoun.

3. The negative imperative is found by placing **ne** before the forms and **pas** after them: *ne regarde pas, ne regardons pas, ne regardez pas.*

---

*The **tu** form of the imperative of the first conjugation has an **s** only when it is followed by **y** or **en**.

202

B. Imperative of reflexive verbs

Dépêchez-vous!	*Hurry!*
Asseyez-vous.	*Sit down.*
Asseyons-nous.	*Let's sit down.*

1. Repeat the imperative forms of reflexive verbs after your instructor:

Affirmative		*Negative*	
dépêche-toi	*hurry (**tu** form)*	**ne te dépêche pas**	*don't hurry*
dépêchons-nous	*let's hurry*	**ne nous dépêchons pas**	*let's not hurry*
dépêchez-vous	*hurry (**vous** form)*	**ne vous dépêchez pas**	*don't hurry*

2. The reflexive object must always be expressed. With the affirmative imperative, the object follows the verb (**dépêchez-*vous***); with the negative imperative, the object precedes the verb (**ne *vous* dépêchez pas**).

C. Imperative of **être** and **avoir**

1. Repeat the imperative forms of **être** and **avoir** after your instructor:

sois	*be (**tu** form)*	**aie**	*have (**tu** form)*
soyons	*let's be*	**ayons**	*let's have*
soyez	*be (**vous** form)*	**ayez**	*have (**vous** form)*

2. The imperative of **être** and **avoir** is used primarily in set expressions such as:

Sois sage.	*Behave yourself* (said to a child).
Soyez tranquille.	*Don't worry.*
N'ayez pas peur.	*Don't be afraid.*

D. Alternative ways of giving commands

1. The tone of the imperative can be "softened" and made more polite by adding **s'il vous plaît / s'il te plaît** :

Entrez, s'il vous plaît.	*Please come in.*
Passe-moi le pain, s'il te plaît.	*Please pass me the bread.*

2. In contrast, if you want to convey urgency or impatience or be emphatic, demanding, or even slightly rude, the imperative is used *without* the polite formula:

Soyez à l'heure !	*Be here (Get here) on time!*
Dépêche-toi !	*Hurry up!*
Assieds-toi!	*Sit down!*

Of course, the context in which the forms are used and speaker's tone of voice also suggest the intensity and politeness of the command; for example, **Regarde la neige !** would probably be uttered with excitement and interest and thus would not be taken as an impolite utterance.

3. Another polite way of giving a command is to use **Voulez-vous / Veux-tu** with the infinitive of the action you want accomplished. One can make this utterance even more polite by using the conditional form of the verb **vouloir :** **Voudriez-vous / Voudrais-tu** plus an infinitive.

Voulez-vous / Veux-tu me passer le pain ?	*Please (lit., Do you want to) pass me the bread.*
Voudriez-vous / Voudrais-tu ouvrir la porte ?	*Would you please open the door?*

4. Yet another way of giving a command is through the use of the verb **devoir** (which you studied in Conversation 18). **Vous devez / Tu dois** (or the conditional forms **Vous devriez / Tu devrais**) followed by an infinitive is often used to give commands or strong suggestions to someone. (**Tu devrais étudier un peu plus. Vous devez vous reposer pendant le week-end.**)

I. *Substitutions : Ordres et suggestions*

Changez les phrases suivantes en employant les mots indiqués.

1. *(On est dans le train. Il y a une petite fille qui n'est pas très sage. Voici ce que sa mère lui dit.)* « Mais *fais attention (pay attention)* ! »
   assieds-toi / ne te lève pas / ne fais pas tant de (*so much*) bruit / sois sage

2. *(On est à l'école* [school]. *L'instituteur* [school teacher] *est impatient parce que les élèves* [students] *ne sont pas sages. Voici ce qu'il dit aux élèves.)* « Mais *asseyez-vous* ! »
   faites attention / ne vous levez pas / ne faites pas tant de bruit / soyez sages

3. *(On est à table. Les membres de la famille se parlent* [are talking to each other].) « *Passe-moi le pain*, s'il te plaît. »
   Donne-moi le sel / Donne-moi le poivre / Passe-moi le vin

4. *(On est à table. Vous êtes chez les parents d'un ami. Vous parlez aux parents.)* « *Passez-moi* le pain, s'il vous plaît. »
   Voulez-vous me passer / Voudriez-vous me passer / Voulez-vous me donner / Voudriez-vous me donner

5. *(On est à l'université. Le professeur dirige les activités.)* « *Répétez la phrase*, s'il vous plaît. »
   Répondez à la question / Ouvrez les livres / Lisez le passage / Écoutez le disque / Corrigez (*Correct*) vos devoirs / Dites cela en français

204

6. *(Vous suggérez à des copains quelques activités à faire pour ce week-end.)*
« *Allons en ville* ce week-end. »
Allons au cinéma / Dînons dans un bon restaurant / Jouons au baseball / Promenons-nous à la campagne / Étudions ensemble à la bibliothèque

II.   *Exercices d'application*

A. Suggestions (l'impératif affirmatif et négatif)
En deux groupes : Groupe A, vous donnez des suggestions à des amis. Groupe B, vous indiquez que vous n'êtes pas d'accord en disant le contraire.

EXEMPLE   Dites à vos amis de se coucher tard.
           A: Couchez-vous tard.
           B: Mais non. Ne vous couchez pas tard !

Dites à vos amis de (d') :

1. se lever tard demain matin.   **2.** s'habiller lentement *(slowly)*.   **3.** aller en ville avant leurs cours.   **4.** répondre en anglais en classe.   **5.** bavarder avec leurs copains en classe.

B. D'autres suggestions   Cette fois, Groupe B, vous donnez des suggestions à votre prof. Groupe A, vous indiquez que vous n'êtes pas d'accord en disant le contraire.

EXEMPLE   Dites au professeur de parler plus vite.
           B: Parlez plus vite !
           A: Mais non ! Ne parlez pas plus vite !

1. arriver en classe en retard.   **2.** répondre aux questions en anglais.
3. donner beaucoup d'examens.   **4.** rendre les examens après deux ou trois semaines.   **5.** finir la classe après l'heure.

C. Comment rassurer ses amis   Tous ensemble : Une de vos amies, Catherine, est très inquiète *(worried)* et nerveuse ces jours-ci. Essayez de la rassurer *(reassure her)*.

EXEMPLES   Dites à Catherine de se calmer un peu.
            Calme-toi un peu, Catherine.

            Dites à Catherine de ne pas s'inquiéter.
            Ne t'inquiète pas, Catherine.

Dites à Catherine de (d') :

1. se reposer un peu plus.   **2.** se coucher de bonne heure le soir.   **3.** se lever un peu plus tard le matin.   **4.** s'amuser un peu plus avec ses copains.
5. ne pas prendre de café.   **6.** aller chez le médecin.   **7.** avoir un peu de patience.   **8.** ne pas s'inquiéter des petites choses dans la vie.   **9.** se soigner *(take care of herself)* un peu mieux.   **10.** être plus calme.

205

D. Encore des conseils Maintenant en deux groupes : Groupe A, vous êtes l'ami(e) qui donne les conseils à Catherine. Répétez les conseils de l'exercice C en employant le verbe **devoir** + *infinitif.* Groupe B, vous êtes Catherine. Vous dites à votre ami(e) qu'il / elle a raison et que vous allez suivre ces conseils. De 6 à 10, *changez de rôle.*

EXEMPLES   Dites à Catherine de se calmer un peu.
              A: Catherine, tu dois te calmer un peu.
              B: Mais oui, tu as absolument raison. Je dois me calmer.

              Dites à Catherine de ne pas s'inquiéter.
              A: Catherine, tu ne dois pas t'inquiéter.
              B: Mais oui, tu as absolument raison. Je ne dois pas m'inquiéter.

E. À table Tous ensemble : Vous êtes à table avec votre famille. Vous désirez certaines choses et vous demandez à votre frère de vous les donner. Vous êtes assez poli(e) et vous employez une formule de politesse.

      Mais votre frère ne fait pas attention. Alors, vous perdez patience et vous répétez votre demande, un peu moins poliment.

EXEMPLE   Demandez à votre frère de vous passer le sel.
              Veux-tu me passer le sel, s'il te plaît ?
              Mais enfin ! Passe-moi le sel !

Demandez-lui de :

1. vous passer le pain. **2.** vous donner le sel. **3.** vous donner le poivre. **4.** vous passer la viande. **5.** vous donner les pommes de terre. **6.** vous apporter un couteau *(knife).* **7.** vous passer la salade. **8.** vous apporter du lait. **9.** vous passer le dessert. **10.** vous apporter un café.

III.   *Conversations improvisées (en équipes de deux)*

A. Dialogue dans un restaurant: Vous dînez avec M. Dupont (votre camarade) qui est un nouveau client de votre compagnie. M. Dupont a très faim et il vous demande de lui donner ou de lui passer 7 ou 8 choses (par exemple, « Voulez-vous me passer le pain, s'il vous plaît ? »). Vous lui passez les choses en disant « Le / La / Les voici, monsieur » . Tous les deux, vous commentez aussi sur le repas (par exemple, « Le cassoulet est très bon ce soir » et « Qui, il est excellent »).

B. Dialogue en famille

1. Les conseils de maman Maman (votre camarade) remarque que vous n'allez pas très bien. Alors, elle vous donne 6 ou 7 conseils pour que vous ne tombiez pas malade *(so that you don't get sick)* (par exemple, « Tu dois te coucher de bonne heure. Ne te couche pas trop tard. Repose-toi un peu plus »). Vous lui indiquez qu'elle a raison en disant « Oui, maman » , « Mais oui, maman » , « Tu as absolument raison, maman » ou « D'accord, maman » .

206

2. Votre sœur va venir à l'université   Vous parlez avec votre sœur (un/e camarade) et vous lui donnez 8 ou 9 conseils sur ce qu'il faut faire (ou ne pas faire) pour réussir *(to be successful)* à l'université (par exemple, « Tu dois faire les devoirs tous les soirs » , « N'arrive pas en classe en retard » ou « Fais attention en classe »). Votre sœur est d'accord avec vous et elle vous dit « Tu as raison » , « Mais bien sûr ! » ou « Absolument ! » .

―――― *VOCABULAIRE* ――――――――――――――――

NOMS
le **couteau** *knife*
l' **école** *(f) school*
l' **élève** *(m/f) pupil (grade school or high school), student*
l' **instituteur**, l'**institutrice** *school teacher*
VERBES
s'asseoir *to sit down*
se calmer *to calm down*

corriger *to correct*
être sage *to behave, be well behaved*
faire attention *to pay attention*
s'inquiéter *to worry*
ouvrir *to open*
réussir *to succeed*
se soigner *to take care of oneself (when sick)*
DIVERS
enfin *at last, finally*

lentement *slowly*
mais enfin ! *expression of irritation*
tant de *so much, so many*
vite *fast, quickly*
MOTS AMIS
  absolument
l' **attention** *(f)*
l' **examen** *(m)*
  impatient(e)
le **passage**

DEVANT LA SORBONNE

207

CONVERSATION 20
À l'arrêt d'autobus

Marie attend l'autobus boulevard Pasteur✦ *lorsque Roger s'approche d'elle.*

ROGER Tiens ! Bonjour, Marie. Qu'est-ce que tu fais ici ?

MARIE Comme tu vois, j'attends l'autobus. Il y a bien un quart d'heure que je l'attends.

ROGER Vraiment ?

MARIE Un autobus est passé il y a dix minutes. Je n'ai pas pu monter. Pas de place — complet.

ROGER En voici un autre qui arrive.

MARIE Je vois des gens debout.

ROGER Ça ne fait rien. Montons quand même.

Dans l'autobus

MARIE On est serré comme des sardines !

ROGER Well! Hi, Marie. What are you doing here?

MARIE As you can see, I'm waiting for the bus. I've been waiting (for it) for at least a quarter of an hour.

ROGER Really?

MARIE A bus came by ten minutes ago. I couldn't get on. No room—it was full.

ROGER Here comes another one.

MARIE I see people standing.

ROGER That makes no difference. Let's get on anyway.

On the bus

MARIE We're packed in here like sardines!

ROGER Il y aura peut-être de la place plus loin, quand les gens commenceront à descendre.

MARIE Espérons-le.

ROGER Où descends-tu ?

MARIE À l'arrêt de la rue de Rivoli. Je vais faire des achats.

ROGER Et moi, je vais chez le coiffeur, rue du Quatre septembre. Si tu veux, je ferai un petit bout de chemin avec toi.

MARIE D'ac. Ce serait gentil de ta part.

ROGER Maybe there'll be room further on, when people begin to get off.

MARIE Let's hope so.

ROGER Where are you getting off?

MARIE At the bus stop on the rue de Rivoli. I'm going to do some shopping.

ROGER I'm going to the barber shop on the rue du Quatre septembre. I'll walk part of the way with you, if you like.

MARIE Fine. That would be very nice of you.

CULTURAL NOTES

*Paris streets are often named for famous peoples (**Pasteur, Marie Curie**), places (**États-Unis, New York, Japon**), and even dates.* **La rue du Quatre septembre** *honors the date of the proclamation of the Third Republic (1870);* **la rue du Vingt-neuf juillet** *commemorates the date when the mob captured the* **Palais des Tuileries** *(1840); and* **la place du Dix-huit juin** *honors de Gaulle's proclamation of the "Résistance à l'occupation allemande" (1940). There are about forty squares and streets in Paris named in honor of doctors (see* **la rue du Docteur Roux,** *Conversation 16). There are also dozens of streets that bear the names of saints—including some little-known ones such as* **Saint-Bon, Saint-Hyacinthe, Saint-Roch,** *and* **Saint-Rustique.**

Some streets have very old and very strange names. **La rue du Chat qui pêche** *(the street of the cat that is fishing) got its name from a sign that hung there in the Middle Ages picturing a cat that was fishing. It was probably hung there to call attention to the stall of a fishmonger.*

209

Exercices de mise en train : Révision de l'impératif

A. Conseils   Vos amis, Marie et Louise, n'ont pas l'air très bien récemment. Alors, vous leur donnez des conseils.

EXEMPLE   Dites-leur de se reposer un peu plus.
                    Mais, reposez-vous un peu plus !

Dites-leur de (d') :

1. se coucher de bonne heure le soir.   **2.** se lever un peu plus tard le matin.
3. s'amuser un peu plus avec leurs copains / copines.   **4.** ne pas prendre de café.   **5.** aller chez le médecin.   **6.** être plus calme.

B. En équipes de deux   Donnez les conseils précédents à un(e) camarade de classe en employant **Tu devrais / Tu ne devrais pas** et l'infinitif donné. Votre camarade vous répond en disant, « Oui, tu as raison ! Je devrais... ». Après ça, *changez de rôle.*

II.   *Présentation du dialogue : À l'arrêt d'autobus*

III.   *Questions de compréhension du dialogue*

Répondez aux questions d'après le dialogue.

1. Depuis combien de temps est-ce que Marie attend l'autobus ?
2. Est-ce qu'il n'est pas passé d'autobus depuis un quart d'heure ?
3. Pourquoi est-ce que Marie ne l'a pas pris ?
4. Que voit-elle dans l'autobus qui arrive ?
5. Quand est-ce qu'il y aura de la place ?
6. Où est-ce que Marie descend ?
7. Qu'est-ce qu'elle va faire ?
8. Où va Roger ?

IV.   *Substitutions : À l'arrêt d'autobus*

Changez les phrases suivantes en substituant les mots indiqués.

1. Depuis combien de temps est-ce que tu attends *l'autobus ?*
   un taxi / le train / l'autocar / vos amis
2. Il y a bien un quart d'heure que *j'attends l'autobus.*
   je suis ici / je vous attends / je t'attends / nous t'attendons
3. Il n'est pas passé d'autobus depuis *un quart d'heure ?*
   dix minutes / vingt minutes / une demi-heure / quelque temps
4. Si. Il en est passé *un.*
   deux ou trois / un ou deux / quelques-uns / plusieurs
5. Je n'ai pas pu *monter.*
   trouver une place / entrer / trouver un taxi / aller au buffet

210

6. *Pas* de place.

   Plus / Pas encore / Pas assez / Pas beaucoup

V.   *Exercices d'application*

   A. Projets d'avenir *(Future plans)* (révision du pronom **y**)
   En équipes de deux : Posez les questions impaires suivantes à un(e) camarade
   de classe qui vous répond en employant le pronom **y** et en indiquant *quand*
   il / elle va faire chaque chose. Pour les questions paires, *changez de rôle.*

   EXEMPLE   Quand est-ce que tu vas *à la bibliothèque ?*
                  Oui, j'y vais ce soir (à 8h, tout à l'heure, tout de suite,
                  ce week-end, etc.).

   1. Est-ce que tu vas *au cinéma ?* Quand ?   **2.** Quand est-ce que tu répondras
   aux lettres de ta mère ?   **3.** Est-ce que tu vas aller *chez tes parents ?*   **4.** As-
   tu besoin d'aller *chez le coiffeur ?* (Oui, j'ai besoin *d'y* aller...)   **5.** As-tu besoin
   d'aller *à la banque ?*   **6.** As-tu besoin d'aller *au supermarché ?*   **7.** Quand
   est-ce que tu iras *en ville ?* (*J'irai* en ville... *)   **8.** Est-ce que tu iras *à la
   bibliothèque ?*   **9.** Iras-tu *chez des amis ?*   **10.** Est-ce que tu vas aller *au
   stade (stadium) ?*

   B. Ce que je n'ai pas fait récemment (des expressions de temps)

   1. L'expression depuis longtemps
   En deux groupes : Groupe A, vous dites que vous n'avez pas fait certaines
   choses récemment. Groupe B, vous dites que vous non plus, vous ne les avez
   pas faites **depuis longtemps.**

   EXEMPLE   A: Je n'ai pas vu ma mère récemment.
                  B: Moi non plus *(Me neither),* je n'ai pas vu ma mère depuis
                     longtemps.

   1. Je n'ai pas vu mes parents récemment.   **2.** Je n'ai pas écrit de lettres
   récemment.   **3.** Je n'ai pas fait de longues promenades récemment.   **4.** Je ne
   suis pas sorti(e) avec mes copains / copines récemment.   **5.** Je ne suis pas
   allé(e) au cinéma récemment.   **6.** Je n'ai pas pris l'autobus récemment.   **7.** Je
   ne suis pas allé(e) chez le coiffeur récemment.

   2. L'expression il y a longtemps que
   En deux groupes : À partir de l'exercice précédent, Groupe B, vous dites que
   vous n'avez pas fait certaines choses récemment. Groupe A, vous répondez
   qu'**il y a longtemps** que vous n'avez pas fait ces choses non plus.

   EXEMPLE   B: Je n'ai pas écrit à ma mère récemment.
                  A: Il y a longtemps que je n'ai pas écrit à ma mère non plus.

---

*Y is omitted before the future of **aller.**

VI.   *Questions personnelles : Les moyens* (means) *de transport*

A. Nous allons poser les questions suivantes tous ensemble, mais vous y répondrez individuellement.

1. Pour venir à l'université, qu'est-ce que vous préférez prendre — l'autobus ? un taxi ? votre bicyclette ? votre vélomoteur *(moped)* ? votre voiture ?
2. Quand vous êtes pressé(e) *(in a hurry)*, par quel moyen de transport est-ce que vous arrivez à la fac ?   **3.** Est-ce que vous rentrez en autobus tous les jours ? Si non, comment rentrez-vous ? en voiture ? à bicyclette ? en vélomoteur ? à pied ?   **4.** Combien de temps attendez-vous l'autobus en général ? Combien de temps l'avez-vous attendu ce matin ?   **5.** Avez-vous une bicyclette ? De quelle couleur est-elle ? Aimez-vous faire des excursions en vélo ? Où est-ce que vous allez ?   **6.** Avez-vous jamais voyagé en train ? Où êtes-vous allé(e) ?   **7.** Avez-vous jamais voyagé en avion ? Est-ce que ça vous plaît de voyager en avion ou est-ce que vous en avez peur ?

B. En équipes de deux : En employant la forme **tu**, posez les questions impaires à un(e) camarade de classe. Pour les questions paires, *changez de rôle.*

VII.   *Conversations improvisées (en équipes de deux)*

A. Le moyen de transport idéal   Avec un(e) camarade, discutez les moyens de transport que les Français et les Américains utilisent *(use)* pour aller à la fac (le train, le métro, le vélomoteur, le bus, la bicyclette, les pieds, la voiture). Dites les avantages et les inconvénients de chaque système et pourquoi vous préférez l'un et pas l'autre (par exemple, « En France, beaucoup d'étudiants utilisent une bicyclette pour aller à la fac. C'est bon pour la santé [*health*] et ça ne coûte pas beaucoup d'argent »).

B. Une quinzaine de jours à Paris   Votre camarade et vous, vous allez faire un voyage de quinze jours à Paris. Décidez les choses suivantes : près de quel monument vous allez habiter (regardez le petit plan aux pages 214 et 215 pour vous donner des idées); quel moyen de transport vous prendrez pour arriver à Paris et pour visiter la capitale ; ce que vous voulez visiter ; où vous mangerez et quoi.

VIII.   *Dictée d'après la Conversation 19*

212

NOMS
l' **arrêt** (m) stop
le **bout : un petit bout** a
   little bit
le **coiffeur,** la **coiffeuse**
   hairdresser
le **moyen** means; way
la **place** seat; room (space)
la **santé** health
le **stade** stadium
le **vélomoteur** moped; **en**
   vélomoteur by moped
VERBES
s'approcher (de) to come
   close/up (to)

espérer to hope
être pressé(e) to be in a
   hurry
faire des achats to go
   shopping
utiliser to use
DIVERS
ça ne fait rien it makes no
   difference, it doesn't
   matter
de (ta) part on (your) part
il y a (+ period of time)
   que for
il y a combien de temps
   que... ? how long has it

been since . . . ?
non plus either
on est serré comme des
   sardines ! we're packed in
   like sardines!
quand même anyway,
   anyhow; after all
MOTS AMIS
l' **excursion** (f)
le **monument**
la **sardine**
le **transport**

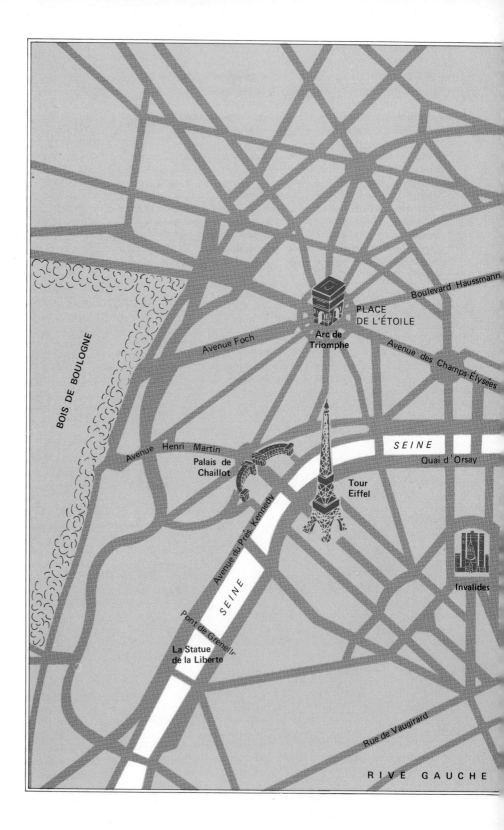

BOULEVARD HAUSSMANN

PLACE
DE L'ÉTOILE

Arc de
Triomphe

Avenue Foch

Avenue des Champs-Élysées

BOIS DE BOULOGNE

SEINE

Quai d'Orsay

Avenue Henri Martin

Palais de
Chaillot

Tour
Eiffel

Avenue du Prés. Kennedy

Invalides

SEINE

Pont de Grenelle

La Statue
de la Liberté

Rue de Vaugirard

214

RIVE GAUCHE

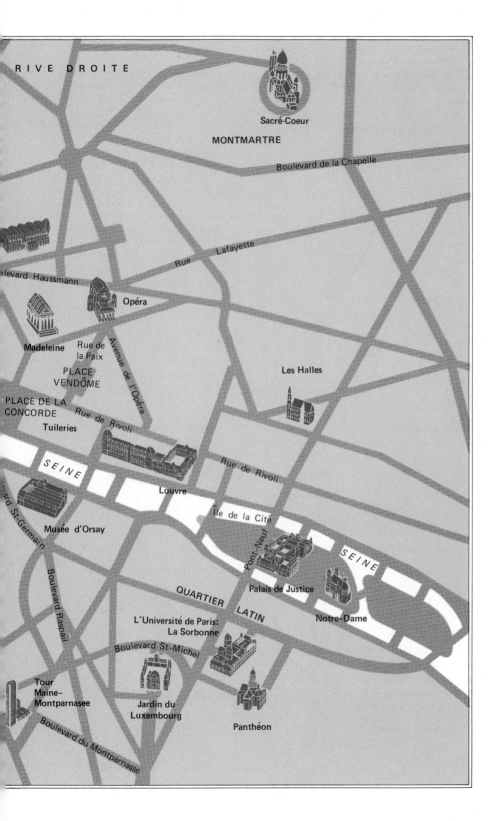

RIVE DROITE

Sacré-Coeur

MONTMARTRE

Boulevard de la Chapelle

Rue Lafayette

Boulevard Haussmann

Opéra

Madeleine

Rue de la Paix

Avenue de l'Opéra

PLACE VENDÔME

Les Halles

PLACE DE LA CONCORDE

Rue de Rivoli

Tuileries

Rue de Rivoli

SEINE

Louvre

Boulevard St-Germain

Musée d'Orsay

Île de la Cité

Pont-Neuf

SEINE

Boulevard Raspail

QUARTIER LATIN

Palais de Justice

Notre-Dame

L'Université de Paris: La Sorbonne

Boulevard St-Michel

Tour Maine-Montparnasee

Jardin du Luxembourg

Panthéon

Boulevard du Montparnasse

215

CINQUIÈME LECTURE
Un Week-end à Reims*

Jean et Roger ont décidé de profiter° d'un des derniers week-ends de l'automne pour faire un petit voyage à Reims. Reims est une ville de Champagne, et Jean, toujours un peu fasciné par l'histoire, a très envie° de voir la cathédrale où l'on couronnait° les rois° de France.

    C'est Roger qui s'occupe° des horaires des trains.

    — Mais, c'est parfait ! Regarde, si nous prenons l'express qui quitte Paris à 8h30, nous arriverons à notre destination à 10h. Et l'horaire de retour est tout aussi pratique. En quittant° Reims à 21h07, nous serons à Paris à 22h38. Ça te va ?

    Le lendemain matin, nos deux amis prennent le train à la Gare de l'Est. Le compartiment où ils s'installent est très confortable. L'express sort bien vite de Paris et traverse la banlieue° parisienne, avec ses jardins potagers° et ses jolies maisons blanches entourées de° murs.

    — Pourquoi est-ce que les gens construisent des murs autour° de leur propriété ? demande Jean, surpris.

    — C'est une coutûme° bien française, tu sais. Je pense que c'est pour garder nos distances, pour nous sentir bien chez nous malgré° la proximité des voisins.°

    Du train, Jean regarde l'agréable et paisible campagne de l'Île-de-France,✦ avec ses champs fertiles, ses arbres verts et ses villages aux toits° rouges groupés autour de leur vieux clocher.° Près de Reims, comme c'est la saison des vendanges,° hommes et femmes travaillent dans les vignobles° à cueillir° le raisin.°

    À Reims, Jean et Roger s'installent dans un petit hôtel près de la gare. Loin d'être fatigués, ils décident d'aller voir la cathédrale. Jean est très impressionné.

    — Elle date du XIVᵉ siècle, lui explique Roger. Pendant la première guerre mondiale des bombardements ont pratiquement rasé° Reims et ont détruit une grande partie de la cathédrale, notamment ses vitraux° qui sont irremplaçables. C'est, du reste, grâce à la Fondation Rockefeller qu'elle a pu être restaurée.

*Revoir la note qui parle de **Reims** à la page 192.

216

Le lendemain, les deux jeunes gens visitent les vastes caves sou-
terraines d'une des maisons de champagne. Un guide leur explique
comment on prépare le vin de champagne — opération longue et
compliquée.

Ce soir-là, après avoir dîné dans un des bons petits restaurants
de la ville, ils prendront le train qui les ramènera° à Paris.

*will bring them
back*

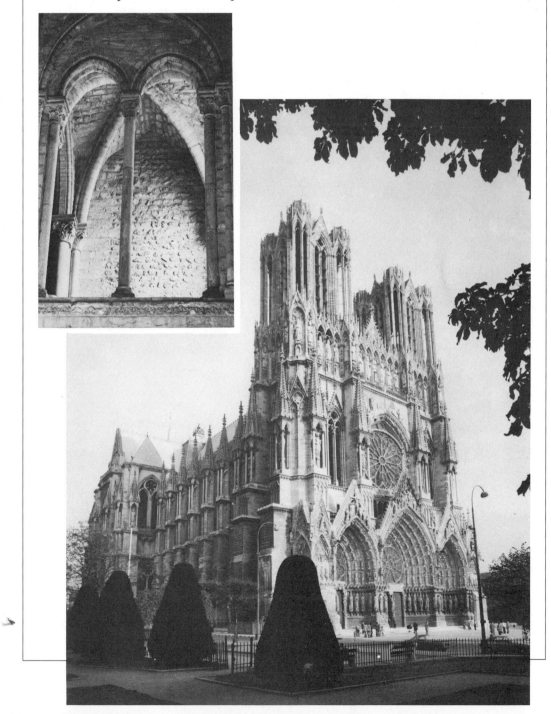

217

I.   *Vrai ou faux ?*

Dites si les phrases suivantes sont vraies ou fausses. Si une phrase est fausse, corrigez-la.

1. Nous sommes au printemps.
2. Jean et Roger vont passer un week-end à visiter Paris.
3. Ils vont à Reims en train.
4. Les Français aiment avoir des jardins ouverts.
5. La campagne de l'Île-de-France semble très industrialisée.
6. Il y a beaucoup de vignobles près de Reims.
7. Jean et Roger décident de faire du camping.
8. Jean et Roger vont d'abord visiter les caves de champagne, puis voir la cathédrale de Reims.
9. La cathédrale de Reims est célèbre parce que c'est une ruine.
10. Nos amis ne restent qu'un jour à Reims.

II.   *Questions sur la compréhension de la lecture*

1. Comment est-ce que Jean et Roger iront à Reims ?
2. Pourquoi est-ce que la cathédrale de Reims est célèbre ?
3. Dans quel état *(state)* est-elle maintenant ? Et après la première guerre mondiale ?
4. À quelle heure est-ce que nos amis quitteront Paris ? De quelle gare partiront-ils ?
5. Pourquoi est-ce que les Français ont des murs autour de leur propriété ?
6. Décrivez la campagne de l'Île-de-France.
7. Pourquoi y a-t-il beaucoup d'hommes et de femmes dans les vignobles ?
8. Dites deux ou trois choses que Jean et Roger ont faites pendant leur week-end à Reims.

FONTAINEBLEAU

À votre tour

Avec deux autres camarades de la classe, vous décidez d'aller passer une journée dans une ville célèbre de France (Reims, Chantilly, Marseille). Vous voulez y aller en train et vous projetez de faire un pique-nique et de visiter un endroit célèbre de cette ville. Alors avec vos camarades, discutez les horaires des trains (aller et retour), ce que vous apporterez pour le pique-nique et ce que vous verrez et pourquoi.

LA RÉCOLTE DU RAISIN
POUR LA FABRICATION DU VIN

CULTURAL NOTES

L'Île-de-France, *the province in which Paris is located, is the heart of France and the cradle of its kings. It was through conquests, marriages, and inheritances that other provinces were added to the* **Île-de-France** *to form what is now France. The region is famous for its castles such as* **Versailles**, **Fontainebleau**, *and* **Chantilly** *and for its forests. The area is very fertile, grows an abundance of wheat and vegetables, and produces the famous Brie cheese. There is also an industrial area near Paris where such products as cars, planes, and machinery are manufactured.*

219

GRAMMAR UNIT 15
Stressed personal pronouns

47. Distinction between stressed and unstressed personal pronouns

Stressed (**disjonctif**) pronouns differ from the unstressed forms in both form and usage. You have learned that unstressed pronouns (**conjonctifs**) are ordinarily used as subjects, direct objects, and indirect objects of verbs. Stressed forms are used primarily after prepositions and, in certain circumstances, with verbs.

48. Stressed personal pronouns

Dites-**moi** votre adresse.	Tell **me** your address.
Je vais **chez moi**.	I'm going **home**.
Allez-vous chez M. Brown ? — Oui, je vais **chez lui**.	Are you going to Mr. Brown's? — Yes, I am going **to his house**.
Êtes-vous déjà allé(e) chez les Brown ? — Oui, je suis déjà allé(e) **chez eux**.	Have you been to the Browns' before? — Yes, I've already been **to their house**.
Êtes-vous allé(e) au match avec Marie ? — Oui, j'y suis allé(e) **avec elle**.	Did you go to the game with Mary? — Yes, I went there **with her**.

The stressed personal pronouns are **moi, toi, lui / elle, nous, vous, eux / elles**.

The third person of stressed pronouns has different forms for masculine and feminine (**lui** and **elle**, **eux** and **elles**), whereas the third person of unstressed pronouns has only one form (**lui**) for the singular and one form (**leur**) for the plural.

49. Uses of stressed personal pronouns

A. After prepositions

Stressed pronouns are used after prepositions to refer to persons.

Voulez-vous venir **avec moi ?**	*Do you want to come **with** me?*
Si Marie ne rentre pas, je déjeunerai **sans elle.**	*If Marie doesn't come back, I'll have lunch **without her.***
Connaissez-vous ses cousines ? — Oui, je suis allé(e) **chez elles** plusieurs fois.	*Do you know his (or her) cousins? — Yes, I've gone **to their house** several times.*
Avez-vous peur du dentiste ? — Non, je n'ai pas peur **de lui.**	*Are you afraid of the dentist? — No, I am not afraid of **him.***
Parlez-vous de **Charles ?** — Oui, nous parlons **de lui.**	
Parlez-vous de **Marie ?** — Oui, nous parlons **d'elle.**	

However, when speaking of *things,* you use the pronoun **en** *(of it, of them)* with a stressed personal pronoun instead of the preposition **de.**

Parlez-vous **de votre voyage ?** — Oui, nous **en** parlons.	
Avez-vous besoin **de gants ?** — Oui, j'**en** ai besoin.	
Avez-vous peur **des examens ?** — Non, je n'**en** ai pas peur.	

Note that **en** is also used to replace **de** and an infinitive phrase.

Avez-vous besoin **de travailler** le soir ? — Oui, j'**en** ai besoin.
Avez-vous envie *(Do you feel like)* **d'aller au cinéma** ce soir ? — Non, je n'**en** ai pas envie.

B. After **c'est / ce sont** (expressed or understood)

Qui est là ? — (C'est) **Moi.**	*Who's there? — It is I. (It's **me**.)*
Qui a écrit cette lettre ? — (C'est) **Elle.**	*Who wrote that letter? — It was **she**. (**She did**.)*
Qui sont ces jeunes filles ? Est-ce que ce sont vos cousines ? — Oui, ce sont **elles.**	*Who are those girls? Are they your cousins? — Yes, **they** are. (lit., It is **they**.)*

C. To specify the persons indicated by a plural form of a personal pronoun

Elle et **moi,** nous sommes allé(e)s au cinéma ensemble.	***She** and **I** (We) went to the movies together.*
Lui et **elle,** ils sont sont allés au stade.	***He** and **she** (They) went to the stadium.*

D. In addition to, or instead of, an unstressed personal pronoun for emphasis

Moi, je ne sais pas.	*I don't know.*
Lui est américain.	*He is American.*
Elle aussi est américaine.	*She too is American.*

221

E. When combined with the word **même**, to add emphasis

Je l'ai fait **moi-même**.	*I did it **myself**.*
Ils sont venus **eux-mêmes**.	*They came **in person**.*
Faites-le **vous-même**.	*Do it **yourself**.*

50. *Use of personal pronouns with the imperative*

A. With the affirmative imperative

Personal pronoun objects *follow* the affirmative imperative.

Mettez-**le** ici. *(direct object)*	*Put **it** here.*
Donnez-**en** aussi à Roger. *(direct object partitive)*	*Give **some** to Roger also.*
Donnez-**moi** des hors-d'œuvre. *(indirect object)*	*Give **me** some hors-d'œuvres.*

1. For direct objects, use the forms **le, la, les; en.** For indirect objects the forms are **moi (m'), toi (t'), lui, nous, vous, leur.**

2. When you have both a direct and an indirect object pronoun, the indirect object comes last except when **en** is used.

Montrez-moi le journal. Montrez-**le-moi**.
Montrez-moi la reproduction. Montrez-**la-moi**.
Apportez-moi les hors-d'œuvre. Apportez-**les-moi**.
Donnez-lui le journal. Donnez-**le-lui**.
Donnez-nous le journal. Donnez-**le-nous**.
Donnez-leur le journal. Donnez-**le-leur**.
Donnez-moi du café. Donnez-**m'en**.
Donnez-lui de la crème. Donnez-**lui-en**.

B. With the negative imperative

With the negative imperative, *unstressed* personal pronouns are used and stand in the same order as pronoun objects in declarative sentences (Grammar Unit 10).

Present indicative	*Negative imperative*
Vous me donnez votre adresse.	**Ne me la** donnez pas.
Vous me la donnez.	
Vous **ne me la** donnez pas.	
Vous me donnez du café.	
Vous m'en donnez.	**Ne m'en** donnez pas.
Vous **ne m'en** donnez pas.	

Substitutions

Changez les phrases suivantes en substituant les mots indiqués.

A. Hier soir (les pronoms disjonctifs)

1. Charles a passé la soirée chez *moi.*
elle / lui / elles / eux / toi / vous / nous

2. *Lui et moi,* nous avons écouté des disques.
Elle et moi / Toi et moi / Vous et moi / Elles et moi

3. Nous avons parlé de *toi.*
vous / eux / lui / elles / elle

4. Il dit qu'il n'a plus confiance en *toi.*
vous / eux / lui / elles / elle

B. Au restaurant (les pronoms avec l'impératif)

1. Monsieur, s'il vous plaît, montrez-*moi* la carte.
nous / lui / leur

2. Apportez-*moi* le plat de viande, s'il vous plaît.
nous / lui / leur

3. Non, merci. Ne *me* donnez pas de café.
nous / lui / leur

4. Mais donnez-*moi* l'addition, s'il vous plaît.
nous / lui / leur

II. *Exercices d'application*

A. Votre soirée d'hier (les pronoms disjonctifs après une préposition)
En deux groupes : Groupe A, vous posez les questions suivantes et Groupe B,
vous y répondez affirmativement *en employant un pronom disjonctif.* Après
ça, *changez de rôle.*

EXEMPLE   A: Êtes-vous allé(e) chez *vos amis* hier soir ?
              B: Oui, je suis allé(e) chez **eux.**

1. Avez-vous passé la soirée chez *vos amis ?*   **2.** Est-ce que vous y êtes allé(e)
avec *votre frère ?*   **3.** Avez-vous dîné chez *vos amis ?*   **4.** Est-ce que vous
avez parlé de *votre famille ?*   **5.** Est-ce que vous êtes rentré(e) sans *votre frère ?*

B. Activités de certains amis (le pronom disjonctif et **même**)
En deux groupes : Groupe A, vous indiquez votre surprise en répétant les
phrases suivantes avec un pronom disjonctif (plus **même**). Groupe B, vous
indiquez que cela est assez normal en répétant la phrase avec **Mais bien
sûr,...** Après ça, *changez de rôle.*

EXEMPLE   Roger fait les courses pour le dîner.
              A: **Il fait les courses lui-même ?**
              B: **Mais bien sûr, il fait les courses lui-même !**

1. Le soir Roger prépare le dîner.   **2.** Jean fait les courses.   **3.** Roger et Jean
font le ménage (*do the cleaning*).   **4.** Marie lave son auto.   **5.** Louise répare
sa voiture.

223

C. Questions pour un(e) camarade (le pronom **en** pour les choses, et le pronom disjonctif pour les personnes)

1. En deux groupes : Groupe A, vous posez les questions *En général* et Groupe B, vous y répondez affirmativement. Avec les questions *Aujourd'hui, changez de rôle.*

En général

1. As-tu besoin d'argent ?   **2.** Est-ce que tu as besoin de tes parents ? **3.** As-tu besoin de tes amis ?   **4.** As-tu besoin d'étudier tous les soirs ? **5.** As-tu envie d'étudier le soir ?   **6.** Quand tu bavardes avec tes amis, est-ce que tu parles de tes cours ? Et tu parles de tes profs aussi, n'est-ce pas ?   **7.** Est-ce que tu as peur de recevoir un F dans un cours ?   **8.** Est-ce que tu as un peu peur de tes profs ?

Aujourd'hui

1. As-tu parlé de ton prof de français avec tes amis ce matin ?   **2.** As-tu besoin de ma voiture ce matin ?   **3.** As-tu besoin de ta mère pour te préparer le déjeuner ?   **4.** As-tu envie d'étudier cet après-midi ?   **5.** Est-ce que tu as besoin d'aller à la banque ?   **6.** Est-ce que tu auras le temps de préparer le dîner ce soir ?

2. En équipes de deux : Posez les questions impaires à un(e) camarade qui vous répond (négativement ou affirmativement) en employant un pronom. Pour les questions paires, *changez de rôle.*

D. Le dîner (L'impératif avec des pronoms)

1. **À table**   En deux groupes : Vous dînez avec votre famille. Groupe A, vous demandez les choses suivantes. Groupe B, vous les demandez aussi, en employant un *pronom.*

EXEMPLE   le pain   A: Passe-moi le pain, s'il te plaît.
B: Passe-le-moi aussi, s'il te plaît.

1. le beurre   **2.** la viande   **3.** le sel et le poivre   **4.** la salade   **5.** le vin **6.** les fromages

2. *Changez de rôle* mais, cette fois, employez le verbe **donner.**

2. **Au restaurant**   Tous ensemble : Moi, je commande les choses suivantes au restaurant, mais vous ne désirez pas ces choses-là. Donc, vous répétez l'impératif (avec un pronom) au négatif.

EXEMPLE   Donnez-moi la soupe du jour, s'il vous plaît.
Pas pour moi, merci, ne me la donnez pas.

1. Pour commencer, donnez-moi le pâté.   **2.** Après, donnez-moi la soupe à

224

l'oignon.   **3.** Comme entrée, donnez-moi le cassoulet.   **4.** Comme boisson, donnez-moi le cidre.*   **5.** Comme dessert, donnez-moi le plateau à fromages.

III.   *Questions personnelles*

A. Tous ensemble : Nous avons travaillé avec des expressions suivies de la préposition **de** (par exemple, **avoir besoin de** ou **parler de**). En voici une liste:

avoir peur de	avoir le temps de
avoir envie de	parler de
avoir besoin de	s'occuper de *(to take care of)*

Quelqu'un dans la classe va poser une question en employant une expression de cette liste. Une autre personne y répondra en employant le pronom **en** (pour les choses) ou un pronom disjonctif (pour les personnes).

EXEMPLES   avoir peur de   Est-ce que tu as peur de voyager en avion ?
Oui, j'en ai peur.

Est-ce que tu as peur de tes professeurs ?
Mais non, je n'ai pas peur d'eux.

B. Toujours tous ensemble : Nous avons travaillé aussi avec des expressions suivies de la préposition **à** et des pronoms compléments. En voici une liste :

répondre à	dire (quelque chose) à
aller à (un endroit)	parler à
aller chez	écrire à

Quelqu'un dans la classe va poser une question en employant une expression de cette liste. Une autre personne y répondra en employant le pronom **y** (pour les choses) ou un pronom indirect (**lui** ou **leur** pour les personnes).

C. En équipes de deux : À partir des expressions des deux exercices précédents, posez 5 ou 6 questions à un(e) camarade qui vous répond en employant un pronom. Après ça, *changez de rôle.*

IV.   *Conversations improvisées (en équipes de deux)*

A. Dans un restaurant   Dites à un(e) camarade 8 ou 9 choses que vous aimez prendre quand vous dînez dans un restaurant. Votre camarade réagit avec des expressions d'accord (« Moi aussi, j'aime prendre du bifteck ») ou de désaccord (« Pas moi, je n'aime pas prendre de bifteck »). Après ça, *changez de rôle.*

---

*__Le cidre__ *(cider)* is an alcoholic apple beverage made in **Normandie** *(Normandy).*

225

B. Ce week-end   Parlez un peu de ce que vous allez faire ce week-end en employant des expressions comme **je dois / je devrais** ou **avoir besoin de, avoir envie de, avoir le temps de, aller à / chez**. Vous dites à un(e) camarade 8 ou 10 choses que vous allez faire. Votre camarade vous indique s'il / si elle va faire les mêmes choses ce week-end (« Moi aussi, je... ») ou pas (« Pas moi,... »). Après ça, *changez de rôle.*

—— *VOCABULAIRE* ————————————————————————

NOMS
l' **oignon** *(m)* onion; la
   soupe à l'oignon *onion
   soup*
le **plateau à fromage** *cheese
   platter*

VERBES
avoir envie de *to want, feel
   like*
faire le ménage *to do
   housework*
laver *to wash*
s'occuper de *to take care of*
recevoir *to receive, get*
réparer *to repair*

DIVERS
-même *-self / -selves*
PRONOMS DISJONCTIFS
*stressed pronouns: see
p. 220.*

Chez la Mère Brazier
Lyon
Menu à 55 francs

12 rue Royale   Tél: (78) 28.15.49
Chef de cuisine René Laville

SERVICE 15 % EN SUPPLÉMENT · RESTAURANT TOURISME**** ETOILES

Terrine Maison
Quenelles au Gratin
Volaille Demi-Deuil
Fond d'Artichaut en Salade
Fromages
Glace Maison
Crème Chocolat Chaud
Galette Bressane
Fruits

226

CONVERSATION 21
Souvenirs d'enfance

Jean regarde un album de photos de Roger enfant.

ROGER Regarde. C'est moi, là, quand j'avais douze ans. Que j'avais l'air bête !

JEAN Où habitais-tu à ce moment-là ?

ROGER Nous habitions une petite ville dans les Alpes.

JEAN Et où est-ce que tu allais à l'école ?

ROGER J'étais pensionnaire dans un collège✦ à Lyon. Je rentrais voir mes parents tous les week-ends, ou presque.

JEAN C'était dur ?

ROGER Look. It's me, there, when I was twelve. How dumb I looked!

JOHN Where were you living at that time?

ROGER We lived in a little town in the Alps.

JOHN And where did you go to school?

ROGER I was a boarder at a high school in Lyon. I used to go home to see my parents every weekend, or just about.

JOHN Was it hard?

227

ROGER Oui et non. J'étudiais beaucoup et je n'avais pas beaucoup de temps pour m'amuser. Tu sais, c'est ça, l'école en France — pas très amusant.

JEAN Tu n'as pas l'air d'en avoir de très bons souvenirs !

ROGER Mais si, quand même ! J'y ai beaucoup appris. Et puis il y avait les copains...

JEAN Est-ce que tu es retourné dans ta petite ville natale ?

ROGER Oui, il y a quelques années. On y a construit une usine de produits chimiques.✦ À part ça, ça n'a pas beaucoup changé.

ROGER Yes and no. I used to study a lot and I didn't have much time to have fun. You know, that's the way it is in school in France—not much fun.

JOHN You don't seem to have very pleasant memories of it!

ROGER Oh, yes, I do, after all! I learned a lot there. And then, there were friends...

JOHN Have you ever gone back to your (little) home town?

ROGER Yes, a few years ago. They built a chemical factory there. Except for that, it hasn't changed much.

> ### CULTURAL NOTES
>
> There are two types of secondary schools in France: **lycées** and **collèges**. Both are government-run. The curriculum of a **lycée** (m), ages 15-19, corresponds roughly to that of a U.S. high school plus the first two years of college.
>
> The **collège** (m), ages 11-14, roughly corresponds to junior high in the U.S.

UN COLLÈGE

L'USINE DE PRODUITS CHIMIQUES À ST. FONS PRÈS DE LYON.

I.   *Exercice de mise en train : Qu'est-ce que tu as fait pendant le week-end ?*

A. Nous allons poser les questions suivantes tous ensemble, mais vous y répondrez individuellement en employant *le pronom qui convient*. En employant la forme **tu**, demandez à quelqu'un :

1. s'il est allé en ville pendant le week-end.
2. s'il a acheté des vêtements.
3. s'il a bavardé avec ses copains.
4. s'il a lavé sa voiture lui-même.
5. s'il a écrit une lettre à ses grands-parents.
6. s'il a écouté sa chaine-stéréo.
7. s'il a rencontré ses amis.
8. s'il a fait le ménage.
9. s'il a eu le temps d'étudier.
10. s'il a fait tous ses devoirs.

B. En équipes de deux : Posez les questions impaires à un(e) camarade de classe qui vous répond en employant un pronom convenable. Pour les questions paires, *changez de rôle.*

II.   *Présentation du dialogue : Souvenirs d'enfance*   **229**

III.   *Questions de compréhension du dialogue*

Répondez aux questions d'après le dialogue.

1. Jean et Roger regarde une photo de Roger quand il avait quel âge ?
2. Où est-ce que Roger habitait à ce moment-là ?
3. Et où est-ce qu'il allait à l'école ?
4. Quand est-ce qu'il rentrait voir ses parents ?
5. Pourquoi est-ce que sa vie était dure ?
6. Quand est-ce qu'il est retourné dans sa ville natale ?
7. Qu'est-ce qu'on y a construit ?

IV.   *Substitutions*

Changez les phrases suivantes en substituant les mots indiqués.

A. **Quand j'avais 12 ans** (l'imparfait des verbes)

1. À quelle école est-ce que tu allais quand tu avais *douze ans ?*
   dix ans / quinze ans / huit ans / seize ans
2. *J'allais* à une petite école tout près de la maison.
   Nous allions / Roger allait / Marie et Louise allaient / Tu allais / Vous alliez
3. Où est-ce que *tu habitais* à ce moment-là ?
   vous habitiez / il habitait / elles habitaient / ils habitaient
4. *J'habitais* une petite ville dans les Alpes.
   Nous habitions / Roger habitait / Louise et Marie habitaient / Tu habitais / Vous habitiez

B. **Et depuis** (des expressions de temps)

1. (le passé) J'y suis retourné *il y a quelques années*. Rien n'a changé.
   il y a deux ans / il y a deux ou trois ans / l'année dernière / l'an dernier
2. (la durée [*duration*]) Il a travaillé *toute la journée*.
   toute la matinée / tout l'après-midi / toute la soirée / toute l'année
3. (un moment précis) Il est parti *ce matin*.
   hier soir / cette nuit / samedi dernier / vendredi matin

V.   *Exercice d'application : Révision du pronom* y

À seize ans   En deux groupes : Groupe A, vous répondez affirmativement aux questions suivantes. Groupe B, vous indiquez que vous avez tous fait les mêmes choses. Après ça, *changez de rôle.*

EXEMPLE   Quand vous aviez 16 ans, est-ce que vous alliez à l'école tous les matins ?
          A: Mais oui, j'y allais tous les matins.
          B: Nous aussi, nous y allions tous les matins !

230

1. Est-ce que vous alliez à l'école tous les jours ?   **2.** Est-ce que vous alliez à l'école à pied ?   **3.** Sans doute que vous alliez au centre commercial *(shopping mall)* tous les soirs ?   **4.** Et le week-end, alliez-vous au cinéma ?   **5.** Est-ce que vous alliez chez le coiffeur tous les deux mois ?

VI. *Questions personnelles*

A. Votre école quand vous aviez quatorze ans   Nous allons poser les questions suivantes tous ensemble, mais vous y répondrez individuellement.

1. À quelle école alliez-vous quand vous aviez quatorze ans ?   **2.** Est-ce que l'école était loin de ou près de chez vous ?   **3.** Est-ce que vous y alliez à pied ou en autobus ?   **4.** Combien d'élèves est-ce qu'il y avait dans cette école ?   **5.** Est-ce que vous deviez beaucoup étudier ? (Oui, je *devais...*)

B. Tes vacances d'été à quinze ans   Vous allez poser des questions à un(e) camarade sur ses vacances d'été à 15 ans. D'abord, nous allons poser les questions tous ensemble, et vous y répondrez individuellement.

1. Tu allais à la plage tous les jours, n'est-ce pas ?   **2.** Est-ce que tu rencontrais tes copains à la plage ?   **3.** Tu y prenais des bains de soleil ?   **4.** Est-ce que tu jouais souvent au tennis ?   **5.** Est-ce que tu faisais des excursions en vélo ?   **6.** Est-ce que tu avais ton permis de conduire *(driver's license)* ?   **7.** Est-ce que tu conduisais *(drive)* la voiture de tes parents ?   **8.** Tu allais souvent aux centres commerciaux, n'est-ce pas ?   **9.** Est-ce que tu y rencontrais des copains ?   **10.** Est-ce que tu jouais à des jeux *(games)* de vidéo ?

C. À la chasse !   Vous allez vous lever pour poser les questions précédentes à vos camarades de classe.

1. Si une personne répond oui à la question, écrivez son nom après cette question. Trouvez une personne différente qui répond oui à chaque question.

2. Si la personne répond non, posez-lui une autre question — et encore d'autres — arrêtez quand elle répond « oui ».

VII. *Conversation improvisée (en équipes de deux)*

Bavardage   En employant les 10 réponses aux questions de l'exercice précédent, racontez à un(e) camarade ce que les membres de la classe faisaient régulièrement pendant leurs vacances d'été à 15 ans. (Par exemple, « Cindy allait à la plage tous les jours et elle y rencontrait ses amis ».) Votre camarade vous indique qui a fait les mêmes choses (« Joe aussi, il allait à la plage tous les jours... »). Après ça, *changez de rôle.*

VIII. *Dictée d'après la Conversation 20*

NOMS

le **centre** center; le **centre commercial** shopping center, mall
le **collège** junior high school
le **jeu** game
le **lycée** high school
le/la **pensionnaire** boarder
le **permis** license, permit; le **permis de conduire** driver's license
le **souvenir** memory
l' **usine** (f) factory

la **ville natale** home town

VERBES

apprendre (appris) to learn
conduire to drive
construire to build

ADJECTIFS

amusant fun, funny, amusing
bête dumb, stupid
dur(e) hard
propre (+ nom) own

DIVERS

à part (ça) apart from/except for (that)

MOTS AMIS

l' **album** (m)
les **Alpes** (f)
chimique
la **photographie** (la **photo**)
la **vidéo**

	DEVOIRS					LECONS		COMPOSITIONS		OBSERVATIONS DU PROFESSEUR
								Note	Place	

NOM: MOUFLARD Catherine MOIS d'octobre 1986
CLASSE: terminale D₁ Nombre d'Elèves: 30 Absences: / Retards: /

	DEVOIRS	LECONS	COMPOSITIONS Note	Place	OBSERVATIONS DU PROFESSEUR
Philosophie	14 15 11		13	3ᵉ	Très motivée, quelques lectures plus approfondies s'imposent.
Français (grammaire & orthographe)	17 15 13 12 10		11	10ᵉ	Attention, une baisse inquiétante
Français (composition & dissertation)					
Récitation					
Latin	18 17 16 17		16	1ère	Elève très brillante.
Grec					
Mathématiques	10 11 12 13		10	15ᵉ	Niveau moyen.
Histoire	16 17 16 15		14	4ᵉ	Bonne compréhension de la méthodologie historique. Un effort à fournir en géographie.
Géographie					
Anglais (grammaire-version)	10 9 11 12		9	18ᵉ	Il faut s'appliquer davantage à l'étude de la langue écrite.
Anglais (langue & littérature)					
Histoire Américaine					
2e Langue vivante espagnol	15 16 14		15	2ᵉ	Elève très intéressée.
3e Langue vivante					
Physique	11 10 12		12	10ᵉ	Les résultats seraient meilleurs si Catherine était plus attentive en cours.
Chimie ou Technologie					
Sciences Naturelles	12 12 13 14		14	10ᵉ	Résultats honorables.
Musicologie					
Education Physique	4 5 3		6	30ᵉ	Catherine ne fournit absolument aucun effort.
Tenue Générale					

Le Professeur Coordinateur, Signature des Parents

232

GRAMMAR UNIT 16
The imperfect tense

51. About the imperfect tense

Generally speaking, the French imperfect tense expresses habitual actions in the past (**Où allais-tu à l'école...**) or a state of affairs in the past (**quand tu avais douze ans?**).

In order to distinguish clearly between the use of the imperfect and the **passé composé**, you could say that the **passé composé** expresses what *happened* and that the imperfect describes the *circumstances* or *state of affairs* at that time. Note the following example.

Dimanche dernier, j'ai fait une promenade *(what happened)*. Il faisait beau *(state of the weather)* et j'avais l'intention *(state of mind)* de faire le tour du lac. Mais j'ai rencontré Marie *(what happened)* qui m'a dit *(what happened)* qu'il y avait un excellent film au Rivoli *(state of affairs at local movie house)*.... Nous y sommes allés ensemble *(what happened)*. Le film était en effet très amusant *(description)*. Nous avons passé un excellent après-midi *(what happened)*.

Many grammar books state that the imperfect is used to express duration, but this is somewhat misleading. The **passé composé** tells what happened, even if "what happened" lasted a hundred years. EXAMPLES **L'empire romain a duré plusieurs siècles. La Guerre de cent ans a duré cent ans. Louis XIV a régné pendant soixante-treize ans. J'ai passé six ans à l'école secondaire. J'ai travaillé tout l'après-midi.**

52. Imperfect of regular verbs

Où **déjeuniez-vous** quand **vous étiez à** Paris ?
À quelle heure **finissiez-vous** d'habitude votre travail ? — **Je finissais** mon travail vers six heures.

*Where **did you used to have lunch** when **you were** in Paris?*
*What time **did you** usually finish your work? — **I used to finish** my work around six.*

233

Jean est entré pendant que **je répondais** à sa lettre.	John came in as **I was answering** his letter.
Nous nous dépêchions tous les matins pour prendre l'autobus de sept heures.	**We used to hurry** every morning in order to catch the seven o'clock bus.

Repeat the imperfect tense forms of regular verbs after your instructor.

First conjugation	*Second conjugation*	*Third conjugation*
je déjeunais *(I was having lunch, I used to have lunch, I lunched)*	je finissais *(I was finishing, I used to finish, I finished)*	je répondais *(I was answering, I used to answer, I answered)*
tu déjeunais	tu finissais	tu répondais
il / elle déjeunait	il / elle finissait	il / elle répondait
nous déjeunions	nous finissions	nous répondions
vous déjeuniez	vous finissiez	vous répondiez
ils / elles déjeunaient	ils / elles finissaient	ils / elles répondaient

A. The imperfect tense is formed as follows:

1. The stem of the imperfect tense is the same as that of the first person plural of the present indicative (**nous**).

EXAMPLES déjeunons, **déjeun-** ; finissons, **finiss-** ; répondons, **répond-**

2. The endings are **-ais, -ais, -ait, -ions, -iez, -aient.** Thus, if you know the present indicative, you can always figure out the imperfect of regular verbs.

EXAMPLES
PRESENT nous déjeunons ; nous finissons ; nous répondons
IMPERFECT nous déjeunions ; nous finissions ; nous répondions

Note that the three endings of the singular and the third person plural ending of the imperfect are pronounced exactly alike.

B. Reflexive verbs follow the usual pattern:

EXAMPLE je me dépêchais, tu te dépêchais, etc.

53. *Imperfect of* être *and* avoir

Repeat the forms of the imperfect of **être** and **avoir** after your instructor:

Être		*Avoir*	
j'étais *(I was, I was being, I used to be)*	nous étions	j'avais *(I was having, I used to have, I had)*	nous avions
tu étais	vous étiez	tu avais	vous aviez
il / elle était	ils / elle étaient	il / elle avait	ils / elles avaient

234

54. *Uses of the imperfect*

A. To describe a habitual action in the past (English = **used to**)

J'**allais** à l'école à huit heures du matin.	*I **used to go** to school at eight in the morning.*
Je **me levais** à six heures.	*I **used to get up** at six o'clock.*

B. To describe what was going on when an action took place (English past progressive)

J'**allais** en ville quand je l'ai rencontré.	*I **was going** downtown when I met him.*
Il **pleuvait** quand j'ai quitté la maison.	*It **was raining** when I left home.*
Il **faisait** beau quand je suis rentré(e).	*The **weather was** nice when I got home.*

Note that in these examples, **je l'ai rencontré, j'ai quitté la maison**, and **je suis rentré(e)** are simple past actions that are expressed by the **passé composé**. **J'allais en ville, il pleuvait**, and **il faisait beau** describe what was going on when the specific action took place.

C. To describe a situation that existed in the past

L'école n'**était** pas loin de la maison.	*The school **was** not far from my house.*
Il **n'y avait** pas beaucoup d'élèves dans cette école.	*There **were** not many pupils in that school.*
Franklin **vivait** au dix-huitième siècle.	*Franklin **lived** in the eighteenth century.*
Il **faisait** froid et il y **avait** de la neige.	*It **was** cold and snowy.*

D. To describe one's impressions, feelings, or appearance in the past

The verbs **croire** *(to believe; to think)*, **penser** *(to think)*, **espérer** *(to hope)*, and many expressions containing **être** or **avoir** (**être content, avoir froid**, etc.) are used especially in the imperfect when describing a state of mind or feeling.

Je **croyais** que vous étiez au bord de la mer.	*I **thought** you were at the seashore.*
J'**espérais** vous voir au bal samedi soir.	*I **was hoping** to see you at the dance Saturday evening.*
Il **avait** l'air fatigué.	*He **looked** tired.*

235

E. With **depuis** + *expression of time*

In this construction, the imperfect is used to report an action that had been going on for a specified period when another action took place.

Marie **attendait** l'autobus **depuis** un quart d'heure quand Roger est arrivé.	*Marie **had been waiting** for the bus **for** a quarter of an hour when Roger arrived.*
Il neigeait depuis une demi-heure quand je me suis levé(e).	*It **had been snowing for** a half-hour when I got up.*

I. *Substitutions : Rencontre dans la rue*

Changez les phrases suivantes en substituant les mots indiqués.

1. Quand j'ai quitté la maison ce matin, *il faisait beau.*
il pleuvait / il faisait froid / il faisait chaud / il neigeait

2. *J'attendais* l'autobus depuis un quart d'heure quand Roger est arrivé.
Nous attendions / Jean attendait / Marie et Jean attendaient / Tu attendais / Vous attendiez

3. *Roger et moi, nous allions* au bureau quand *nous avons* rencontré Charles.
Jean allait... il a / Marie et Jean allaient... ils ont / Tu allais... tu as / Vous alliez... vous avez / J'allais... j'ai

4. Quelle surprise ! *Nous croyions* que Charles était en Europe.
Marie croyait / Tu croyais / Vous croyiez / Jean et Roger croyaient / Je croyais

5. *Je comptais* arriver au bureau à l'heure mais *j'étais* en retard à cause de l'autobus.
Roger comptait... il était / Roger et moi, nous comptions... nous étions / Roger et Marie comptaient... ils étaient / Tu comptais... tu étais / Vous comptiez... vous étiez

II. *Exercices d'application*

A. Quand vous aviez six ans   En deux groupes : Groupe A, vous répondez affirmativement aux questions suivantes. Groupe B, vous êtes tous d'accord avec la réponse et vous la répétez à la forme **nous**. Après ça, *changez de rôle.*

EXEMPLE   Quand vous aviez six ans, est-ce que vous alliez à l'école tous les jours ?
A: Mais oui, j'allais à l'école tous les jours.
B: Nous aussi, nous allions à l'école tous les jours.

1. Est-ce que vous habitiez dans une petite ville ?   **2.** Est-ce que vous alliez à une école près de la maison ?   **3.** Vous leviez-vous tôt tous les matins ?
4. Est-ce que vous aviez peur d'arriver en retard à l'école ?   **5.** Est-ce que

236

vous déjeuniez à l'école ?   **6.** Sans doute que vous obéissiez toujours à vos instituteurs ?   **7.** Est-ce que vous étiez toujours sage ?   **8.** Est-ce que vous étiez content(e) de votre vie à l'école ?

B. Les souvenirs   Tous ensemble : Nous allons changer les phrases de l'exercice précédent à la forme **tu** et vous y répondrez individuellement.

C. Les choses changent !   Nous parlons de notre ami Marc. Nous allons contraster sa vie d'aujourd'hui à vingt ans avec sa vie quand vous le connaissiez à l'âge de treize ans. Moi, je vous décris sa vie maintenant et vous, vous décrivez sa vie quand il avait 13 ans.

EXEMPLE   Marc habite dans une grande ville maintenant... et à l'âge de 13 ans ?
              (une toute petite ville)
         À cette époque-là, il habitait dans une toute petite ville.

1. Marc a beaucoup d'amis maintenant... et à l'âge de treize ans ? *(seulement deux ou trois amis)*   **2.** Il a assez d'argent. *(très peu d'argent)*   **3.** C'est un très bon étudiant. *(mauvais élève)*   **4.** Il fait toujours attention en classe. *(ne... jamais)*   **5.** Il étudie beaucoup. *(rarement)*   **6.** Il est très gentil avec tout le monde. *(toujours impoli)*   **7.** Il a l'air vraiment très heureux. *(malheureux)*
8. Il aime bien sa vie. *(n'... pas du tout)*

III.   *Questions personnelles*

A. À 8 ou 9 ans   Tous ensemble : À partir des expressions ci-dessous, dites individuellement ce que vous imaginez que vos camarades de classe faisaient ou comment ils / elles étaient à 8 ou 9 ans. La personne que vous décrivez vous dit si vous avez raison ou pas.

EXEMPLE   jouer du piano   Suzanne jouait du piano.
         Suzanne: Oui, c'est vrai. Je jouais du piano.
         ou Non, ce n'est pas vrai. Je ne jouais pas de piano.

se lever tôt tous les matins
aller à l'école en autobus
jouer au football / au tennis / au basket / au base-ball / à d'autres sports
jouer du piano / de la guitare / du violon / de la flûte / de la trompette /
    d'autres instruments
avoir un animal : un chien *(dog)* / un chat *(cat)* / un lapin *(rabbit)* / une
    perruche *(parakeet)*
obéir à ses parents / à ses instituteurs
être maigre / petit(e) / toujours agréable / très intelligent(e) /
    d'autres adjectifs d'autres idées ?

B. Une interview   En équipes de deux : À partir des expressions précédentes, posez 5 ou 6 questions à un(e) camarade de classe (par exemple, « Quand tu avais 8 ou 9 ans, est-ce que tu avais un chien ? »). Votre camarade vous répond en disant « Oui / Non, quand j'avais 8 ou 9 ans, je... ». Après ça, *changez de rôle.*

237

LES GARÇONS JOUENT AU FOOTBALL
DANS LE JARDIN DES TUILERIES À PARIS

C. Et hier ? Répondez individuellement aux questions suivantes.

1. Est-ce qu'il a neigé hier ? **2.** Est-ce qu'il pleuvait quand vous êtes rentré(e) hier soir ? **3.** Qui est allé au cinéma hier soir ? **4.** Est-ce que le film était bon ? **5.** Y avait-il beaucoup de monde au cinéma ? **6.** Aviez-vous faim quand vous êtes rentré(e) ? **7.** À quelle heure vous êtes-vous couché(e) hier soir ? **8.** Étiez-vous fatigué(e) quand vous vous êtes couché(e) ?

IV. *Conversations improvisées (en equipes de deux)*

A. Souvenirs d'enfance En 14 ou 15 phrases, parlez à un(e) camarade de vos souvenirs des jours quand vous aviez 5 ou 6 ans. (Par exemple, « Quand j'avais 5 ans, nous habitions près d'un joli parc. Nous y allions chaque matin pour nous promener un peu. J'y rencontrais mes copains... ».) Après ça, *changez de rôle.*

B. L'été passé Posez 7 ou 8 questions à un(e) camarade sur l'été passé, en employant le passé composé et l'imparfait, selon le cas. (Par exemple, « Est-ce que tu as fait un voyage l'été passé ? Où as-tu voyagé ? » ou « Est-ce que tu es souvent allé(e) à la plage ? Est-ce que tu a pris des bains de soleil ? ») Après ça, *changez de rôle.*

C. En commun Maintenant, pensez à 2 ou 3 choses que vous avez tous les deux faites. Puis, tournez-vous vers un nouveau / une nouvelle camarade et racontez-lui ces choses. (Par exemple, « Tu sais, l'été dernier, Paul et moi, nous avons fait un voyage en auto et nous avons aussi pris des bains de soleil sur la plage ».)

—— *VOCABULAIRE* ——————————

NOMS
le **bal** *dance, ball*
le **chat**, la **chatte** *cat*
le **chien**, la **chienne** *dog*
le **lapin** *rabbit*
la **perruche** *parakeet*

VERBES
quitter *to leave*
vivre *to live; to be alive*
MOTS AMIS
 l' **animal** *(m)*
la **surprise; quelle surprise**

le **basket-ball**
la **flute**
 l' **instrument** *(m)*
la **trompette**
le **violon**

238

Des promeneurs au Jardin du Luxembourg, à Paris. On y voit les statues du sculpteur français Maillol.

Un peintre attend les clients, place du Tertre, près de Montmartre, à Paris.

Coucher de soleil derrière la Tour Eiffel.

Jeux de lumières sur la fontaine et l'Obélisque place de la Concorde, à Paris.

Intérieur de l'Opéra de Paris: le grand escalier.

La place Beaubourg devant le Centre d'Art et de Culture Georges Pompidou. La foule se regroupe autour d'un cracheur de feu.

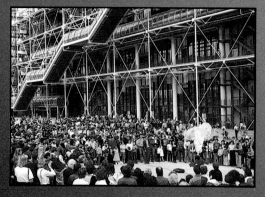

L'Arc de Triomphe sur les Champs-Élysées, à Paris.

Dîneurs attablés à la terrasse d'un restaurant dans le Quartier Latin, à Paris.

Entrée de métro, préservée dans le style Art Nouveau, à Paris.

L'entrée du métro Saint-Michel au Quartier Latin, à Paris.

Vue sur le Louvre et le jardin des
Tuileries, à la tombée de la nuit.

Le château d'Azay-le-Rideau.
La région de la Loire eut la faveur
des nobles de la Renaissance,
grâce à son climat modéré.

La Cour de Marbre, au château de Versailles.

Le château de Chenonceaux qui date de la fin de la Renaissance (XVIe siècle). Son aile en arche au-dessus du Cher en a fait un des plus célèbres châteaux de la Loire.

Arles: les arènes romaines, où se déroule une corrida.

Strasbourg, sur le Rhin, est une ville d'échanges importants avec l'Allemagne voisine. Au fond de la place, on aperçoit une maison ancienne à colombages.

Village échelonné au bord des Gorges du Tarn, dans le Massif Central.

Barques à sec, dans la Queue des Belges à Marseille.

Maisons d'architecture traditionnelle sur la Rance, en Bretagne.

.cher de soleil sur le Mont-Saint-Michel qui est construit sur un
dans la baie séparant la Bretagne de la Normandie.

Vieille rue dans la ville de Québec, au Canada.

Artistes de rue exposant leurs tableaux près de la terrasse d'un restaurant, dans la vieille ville, à Québec, au Canada.

Vue aérienne de Nice, grande ville de la Côte d'Azur, au bord de la Méditerranée.

Les vendanges à Saint-Giraud, dans le Languedoc.   Le marché aux fleurs à Bruxelles, capitale de la Belgique.

Des pêcheurs en face du rocher du Diamant, à la Martinique.

Une rue de la Nouvelle-Orléans, dans le quartier français.

Balcons de fer forgé, dans le style typique de la Nouvelle-Orléans, aux États-Unis.

Porte décorée d'émaux à l'entrée de la vieille Maroc.

Étalages de tissus dans une rue de Port-au-Prince en Haïti, près du marché Valliers.

Architecture et costumes musulmans à l'oas au cœur du Sahara marocain.

au

alet,

Le marché aux fruits, à Treich-
ville, en Côte d'Ivoire.

Ruines romaines au site de Tim-
gad, en Algérie.

Jets d'eau sur le lac Léman, à Genève, en Suisse.

Port de plaisance sur le lac Léman, et la ville de Genève, en Suisse.

La chapelle Sainte-Anne au sommet du Col des Aravis, dans les Alpes françaises. On trouve souvent des chapelles de ce genre, isolées dans la montagne.

Jean se demande (wonders) *pourquoi Marie n'était pas chez les Bedel samedi dernier.*

JEAN Salut, Marie. Je ne t'ai pas vue chez les Bedel samedi soir. J'espérais pourtant t'y voir.

MARIE Je suis restée à la maison ce soir-là. Je ne me sentais pas très bien, et je me suis couchée de bonne heure.

JEAN J'espère que ce n'était rien de sérieux.

JOHN Hi, Marie. I didn't see you at the Bedel's last Saturday night. I was hoping to see you there.

MARIE I stayed home that evening. I wasn't feeling very well, and I went to bed early.

JOHN I hope it wasn't anything serious.

MARIE Je l'espérais aussi. Mais le lendemain, je toussais, j'avais un peu de fièvre et j'avais mal à la gorge.

JEAN Es-tu allée chez le médecin ?✦

MARIE Tu plaisantes ! C'était simplement un rhume, alors j'ai bu beaucoup de jus d'orange et j'ai pris de l'aspirine.

JEAN Tu as encore bien mauvaise mine. Où est-ce que tu as attrapé ça ?

MARIE Je n'en sais rien du tout.

JEAN En tout cas, tu ferais bien de te reposer. Et soigne-toi bien !

MARIE I hoped so too. But the next day, I was coughing. I had a slight fever and a sore throat.

JOHN Did you go see a doctor?

MARIE You're kidding! It was just a cold, so I drank a lot of orange juice and took some aspirin.

JOHN You still don't look well. Where did you catch the cold?

MARIE I have no idea whatsoever.

JOHN In any case, you would do well to rest. Take good care of yourself!

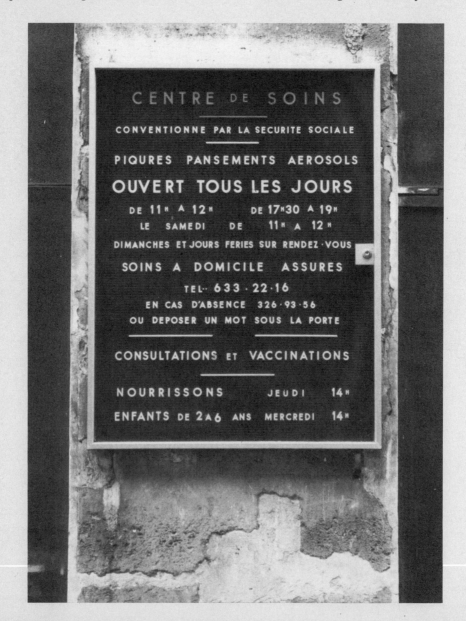

Exercice de mise en train : À l'école secondaire (révision de l'imparfait)

A. Nous allons poser les questions suivantes tous ensemble, mais vous y répondrez individuellement. En employant la forme **tu**, demandez à quelqu'un :

1. si lui et ses copains allaient à l'école à pied, en vélo ou en autobus quand ils étaient à l'école secondaire.
2. s'il faisait du sport à ce moment-là. Si oui, demandez quel sport il pratiquait.
3. s'il jouait d'un instrument. Si oui, demandez de quel instrument.
4. si ses copains et lui allaient souvent au cinéma le samedi.
5. si ses copains et lui avaient leur permis de conduire à ce moment-là.
6. s'il était content de sa vie quand il était à l'école secondaire.

B. En équipes de deux : Posez les questions impaires à un(e) camarade de classe. Pour les questions paires, *changez de rôle.*

II. *Présentation du dialogue : Un rhume*

III. *Questions de compréhension du dialogue*

Répondez aux questions d'après le dialogue.

1. Marie est-elle allée chez les Bedel samedi dernier ?
2. Qu'est-ce qu'elle a fait ce soir-là ?
3. Pourquoi est-ce qu'elle n'est pas allée à cette soirée ?
4. Quand est-ce qu'elle s'est couchée ?
5. Est-elle allée chez le médecin ?
6. Comment est-ce que Marie s'est soignée ?
7. Est-ce qu'elle a l'air bien aujourd'hui ?
8. Comment a-t-elle attrapé ce rhume ?

CULTURAL NOTE

*France has a national health insurance plan. Most physicians participate in the system and, when they do, must follow fee guidelines imposed by the government. Patients choose and pay their doctors and, later, get reimbursed by the office of **la sécurité sociale**. In general, the plan covers 80% of the bill, but in some cases it can cover up to 100%. Doctors in the system are not government employees. They are in no way restricted in selecting their patients or in what they prescribe to them.*

*When troubled by minor illnesses, French people often consult a **pharmacien** for suggestions. As noted in Conversation 13, French drugstores do not sell the wide variety of items that American drugstores do but specialize, instead, in medicines and other items related to health. A French drugstore is easily recognized by the green cross at its entryway.*

Substitutions : La santé (health)

Changez les phrases suivantes en substituant les mots indiqués.

1. Je ne me sentais pas très bien, et *je me suis couché(e) de bonne heure.*
   je suis resté(e) à la maison / j'ai téléphoné au médecin / j'ai pris de l'aspirine / j'ai bu beaucoup de jus d'orange
2. J'espère que cela n'était *rien de sérieux.*
   pas grave (*serious*) / pas très grave / pas douloureux (*painful*) / pas très douloureux
3. J'espérais que ce n'était rien, mais le lendemain *je toussais.*
   j'avais mal à la gorge / j'avais mal à la tête (*head*) / j'étais fort enrhumé(e) (*had a bad cold*) / j'avais un peu de fièvre
4. J'espérais que ce n'était rien. Mais le lendemain, j'avais *la grippe (flu).*
   la rougeole (*measles*) / les oreillons (*mumps*) / une bronchite / une pneumonie
5. Le pharmacien m'a conseillé *de prendre de l'aspirine.*
   de rester au lit / de ne pas me lever / de me reposer / de boire du jus d'orange
6. Jean m'a dit : « Tu ferais bien *de te reposer.* »
   de rester au coin du feu / de ne pas quitter la maison / de téléphoner au médecin / de prendre des vitamines

V. *Exercices d'application : La santé et les émotions (révision de l'imparfait)*

A. En deux groupes : Groupe A, vous dites comment vous allez aujourd'hui en répétant les phrases suivantes. Groupe B, vous dites comment vous alliez hier. Après ça, *changez de rôle.*

EXEMPLE A: Je ne me sens pas très   B: Hier je ne me sentais pas très bien.
            bien aujourd'hui.

1. Je ne vais pas très bien aujourd'hui. **2.** J'ai mal à la gorge. **3.** Je tousse beaucoup. **4.** J'ai mal à la tête. **5.** J'ai un peu de fièvre. **6.** J'ai soif mais je n'ai pas faim. **7.** J'espère que ce n'est rien. **8.** C'est sans doute (*probably*) tout simplement un rhume.

B. En équipes de deux : Votre camarade n'était pas en classe hier et aujourd'hui il / elle n'a pas l'air très bien. À partir des expressions précédentes, posez-lui 4 ou 5 questions sur ses symptômes. (Par exemple, « Est-ce que tu avais de la fièvre ? »)

VI. *Questions personnelles : La santé*

A. Nous allons poser les questions suivantes tous ensemble, mais vous y répondrez individuellement.

242

1. Comment allez-vous aujourd'hui ?   **2.** Avez-vous mal à la tête ?   **3.** Avez-vous mal à la gorge ?   **4.** Avez-vous souvent un rhume ?   **5.** Comment est-ce qu'on attrape un rhume ?   **6.** Qu'est-ce qu'il faut faire si on est enrhumé ?   **7.** Avez-vous jamais eu la grippe ? la rougeole ? l'appendicite ? une bronchite ?   **8.** Vous êtes-vous jamais cassé le bras *(broken your arm)*? Vous êtes-vous jamais cassé la jambe *(leg)*?   **9.** Avez-vous jamais passé du temps dans un hôpital ? À cause de quoi ? C'était tranquille dans cet hôpital ?

B. Toujours tous ensemble : Qu'est-ce que vous faites pour garder la forme *(shape, good health)*? Échangeons nos idées sur le sujet tous ensemble en employant des expressions de la liste suivante.

se coucher
se lever
faire des excursions en vélo
marcher
se promener
prendre des repas végétariens / des vitamines
manger seulement…
ne pas boire…
s'habiller
éviter *(avoid)*…
ne pas fumer *(smoke)*
d'autres verbes ou d'autres idées ?

VII.   *Conversations improvisées (en équipes de deux)*

A. Qu'est-ce qu'il y a ? *(What's wrong?)*   Vous ne vous sentez pas très bien. Vous allez chez le médecin (un/e camarade). Il vous demande ce qui ne va pas, et vous décrivez vos symptômes (en 6 ou 7 phrases). Le médecin vous donne au moins 8 conseils. (Par exemple, « Vous feriez bien de… », « N'oubliez pas de… », « Prenez… », « Vous devriez… ».)

B. Comment garder sa forme   En 8 ou 9 phrases, expliquez à un(e) camarade de classe ce que vous faites (ou ne faites pas) ou ce que vous avez fait pour être en si bonne santé. (Par exemple, « Je me couche toujours de bonne heure le soir. Le week-end passé, j'ai joué au tennis et au basket. En général, je ne fume pas. ») Votre camarade réagit à vos idées. (Par exemple, « Moi aussi, je… », « alors, je ne peux pas / ne voudrais pas faire ça ».) Après ça, *changez de rôle.*

VIII.   *Dictée d'après la Conversation 21*

243

NOMS
le **bras** *arm*
l' **école secondaire** *(f)*
  secondary school
la **fièvre** *fever*
la **gorge** *throat*
la **jambe** *leg*
le **jus** *juice;* le **jus**
  d'(orange) *(orange) juice*
la **tête** *head*

VERBES
avoir bonne / mauvaise
  mine *to look well/ill*
avoir mal *to ache, be sore;*
  avoir mal à (la gorge) *to*
  have a sore (throat); **avoir**
  mal à la tête *to have a*
  headache
boire *to drink*
se casser *to break*
  (+ part of body)
conseiller *to advise*

se demander *to wonder*
être (fort) enrhumé(e) *to*
  have a (bad) cold
éviter *to avoid*
fumer *to smoke*
garder *to keep; to preserve;*
  to retain; **garder la forme**
  to keep in shape
plaisanter *to kid, joke*
se sentir *to feel*
tousser *to cough*

ADJECTIFS
douloureux (douloureuse)
  painful
grave *serious, important*

LES MALADIES *(f pl)*
illnesses
la **grippe** *flu*
les **oreillons** *(m pl) mumps*
la **rougeole** *measles*

DIVERS
en tout cas *in any case*

je n'en sais rien *I have no*
  idea
ne... rien *nothing, not a*
  thing
pourtant *however*
qu'est-ce qu'il y a ? *what is*
  the matter?
rien *nothing*
sans doute *probably*

MOTS AMIS
l' **appendicite** *(f)*
l' **aspirine** *(m)*
la **bronchite**
l' **orange** *(f)*
la **pneumonie**
recommander
simplement
le **symptôme**
la **vitamine**

244

CONVERSATION 23
À la dernière minute

Jean et Roger ont invité Marie et sa mère à dîner. Elles sont presque prêtes à partir.

MARIE Maman, est-ce que tu es prête ?
Nous avons rendez-vous à sept heures
et demie et il est presque l'heure de
partir.

MARIE Mom, are you ready? We're
supposed to be there at seven-thirty
and it's almost time to leave.

LA TERRASSE D'UN RESTAURANT

245

MME BONNIER Aïe, aïe, aïe ! Ça ne t'ennuierait pas de m'aider ? Je cherche mon écharpe rouge, et je ne sais vraiment pas où je l'ai mise.

MARIE Je peux te prêter une des miennes, si tu veux. Tiens, en voici une qui ressemble un peu à la tienne.

MME BONNIER Merci, c'est gentil. À quelle heure Roger vient-il nous chercher ?

MARIE À sept heures et quart. Il vient nous chercher avec sa nouvelle voiture.

MME BONNIER *(regardant par la fenêtre)* Tiens, voilà une auto qui s'arrête devant la porte. De quelle couleur est la sienne ?

MARIE Je crois qu'elle est grise.

MME BONNIER C'est sans doute lui. Oh, zut ! Maintenant, où est mon sac ?

MARIE *(riant)* Je peux te prêter le mien, si tu veux.

MME BONNIER *(riant aussi)* Arrête de me taquiner, ce n'est vraiment pas gentil ! De plus, c'est aussi manquer de respect pour ta vieille mère !

MRS. BONNIER Oh dear! Would you mind helping me? I'm looking for my red scarf, and I just don't know where I put it.

MARIE I can lend you one of mine, if you want. Look here, here's one that looks a little like yours.

MRS. BONNIER Thanks, that's nice of you. What time is Roger coming to pick us up?

MARIE A quarter after seven. He's coming for us in his new car.

MRS. BONNIER *(looking out the window)* Hey, there's a car stopping at the door. What color is his?

MARIE I think it's gray.

MRS. BONNIER It must be him. Oh, darn it! Now where's my purse?

MARIE *(laughing)* I can lend you mine, if you want.

MRS. BONNIER *(laughing too)* Stop teasing me, it's really not very nice. And it's also disrespectful toward your old mother!

I. *Exercice de mise en train : La Santé*

A. Nous allons poser des questions tous ensemble, mais vous y répondrez individuellement. En employant la forme **tu**, demandez à quelqu'un :

1. comment il va aujourd'hui.
2. s'il a mal à la tête ou à la gorge.
3. s'il a un rhume.
4. s'il est souvent enrhumé.
5. ce qu'il faut faire quand on est enrhumé.
6. ce qu'il faut faire pour éviter d'attraper un rhume.

B. En équipes de deux : Posez les questions de l'exercice précédent à un(e) camarade de classe. Après ça, *changez de rôle.*

246

II. *Présentation du dialogue : À la dernière minute*

Questions de compréhension du dialogue

Répondez aux questions d'après le dialogue.

1. Où est-ce que Marie et sa mère vont ce soir ?
2. Qu'est-ce que Mme Bonnier cherche ?
3. Pourquoi est-ce qu'elle ne peut pas la trouver ?
4. Qu'est-ce que Marie offre de prêter à sa mère ?
5. À quelle heure est-ce que Roger vient les chercher ?
6. Qu'est-ce qui s'arrête devant la porte ?
7. Qu'est-ce que Marie offre aussi de prêter à sa mère ?

IV. *Substitutions : Prête à partir ?*

Changez les phrases suivantes en substituant les mots indiqués.

1. Où est mon écharpe ? Je ne sais pas *où je l'ai mise.*
   où elle est / où elle se trouve / où elle peut se trouver / où j'ai pu la mettre / où j'aurais pu la mettre *(where I could have put it)*
2. Mais écoute, Maman. Je peux te prêter une des miennes, *si tu veux.*
   si elle te plaît / si elle te va / si elle te convient / si elle va bien avec ta robe
3. Regarde, Maman. J'en ai une qui *ressemble* à la tienne.
   ressemble beaucoup / ressemble un peu / ressemble plus ou moins
4. Mais dépêche-toi, Maman ! Voilà une auto qui s'arrête *devant la porte.*
   en face / devant l'immeuble *(apartment building)* **/ de l'autre côté** *(on the other side)* **de la rue / devant la boulangerie**
5. C'est sans doute *Roger.*
   lui / l'auto de Roger / sa voiture / la sienne / elle

V. *Exercice d'application : Les grandes villes (expressions de quantité)*

En deux groupes : Groupe A, vous répétez les phrases suivantes avec **beaucoup de.** Groupe B, vous changez les phrases en employant **trop de.** Après ça, *changez de rôle.*

1. Dans les grandes villes, il y a beaucoup de gens. 2. On entend beaucoup de bruit. 3. On voit beaucoup de circulation *(traffic).* 4. On ne trouve pas beaucoup de places de parking. *(parking space)* 5. On ne trouve pas souvent beaucoup de bons restaurants. 6. Et après un séjour *(stay)* en ville, on n'a plus beaucoup d'argent.

VI. *Questions personnelles : Quand vous sortez...*

A. Nous allons poser les questions suivantes tous ensemble, mais vous y répondrez individuellement.

1. Est-ce que vous sortez souvent pendant le week-end ?
2. Où est-ce que vous aimez aller quand vous sortez ? au cinéma ? au théâtre ? aux matchs de basket ? aux concerts ? au restaurant ? à des surprise-parties ? à des boums ? Avec qui ?

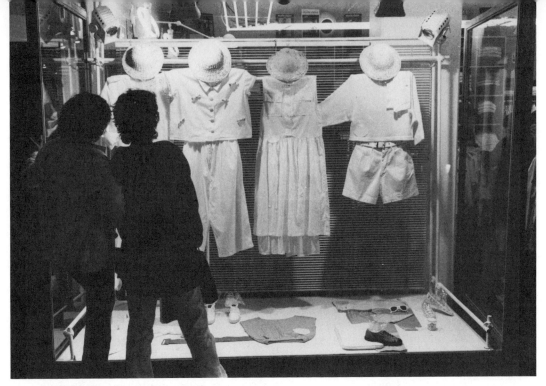

LE LÈCHE-VITRINES (WINDOW-SHOPPING)

3. Est-ce que vous allez dîner dans un bon restaurant de temps en temps *(from time to time)* ?

4. Quand vous dînez dans un bon restaurant, comment est-ce que vous vous habillez ? Qu'est-ce que vous portez ? Par exemple :

Les dames	*Les messieurs*
une robe	un costume
un chemisier	un pantalon
un pull	un blue-jean
une jupe	une cravate
un blue-jean	une chemise
un pantalon	un pull
un tailleur *(suit)*	une veste
une écharpe	une écharpe

5. À quelle heure est-ce que vous dînez quand vous allez au restaurant ?

6. Si vous avez un rendez-vous à sept heures et demie, à quelle heure êtes-vous prêt(e) en général ?

7. Comment allez-vous au restaurant ?

8. Qu'est-ce que vous commandez en général ?

9. À quelle heure rentrez-vous en général ? Comment rentrez-vous ?

B. En équipes de deux : En employant la forme **tu,** posez les questions impaires à un(e) camarade de classe. Pour les questions paires, *changez de rôle.*

248

VII. Conversations improvisées (en équipes de deux)

A. Mais il est l'heure de partir ! Vous êtes prêt(e) à partir à un rendez-vous, mais votre camarade de chambre vous dit qu'il / elle ne peut pas trouver 4 ou 5 choses. Il / Elle vous dit pourquoi il / elle a besoin de ces choses avant de *(before)* sortir. Vous offrez de les lui prêter, ou vous en suggérez d'autres.

B. Une sortie bien agréable En 10 ou 12 phrases, décrivez à un(e) camarade une sortie très agréable que vous avez faite récemment (ou une sortie imaginaire). Dites avec qui et où vous êtes allé(e), comment et ce qui est arrivé. Votre camarade vous montre sa curiosité et son intérêt en vous posant quelques questions et en réagissant avec des expressions comme : «Tiens !», «Vraiment ?», «Ça alors !», «Formidable !», «Quelle chance !»

C. Une sortie désagréable En 10 ou 12 phrases, votre camarade vous parle d'une sortie désagréable ou désastreuse qu'il / elle a faite ou qu'il / elle imagine. Vous lui montrez que vous vous intéressez à son histoire en lui posant quelques questions et que vous êtes désolé(e) en disant, par exemple, « Mais c'est dommage *(that's too bad)*! » ou « Quel dommage ! ».

VIII. Dictée d'après la Conversation 22

VOCABULAIRE

NOMS
la **circulation** *traffic*
le **tailleur** *suit (for women)*
le **costume** *suit (for men)*
le **côté** *side*
l' **écharpe** *scarf*
la **fenêtre** *window*
l' **immeuble** *(m) apartment building*
la **place de parking** *parking space*
le **rendez-vous** *appointment, date*
le **séjour** *stay*

VERBES
aider *to help*
(s')arrêter *to stop*
ennuyer *to bother; to bore*
manquer de respect *to be disrespectful*
prêter *to lend*
taquiner *to tease*
PRONOMS POSSESSIFS
le **mien** / la **mienne**; *(pl)* les **miens** / les **miennes** *mine*
le **sien** / la **sienne**; *(pl)* les **siens** / les **siennes** *his/hers*
le **tien** / la **tienne**; *(pl)* les

le **tien** / la **tienne**; *(pl)* les **tiens** / les **tiennes** *yours (fam)*
DIVERS
aïe ! *ow!*
avant *(de + inf) before*
dommage *too bad; sorry;* **quel** / **c'est dommage** *that's too bad*
zut ! *darn it!*
MOTS AMIS
la **minute**
offrir
le **respect**

249

GRAMMAR UNIT 17
Possessive pronouns

55. Possessive adjectives and possessive pronouns

Possessive adjectives and pronouns differ in both form and use. You have learned that possessive adjectives (**mon**, **ton**, **son**, etc.) are used to modify *nouns*. They correspond to English *my, your, her,* etc.

Possessive pronouns are used *as equivalents of nouns modified by a possessive adjective.* They correspond to the English forms *mine, yours, his/hers,* etc. EXAMPLE *Her (adjective)* father is a doctor. *Mine (pronoun)* is an engineer.

56. Forms and use of possessive pronouns

Voici mon adresse. Donnez-moi **la vôtre.**	*Here's my address. Give me* ***yours.***
J'ai mes gants. Où sont les **vôtres ?**	*I have my gloves. Where are* ***yours?***
— Les miens sont dans ma poche.	—***Mine*** *are in my pocket.*
Est-ce que Marie a **les siens ?**	*Does Marie have* ***hers?***
Roger a apporté son imperméable, mais Marie a laissé **le sien** à la maison.	*Roger brought his raincoat, but Marie left* ***hers*** *at home.*

The forms of the possessive pronouns are:

Singular		Plural	
Masculine	Feminine	Masculine	Feminine
le mien	la mienne	les miens	les miennes *(mine)*
le tien	la tienne	les tiens	les tiennes *(yours)*
le sien	la sienne	les siens	les siennes *(his/hers/its)*
le nôtre	la nôtre	les nôtres	les nôtres *(ours)*
le vôtre	la vôtre	les vôtres	les vôtres *(yours)*
le leur	la leur	les leurs	les leurs *(theirs)*

Possessive pronouns agree in gender and number with the *thing possessed.*
EXAMPLE In answer to the question : **Avez-vous *vos gants* ?**, either John or Marie could answer : — **Oui, j'ai *les miens.***

57. Possessive pronouns with the preposition à or de

J'ai écrit à mes parents. Avez-vous écrit **aux vôtres ?**

I've written to my parents. Have you written to **yours?**

J'ai besoin de ma voiture et mon père a besoin **de la sienne.**

I need my car, and my father needs **his.**

When used with the preposition **à** or **de** the forms of the possessive pronouns are:

au mien	du mien
à la mienne	de la mienne
aux miens	des miens
aux miennes, etc.	des miennes, etc.

58. Use of être à *(to belong to)* to express possession

Ces gants **ne sont pas à moi. Sont-ils à vous ?**

These gloves **aren't mine** *(lit., to me).* **Are they yours** *(lit., to you)?*

— Non, je crois qu'**ils sont à Charles.**

—No, I think **they're Charles'.**

Note: (1) *mine, yours, his,* etc., are rendered in French by a possessive pronoun when used as the subject or object of a verb or when they are the object of a preposition other than **à** in the expression **être à.** EXAMPLES **Les miens** sont dans ma poche. Où avez-vous acheté **les vôtres ?** Avez-vous besoin **des vôtres ?**

(2) After the verb **être,** *mine, yours, his,* etc., are normally rendered by the preposition **à** followed by the forms **moi, toi, lui, elle,** etc., or by a noun. EXAMPLES Ces gants sont **à moi.** Cette auto est **à mon père.**

I. *Substitutions : La Possession*

Changez les phrases suivantes en substituant les mots indiqués.

1. Ces gants sont-ils *à vous ?* — Oui, ils sont *à moi.*
   à lui / à elle / à toi / à eux
2. (ces gants) Est-ce que ce sont *les vôtres ?* — Oui, ce sont *les miens.*
   les siens *(his)* / les siens *(hers)* / les tiens / les leurs
3. (une auto) Voilà *la mienne.*
   la tienne / la sienne / la nôtre / la leur
4. (un imperméable) Voilà *le mien.*
   le tien / le sien / le vôtre
5. (des photos) J'aime mieux les miennes que *les vôtres.*
   les tiennes / les siennes *(his)* / les siennes *(hers)* / les leurs
6. Pierre ? Oui, c'est un de *mes* amis.
   tes / nos / ses / leurs

251

Exercices d'application : La Possession

A. Avez-vous toutes vos affaires (things)? En deux groupes : Une mère demande à ses enfants s'ils sont prêts à partir pour l'école. Groupe A (Yvonne), vous répondez aux questions suivantes en employant l'**adjectif possessif** + *nom*. Groupe B (Paul), vous y répondez en employant un pronom possessif.

EXEMPLE   Yvonne et Paul, avez-vous vos devoirs ?
                   A Mais oui, j'ai mes devoirs.
                   B Moi aussi, j'ai les miens.

1. Est-ce que vous avez votre imperméable ? Et votre écharpe ? Et vos gants ?   **2.** Avez-vous votre stylo *(pen)?* vos crayons *(pencils)?*   **3.** Est-ce que vous avez votre porte-monnaie *(change purse, m)?* Et votre argent de poche *(spending money, m)?*   **4.** Enfin, vous avez toutes vos affaires, n'est-ce pas ?

B. Toujours en deux groupes : Avant de partir pour l'école, les enfants cherchent leurs affaires. Leur père demande s'ils ont trouvé les choses suivantes. Groupe B, vous dites que vous avez trouvé vos affaires et Groupe A, vous indiquez à votre père que Paul a trouvé les siennes aussi.

EXEMPLE   Yvonne, as-tu trouvé tes gants ? Et Paul ?
                   B: Oh, oui, j'ai trouvé mes gants.
                   A: Il a trouvé les siens aussi.

1. Yvonne, as-tu trouvé ton stylo ? Et Paul ?   **2.** J'espère que tu as trouvé ton porte-monnaie. Et Paul ?   **3.** Et ton sac à dos *(backpack)*, tu l'as trouvé ? Et Paul ?   **4.** Et tes cahiers aussi ? Et Paul ?   **5.** Tu as trouvé ton imperméable ? Et Paul ?   **6.** Enfin, tu as trouvé toutes tes affaires ? Et Paul ?

C. Vos affaires sont meilleures que les miennes ! Tous ensemble : Vous pensez que les affaires des autres sont toujours meilleures que les vôtres. Des amis à vous ont acheté les objets suivants. Dites-leur que leurs affaires sont meilleures que les vôtres.

EXEMPLE   une voiture   La vôtre est meilleure que la mienne !

1. une chaîne-stéréo   **4.** une raquette de tennis
2. un appareil-photo *(camera)* **5.** des lunettes de soleil *(sunglasses)*
3. un vélo   **6.** un transistor *(transistor radio)*

D. Prête à sortir ? En deux groupes : Marie (Groupe A), vous vous habillez pour sortir et vous dites que vous avez besoin de certaines choses. Maman (Groupe B), vous offrez de les lui prêter.

EXEMPLE   une écharpe   A J'ai besoin d'une écharpe.
                          B Je peux te prêter une des miennes, si tu veux.

1. un imperméable   **3.** une paire de gants   **5.** un chemisier
2. un parapluie   **4.** un manteau   **6.** un pull en laine *(wool)*

E. *Changez de rôle :* Jean (Groupe A), c'est vous qui allez sortir. Vous dites que vous avez besoin des choses suivantes. Roger (Groupe B), vous offrez de les lui prêter.

1. une cravate bleue 3. une chemise en coton 5. une paire de gants 7. un chapeau
2. une veste marron 4. un costume en laine 6. une écharpe en laine 8. un imperméable

F. Quand Roger est arrivé chez nous... (révision de l'imparfait)

Dites ce que les membres de votre famille faisaient quand Roger est arrivé chez vous hier soir.

EXEMPLE   maman / parler / au téléphone
          Quand Roger est arrivé chez nous, maman parlait au téléphone.

1. papa / préparer le dîner
2. maman / lire le journal
3. mes frères / regarder la télé
4. une de mes sœurs / jouer du piano
5. une autre / faire le ménage
6. moi / écrire une lettre
7. mon grand-père / réparer la voiture
8. ma grand-mère / faire une promenade
9. le chien / manger son repas

G. Un poème (révision du passé composé): Lisez le poème suivant; puis répondez aux questions.

Déjeuner du matin
    Jacques Prévert♦

Il a mis le café
Dans la tasse
Il a mis le lait
Dans la tasse de café
Il a mis le sucre
Dans le café au lait
Avec la petite cuiller°   *spoon*
Il a tourné
Il a bu le café au lait
Et il a reposé° la tasse   *put down*
Sans me parler
Il a allumé
Une cigarette
Il a fait des ronds°   *smoke rings*
Avec la fumée°   *smoke*
Il a mis les cendres°   *ashes*
Dans le cendrier°   *ashtray*
Sans me parler
Sans me regarder
Il s'est levé
Il a mis
Son chapeau sur sa tête
Il a mis
Son manteau de pluie°   *raincoat*
Parce qu'il pleuvait
Et il est parti
Sous la pluie
Sans une parole
Sans me regarder
Et moi j'ai pris
Ma tête dans ma main
Et j'ai pleuré.

Questions sur le poème

1. Qui parle dans ce poème ?
2. Qui est « il » par rapport au *(in relation to)* narrateur, à votre avis ?
3. Décrivez 5 ou 6 choses qu' « il » fait.
4. Et pendant ce temps-là, quels sont les sentiments du narrateur ? Expliquez en donnant des exemples.
5. Qu'est-ce qui se passe à la fin du poème ?

253

Questions personnelles

A. La famille et les possessions En équipes de deux : Vous et votre camarade, vous comparez et contrastez les membres de vos familles (des membres réels ou imaginaires). Complétez les phrases suivantes et puis demandez à un(e) camarade de faire une comparaison en employant le pronom possessif qui convient.

EXEMPLE Ma mère a _____ ans. Et la tienne ?

        Vous : Ma mère a 50 ans. Et la tienne ?

        Un/e camarade: La mienne a 53 ans.

1. Mon père a _____ ans. Et le tien ?

2. Mes parents habitent à _____. Et les tiens ?

3. (profession) Mon père est _____. Et le tien ?
Ma mère est _____. Et la tienne ?

4. (description) Ma mère est _____, _____ et _____. Et la tienne ?
Mon père est _____, _____ et _____. Et le tien ?
Ma sœur est _____, _____ et _____. Et la tienne ?
Mon frère a _____ ans. Il est _____ et _____. Et le tien ?

B. *Changez de rôle:* Votre camarade complète les phrases suivantes et puis il / elle vous demande des renseignements sur vos possessions (réelles ou imaginaires).

1. Ma bicyclette est _____. De quelle couleur est la tienne ?

2. Ma voiture est _____. De quelle couleur est la tienne ?

3. J'ai acheté ma chaîne-stéréo chez _____. Où est-ce que tu as acheté la tienne ?

4. J'apporte mes livres en classe dans _____. Dans quoi est-ce que tu apportes les tiens ?

5. _____ m'a acheté mon imperméable. Qui t'a acheté le tien ?

Conversations improvisées (en équipes de deux)

A. Faire les valises *(Packing)* Un(e) camarade vous aide à faire vos valises. Comme il y a un tas *(a pile)* de vêtements (dix ou douze choses) sur le divan, il / elle vous demande s'ils sont à vous ou à votre camarade de chambre avant de les mettre dans votre valise. (Par exemple, il / elle vous demande : « Est-ce que ces chaussures sont à toi ou à Marie ? » Et vous, vous lui répondez : « Ce sont les miennes » ou « Ce sont les siennes » .)

B. « Déjeuner du matin » Discutez le poème avec un(e) camarade. Décrivez les personnages dans le poème. Qu'est-ce que vous pensez de ce poème (le sujet du poème ; son rythme ; sa simplicité) ?

254

NOMS
les **affaires** (f) belongings
l' **appareil-photo** (m) camera
l' **argent de poche** (m) spending money, pocket money
le **chapeau** hat
le **crayon** pencil
la **laine** wool; (le **pull**) **en laine** wool (sweater)
les **lunettes** glasses; les

lunettes de soleil sunglasses
le **porte-monnaie** change purse
le **sac à dos** backpack
le **stylo** pen
le **tas** pile
le **transistor** transistor radio

VERBE
être à to belong to, be someone's

DIVERS
quoi ? what?
MOTS AMIS
le **coton** ; **en coton**
le **poème**
la **raquette**
la **raquette de tennis**
le **rythme**
PRONOMS POSSESSIFS
see p. 250

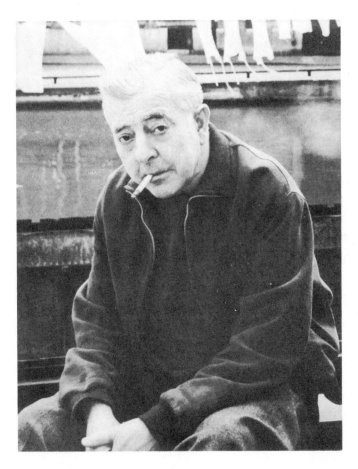

LE POÈTE JACQUES PRÉVERT

CONVERSATION 24
Retour de vacances

Marie est allée en Bretagne✦ passer les vacances de Noël✦ avec sa famille.

JEAN Tiens, bonjour, Marie ! Tu es enfin de retour ! Je suis content de te revoir. Est-ce que tu as passé de bonnes vacances de Noël en Bretagne ?

MARIE Oui, excellentes, merci ; mais trop courtes, comme toutes les vacances.

JEAN Quand est-ce que tu es rentrée ?

MARIE Hier soir à onze heures.

JEAN Tu as fait bon voyage ?

MARIE Oh ! Ne m'en parle pas ! À Rennes, l'express de Paris était bondé. J'ai à peine pu trouver une place. En plus, les gens fumaient, et il faisait horriblement chaud dans le compartiment.

JOHN Well, hi, Marie! You're finally back! I'm glad to see you again. Did you have a good Christmas vacation in Brittany?

MARIE Yes, excellent, thanks; but too short, like all vacations.

JOHN When did you get back?

MARIE Last night at eleven o'clock.

JOHN Did you have a nice trip?

MARIE Oh! Don't talk to me about it! At Rennes, the Paris express was crowded. I barely found a seat. Besides that, people were smoking and it was terribly hot in the compartment.

LES BIGOUDENS (PAYSANNES BRETONNES) EN COIFFE

NOËL:
L'OUVERTURE
DES CADEAUX

JEAN Ah bon ! Tu étais dans un wagon-fumeur... pas de chance !

MARIE Heureusement que j'ai dîné au wagon-restaurant !

JEAN Qu'est-que tu as fait le jour de Noël ?

MARIE Noël est toujours une grande affaire familiale chez nous. Tous mes frères et sœurs étaient là. Nous sommes allés à la messe de minuit, puis nous avons fait le réveillon✦ traditionnel. Ça m'a fait du bien de revoir ma famille.

JOHN So! You were in a smoking car... not very lucky!

MARIE Fortunately, I had dinner in the dining car.

JOHN What did you do on Christmas Day?

MARIE Christmas is always a big family affair at our house. All my brothers and sisters were there. We went to midnight Mass, then we had a traditional Christmas Eve party. It did me a lot of good to see my family again.

CULTURAL NOTES

The mainly agricultural region of **la Bretagne** *(Brittany) is a large peninsula in northwest France. Settled in the sixth century by Britons and later ruled by nobility from Normandy and Anjou, Brittany's history has included many struggles for possession and has thus produced a strong sense of cultural independence. Many of the traditions of Brittany are Celtic rather than Gallic, and the ancient Breton language is quite similar to Welsh, a Celtic language.*

Christmas (**Noël** *) is a traditional family event in France. Devout Catholics or not, on Christmas Eve many French families go to midnight Mass, and then gather for a* **réveillon** *(late-night party) to share a light meal and drink champagne.*

Exercices de mise en train : Tes activités d'hier

A. Vous allez poser des questions individuellement en employant les expressions de la liste ci-dessous. Des individus répondront à chaque question.

EXEMPLE se lever   À quelle heure est-ce que tu t'es levé(e) hier matin ?

aller en classe	aller en ville
déjeuner ; dîner	étudier
faire du sport (jouer au tennis, jouer	s'amuser
au base-ball)	rencontrer des copains
se promener	

B. En équipes de deux : Posez 5 ou 6 questions à un(e) camarade de classe en employant des expressions de la liste précédente. Après ça, *changez de rôle*.

II.   *Présentation du dialogue : Retour de vacances*

III.   *Exercice de compréhension du dialogue*

Répondez aux questions d'après le dialogue.

1. Où est-ce que Marie a passé ses vacances de Noël ?
2. A-t-elle passé de bonnes vacances ?
3. Quand est-ce qu'elle est rentrée chez elle ?
4. A-t-elle fait bon voyage ?
5. Est-ce que Marie a pu facilement trouver une place dans l'express de Paris ?
6. Qu'est-ce qui la gênait *(What bothered her)* dans son compartiment ?
7. Qu'est-ce que la famille de Marie a fait la veille de Noël *(Christmas Eve)?*
8. Est-ce que ça a fait du bien à Marie de revoir sa famille ?

IV.   *Substitutions : Retour de vacances*

Changez les phrases suivantes en substituant les mots indiqués.

1. Quand est-ce que tu es *rentré(e) ?*
   revenu(e) / arrivé(e) / parti(e) / sorti(e)

2. Je suis rentré(e) *hier soir à 11h.*
   hier soir à 8h30 / hier matin / hier après-midi / avant hier / la semaine dernière

3. Je suis de retour depuis *hier soir à 11h.*
   hier soir à 8h30 / hier matin / hier après-midi / avant hier / la semaine dernière

4. Quel voyage ! Le train était vraiment bondé ! J'ai à peine pu *trouver une place.*
   monter dans le train / entrer dans le train / trouver une place dans le wagon-restaurant

5. Mais les vacances étaient excellentes ! Je me suis bien amusé(e) *le jour de Noël.*
   la veille de Noël / le lendemain de Noël / le jour de l'An (*New Year's Day*) **/ la veille du jour de l'an / pendant les vacances**

V.   *Exercice d'application : Le passé composé de* **pouvoir** + *infinitif*

Des excuses   En deux groupes : Vous allez dire pourquoi on n'a pas fait les activités suivantes. Groupe A, vous mettez les verbes entre parenthèses au passé composé. Groupe B, vous répétez la phrase en employant le passé composé de **pouvoir** et l'infinitif du verbe. Après ça, *changez de rôle.*

EXEMPLE   Il n'y a plus de pain ! (papa / ne pas faire les courses)
          A: Papa n'a pas fait les courses aujourd'hui.
          B: C'est ça. Il n'a pas pu faire les courses aujourd'hui.

1. Jean n'est pas encore au bureau. (ne pas prendre le bus)   2. Et Roger n'est pas à l'heure non plus. (ne pas trouver de taxi)   3. Mais où est le rapport *(report)* de Roger ? (ne pas travailler hier soir)   4. Pourquoi est-ce que Jean n'était pas présent à la réunion *(meeting)* de ce matin ? (ne pas se lever de bonne heure)   5. Et voilà enfin Jean qui arrive. Pourquoi est-ce qu'il mange un croissant ? (ne pas manger ce matin)

VI.   *Questions personnelles : Les vacances de Noël*

A. Nous allons poser les questions suivantes tous ensemble, mais vous y répondrez individuellement.

1. Est-ce que vous avez passé de bonnes vacances de Noël ?   2. Avez-vous passé vos vacances en famille ? Est-ce que ça vous a fait du bien de revoir votre famille ?   3. Qu'est-ce que vous avez fait la veille de Noël ? Et le jour de Noël ?   4. Est-ce que vous célébrez Noël dans votre famille ? Si oui, quand est-ce que vous échangez des cadeaux de Noël avec votre famille ?   5. Avez-vous fait un voyage pendant les vacances de Noël ? Parlez-nous un peu de ce voyage.   6. Qu'est-ce que vous avez fait la veille du jour de l'an ? Êtes-vous allé(e) à des boums ?   7. Vous êtes-vous bien amusé(e) pendant les vacances ?

259

B. En équipes de deux : En employant la forme **tu**, posez les questions paires à un(e) camarade de classe. Pour les questions impaires, *changez de rôle.*

VII. *Conversations improvisées (en équipes de deux)*

A. Les vacances de Pâques *(Easter)* Posez 8 ou 10 questions à un(e) camarade sur ses vacances de Pâques de l'année dernière. Prenez des notes sur ses réponses, parce que, après cette interview, vous allez raconter ses activités à quelqu'un d'autre dans la classe. Après ça, *changez de rôle.*

B. Changez de partenaire. Racontez à ce nouveau / cette nouvelle partenaire 4 ou 5 activités de votre premier / première partenaire pendant les vacances de Pâques. Après ça, *changez de rôle.*

C. Pendant les vacances prochaines Racontez à un(e) camarade 9 ou 10 choses que vous allez faire pendant les vacances prochaines. (Par exemple, « J'irai en Floride en avion. Je ferai du ski nautique ».) Dans une discussion simultanée, votre camarade vous dit ce qu'il / elle a l'intention de faire aussi (« Moi aussi, j'ai l'intention de... », « Je compte... », « Je vais... », « J'irai... »).

VIII. *Dictée d'après la Conversation 23*

_____ *VOCABULAIRE* _____

NOMS
la **Bretagne** *Brittany*
le **jour de l'an** *New Year's Day*
la **messe** *mass;* la **messe de minuit** *midnight mass*
Noël *(m) Christmas*
Pâques *(m) Easter*
le **rapport** *report*
la **réunion** *meeting*
le **réveillon de Noël / du jour de l'An** *Christmas Eve/New Year's Eve party*

la **veille** *evening or day before;* la **veille de Noël** *Christmas Eve;* la **veille du jour de l'an** *New Year's Eve*
le **wagon-fumeur** *smoking car*
VERBES
être de retour *to be back, return*
gêner *to bother*
revoir *to see again*
ADJECTIF
bondé(e) *crowded*

DIVERS
à peine *scarcely, barely*
heureusement *fortunately*
puis *then*
MOTS AMIS
célébrer
le **compartiment**
le **croissant**
échanger
l' **excuse** *(f)*
horriblement
présent(e) *(adj)*
traditionel(le)

260

Jean et Marie discutent les rêves (dreams) de Jean.

MARIE Jean, qu'est-ce que tu ferais si tu étais riche ?

JEAN Je crois que je m'achèterais un bâteau et que je ferais le tour du monde.

MARIE *(le taquinant)* Ah bon ! avec qui ?

JEAN *(faisant semblant de ne pas l'entendre)* Je voyagerais en Italie. J'ai toujours rêvé de voir Florence et Rome.

MARIE John, what would you do if you were rich?

JOHN I think I'd buy myself a boat and go around the world.

MARIE *(teasing him)* Oh, really! With whom?

JOHN *(ignoring her)* I'd travel in Italy. I've always dreamed of seeing Florence and Rome. I'd also go to Egypt to see

J'irais aussi en Égypte voir le Nil et les Pyramides, et j'irais sûrement en Chine et au Japon voir ce qui se passe là-bas.

MARIE Alors, tu voyagerais et c'est tout ?

JEAN Non, je crois que je m'achèterais aussi une petite maison au bord de la mer et que je passerais mes journées à la plage.

MARIE Tu ne crois pas que tu serais vite fatigué de tout ça ?

JEAN Tu as sans doute raison. Si j'étais riche, je viendrais d'abord à l'aide des pauvres et des malheureux.

MARIE *(le taquinant à nouveau)* Tiens ! Jean l'Aventurier a aussi un petit côté philanthrope, hein ?

JEAN Ne te moque pas de moi ! Les problèmes comme la surpopulation ou la pollution m'inquiètent, pas toi ?

MARIE Oui, moi aussi. Mais a-t-on besoin d'être riche pour s'engager ?

the Nile and the Pyramids, and I'd definitely go to China and Japan to see what's going on there.

MARIE So, you'd travel and that's it?

JOHN No, I think I'd also buy a small house at the seashore and spend a lot of time at the beach.

MARIE Don't you think you'd quickly get tired of that?

JOHN You're probably right. If I were rich, I'd first help out the poor and the unfortunate.

MARIE *(teasing him again)* Well! John the Adventurer is also a bit of a philanthropist, right?

JOHN Don't make fun of me! Problems like overpopulation or pollution worry me. Don't they worry you too?

MARIE Yes, they worry me too. But do we need to be rich to take on causes?

I. *Exercices de mise en train: Tes vacances d'été à l'âge de 13 ans*

A. Vous allez poser des questions individuellement en employant les expressions de la liste ci-dessous. Des individus répondront à chaque question.

EXEMPLE se lever

Est-ce que tu te levais tôt ou tard pendant tes vacances d'été ?

faire du sport	lire
aller à la plage	voyager
prendre des bains de soleil	rendre visite à tes grands-parents
faire des excursions en vélo	rencontrer des copains

B. En équipes de deux : À partir des expressions précédentes, posez 5 ou 6 questions à un(e) camarade de classe. Après ça, *changez de rôle.*

II. *Présentation du dialogue : Rêves*

III. *Questions d'après le dialogue*

1. Qu'est-ce que Jean achèterait s'il était riche ?
2. S'il voyageait, où est-ce qu'il irait ?
3. S'il était riche, qu'est-ce qu'il ferait de son argent ?
4. Quels problèmes l'inquiètent ?
5. A-t-on besoin d'être riche pour s'engager ?

262

Substitutions : Si j'étais riche

Changez les phrases suivantes en substituant les mots indiqués.

1. Qu'est-ce que tu ferais *si tu étais riche ?*
   si tu étais millionnaire / **si quelqu'un te donnait un million de dollars** /
   si tu étais en vacances / **si tu avais l'après-midi de libre**
2. Si j'étais riche, *je m'achèterais une petite maison.*
   je ferais le tour du monde / **j'irais en Europe** / **je m'achèterais un**
   bâteau / **je passerais mes journées sur la plage** / **je viendrais à l'aide**
   des pauvres
3. Je voudrais aller *en Europe.*
   en France et en Italie / **en Chine et au Japon** / **en Grèce et en**
   Turquie / **à Paris et à Marseille** / **à Florence et à Rome**
4. Tu serais vite fatigué(e) *de tout cela.*
   des voyages / **des aéroports** / **des avions** / **de voyager**
5. Tu as raison. Je m'occuperais *des problèmes actuels (current).*
   de la pollution / **de la surpopulation** / **de l'usage des drogues** / **de la**
   circulation

V.   *Exercices d'application*

A. Trop d'affaires par terre *(on the floor)*! (révision des pronoms possessifs)
Groupe A, vous trouvez beaucoup d'objets par terre. Vous demandez à votre
camarade de chambre (Groupe B) si ces objets sont à lui. Groupe B, vous
insistez que ces objets ne sont pas à vous, mais plutôt à votre sœur. Après ça,
changez de rôle.

EXEMPLE   A: C'est ton pull ici par terre?
            B: Mais non, ce n'est pas **le mien** — c'est **le sien.**

1. Regarde ce blue-jean par terre. C'est ton blue-jean ?   2. Et ces livres par
terre. Ce sont tes livres, je crois.   3. Alors, c'est certainement ton sac à dos ici
par terre !   4. Et ces disques partout *(everywhere)*! Je sais que ces disques
sont à toi !   5. Et regarde cette belle écharpe par terre ! C'est ton écharpe,
n'est-ce pas ?

B. Dispute *(argument)* **entre camarades de chambre (la possession avec**
appartenir à [*belong to*] **et être à)**
En deux groupes : Groupe A, vous répétez les phrases suivantes qui indiquent
la possession par le verbe **appartenir à.** Groupe B, vous indiquez que ces
choses sont vraiment à vous, en employant l'expression **être à.** Après ça,
changez de rôle.

EXEMPLE   A: Ce livre m'appartient.   B: Mais non ! Ce livre-là est à moi !

1. Ce parapluie m'appartient.   2. Et ces gants m'appartiennent.   3. Mais ce
pull m'appartient !   4. Je sais que cette écharpe m'appartient !   5. Et ces
chaussures ? C'est sûr qu'elles m'appartiennent !   6. Mais voyons, au moins
ce blue-jean m'appartient !

C. La dispute continue *Changez de rôle.* Groupe B, vous répétez les phrases précédentes avec **appartenir à.** Groupe A, vous insistez sur le fait que les choses sont à vous en employant *le pronom possessif* (**le mien, la mienne,** etc.).

EXEMPLE   B: Ce livre m'appartient.   A: Mais non ! C'est le mien !

D. J'en ai assez ! *(I've had enough!)*   Tous ensemble : Votre sœur vous taquine un peu trop. Vous en avez assez et vous voulez qu'elle arrête.

EXEMPLE   Dites-lui de ne pas vous taquiner.
            Écoute ! Ne me taquine pas !

1. Dites à votre sœur de ne plus vous taquiner (tease).   **2.** Dites-lui d'arrêter de vous taquiner.   **3.** Dites-lui de ne pas se moquer de vous.   **4.** Dites-lui de ne plus vous embêter *(bother).*   **5.** Dites-lui de vous laisser en paix *(peace).* **6.** Dites-lui que vous en avez marre *(you are really fed up).*   **7.** Dites-lui que ça suffit *(that's enough),* enfin !   **8.** Dites-lui que vous en avez assez.

E. Deux contre un Toujours tous ensemble : Maintenant ce sont vos frères qui vous taquinent un peu trop. Dites-leur les phrases précédentes.

EXEMPLE   Dites-leur de ne pas vous taquiner.   Voyons, ne me taquinez pas !

VI.   *Questions personnelles*

A. Nous allons poser les questions suivantes tous ensemble, mais vous y répondrez individuellement. En employant la forme **tu,** demandez à quelqu'un:

264

L'ENGAGEMENT POLITIQUE

1. où il irait s'il voyageait en Europe.   **2.** comment il voyagerait s'il allait en Europe.   **3.** quelles villes il visiterait s'il voyageait aux États-Unis.   **4.** comment il voyagerait s'il visitait les États-Unis.   **5.** ce qu'il achèterait s'il avait beaucoup d'argent.   **6.** quels problèmes l'inquiètent actuellement.

B. En équipes de deux :   Posez les questions paires à un(e) camarade de classe. Pour les questions impaires, *changez de rôle.*

VII.   *Conversations improvisées (en équipes de deux)*

A. Vous êtes riche !   Quelqu'un de mystérieux vous a laissé un million de dollars dans son testament *(will)*. Dites à un(e) camarade ce que vous ferez avec ce million de dollars. Il / Elle vous montre son intérêt en posant des questions et en exprimant son accord ou désaccord avec vos projets. Après ça, *changez de rôle.*

B. Un week-end tout à fait libre   Dites à un(e) camarade ce que vous ferez ce week-end. Il / Elle vous montre son intérêt en vous posant des questions et en exprimant son accord ou désaccord. Après ça, *changez de rôle.* Votre camarade a la soirée tout à fait libre. Vous réagissez à ses idées.

VIII.   *Dictée d'après la Conversation 24*

___ *VOCABULAIRE* _____

NOMS
le **bateau** *boat*
la **dispute** *argument*
la **paix** *peace;* **laisser (qq'un) en paix** *to leave (someone) alone*
le **rêve** *dream*
la **surpopulation** *overpopulation*
le **testament** *will*
VERBES
appartenir à *to belong to*
en avoir assez *to be fed up, have enough*
en avoir marre *(fam) to be fed up*
embêter *to annoy, bother; to bore*
s'engager *to take on causes*

faire le tour (du monde) *to go around (the world)/see the whole (world)*
faire semblant de *to pretend to*
se moquer de *to make fun of*
rêver *to dream*
ADJECTIFS
actuel(le) *of the present time, today;* **actuellement** *(adv) currently, presently;*
malheureux (malheureuse) *unhappy; unfortunate*
pauvre *poor*
DIVERS
ça suffit *that's enough*
par terre *on the floor/ground*
partout *everywhere*

MOTS AMIS
l' **aide** *(f)*
l' **aventurier,**
l' **aventurière**
la **Chine**
la **drogue**
l' **Égypte** *(f)*
la **Grèce**
le **Japon**
le **million (de)**
le, la **millionnaire**
le **Nil**
le/la **philanthrope**
la **pollution**
la **pyramide**
riche
sûrement
la **Turquie**
l' **usage** *(m)*

265

Marie a passé ses vacances de Noël en Bretagne avec sa famille. À son retour, Jean, toujours curieux de comparer les coutumes françaises avec celles des États-Unis, l'invite à dîner chez lui et lui demande d'apporter les photos de son voyage et de sa famille.

— Voilà notre maison de famille, lui explique Marie en lui montrant la première photo de son album. Tu sais que j'ai passé mon enfance et mon adolescence en Bretagne, et pour moi cette maison représente le foyer° familial. Elle est dans notre famille depuis des générations. Du reste, mes oncles° et mes tantes° habitent dans le quartier, et mes cousins, mes frères et sœurs et moi, nous avons grandi° tous ensemble. Maintenant nous vivons tous dans différents coins de France, mais nous nous réunissons pour Noël chaque année et je ne manque° jamais d'y être aussi.

— Qu'est-ce qu'on fait dans une famille comme la tienne pour Noël ? lui demande Jean.

— D'abord, la veille, on décore la maison. Tu vois ici le sapin de Noël° que mon père a acheté. Cette année mes petits neveux et

home (hearth)
uncles/aunts

grew up

miss

sapin... *Christmas tree*

LA DÉCORATION DU SAPIN DE NOËL

nièces nous ont aidés à le décorer. Sur cette photo, ma mère monte° *puts up*
la crèche°; les petites figurines de la nativité sont anciennes et ont *manger*
été faites par des artisans du coin.

— Ici, tu nous vois tous très bien habillés. Il est onze heures et
demie du soir et nous sommes prêts à partir pour l'église. Avant de
partir, nous avons tous mis une de nos chaussures au pied de l'arbre
de Noël pour que le père Noël ne nous oublie pas. Les Français, qui
ne sont pas en général très religieux, aiment les rites de Noël et de
Pâques. Alors, notre petite église était bondée de monde ce soir-là.

LA MESSE À L'ÉGLISE CATHOLIQUE

— Après la messe de minuit, nous nous sommes tous re-
trouvés° chez mes parents pour réveillonner. Avant de nous mettre à *met*
table, nous avons ouvert les cadeaux que le père Noël nous avait
apportés en notre absence. Dans ma famille, le menu traditionnel du
réveillon est un pâté de foie gras truffé,✦ de la brioche, un chocolat
chaud et naturellement du champagne. Ici, nous trinquons° à la *clink glasses*
santé de tous. Nous nous sommes couchés très tard, bien sûr, et *(toast)*
seule ma mère était debout tôt le lendemain pour préparer le déjeuner de Noël.

— Qu'est-ce que vous mangez pour ce déjeuner ?

— C'est un repas de trois ou quatre heures qui consiste, entre
autres,° d'une dinde° farcie° avec une purée de marrons,° et d'une *among other*
bûche de Noël.° Cette année, nous étions une trentaine à table et *things / turkey*
nous avons bien mangé, bien bu, bien rigolé° et parlé, et je ne man- *stuffed / chestnuts*
querais ça pour rien au monde ! *bûche... yule-log*
cake / laughed

267

NOËL EN FAMILLE

I. *Vrai ou faux ?*

Dites si les phrases suivantes sont vraies ou fausses. Si une phrase est fausse, corrigez-la.

1. Jean a passé ses vacances de Noël avec Marie en Bretagne.
2. Marie décrit son Noël en famille et montre des photos.
3. Marie a grandi à Paris, mais le reste de sa famille vit en Bretagne depuis longtemps.
4. En France, la tradition veut qu'on mette ses chaussettes près de l'arbre de Noël pour que le père Noël les remplisse de cadeaux.
5. Après la messe de minuit, la famille de Marie rentre et se couche.

Questions sur la compréhension de la lecture

1. Où et avec qui est-ce que Marie a passé Noël ?
2. Pourquoi est-ce que Jean l'invite chez lui ?
3. Qu'est-ce qu'il y a dans l'album de photos de Marie ?
4. Décrivez 3 ou 4 photos dont Marie parle ici.
5. Décrivez la situation familiale de Marie quand elle était jeune.
6. Citez quelques traditions d'un Noël français. Y a-t-il des différences avec les traditions de votre famille ? Expliquez.
7. Est-ce que tout le monde fait la grasse matinée *(sleeps late)* ce jour-là ? Pourquoi ou pourquoi pas ?
8. Quel est le menu du réveillon de Noël chez Marie ? Et celui du déjeuner ?

III. *À votre tour*

A. En 10 ou 12 phrases, racontez à un(e) camarade les traditions familiales de Noël ou d'une autre fête chez vous. Après ça, *changez de rôle.*

B. À partir de 4 ou 5 photos, décrivez à un(e) camarade un événement familial important (par exemple, un mariage ou un anniversaire). Inspirez-vous de la lecture pour décrire ces photos.

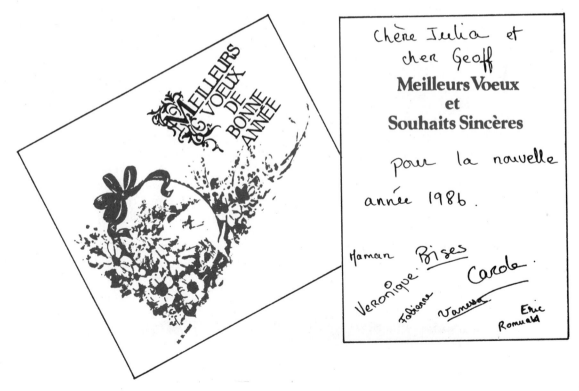

SIXIÈME LECTURE

GRAMMAR UNIT 18
The conditional and pluperfect tenses

59. Conditional of regular verbs

Je déjeunerais à la maison, si j'avais le temps de rentrer.

I would have lunch at home if I had time to go home.

Je finirais plus tôt, si je commençais plus tôt.

I would finish sooner, if I began sooner.

Je répondrais à sa lettre, si j'avais son adresse.

I would answer his/her letter, if I had his/her address.

Si j'étais à votre place, **je me dépêcherais.**

If I were in your place, **I would hurry.**

Repeat the conditional forms of regular verbs after your instructor.

First Conjugation	*Second Conjugation*	*Third Conjugation*
je déjeunerais *(I would have lunch)*	je finirais *(I would finish)*	je répondrais *(I would answer)*
tu déjeunerais	tu finirais	tu répondrais
il / elle déjeunerait	il / elle finirait	il / elle répondrait
nous déjeunerions	nous finirions	nous répondrions
vous déjeuneriez	vous finiriez	vous répondriez
ils / elles déjeuneraient	ils / elles finiraient	ils / elles répondraient

A. The conditional tense of regular verbs is formed by adding the endings **-ais, -ais, -ait, -ions, -iez, -aient** to the infinitive. In third conjugation verbs (ending in **-re**), the final **e** of the infinitive is omitted. Since the endings are the same as those of the imperfect indicative, you should be able to learn the forms of the conditional quite easily.

Note that the three endings of the singular and the third person plural ending are all pronounced exactly alike.

B. The conditional of reflexive verbs follows the usual pattern: **je me dépêcherais, tu te dépêcherais,** etc.

60. *Conditional of* être *and* avoir

Vous seriez malheureux, si vous étiez riche.

You would be unhappy if you were rich.

J'aurais le temps, si je me levais plutôt.

I would have time if I got up earlier.

Repeat the forms of the conditional of **être** *and* **avoir** *after your instructor.*

Être	*Avoir*
je serais *(I would be)*	j'aurais *(I would have)*
tu serais	tu aurais
il / elle serait	il / elle aurait
nous serions	nous aurions
vous seriez	vous auriez
ils / elles seraient	ils / elles auraient

61. *Uses of the conditional*

A. In conditional sentences that describe what *would* happen if a certain condition were fulfilled, the conditional is used in the result clause (**Je répondrais à sa lettre,**) and the imperfect is used in the *if*-clause (**si j'avais son adresse**). This type of conditional sentence (sometimes called "contrary to fact") involves a hypothetical or imaginary situation (which is probably unlikely to happen or, at least, not right now) and the likely results if that situation were to exist or come about.

Note the difference between this type of conditional sentence and those you have seen (see Grammar Unit 12, ¶ 45) that describe what *will* happen if a certain condition is fulfilled. That condition refers to an event or situation that is likely to happen or, at least, may possibly occur. EXAMPLE **Je prendrai un taxi** *(future)* **s'il pleut** *(present).*

Je répondrais à sa lettre, si j'avais son adresse.

I would answer his (her) letter, if I had his (her) address.

Je travaillerais davantage, si j'étais à votre place.

I would work more, if I were in your place.

B. The conditional is often used even though the *if*-clause is omitted.

À votre place, **je travaillerais** davantage.

(If I were) in your place, I would work harder.

Tu serais vite fatigué de tout cela.

You would soon be tired of all that.

C. The conditional expresses future action in an indirect discourse that depends on a verb in a past tense.

Il a dit qu'**il irait** en Italie.

He said he would go to Italy.

Elle a dit qu'**elle ferait** des courses.

She said she would do some errands.

Note that this use of the conditional parallels English usage. If someone said: *I will go to Italy,* you could report it by using either a direct quotation (direct discourse) or an indirect quotation (indirect discourse). For example:

DIRECT   *He said, "I will go to Italy."* Il a dit : « J'irai en Italie. »
INDIRECT *He said he would go to Italy.* Il a dit qu'il irait en Italie.

62. *About English* should *and* would

Thinking of French words and phrases in terms of their supposed English equivalents is not good practice, particularly in the case of *should* and *would.* These words are indeed used to form a conditional in English, but they have other very common meanings that have nothing whatever to do with the conditional.

A. *Should* denoting obligation (meaning *ought to*)

To express in French *I should go to the library* (that is, *I ought to*), use a form of the verb **devoir*** (**Je** devrais). Meanwhile, remember that the conditional forms themselves carry *no* suggestion of *obligation* in French.

B. *Would* denoting habitual action (meaning *used to*)

You have seen in Grammar Unit 15, ¶ 54A that habitual action in the past is expressed in French by the imperfect indicative.

Il allait au cinéma tous les soirs après le dîner.	*He would go (used to go) to the movies every evening after dinner.*

63. *Pluperfect* (plus-que-parfait) *of regular verbs and of* avoir *and* être

J'avais déjà **accepté** l'invitation de Robert quand j'ai reçu la vôtre.	*I had already accepted Robert's invitation when I received yours.*
La chaussée était très glissante car **il avait plu.**	*The surface of the street was very slippery because it had been raining.*
Il était déjà **parti** quand je suis arrivé.	*He had already left when I arrived.*

The forms of the pluperfect indicative are:

j'avais donné, etc.	*I had given, etc.*
j'avais fini, etc.	*I had finished, etc.*

---

*The verb **devoir** is covered more thoroughly in Grammar Unit 25, Section 90.

272

j'avais répondu, etc.	*I had answered*, etc.
j'avais été, etc.	*I had been*, etc.
j'avais eu, etc.	*I had had*, etc.
j'étais arrivé(e), etc.	*I had arrived*, etc.
je m'étais levé(e), etc.	*I had gotten up*, etc.

1. The pluperfect is a compound tense like the **passé composé**, and is formed similarly except that the imperfect of the auxiliary is used.

2. As in English, the pluperfect tense expresses an action that had already occurred when another past action took place. When the first action immediately precedes the second, the pluperfect is usually replaced by the imperfect of **venir** followed by **de** + *infinitive*. EXAMPLE   Je **venais** d'accepter l'invitation de Robert quand j'ai reçu la vôtre. *(I had just accepted Robert's invitation when I received yours.)*

I.   *Substitutions*

Changez les phrases suivantes en substituant les mots indiqués.

A. En vacances (le conditionnel)

1. Si j'étais en vacances, *je me coucherais très tard le soir.*
je me lèverais très tard le matin / je lirais beaucoup de romans / j'irais souvent au cinéma / je jouerais au tennis / je ferais un voyage *(take a trip)*

2. Si nous faisions un voyage, mes copains et moi, *nous irions en Floride.*
nous voyagerions en auto / nous achèterions des cassettes / nous déjeunerions dans des restaurants pas chers / nous nous amuserions beaucoup

3. Mon ami Mark m'a dit qu'*il voudrait visiter la Floride aussi.*
il voudrait voyager avec nous / il apporterait ses cassettes / il pourrait conduire la voiture / il payerait une partie des frais *(part of the expenses)*

B. Comment était Pierre ? (le plus-que-parfait)

1. Pierre était de bonne humeur *(in a good mood)* hier soir parce qu'*il avait reçu un chèque de son père.*
il avait fini son travail de bonne heure / il avait dîné dans un très bon restaurant / il s'était amusé en allant à la Comédie-Française / il était allé prendre un pot avec des copains

2. Il n'est pas allé au cinéma hier soir ? — Non, *il était allé au cinéma avant hier.*
il avait déjà vu la plupart *(most)* des films récents / il s'était couché trop tard la nuit d'avant *(the night before)* / il avait mal dormi *(slept)* la nuit d'avant / il n'avait pas fini de faire ses devoirs

273

Exercices d'application

A. Imaginez   En équipes de deux : Vous lisez les phrases suivantes (avec les verbes au présent) et un(e) camarade *(livre fermé)* change la phrase en mettant le verbe au conditionnel. Vous dites à votre partenaire s'il / si elle a donné la forme correcte en disant « C'est ça » , « C'est correct » , « Tu as raison » ou « Non, ce n'est pas ça » . Pour 7 à 12, *changez de rôle.*

EXEMPLE   Je vais au musée. (irais)   J'irais au musée.

Si j'allais à Chicago

1. Je me lève de bonne heure. (me lèverais)   **2.** Je prends l'autocar à Chicago. (prendrais)   **3.** Je fais des courses. (ferais)   **4.** J'achète des vêtements. (achèterais)   **5.** Je dîne dans un restaurant français. (dînerais)   **6.** Je rentre à minuit. (rentrerais)

Un samedi idéal

7. Jean fait la grasse matinée. (ferait)   **8.** Il déjeune avec Marie. (déjeunerait)   **9.** Il se promène en ville. (se promènerait)   **10.** Il va au cinéma. (irait)   **11.** Il prend un pot avec ses copains. (prendrait)   **12.** Jean est content. (serait)

B. Si je vais en ville...   En deux groupes : Groupe A, vous dites à Groupe B ce que vous ferez si vous allez en ville ce week-end. En employant la forme **nous,** Groupe B, vous dites que vous ferez les mêmes choses.

EXEMPLE   A: S'il fait beau, j'irai en ville.
    B: **Oui, s'il fait beau, nous aussi, nous irons en ville.**

1. Si je vais en ville, je ferai des courses.   **2.** Si j'ai assez d'argent, j'achèterai un blue-jean.   **3.** S'il fait beau, je me promènerai en ville.   **4.** S'il fait mauvais, j'irai au cinéma.   **5.** Si j'ai assez de temps, je rentrerai à pied.   **6.** Si je n'ai pas beaucoup de temps, je prendrai un bus.

C. Si j'avais...   Toujours en deux groupes: Groupe B, vous dites ce que vous feriez ce week-end si vous aviez beaucoup d'argent ou si vous aviez du temps libre. En employant la forme **nous,** Groupe A, vous dites que vous feriez les mêmes choses.

EXEMPLE   B: Si j'avais du temps libre, je jouerais aux cartes avec mes copains.
    A: **Nous aussi, si nous avions** du temps libre, **nous jouerions** aux cartes avec **nos** copains.

1. Si j'avais du temps libre, je sortirais avec mes copains.   **2.** Si j'avais du temps libre, j'irais au cinéma.   **3.** Si j'avais beaucoup d'argent, j'achèterais beaucoup de nouveaux vêtements.   **4.** Si j'avais du temps libre, je lirais plusieurs romans.

274

D. Si tu étais riche...   Tous ensemble : À partir de la liste ci-dessous, quelqu'un dans le groupe posera une question et quelqu'un d'autre y répondra. En employant la forme **tu**, posez les questions avec **quand** + le futur *ou* avec **si** + l'imparfait et le conditionnel.

EXEMPLES   acheter une automobile

Si tu étais riche, est-ce que tu achèterais une automobile ?
— Mais oui, si j'étais riche, j'achèterais une voiture de sport.

Quand tu seras riche, est-ce que tu achèteras une automobile?
— Mais oui, quand je serai riche, j'achèterai une voiture de sport.

1. aller en Europe / en Chine / au Japon / dans d'autres pays ?   **2.** visiter Paris / Hong Kong / Hiroshima / d'autres villes ?   **3.** acheter une voiture / des vêtements / une maison / des peintures *(paintings, f)* / d'autres choses ?
4. être philanthrope / donner de l'argent aux pauvres / venir en aide aux malheureux

E. Bavardage   En deux groupes : Groupe A, vous dites exactement ce que vos amis ont dit hier soir. Groupe B, vous en êtes étonné et vous demandez s'ils ont vraiment dit ces choses. Après ça, *changez de rôle.*

EXEMPLE   A: Tu sais, hier soir, Suzanne a dit: « J'achèterai une Mercédès dans un mois. »
B: C'est vrai ? Elle a dit qu'elle achèterait une Mercédès ?

1. Marc a dit: « J'irai en Europe cet été avec ma mère. »   **2.** Et Suzanne, elle a dit: « Je voyagerai avec Marc et sa mère cet été. »   **3.** Et puis Marc a dit: « Nous prendrons le Concorde pour aller en Europe. »   **4.** Suzanne a dit: « J'achèterai toutes sortes de vêtements chez Dior. »   **5.** Et Marc et Suzanne ont dit: « Nous resterons au Ritz à Paris. »   **6.** Enfin, ils ont dit : « Nous nous marierons à Paris. »

F. Une mauvaise journée   (le plus-que-parfait)
Tous ensemble : Dites pourquoi Roger était de mauvaise humeur hier en mettant les verbes des phrases suivantes au plus-que-parfait.

EXEMPLE   se réveiller en retard

Il était de mauvaise humeur hier parce qu'il s'était réveillé en retard.

Roger était de mauvaise humeur hier parce qu'il...

1. se lever en retard   **2.** ne pas pouvoir trouver de taxi   **3.** arriver en retard au bureau   **4.** avoir trop de travail à faire le soir d'avant   **5.** ne pas avoir le temps de déjeuner   **6.** attraper un rhume

III. Questions personnelles

A. Nous allons poser les questions suivantes tous ensemble, mais vous y répondrez individuellement.

1. S'il fait beau aujourd'hui, qu'est-ce que vous ferez ?   **2.** Et s'il faisait mauvais aujourd'hui, que feriez-vous ?   **3.** Si vous allez en ville ce soir, que ferez-vous ?   **4.** Si vous alliez à Paris cet été, que feriez-vous ?   **5.** Si vous sortez ce week-end, que ferez-vous ?   **6.** Si vous sortiez ce week-end avec Suzanne et Marc, que feriez-vous ?   **7.** Si vous avez du temps libre ce week-end, qu'est-ce que vous ferez ?   **8.** Si vous aviez une soirée sans devoirs, que feriez-vous ?

B. En équipes de deux : En employant la forme **tu**, posez les questions impaires à un(e) camarade de classe. Pour les questions paires, *changez de rôle*.

IV. Conversations improvisées (en équipes de deux)

A. Si un jour... Avec un(e) camarade, écrivez 8 ou 10 questions précises *(questions answered by yes or no)* à poser à vos camarades sur le sujet : **Si un jour tu gagnais *(earned)* beaucoup d'argent...** (Par exemple, « Si un jour tu gagnais beaucoup d'argent, est-ce que tu achèterais une maison à la campagne ? »)

B. À la chasse   Maintenant levez-vous et posez 5 ou 6 de vos questions à 5 ou 6 personnes différentes. Prenez des notes sur les réponses et répondez aux questions de vos camarades de classe.

C. De retour avec votre premier (première) camarade   Dites-lui les réponses que vous avez obtenues. (Par exemple, « Marc achèterait une Porsche s'il gagnait beaucoup d'argent » .) Après ça, votre camarade vous dit les réponses qu'il / elle a obtenues.

D. Si j'étais marié(e)...   En 7 ou 8 phrases, dites à un(e) camarade comment serait votre vie si vous étiez marié(e). (Par exemple, « Si j'étais marié/e, j'habiterais dans une grande maison et j'aurais cinq enfants » .) Votre camarade vous montre son intérêt (« Moi aussi... » , « Pas moi... » , « C'est vrai ? »). Il / Elle vous pose aussi des questions.

E. De bonne ou de mauvaise humeur ?   Vous dites à un(e) camarade pourquoi vous étiez de bonne ou de mauvaise humeur hier soir. Donnez-lui 4 ou 5 raisons. (Par exemple, « J'étais de bonne humeur hier soir parce que j'avais reçu un A dans un examen » ou « J'étais de mauvaise humeur hier soir parce que mon / ma camarade de chambre n'avait pas préparé le dîner » .) Votre camarade vous montre son intérêt (« C'est dommage » , « Ça se comprend [*That's understandable*] » , « Moi aussi, je serais de bonne / mauvaise humeur »). Il / Elle vous pose aussi des questions comme « Pourquoi est-ce qu'il / elle n'avait pas préparé le dîner ? »

276

NOMS
les **frais** *(m pl) expenses*
  l' **humeur** *(f) mood;* **être de bonne / mauvaise humeur** *to be in a good/bad mood*
la **partie** *part*
la **peinture** *painting*
la **plupart (de)** *the most; the majority (of)*

VERBES
ça se comprend *that's understandable*
dormir *to sleep*
faire un voyage *to travel, take a trip*
gagner *to earn (money); to win*

ADJECTIFS
glissant(e) *slippery*

DIVERS
(la nuit) d'avant *(the night) before*
car *because*
davantage *more*

COGNATES
accepter
  la **cassette**
correct
  l' **invitation** *(f)*

SOUVENIR DE COUBRON *DE COROT*

CONVERSATION 26
Le Mariage d'une cousine

Marie vient de recevoir une lettre de sa tante, lui annonçant le prochain mariage✦ d'une de ses cousines.

ROGER Qu'est-ce que tu as, Marie ?

MARIE Je n'ai rien du tout, je t'assure.
ROGER Mais si, tu as quelque chose. Tu as l'air déprimé. À quoi penses-tu ?

MARIE Je pense à Jeanne.
ROGER Qui est-ce ?
MARIE C'est une de mes cousines.
ROGER Mais laquelle ? Tu en as tellement !
MARIE C'est celle qui habite à Reims.

ROGER Oh oui ! Tu m'as déjà parlé d'elle, non ?
MARIE Oui. J'ai reçu hier une lettre de ma tante Ernestine. Elle m'écrit que Jeanne va se marier le mois prochain.

ROGER Et c'est ça qui te déprime ? Tu es jalouse ?
MARIE Bien sûr que non, voyons ! C'est simplement que je ne pourrai pas aller au mariage.
ROGER C'est dommage, en effet. Avec qui se marie ta cousine ?
MARIE Avec un architecte que je connaissais quand il avait dix ans. *(Elle soupire.)* Comme le temps passe !

ROGER What's the matter (with you) Marie?
MARIE Nothing's the matter, really.
ROGER Oh yes, there is. Something's wrong. You look depressed. What are you thinking about?
MARIE I'm thinking of Jeanne.
ROGER Who's she?
MARIE She's one of my cousins.
ROGER But which one? You have so many of them!
MARIE She's the one who lives in Rheims.
ROGER Oh yes! You've already mentioned her to me, haven't you?
MARIE Yes. I got a letter from my Aunt Ernestine yesterday. She writes that Jeanne is going to get married next month.
ROGER And that's what's depressing you? Are you jealous?
MARIE Of course not! It's just that I won't be able to go to the wedding.

ROGER That's really too bad. Who's your cousin marrying?
MARIE An architect I knew when he was ten years old. *(She sighs.)* How time flies!

À L'ENTRÉE DE L'ÉGLISE

279

Exercice de mise en train : Ce week-end

A. Nous allons poser des questions tous ensemble, mais vous y répondrez individuellement. À partir de la liste des activités ci-dessous, demandez à quelqu'un s'il les ferait s'il avait le temps ce week-end.

EXEMPLES faire une promenade ; où ?
               Si tu avais le temps, est-ce que tu ferais une promenade ce week-end ?
               Où est-ce que tu ferais cette promenade ?

faire une excursion en vélo ; où ? ; avec qui ?
aller au théâtre ; avec qui ?
regarder la télé ; quelle émission ?
se promener en ville / à la campagne
écrire des lettres ; à qui ?
sortir avec des copains ; où ?

B. En équipes de deux : À partir des expressions précédentes, posez 2 ou 3 questions à un(e) camarade de classe. Après ça, *changez de rôle.*

II.   *Présentation du dialogue : Le Mariage d'une cousine*

III.   *Questions de compréhension du dialogue*

Répondez aux questions d'après le dialogue.

1. Qu'est-ce que Marie a ?
2. Quel air a-t-elle ?
3. À qui est-ce qu'elle pense ?
4. Est-ce que Marie a déjà parlé de Jeanne à Roger ?
5. De qui est-ce que Marie a reçu une lettre hier ?
6. Qu'est-ce que sa tante annonce à Marie dans sa lettre ?
7. Pourquoi est-ce que cette nouvelle déprime Marie ?
8. Avec qui est-ce que Jeanne va se marier ?

IV.   *Substitutions : Ça va ?*

Changez les phrases suivantes en substituant les mots indiqués.

1. Qu'est-ce que *tu as ?*
   vous avez / il a / elle a / ils ont
2. Tu as l'air *triste.*
   malheureux / ennuyé / fatigué / heureux / fâché *(angry)*
3. Qu'est-ce qui *te déprime* alors ?
   te rend malheureuse (malheureux) / te rend triste *(is making you sad)* **/
   te rend jalouse (jaloux) / t'inquiète / t'ennuie**
4. *Je n'ai rien du tout,* je t'assure.
   Rien ne m'ennuie / Rien ne m'inquiète / Tout va bien

280

Exercices d'application

A. Qu'est-ce qui est arrivé hier ? (quelque chose et rien)
En deux groupes : Groupe A, vous répondez affirmativement aux questions suivantes. Groupe B, vous y répondez négativement. Après ça, *changez de rôle.*

EXEMPLE   Avez-vous acheté quelque chose hier ?
          A: **Oui,** j'ai acheté quelque chose hier.
          B: **Pas moi,** je n'ai rien acheté hier.

1. Avez-vous envoyé quelque chose à votre mère ?   **2.** Avez-vous reçu quelque chose de vos parents ?   **3.** Est-ce que vous avez trouvé quelque chose dans la rue ?   **4.** Avez-vous fait quelque chose d'intéressant hier ?
5. Avez-vous eu quelque chose d'important à faire hier ?

je n'ai rien eu d'important

B. Vous avez l'air pensif ! (penser à et penser de*)
En deux groupes : Groupe A, vous posez des questions en employant **Pensez-vous à...** et les mots indiqués. Groupe B, vous y répondez affirmativement en employant le pronom **y** pour les choses, ou un pronom disjonctif pour les personnes (par exemple, **lui / eux**).

EXEMPLE   à votre frère
          A: Pensez-vous à votre frère ?
          B: Tiens ! Justement... je pense à lui.

1. à votre père   **2.** à vos parents   **3.** à vos examens   **4.** à votre travail   **5.** à votre mère   **6.** à vos problèmes

C. Mais oui! *Changez de rôle.* Groupe B, vous posez des questions à propos de Roger, et Groupe A, vous y répondez en employant le pronom qui convient.

EXEMPLE   à Marie
          B: Est-ce que Roger pense à Marie ?
          A: **Mais oui,** il pense à elle.

1. à Jean   **2.** à son travail   **3.** à ses parents   **4.** à son voyage   **5.** à son amie Louise   **6.** à ses problèmes

---

*While both **penser à** and **penser de** can be translated *to think of,* **penser à** means to think of a *person or thing;* **penser de** means to think something *about* a person or a thing, that is, to hold an opinion.
   Penser à : When the object of **penser à** is a personal pronoun that refers to a person or persons, the stressed personal pronoun is used: **Pensez-vous à *Marie* ? Oui, je pense à *elle.* When the object of **penser à** is a pronoun referring to things, the form **y** is used: **Pensez-vous à *vos examens* ? Oui, j'*y* pense.**
   Penser de : When the object of **penser de** is a personal pronoun that refers to a person or persons, the stressed personal pronoun is used: **Qu'est-ce que vous pensez *d'elle* ? Je pense beaucoup de bien *d'elle.* When the object of **penser de** is a personal pronoun referring to things, the form **en** is used: **Qu'est-ce que vous pensez *de ce livre* ? Qu'est-ce que vous *en* pensez ?**

281

D. Votre opinion, s'il vous plaît ! Nous allons poser des questions tous ensemble en employant l'expression **penser de** et le pronom qui convient aux mots suivants (**en** pour les choses et un **pronom disjonctif** pour les personnes). Vous y répondrez individuellement, en exprimant votre opinion.

EXEMPLES   de cette auto

        TOUS : Qu'est-ce que vous **en** pensez ?

        UN(E) ÉTUDIANT(E): Je pense qu'elle est très jolie / vraiment sportive *(sporty)* / belle.

        de Marie

        TOUS : Que pensez-vous d'elle ?

        UN(E) ÉTUDIANT(E) : Je pense qu'elle est très gentille / sympa / jolie.

1. de ce film **2.** de Jean **3.** de mon auto **4.** de vos camarades de classe **5.** de votre camarade de chambre **6.** de ce livre **7.** de Marie **8.** de Jean et de Roger

282

Questions personnelles

Nous allons poser les questions suivantes tous ensemble, mais vous y répondrez individuellement.

A. Le mariage et vous Avez-vous envie de vous marier ou de rester célibataire *(single)?* Pourquoi ? Si vous avez l'intention de vous marier, quand est-ce que vous le ferez ? Où ? À l'église ? À la synagogue ? À la maison ? À la mairie ?

B. Vos émotions Qu'est-ce qui vous rend triste ? heureux (heureuse) ? furieux (furieuse) ? nerveux (nerveuse) ? Qu'est-ce qui vous fait plaisir ? Qu'est-ce qui vous ennuie ?

VII. *Conversations improvisées (en équipes de deux)*

A. Les Sentiments des autres Vous voulez mieux connaître un(e) camarade de classe. Alors, en posant 7 ou 8 questions, vous lui demandez ce qui le / la rend heureux / heureuse, triste, nerveux / nerveuse, furieux / furieuse, ce qui lui fait plaisir, ce qui l'ennuie, ce qui l'inquiète et ce qui le / la déprime.

Votre camarade vous répond et vous lui montrez votre intérêt (1) en lui posant des questions (par exemple, « Mais pourquoi est-ce que ça te rend triste ? ») et (2) en employant des expressions d'accord (ou de désaccord) et de sympathie, comme « Moi aussi, ça me rend triste » , « C'est dommage » , « Oui, je comprends » , » Ça se comprend » , » Je ne suis pas d'accord avec toi »). Après ça, *changez de rôle.*

B. Un mariage En 8 ou 9 phrases, décrivez un mariage (réel ou imaginaire) auquel vous avez été invité(e) et où il a eu lieu *(took place)*, en quel mois ou en quelle saison, combien de gens il y avait, qui était le jeune couple, quels cadeaux ils ont reçus. Après ça, *changez de rôle.*

VIII. *Dictée d'après la Conversation 25*

——— *VOCABULAIRE* ————————————————————————————————

VERBES
avoir lieu *to take place*
avoir quelque chose *to be the matter;* **qu'est-ce que tu as ?** *what's the matter?*
déprimer *to depress*
faire plaisir *to please*
penser à *to think about/of (a person or thing)*
penser de *to think about/have an opinion of*
rendre *to make*
soupirer *to sigh*

ADJECTIFS
célibataire *single*
déprimé(e) *depressed*
fâché(e) *angry*
sportif (sportive) *athletic; sporty*
triste *sad*
PRONOMS INTERROGATIFS
lequel / laquelle; *(pl)* **lesquels / lesquelles ?** *which one(s)?*

DIVERS
ça (me) rend (triste) *it makes (me)(sad)*
celui / celle; *(pl)* **ceux / celles** *the one(s)*
en effet *really*
tellement *so much/many*
le **temps passe** *time flies*
MOTS AMIS
assurer
furieux (furieuse)
important(e)
jaloux (jalouse)
nerveux (nerveuse)

283

GRAMMAR UNIT 19
Interrogative pronouns

64. Interrogative pronouns referring to persons

A. Subject forms: **qui**? or **qui est-ce qui**? (who?)

Qui a dit cela ?
OR: **Qui est-ce qui** a dit cela ? } ***Who*** *said that?*

B. Object forms: **qui**? and **qui est-ce que**? (whom?)

Qui est-ce que vous avez vu ?
OR: **Qui** avez-vous vu ? } ***Who(m)*** *did you see?*

À qui est-ce que vous avez parlé ?
OR: **A qui avez-vous parlé ?** } ***To whom*** *did you speak? (**Whom** did you speak **to**?)*

Avec qui est-ce que ta cousine se marie ?
OR: **Avec qui** ta cousine se marie-t-elle ? } ***To whom*** *is your cousin getting married? (**Whom** is your cousin marrying?)*

De qui est-ce que vous parlez ?
OR: **De qui** parlez-vous ? } ***About whom*** *are you talking? (**Whom** are you talking **about**?)*

Note that when **qui ?** is used as object of a verb or preposition, you invert the order of subject and verb. With **qui est-ce qui ?** or **qui est-ce que ?** you use normal word order, just as you did with questions introduced by **est-ce que ?**

C. Possession: **à qui ?** (whose?)

À qui est cette voiture ?   ***Whose*** *car is that?*
À qui sont ces revues ?   ***Whose*** *magazines are those?*

Note that **à qui ?** is the interrogative form corresponding to **à moi, à vous,** etc., which you have seen in Grammar Unit 17, ¶ 58.

65. Interrogative pronouns referring to things

A. Subject form: **qu'est-ce qui ?** (what?)

Qu'est-ce qui se passe ?	*What is happening?*
Qu'est-ce qui lui est arrivé ?	*What happened to him/her?*

The short form **que ?** is also sometimes used as the subject in such phrases as **Que se passe-t-il ?** and **Qu'arrive-t-il ?**

B. Direct object form: **que ?** and **qu'est-ce que ?** (what?)

Qu'est-ce qu'il vous a dit ?
OR: **Que** vous a-t-il dit ? ⎫ *What did he say to you?*

Qu'est-ce que vous lui avez répondu ?
OR: **Que** lui avez-vous répondu ? ⎫ *What did you reply to him?*

Qu'est-ce que vous avez ?
OR: **Qu'**avez-vous ? ⎫ *What is the matter with you?*

C. Object of a preposition: **quoi ?** (what?)

À quoi est-ce que vous pensez ?
OR: **À quoi** pensez-vous ?* ⎫ *What are you thinking of?*

De quoi est-ce que vous parlez ?
OR: **De quoi** parlez-vous ? ⎫ *What are you talking about?*

De quoi est-ce que vous avez besoin ?
OR: **De quoi** avez-vous besoin ? ⎫ *What do you need?*

66. Qu'est-ce que c'est que... ? (What is . . . ?)

Qu'est-ce que c'est qu'un Prisunic ?	*What is a Prisunic?*
Qu'est-ce que c'est que cela ?	*What is that ?*

Use **Qu'est-ce que c'est que... ?** to ask for a description or definition.

———

*Since the expression **penser à** means *to think of*, you say: **À quoi pensez-vous ?**

285

I. **Substitutions: *Mais qui est cette personne ?***

Changez les phrases suivantes en substituant les mots indiqués.

1. Qui est *ce monsieur ?*
   cette dame *(lady)* / **ce jeune homme** / **cette jeune fille** / **ce garçon** *(boy)*
2. Et qu'est-ce qu'*il fait ?*
   elle fait / **elles font** / **ils font**
3. Mais qu'est-ce qui *arrive ?*
   se passe / **s'est passé** / **est arrivé** / **lui est arrivé** / **leur est arrivé** / **vous est arrivé**
4. Mais de qui *parlez-vous ?*
   parles-tu / **parle-t-elle** / **parlent-ils** / **parlent-elles**

II. **Exercices d'application**

A. **À la maison** (qui ? / qui est-ce qui ?) En trois groupes : Un père (Groupe A) n'est pas content de ce qui se passe à la maison. Il demande qui a fait certaines choses. La mère (Groupe B) répète les questions du père en employant **qui est-ce qui ?** Anne-Marie (Groupe C) sait tout ce qui se passe, et elle répond aux questions.

EXEMPLE acheter une douzaine *(dozen)* de croissants (Suzanne)
> A (le père): Qui a acheté une douzaine de croissants ?
> B (la mère): Mais oui — qui est-ce qui a acheté une douzaine de croissants ?
> C (Anne-Marie): Mais c'est Suzanne qui a acheté une douzaine de croissants !

1. laisser ses vêtements par terre (Pierre) 2. casser *(break)* la lampe (Brigitte) 3. rentrer après minuit hier soir (Jean) 4. manger tout le pain (Pierre) 5. renverser *(to spill)* le lait (Brigitte)

B. **Des camarades de chambre curieuses** (qui ? / qui est-ce que ?)
Toujours en trois groupes : Sylvie (Groupe C), une des trois camarades de chambre, est sortie ce soir. Quand elle rentre, une camarade (Groupe A) lui pose des questions sur sa soirée. Sylvie ne lui répond pas. Donc, l'autre camarade (Groupe B) insiste sur les questions en employant **qui est-ce que ?** Enfin Sylvie y répond.

EXEMPLE aller au cinéma avec (Marc)
> A: Avec qui es-tu allée au cinéma ce soir ?
> B: Oui, dis-nous — avec qui est-ce que tu es allée au cinéma ce soir ?
> C: Eh bien, je suis allée au cinéma avec Marc.

1. aller au bal avec (Jean-Paul) 2. rencontrer (Suzanne et Marc) 3. parler à (beaucoup de gens) 4. danser avec (Marc, Jean-Paul et Roger) 5. prendre un pot avec (Suzanne et Marc) après le bal 6. rentrer avec (bien sûr, Jean-Paul)

286

C. Ranger les affaires *(Putting things away)* (à qui ?) En deux groupes : Votre grand-mère (Groupe B) vous aide à ranger la maison. Vous (Groupe A), vous lui dites à qui sont les choses suivantes. Malheureusement, votre grand-mère est dure d'oreille et elle vous demande de répéter à qui sont les affaires. Après ça, *changez de rôle.*

EXEMPLE   un livre / Charles   A: Ce livre est à Charles.
B: Hein ? Quoi ? À qui est ce livre ?
A: Ce livre est à Charles !

appartenir
appartiens

1. un sac à dos / Pierre   **2.** des photos / ma mère   **3.** une écharpe / Brigitte   **4.** un imperméable / mon père   **5.** une caméra *(movie camera)* / Pierre   **6.** des cassettes / moi

D. Première sortie (qu'est-ce qui ?)
En deux groupes : Brigitte et Charles sortent ensemble pour la première fois. Brigitte (Groupe A) essaie de mieux connaître Charles et elle lui pose des questions. Charles (Groupe B) lui répond d'après les expressions entre parenthèses. Après ça, *changez de rôle.*

EXEMPLE   rendre triste (l'idée d'être vieux)   A: Qu'est-ce qui te rend triste ?
B: L'idée d'être vieux me rend triste.

1. rendre heureux (l'idée d'avoir une nouvelle voiture)   **2.** intéresser (les sports)   **3.** inquiéter (l'idée d'une autre guerre)   **4.** déprimer (rien)
5. rendre nerveux (passer *(to take)* les examens)   **6.** rendre malheureux (échouer à un examen [*to fail an exam*])   **7.** ennuyer (trop de questions)

E. Votre week-end (qu'est-ce que ?)
Nous allons poser des questions tous ensemble, mais vous y répondrez individuellement.

EXEMPLE   Demandez à quelqu'un ce qu'il a mangé au dîner dimanche soir.
Tous : Qu'est-ce que vous avez mangé au dîner dimanche soir ?
Un(e) étudiant(e) : J'ai mangé de la pizza au dîner dimanche soir.

En employant la forme **vous**, demandez à quelqu'un :

1. ce qu'il a fait ce week-end.   **2.** ce qu'il a acheté en ville.   **3.** ce qu'il a mangé au dîner samedi soir.   **4.** ce qu'il a acheté au supermarché.   **5.** ce qu'il a vu comme film au cinéma.   **6.** ce qu'il a regardé à la télé ce week-end.

F. Nous sommes curieux ! (quoi ?)
À partir des expressions ci-dessous, nous allons poser des questions tous ensemble, mais vous y répondrez individuellement.

EXEMPLE   penser à / en ce moment
À quoi penses-tu en ce moment ?
— Je pense à mes vacances !

1. avoir besoin de / pour faire un pique-nique   **2.** parler de / avec ses copains   **3.** penser à / quand tu es en vacances   **4.** penser à / quand tu es en classe   **5.** commencer par *(start with)* / quand tu dînes dans un restaurant   **6.** finir par / quand tu dînes dans un restaurant

287

67. Interrogative pronoun lequel ? / laquelle ? ; lesquels ? / lesquelles ? (which one?; which ones?) (persons or things)

A. Subject or object

Laquelle de tes cousines va se marier ?	*Which one of your cousins is getting married?*
Voici des livres. **Lesquels** voulez-vous ?	*Here are some books. Which ones do you want?*

1. **Lequel ? / laquelle ?**, etc., are used to distinguish between two or more persons or things within a group. EXAMPLE *Who are those people?* **Qui** sont ces gens ? but *Which one is Mr. Duval?* **Lequel** est M. Duval?

2. These forms agree in gender and number with the nouns to which they refer.

B. With the prepositions **à** or **de**

Voici deux livres. **Duquel** avez-vous besoin ?	*Here are two books. Which one do you need?*
À laquelle de tes cousines as-tu écrit ?	*Which (one) of your cousins did you write to?*

When combined with the prepositions **à** and **de** the forms of **lequel / laquelle**, etc., are:

auquel ?	duquel ?
à laquelle ?	de laquelle ?
auxquels ?	desquels ?
auxquelles ?	desquelles ?

Note also that **de** is often used with the adverb **où** :

D'où venez-vous ?	*Where have you been? (lit., Where do you come from?)*
Je viens **de** Paris.	*I have been in Paris. (lit., I come from Paris.)*

III. *Continuation d'exercices d'application : Le pronom* lequel

G. Décisions En deux groupes : André (Groupe A) voudrait sortir ce week-end. Il demande des renseignements à Philippe (Groupe B) sur un groupe de filles qu'il connaît.

288

EXEMPLE   la plus intelligente (Suzanne)
> A: **Laquelle est la plus intelligente ?**
> B: **Je crois que Suzanne est la plus intelligente.**

1. la plus intéressante (Gigi)   **2.** la plus jolie (Brigitte)   **3.** amusantes (Gigi et Julie)   **4.** les plus sportives (Marie et Gigi)   **5.** André préfère... (Gigi)
6. André est sorti avec... (Marie et Julie)

H. Opinions   *Changez de rôle* : Gigi (Groupe B) demande à Brigitte (Groupe A) son opinion des garçons que, toutes les deux, elles connaissent et avec qui elles sortent.

EXEMPLE   le plus intéressant (Pierre)
> B: **Lequel est-ce que tu trouves le plus intéressant ?**
> A: **Je trouve Pierre le plus intéressant.**

1. le plus intelligent (Philippe)   **2.** amusants (Pierre et Marc)   **3.** le plus génial (Jean-Paul)   **4.** les plus beaux (Philippe et Jean-Paul)   **5.** le plus gentil (Pierre)   **6.** Brigitte préfère sortir avec... (Jean-Paul)

IV.   *Questions personnelles : Ça ne va pas aujourd'hui ?*

A. Nous allons poser les questions suivantes tous ensemble, mais vous y répondrez individuellement. En employant la forme **vous**, demandez à quelqu'un :

1. ce qu'il a aujourd'hui.   **2.** ce qui l'inquiète.   **3.** à quoi il pense.   **4.** ce qui l'a rendu si malheureux aujourd'hui.   **5.** ce qu'il a fait hier soir pour être si fatigué aujourd'hui.   **6.** ce qui l'a déprimé.   **7.** à qui il pense.   **8.** ce qui l'ennuie, enfin !

B. En équipes de deux : En employant la forme **tu**, posez les questions impaires à un(e) camarade de classe. Pour les questions paires, *changez de rôle.*

V.   *Conversations improvisées (en équipes de deux)*

A. Comment sont tes amis ?   Vous voulez mieux connaître les amis d'un(e) camarade. Donc, vous lui posez 6 ou 8 questions pour savoir qui a certaines qualités. (Par exemple, « Laquelle de tes amies est la plus sportive [*athletic*] ? » « Lesquels sont très amusants ? ») Votre camarade vous répond. Après, vous lui dites avec lequel (laquelle / lesquels / lesquelles) de ses amis vous voudriez faire connaissance. Après ça, *changez de rôle.*

B. Hier soir   Avec un(e) camarade, écrivez 10 ou 12 questions à poser à d'autres camarades sur leurs activités d'hier soir. (Par exemple, « Qu'est-ce qui t'est arrivé hier soir ? », « Qu'est-ce que tu as regardé à la télé ? », « À qui est-ce que tu as téléphoné / écrit ? », « Lequel de tes amis est-ce que tu a recontré ? »)

289

C. Une interview Changez de partenaire : Posez vos questions à un(e) autre camarade. Prenez des notes sur ses réponses. Après ça, *changez de rôle.*

D. Un échange Avec votre premier partenaire : Échangez les réponses que vous avez obtenues, tous les deux.

___ *VOCABULAIRE* _____

NOMS
la **caméra** *movie camera*
la **dame** *lady*
la **douzaine** *dozen*
le **garçon** *boy*
VERBES
arriver *to happen*
casser *to break*
commencer (par) *to start (with)*

échouer *to fail*
se passer *to happen, take place*
ranger *to put away, tidy up*
renverser *to spill*
PRONOMS INTERROGATIFS
à qui ? *whose?*
(à) (de) quoi ? *what? (obj of prep)*
auquel ? / à laquelle ? ; *(pl)*

auxquels ? / auxquelles ? *to which/whom?*
d'où ? *where; from where?*
duquel / de laquelle ? ; *(pl)* **desquels / desquelles ?** *from/of/about which (one)/whom?*
qui est-ce que ? *whom; who?*
qui est-ce qui ? *who?*

290

Jean donne des renseignements au sujet d'un accident dont il a été témoin.

LE COMMISSAIRE DE POLICE Vous êtes bien M. Jean Hughes, ingénieur-chimiste, demeurant huit, rue du Docteur-Roux ?

JEAN Oui, monsieur le commissaire.

LE COMMISSAIRE DE POLICE Hier après-midi, vous avez été témoin de l'accident au cours duquel le docteur Lambert a été blessé, n'est-ce pas ?

POLICE COMMISSIONER You are Mr. John Hughes, a chemical engineer, who lives at 8, rue du Docteur-Roux ?

JOHN Yes, sir.

POLICE COMMISSIONER Yesterday afternoon you witnessed the accident in the course of which Dr. Lambert was hurt, isn't that so?

UN ACCIDENT DE LA CIRCULATION

291

JEAN Oui, monsieur le commissaire.	**JOHN** Yes, sir.
LE COMMISSAIRE DE POLICE Où étiez-vous au moment de l'accident ?	**POLICE COMMISSIONER** Where were you at the time of the accident?
JEAN J'étais devant l'Institut Pasteur.	**JOHN** I was in front of the Pasteur Institute.
LE COMMISSAIRE DE POLICE Comment l'accident a-t-il eu lieu ?	**POLICE COMMISSIONER** How did the accident occur?
JEAN La chaussée était très glissante, car il avait plu. Le docteur Lambert, dont l'auto allait très vite, n'a pas pu s'arrêter à temps.	**JOHN** The street was very slippery because it had been raining. Dr. Lambert, whose car was going very fast, couldn't stop in time.
LE COMMISSAIRE DE POLICE À quelle vitesse le camion allait-il quand l'accident a eu lieu ?	**POLICE COMMISSIONER** How fast was the truck going when the accident occurred?
JEAN À environ trente kilomètres à l'heure.	**JOHN** About thirty kilometers per hour.
LE COMMISSAIRE DE POLICE Je vous remercie, monsieur. Ce que vous venez de dire est d'accord avec les renseignements que nous avons déjà. Au revoir, monsieur, et merci encore une fois.	**POLICE COMMISSIONER** I thank you, sir. What you have just said agrees with the information we already have. Goodbye, and thank you again.
JEAN Au revoir, monsieur le commissaire.	**JOHN** Goodbye, sir.

en
∧

CULTURAL NOTE

The **Institut Pasteur,** located on the rue du Docteur-Roux, was founded by the great **Louis Pasteur.** It consists of a hospital, museum, and research institute for biological chemistry.

*LES AUTOMOBLISTES EN
VIENNENT AUX MAINS
(HAVE A FIST FIGHT)*

292

Exercice de mise en train : L'été passé

A. Nous allons poser les questions suivantes tous ensemble, mais vous y répondrez individuellement. En employant la forme **vous**, demandez à quelqu'un :

1. ce qu'il a fait d'intéressant l'été passé.
2. s'il est souvent sorti. Si oui, avec quels copains il est sorti.
3. ce qu'il a fait avec ses copains.
4. de quoi il a parlé avec eux.
5. ce qu'il a fait avec sa famille l'été passé.

B. En équipes de deux : En employant la forme **tu**, posez les questions impaires à un(e) camarade de classe. Pour les questions paires, *changez de rôle.*

II. *Présentation du dialogue : Au commissariat de police*

III. *Questions de compréhension du dialogue*

Répondez aux questions d'après le dialogue.

1. À qui est-ce que Jean parle ? Pourquoi ?
2. Quand est-ce que l'accident a eu lieu ?
3. Qui a été blessé au cours de l'accident ?
4. Où est-ce que Jean était au moment de l'accident ?
5. Pourquoi est-ce que la chaussée était glissante ?
6. Pourquoi est-ce que le docteur Lambert n'a pas pu s'arrêter à temps ?
7. À quelle vitesse est-ce que le camion allait quand l'accident a eu lieu ?
8. Donc, l'accident est-il la faute *(fault)* du docteur Lambert ou celle du conducteur *(driver)* du camion ?
9. Tout ce que Jean vient de dire est d'accord avec les autres renseignements, n'est-ce pas ?

IV. *Substitutions : Un accident*

A. Changez les phrases suivantes en substituant les mots indiqués.

1. Où étiez-vous au moment où *l'accident* a eu lieu ?
   la collision / l'incident / la querelle / la dispute / la bagarre *(fight)*
2. Voulez-vous dire *(Do you mean)* l'accident au cours duquel *le docteur Lambert* a été blessé ?
   un passant / un médecin / un agent de police / un vieux monsieur
3. Alors, j'étais devant *l'Institut Pasteur.*
   le Louvre / Notre-Dame / le musée du Jeu de Paume / la Tour Eiffel
4. Le docteur Lambert, dont l'auto allait *très vite*, n'a pas pu s'arrêter à temps.
   assez vite / trop vite / beaucoup trop vite / à 60 kilomètres à l'heure
5. Et c'est comme ça que l'accident *a eu lieu.*
   est arrivé / s'est passé

293

B. Révision : **avoir quelque chose** *(to be the matter),* **arriver à** *(to happen to someone),* **se passer** *(to happen),* **ennuyer** *(to bother, to worry someone)*

Changez les phrases suivantes en substituant les mots indiqués.

1. Qu'est-ce que (qu') *tu avais* hier ?
   vous aviez / il avait / elle avait / ils avaient / il y avait
2. Mais dis-moi — qu'est-ce qui *t*'est arrivé hier ?
   vous / leur / lui
3. Je t'assure — *rien* ne s'est passé hier.
   absolument rien / rien d'important / rien de grave
4. Et qu'est-ce qui *t*'ennuie aujourd'hui ? — Mais rien !
   vous / l' / les

v. *Exercices d'application : Les Courses (venir de + infinitif)*

En deux groupes : Groupe A, vous dites que vous avez déjà fait les choses suivantes. Groupe B, vous indiquez que vous venez de faire *(have just done)* les mêmes choses. Après ça, *changez de rôle.*

EXEMPLE Avez-vous déjeuné ?   A: **Oui, j'ai déjà déjeuné.**
                                 B: **Moi aussi — je viens de déjeuner.**

1. Avez-vous acheté un journal ? **2.** Avez-vous touché *(cashed)* un chèque à la banque ? **3.** Avez-vous fait le plein *(filled up with gas)* de votre voiture ?
4. Avez-vous acheté des provisions au supermarché ? **5.** Avez-vous apporté vos vêtements au nettoyage à sec *(dry cleaning)*? **6.** Avez-vous fini toutes vos courses ?

vi. *Questions personnelles : Les accidents d'auto*

Nous allons poser les questions suivantes tous ensemble, mais vous y répondrez individuellement. En employant la forme **vous,** demandez à quelqu'un :

1. s'il a jamais été témoin ou victime d'un accident d'auto. Si oui, demandez-lui où et quand l'accident a eu lieu, quelle en était la cause et si quelqu'un a été blessé. **2.** quelle est la limite de vitesse *(speed limit)* actuellement et si la plupart des gens *(people)* l'observent — pourquoi ou pourquoi pas ? **3.** s'il croit que la limite de vitesse diminue *(decreases)* le nombre des accidents — pourquoi ou pourquoi pas ? **4.** pourquoi il y a beaucoup d'accidents d'auto aux États-Unis — par exemple, à cause de l'ivresse *(intoxication)* du conducteur ? l'excès de vitesse ? l'âge des conducteurs ?

vii. *Conversations improvisées (en équipes de deux)*

A. Un accident Parlez à un(e) camarade d'un accident d'auto, de vélo ou de vélomoteur dont vous avez été témoin — ou victime. Donnez des détails et discutez les causes de l'accident. Votre camarade vous montre son intérêt en vous posant des questions et en employant des expressions comme « Mais

294

quelle horreur ! » ou « Ça alors, c'est vraiment affreux *(horrible)* / dommage / déprimant ». Après ça, *changez de rôle.*

B. La cause de la plupart des accidents d'auto   Mettez-vous en groupes de quatre et échangez vos idées sur la cause la plus fréquente des accidents d'auto. Discutez de ce qu'on pourrait ou devrait faire pour éviter les accidents d'auto.

VIII.   *Dictée d'après la Conversation 26*

─── *VOCABULAIRE* ───────────────────────────

NOMS
la **bagarre** *fight, brawl*
le **camion** *truck*
le **commissaire de police**
  police commissioner
le **commissariat de police**
  police station
le **conducteur,** la
  conductrice *driver*
la **faute** *fault; mistake*
les **gens** *(m pl) people*
l' **ivresse** *(m) intoxication*
le **nettoyage** *cleaning;* le
  nettoyage à sec *dry
  cleaning*
le **sujet** *suject;* **au sujet de**
  about
le **témoin** *witness*
la **vitesse** *speed;* la **limite
  de vitesse** *speed limit*

VERBES
diminuer *to decrease, lower*
faire le plein *to fill up (with
  gas)*
remercier *to thank*
toucher (un chèque) *to
  cash (a check)*
venir de *to have just*
ADJECTIFS
affreux (affreuse) *horrible,
  dreadful*
blessé(e) *hurt, injured*
déprimant(e) *depressing*
PRONOMS RELATIFS
au cours duquel *in the
  course of/during which*
ce que (ce qu') *(obj dir)
  what, that which*
ce qui *(suj) what, which*
dont *of/from/about which;
  of/from/about whom; whose*

DIVERS
environ *about, around,
  approximately*
quelle horreur ! *how
  horrible!*
à temps *in time*
MOTS AMIS
 l' **accident** *(m)*
la **cause**
la **collision**
la **dispute**
le **docteur,** la **doctoresse**
 l' **excès** *(m)*
 l' **incident** *(m)*
 l' **institut** *(m)*
le **kilomètre (km)**
  **(30) kilomètres à l'heure
  (30 km/h)**
la **limite**
observer
la **querelle**
la **victime**

295

CONVERSATION 28
Chez l'horloger✦

Ne laissez pas tomber votre montre !

L'HORLOGER Vous désirez, mademoiselle ?

MARIE Je voudrais faire réparer cette montre. Je l'ai laissée tomber hier, et elle ne marche plus.

L'HORLOGER *(examinant la montre)* Où l'avez-vous achetée ?

MARIE C'est un cadeau de ma mère. Elle l'a achetée aux États-Unis.

L'HORLOGER Je m'en doutais. C'est la première fois que je vois une montre de cette marque.

MARIE Pourrez-vous la réparer ?

L'HORLOGER Mais oui. Il s'agit d'une réparation simple. Mais je serai obligé de faire venir un ressort.

MARIE Pouvez-vous me dire quand ma montre sera prête ?

L'HORLOGER Voyons... Je vais commander aujourd'hui le ressort dont j'ai besoin. Je le recevrai sans doute vers le milieu de la semaine prochaine.

MARIE Je voudrais bien avoir ma montre le plus tôt possible.

L'HORLOGER Revenez mardi en huit.

MARIE Bon, d'accord. Merci, monsieur, et au revoir.

WATCHMAKER What can I do for you, miss?

MARIE I'd like to have this watch repaired. I dropped it yesterday, and now it won't run.

WATCHMAKER *(examining the watch)* Where did you buy it?

MARIE It's a present from my mother. She bought it in the United States.

WATCHMAKER I (rather) thought so. This is the first time I have seen a watch of that make.

MARIE Will you be able to repair it?

WATCHMAKER Oh, yes. It's a question of a simple repair job. But I'll have to send for a spring.

MARIE Can you tell me when my watch will be ready?

WATCHMAKER Let's see . . . Today I'll order the spring I need. I'll probably get it toward the middle of next week.

MARIE I'd really like to have my watch as soon as possible.

WATCHMAKER Come back a week from Tuesday.

MARIE OK. Thank you. Goodbye.

CULTURAL NOTE

Un **horloger** *is a person who makes, repairs, and sells all types of clocks and watches.*

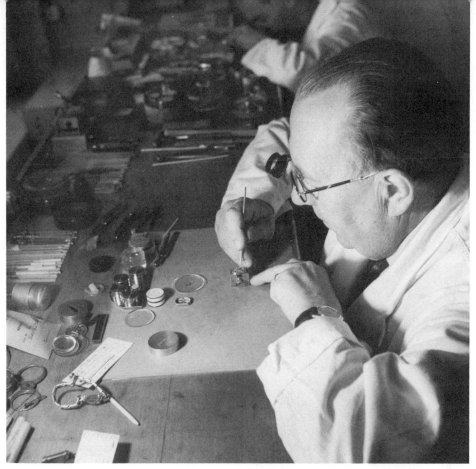

UN HORLOGER AU TRAVAIL

I. **Exercice de mise en train : Qu'est-ce qu'il y a ?**

A. Nous allons poser les questions suivantes tous ensemble, mais vous y répondrez individuellement. En employant la forme **vous**, demandez à quelqu'un :

1. ce qu'il a aujourd'hui.
2. s'il a mal à la tête.
3. ce qui l'inquiète.
4. ce qui l'ennuie aujourd'hui.
5. ce qu'il a fait hier pour être si fatigué aujourd'hui.
6. ce qui l'a déprimé.

B. En équipes de deux : En employant la forme **tu**, posez 3 ou 4 des questions précédentes à un(e) camarade de classe. Après ça, *changez de rôle.*

II. **Présentation du dialogue : Chez l'horloger**

297

III. *Questions de compréhension du dialogue*

Répondez aux questions d'après le dialogue.

1. Pourquoi est-ce que Marie va chez l'horloger ?
2. Pourquoi est-ce que la montre ne marche plus ?
3. Est-ce que l'horloger a déjà vu une montre de cette marque ?
4. Est-ce qu'il pourra la réparer ?
5. De quoi s'agit-il ?
6. Qu'est-ce que l'horloger sera obligé de faire venir ?
7. Quand est-ce qu'il va commander le ressort dont il a besoin ?
8. Quand dit-il à Marie de revenir ?

IV. *Substitutions*

Changez les phrases suivantes en substituant les mots indiqués.

1. Vous désirez, mademoiselle ? — Je voudrais faire réparer *cette montre.*
   ces lunettes / cette auto / cette bicyclette / cette pendule *(clock)*
2. De quoi s'agit-il ?
   a. (**s'agir de** + *noun*) Il s'agit *d'une réparation simple.*
   d'une réparation difficile / d'une réparation compliquée / d'un ressort cassé *(broken)*
   b. (**s'agir de** + *infinitive*) Il s'agit *de réparer cette montre.*
   de faire venir un ressort / de faire réparer cette auto / de faire construire une maison
3. Revenez *mardi en huit.*
   jeudi en huit / samedi en quinze / la semaine prochaine / dans quinze jours

298

Exercices d'application : Faire *causatif* **(to have something done) — faire**
+ infinitif

Nous allons poser les questions suivantes tous ensemble, mais vous y
répondrez individuellement. En employant la forme **tu**, demandez à
quelqu'un :

1. s'il a jamais fait réparer sa montre / son auto / sa bicyclette / son
vélomoteur / sa chaîne-stéréo. **2.** ce qu'il a fait réparer récemment. **3.** si ses
parents ont construit leur maison ou s'ils ont fait construire la maison. **4.** s'il
a jamais essayé de faire venir un médecin. Si oui, si le médecin est venu.
5. s'il a jamais fait venir un taxi. Si oui, pourquoi il l'a fait venir.

Conversations improvisées (en équipes de deux)

A. Lunettes cassées   Vous avez cassé vos lunettes et vous avez besoin de
nouveaux verres *(lenses)*. Vous désirez les faire réparer le plus tôt possible.
L'occuliste *(optician)* (votre partenaire) vous explique pourquoi il faut attendre
au moins 10 jours (par exemple, il n'a pas ces verres-là, il sera obligé de faire
venir les verres, il est très occupé ces jours-ci, il a beaucoup d'autres clients).
Vous insistez sur les raisons pour lesquelles vous en avez besoin dans 2 ou 3
jours (par exemple, vous ne pouvez rien voir sans vos lunettes, vous en avez
besoin pour votre travail ou pour vos études [*studies*]).

B. Réparation d'une auto   Votre camarade désire faire réparer son auto le
plus tôt possible. Il / Elle donne au garagiste (vous-même) toutes sortes de
raisons pour le convaincre *(convince)* de la réparer tout de suite. Le garagiste
lui explique pourquoi cela n'est pas possible.

Dictée d'après la Conversation 27

—— *VOCABULAIRE* ————————————————————————

NOMS
le **client**, la **cliente**
   customer
les **études** *(f pl) studies*
l' **horloger**, l'**horlogère**
   watchmaker, clockmaker
la **marque** *make, brand*
le **milieu** *middle*
la **montre** *watch*
l' **occuliste** *optician*
la **réparation** *repair*
le **ressort** *spring*
   (mechanical)
les **verres de contact**
   (m pl) contact lenses

VERBES
s'agir de *to be about; to be a*
   question of; **de quoi s'agit-**
   il ? *what is it about?*
convaincre *to convince*
se douter de **(qq ch)** *to*
   suspect; to think so
faire *(+ inf) to have*
   (+ past part); **faire venir**
   to send for; **faire réparer**
   (qq ch) *to have*
   (something) repaired
ADJECTIFS
cassé(e) *broken*
difficile *difficult*

DIVERS
(mardi) en huit *a week from*
   (Tuesday)
(mardi) en quinze *two*
   weeks from (Tuesday)
dans huit jours *in a week*
dans quinze jours *in two*
   weeks
le plus tôt possible *as soon*
   as possible
MOTS AMIS
compliqué(e)
continuer
simple

GRAMMAR UNIT 20
Relative pronouns

68. The relative pronoun qui

The relative pronoun **qui** *(who, which, that)* is used as the subject of a verb and may refer to persons or things. (Compare with interrogative form **qui ?**, which refers *only* to persons.)

C'est ma cousine **qui** habite à Reims.	*She's my cousin **who** lives in Rheims.*
Voici un autre autobus **qui** arrive.	*Here comes another bus.*

The relative pronoun **qui** is also used as the object of a preposition, but in this case it may refer only to persons.

Le docteur Lambert **à qui** j'ai parlé est un bon médecin.	*Dr. Lambert, **to whom** I spoke, is a good doctor.*
La dame **chez qui** j'habite a des chambres à louer.	*The lady **at whose house** I live has rooms to rent.*

69. The relative pronoun que

The relative pronoun **que** *(whom, which)* is used as the direct object of a verb and may refer to either persons or things.

C'est un jeune homme **que** je connaissais quand j'avais dix ans.	*He's a young man (**whom**) I used to know when I was ten.*
Voici la boutique **que** je cherchais.	*Here's the store (**that**) I was looking for.*

In English the object form of the relative pronoun is practically always omitted. We say: *He's a boy I used to know,* rather than *He's a boy whom I used to know;* but in French the relative pronoun must *always* be expressed in relative clauses.

70. The relative pronoun dont

Dont *(whose, of whom, about whom, which, of which, etc.)* is equivalent to a relative pronoun preceded by the preposition **de**. It may refer to persons or things and is used only after an expressed antecedent.

Le docteur Lambert, **dont** l'auto allait très vite, n'a pas pu s'arrêter à temps.	*Dr. Lambert, **whose** car was going very fast, could not stop in time.*
Je vais commander aujourd'hui le ressort **dont** j'ai besoin.	*Today I am going to order the spring (**that**) I need (lit., of which I have need).*
Voilà la montre **dont** il s'agit.	*Here is the watch I am talking about (lit., **of which** it is a question).*

71. *Relative pronouns* lequel / laquelle ; lesquels / lesquelles *(which)*

To refer to *things,* **lequel** *(or one of its forms) is the relative pronoun you use after prepositions such as* **à, avec, dans, pour, sans,** *etc. When used with the prepositions* **à** *and* **de,** *the masculine forms are* **auquel / auxquels; duquel / desquels.**

L'auto **dans laquelle** il était est entrée en collision avec un camion.	*The car he was in (lit., **in which** he was) collided with a truck.*
La lettre **à laquelle** j'ai déjà répondu est sur mon bureau.	*The letter, **to which** I have already replied, is on my desk.*
Les vacances **auxquelles** je pense seront, hélas, trop courtes.	*The vacation (**of which**) I am thinking about will, unfortunately, be too short.*

1. The forms **duquel, de laquelle,** etc., are rarely used since **dont** is the equivalent of a relative pronoun with the preposition **de.** However, with the prepositional expressions **à côté (de), près (de), autour (de), au cours (de), au-dessus (de),** and so on, the forms **duquel,** etc., must be used: **dont** cannot be used with these expressions. EXAMPLES l'accident **au cours duquel...** ; la maison **près de laquelle....**

2. Note that in clauses indicating time or place, **où** is ordinarily used instead of **auquel, dans lequel,** etc. Thus it corresponds to English *when* as well as *where.* EXAMPLES La ville **où** je suis né(e). *The city in which (where) I was born.* L'année **où** je suis né(e). *The year in which (when) I was born.*

72. *Use of* ce qui, ce que *(what, that which)*

A. Subject form **ce qui**

J'irais en Chine voir **ce qui** se passe là-bas.	*I'd go to China to see **what** is going on there.*
Savez-vous **ce qui** se passe en Chine ?	*Do you know **what** is going on in China?*

301

Note that the entire clause **ce qui se passe en Chine** is the direct object of **voir** and of **savez-vous. Ce qui** is the subject of **se passe.**

Ce qui is the relative pronoun that corresponds to the interrogative pronoun **qu'est-ce qui ?** EXAMPLE **Qu'est-ce qui** se passe en Afrique ? *(interrogative)* —Je ne sais pas **ce qui** se passe en Afrique. *(relative)*

B. Object form **ce que**

Ce que vous venez de me dire est très vrai.	***What** you have just told me is quite true.*
Ce qu'il dit est absurde.	***What** he says is absurd.*

Note that the clause **Ce qu'il dit** is the subject of **est,** but that **Ce qu'** is the object of **dit.**

Ce que is the relative pronoun that corresponds to the interrogative form **qu'est-ce que ?** EXAMPLE — **Qu'est-ce que** vous avez dit ? *(interrogative)* —Je n'ai pas entendu **ce que** vous avez dit. *(relative)*

I. *Substitutions*

Changez les phrases suivantes en substituant les mots indiqués.

1. Voilà *Marc* qui arrive.
   le professeur / l'autobus / Marie / le train / un taxi
2. C'est *un jeune homme* que je connais très bien.
   une ville / une femme / un opéra / un livre / un professeur
3. Et voici *mon cousin* dont je t'ai parlé.
   le livre / mon amie Suzanne / le magazine / les peintures
4. Dis-moi ce qui *vous ennuie.*
   se passe / est arrivé / vous rend triste / vous inquiète / vous ennuie
5. Est-ce que tu sais ce que *Jean fait ?*
   Roger a acheté / Marie va faire ce soir / Louise a dit

II. *Exercices d'application*

A. Devant la fac *(university)* **(voilà... qui...)**   Vous êtes devant la fac et vous remarquez à haute voix *(out loud)* ce qui se passe autour de vous.

EXEMPLE   Un autobus arrive.   Tiens ! Voilà un autobus qui arrive.

1. Un taxi s'arrête.   2. Le professeur de français arrive.   3. Des étudiants jouent au base-ball.   4. Le vent se lève.   5. L'autobus part.   6. Les copains / copines entrent dans la fac.   7. La cloche sonne.

B. Voici ce que j'ai fait (voilà le / la / les... que...)   En deux groupes : Vos parents rentrent. Pierre (Groupe A), vous dites à vos parents ce que vous avez

302

fait pendant leur absence. Groupe B, un copain de Pierre, vous insistez sur ce qu'il a fait en montrant ces choses à ses parents. Après ça, *changez de rôle.*

EXEMPLE acheter des croissants   A: J'ai acheté des croissants.
                                 B: Et voilà les croissants qu'il a achetés !

1. acheter le journal **2.** planter des fleurs **3.** écrire des lettres
4. préparer des hors-d'œuvre **5.** commander une pizza

C. Voilà ce dont tu as besoin (voilà le / la / les... dont...)   En deux groupes : Brigitte (Groupe A) est sur le point de partir pour l'école, mais elle ne peut pas trouver certaines choses. Sa camarade de chambre (Groupe B) lui donne ce dont elle a besoin. Après ça, *changez de rôle.*

EXEMPLE mes gants   A: J'ai besoin de mes gants !
                     B: Tiens ! Voilà les gants dont tu as besoin.

1. mes livres **2.** l'argent **3.** la monnaie **4.** mon parapluie **5.** mon imperméable **6.** mon sac à dos

D. Une visite en France   En deux groupes : Vous êtes en France. Groupe B, vous demandez à un(e) camarade si le professeur de français lui a parlé de certaines choses. Groupe A, vous répondez que oui. Après ça, *changez de rôle.*

EXEMPLE ce musée   B: Ton prof t'a parlé de ce musée ?
                    A: Oui, c'est le musée dont il nous a parlé.

1. ce château **2.** ces ruines **3.** cette rivière **4.** ces églises **5.** ce jardin
6. ce parc

E. Curiosité   En deux groupes : Marie (Groupe A) est à une boum avec sa copine Gigi (B) et des copains de Gigi. Marie pose des questions à Gigi à propos de ses copains. Après ça, *changez de rôle.*

EXEMPLE aller à la plage avec ce garçon
         A: Tu es allée à la plage avec ce garçon, n'est-ce pas ?
         B: Oui, c'est le garçon avec qui je suis allée à la plage.

1. aller au cinéma avec ce garçon **2.** dîner chez cette fille **3.** faire une promenade avec ce jeune homme **4.** acheter un pull comme cadeau d'anniversaire pour cette fille **5.** aller à la plage avec ce beau garçon
6. écrire beaucoup de lettres à cet autre garçon **7.** sortir plusieurs fois avec ce jeune homme

F. Qu'est-ce que Marie a aujourd'hui ?   En équipes de deux : Vous posez les questions suivantes à un(e) camarade qui ne sait rien de ce qui s'est passé. Après ça, *changez de rôle.*

EXEMPLE Qu'est-ce qui se passe ?   Mais je ne sais pas ce qui se passe !

1. Qu'est-ce qui ennuie Marie ? **2.** Qu'est-ce qui lui est arrivé ? **3.** Qu'est-ce qui la déprime ? **4.** Qu'est-ce qui l'inquiète ? **5.** Qu'est-ce qui l'a rendue triste ?

G. Un dîner raté (spoiled, ruined)   En équipes de deux : Vos parents sont invités à dîner chez vous. Votre camarade, Mimi, a dit qu'elle préparerait le dîner. Vous rentrez à 6h et il n'y a rien sur la table ou dans la cuisine. Vous demandez à une autre camarade, Julie, ce que Mimi a préparé pour le dîner. Julie n'en sait rien. Après ça, *changez de rôle.*

EXEMPLE   acheter à boire   A: Mais qu'est-ce qu'elle a acheté à boire ?
                                B: Je ne sais pas ce qu'elle a acheté à boire !

1. préparer comme hors-d'œuvre **2.** faire comme entrée **3.** acheter comme légumes **4.** mettre dans la salade **5.** préparer comme dessert

III.   *Conversations improvisées (en équipes de deux)*

A. Sentiments Vous voulez mieux connaître un(e) camarade de classe. Donc, vous lui posez des questions à partir des expressions ci-dessous. Après ça, *changez de rôle.* Demandez-lui :

1. ce qui l'intéresse.
2. ce qui lui fait plaisir.
3. ce qui le / la rend triste ; heureux / heureuse ; nerveux / nerveuse ; furieux / furieuse ; content(e).
4. ce qui l'ennuie.
5. ce qui l'inquiète.

Votre camarade vous donne 3 ou 4 réponses à chaque question en commençant par **Ce qui m(e)..., c'est....** (Par exemple, « Ce qui m'intéresse, c'est le cinéma. J'aime les films de... parce que.... Ce qui m'intéresse aussi, c'est le... parce que... ».) Après ça, *changez de rôle.*

B. Voilà mon ami(e)...   Apportez en classe 3 ou 4 photos d'amis à vous et parlez de ces amis à un(e) camarade de classe en employant 2 pronoms relatifs pour décrire chacun d'eux. (Par exemple, « Voilà mon ami Pierre, dont je t'ai parlé et que je connais depuis longtemps. Et voilà mon amie Jacqueline qui habite près de moi et avec qui je suis allé(e) au cinéma samedi dernier ».) Votre camarade vous montre son intérêt en vous posant des questions et en employant des expressions comme : « Oui, c'est vrai — tu m'as parlé de lui » ou « Ah, oui, je me rappelle (*I remember*) que tu es sorti(e) avec lui ». Après ça, *changez de rôle.*

──── *VOCABULAIRE* ────────────────────────────────

NOMS
la **rivière** *river (small)*
DIVERS
à haute voix *out loud*

raté *spoiled, ruined*
MOTS AMIS
absurde

la **ruine**
PRONOMS RELATIFS
see pp. 300–304

Un bel après-midi de mai, Jean et Roger ont décidé d'aller visiter le château de Versailles. Jean ne connaît pas bien l'histoire de l'ancienne résidence royale, mais il en a vu beaucoup de photographies.

— Il faut vraiment y aller pour se rendre compte de° l'immensité et de la splendeur de ce palais, lui dit Roger.   *se... to realize*

À ce moment de l'année, les touristes sont encore peu nombreux.° À l'intérieur du château, Jean est très impressionné par la décoration des grandes galeries.   *few (in number)*

LA GALERIE DES GLACES AU CHÂTEAU DE VERSAILLES

UN ARTISTE À L'ŒUVRE DANS LA COUR ROYALE

— Louis XIII venait souvent chasser° dans les bois° de Versailles, lui explique Roger, mais c'est Louis XIV qui a fait construire ce palais en 1661. Il en a fait sa résidence un peu plus tard et il est resté la demeure royale jusqu'à la révolution en 1789.

En entrant dans la célèbre galerie des Glaces, Roger ajoute :

— C'est dans cette salle que le Traité de Versailles entre l'Allemagne et les Alliés a été signé après la première guerre mondiale.

Après avoir fait le tour du château, les deux jeunes gens passent le reste de l'après-midi à explorer les vastes jardins symétriques qui l'entourent.

— Quel ordre et quelle élégance! s'exclame Jean, admirant les allées bordées d'arbres et les pièces d'eau,° le tout si harmonieusement organisé.

— Je suis d'accord. C'est l'œuvre de l'architecte Le Nôtre✦ dans toute sa splendeur, lui répond Roger.

hunt / woods

pièces... ponds

Le lendemain, de retour à Paris, Jean va chez un horloger pour faire réparer sa montre. En chemin, il est témoin d'un accident : une auto qui roulait° bien vite entre en collision avec un camion. Aussitôt, une foule° s'assemble. Deux agents de police arrivent ; l'un d'entre eux demande à Jean de lui donner des détails sur l'évènement, ce que Jean fait volontiers.

was traveling

crowd

— Si on a besoin de renseignements supplémentaires, lui annonce l'agent, vous serez convoqué dans quelques jours au commissariat de police.

— Quelle barbe !° pense Jean. Comme si j'avais du temps à perdre à raconter à la police que les Français conduisent comme des fous !°

What a drag!

madmen

LES JARDINS DE L'ORANGERIE

307

I. *Vrai ou faux ?*

Dites si les phrases suivantes sont vraies ou fausses. Si une phrase est fausse, corrigez-la.

1. Jean est déjà allé au château de Versailles.
2. Le château a plus de 300 ans.
3. C'est encore une résidence royale.
4. C'est en allant chez un horloger que Jean a vu un accident.
5. Jean est immédiatement convoqué au commissariat de police pour donner sa version de l'accident.

II. *Questions sur la compréhension de la lecture*

1. Qu'est-ce que Jean sait sur le château de Versailles avant sa visite avec Roger ?
2. Pourquoi y a-t-il si peu de touristes ce jour-là ?
3. Qu'est-ce que Louis XIII faisait à Versailles ?
4. Est-ce que c'est lui qui a fait construire le château ?
5. Qui les a dessinés ?
6. Où et quand le Traité de Versailles a-t-il été signé ?
7. Comment sont les jardins ?
8. Où va Jean quand l'accident a lieu ? Pourquoi ?
9. Donnez des détails sur cet accident. Pourquoi est-ce que Jean n'est pas content à la fin de l'histoire ?

III. *À votre tour (en équipes de deux)*

Improvisez un dialogue entre le témoin d'un accident et un agent de police qui veut connaître les détails de cet accident. Le témoin donne le plus de détails possible, et l'agent pose le plus de questions possible.

LA POLICE INSPECTE UN ACCIDENT

308

73. *Forms and uses of* celui-ci *(this one),* celui-là *(that one), etc.*

Nous avons de jolies écharpes. Que
pensez-vous de **celle-ci ?**
—C'est combien ?
—Cent francs.
—Et **celle-là ?**

We have pretty scarves. What do you
*think of **this one** ?*
—How much is it?
—A hundred francs.
*—And **that one**?*

The forms of **celui-ci**, etc., are:

Singular			*Plural*		
celui-ci *(m)*	}	*this one*	ceux-ci *(m)*	}	*these*
celle-ci *(f)*			celles-ci *(f)*		
celui-là *(m)*	}	*that one*	ceux-là *(m)*	}	*those*
celle-là *(f)*			celles-là *(f)*		

The demonstrative pronouns **celui-ci, celui-là,** etc., are used to replace a
noun and must agree in gender and number with the noun they replace. For
example, when speaking of handkerchiefs *(mouchoir, m)* you say: **Que
pensez-vous de** *celui-ci (sing),* **ceux-ci** *(pl)?*

74. *Use of* celui / celle *(the one);* ceux / celles *(the ones)*

Unlike the forms **celui-ci,** etc., **celui / celle,** etc., are *always* modified by a
relative clause or a prepositional phrase.

A. Modified by a relative clause (**qui, que, dont, auquel, etc.**)

J'ai plusieurs cousins. **Celui qui** habite
à Paris s'appelle Lambert.
Ceux qui habitent à Tours s'appellent
Dupuy.

*I have several cousins. **The one** who*
lives in Paris is named Lambert.
***The ones** who live in Tours are*
named Dupuy.

Celui que vous connaissez arrive ce soir.	**The one** you know is arriving this evening.
Celui à qui j'ai écrit est architecte.	**The one** I wrote to is an architect.
Celui dont je vous ai parlé hier va se marier.	**The one** I mentioned (lit., of whom I spoke to you) yesterday is going to get married.

The most common combinations of **celui**, etc., with relative pronouns are:

MASCULINE SINGULAR celui qui, celui que, celui dont, celui auquel, etc.

FEMININE SINGULAR celle qui, celle que, celle dont, celle à laquelle, etc.

MASCULINE PLURAL ceux qui, ceux que, ceux dont, ceux auxquels, etc.

FEMININE PLURAL celles qui, celles que, celles dont, celles auxquelles, etc.

B. Modified by a prepositional phrase

Voici ma chaîne. **Celle de mon frère** est dans sa chambre.	Here's my stereo. **My brother's** is in his bedroom.
Je n'aime pas ce manteau. **Celui de Marie** est plus joli.	I don't like that coat. **Mary's** is prettier.

1. In English we say, *My book and my friend's.* In French you say, **mon livre et celui de mon ami** (*that of my friend*).

2. Note that **l'un** (*the one*) is not a demonstrative pronoun and cannot be used in place of **celui / celle**, etc. In English we say *the one I bought,* but in French you must say **celui** (or **celle**) **que j'ai acheté(e).**

In summary, then, the forms of **celui** may be followed by: **-ci, -là ; qui, que, dont ;** and **de.**

75. *Use of* ceci *(this) and* cela *or* ça* *(that)*

Unlike the other demonstrative pronouns, **ceci** and **cela** *never* refer to persons and must refer to something that has not been specifically named. **Ceci** and **cela** are used:

A. To refer to an idea, a statement, or a situation

Ça (Cela) m'est égal.	It (**That**) is all the same to me.
Est-ce que **ça (cela)** vous rend triste ?	Does **that** make you sad?
Pourquoi dites-vous **ça (cela) ?**	Why do you say **that?**
Ceci est très important.	**This** is very important.
J'espère que **ça** n'était rien.	I hope **it** wasn't serious.

310

*Cela and ça have the same use and meaning, but cela is more formal.

B. To refer to objects that have not been specifically named

Qu'est-ce que c'est que **ça (cela)** ?	*What is **that**?*
J'ai choisi **ceci** pour mon frère et **cela** pour ma sœur.	*I chose **this** for my brother and **that** for my sister.*

I. *Substitutions : Faisons des courses*

Changez les phrases suivantes en substituant les mots indiqués.

1. Voilà de belles écharpes. Celle-ci *est en solde (on sale)*.
est bon marché / **n'est pas chère du tout** / **est très jolie** / **est en laine**

2. Quelle écharpe est-ce que tu préfères ? — Je préfère *celle-là*.
celle-ci / **celle qui est fabriquée** (*made*) **en France** / **celle que tu tiens à la main** / **celle qui est en laine**

3. *Ces gants* sont en solde aussi.
Ceux-ci / **Ceux que j'ai choisis** / **Ceux qui sont jaunes** / **Ceux dont je t'ai parlé**

4. Tu veux faire les courses avec moi ? — Ça *m'est égal*.
ne m'intéresse pas beaucoup / **ne me dit rien** (*doesn't appeal to me*) / **me ferait plaisir**

II. *Exercices d'application*

A. À la boutique En deux groupes : Groupe A, vous demandez au vendeur / à la vendeuse de vous montrer les choses suivantes, en employant un adjectif démonstratif (**ce, cette, cet, ces**). Groupe B, vous insistez sur cela en répétant la phrase avec un pronom démonstratif (**celui** / **celle(s)** / **ceux**). Après ça, *changez de rôle.*

EXEMPLE une écharpe
        A: Montrez-moi cette écharpe-là, s'il vous plaît.
        B: Oui, c'est ça. Montrez-nous celle-là, s'il vous plaît.

1. un manteau **2.** des gants **3.** une robe **4.** un pull-over **5.** une bague **6.** des chaussures **7.** un blue-jean **8.** un imperméable

B. Mes cousins Tous ensemble : Je vous demande des renseignements sur vos cousins. Vous répondez individuellement en employant un pronom démonstratif et le nom entre parenthèses.

EXEMPLE Comment s'appelle votre cousin qui habite à Paris ? (Pierre)
        Celui qui habite à Paris s'appelle Pierre.

1. Comment s'appelle votre cousine qui habite à Strasbourg ? (Sylvie) **2.** Et comment s'appellent vos cousins qui demeurent à Lyon ? (Jean-Pierre et Yvonne) **3.** Où habite le cousin dont nous avons parlé hier ? (à Marseille) **4.** Où demeurent vos cousines que nous avons rencontrées la semaine passée ? (à Philadelphie) **5.** Et comment s'appellent vos cousins qui travaillent en Europe ? (Georges et Christophe)

311

C. Mettre un peu d'ordre !   En deux groupes : Groupe A, vous demandez encore à votre camarade (Groupe B) à qui sont les choses suivantes. Groupe B, vous lui répondez que les choses sont à vous. A, vous n'êtes pas sûr(e) et vous remettez en question la réponse de B. B, vous répondez que non. Après ça, *changez de rôle.*

EXEMPLE   un pull-over (ton frère)   A: À qui est ce pull-over?
B: C'est le mien.
A: Ce n'est pas celui de ton frère ?
B: Mais non, ce n'est pas le sien.

1. une écharpe (ton frère)   **2.** un imperméable (ton père)   **3.** une bicyclette (ta sœur)   **4.** une montre (ton père)   **5.** un livre (ta mère)   **6.** un parapluie (ton frère)   **7.** des gants (ton père)   **8.** un manteau (ta sœur)

III.   *Questions personnelles : Question de goût*

A. À la chasse   Vous allez vous lever pour poser les questions suivantes à vos camarades de classe. Demandez à 2 ou 3 personnes de répondre à chaque question. Prenez des notes sur leurs réponses parce que vous allez en parler avec un(e) partenaire plus tard. Vos camarades répondent aux questions en employant un pronom démonstratif.

EXEMPLE   Quels romans préfères-tu ?
— Je préfère ceux d'Albert Camus.
— Moi, je préfère ceux de John Updike.
— Et moi, je préfère ceux de John D. McDonald.

En employant la forme **tu**, demandez à quelqu'un :

1. quels romans il préfère.   **2.** quelle musique il aime.   **3.** quelles chansons *(songs)* il préfère.   **4.** quels tableaux il aime le mieux.   **5.** quels films il préfère.   **6.** quelles pièces de théâtre *(plays)* il aime.

B. En équipes de deux : Dites à un(e) partenaire les réponses que vous avez obtenues aux questions précédentes. (Par exemple, « Quant à la musique, David préfère celle de... et Marie préfère celle de... ».)
C. Toujours en équipes de deux : Choisissez un(e) partenaire et en vous posant mutuellement des questions, échangez vos opinions sur 3 ou 4 des sujets ci-dessous. Réagissez aux idées de l'autre avec des expressions qui commencent par **Ça**. (Par exemple, « Moi aussi, ça me plaît / m'intéresse / me fait plaisir / m'intrigue » ou « Par contre, ça ne m'intéresse pas / m'ennuie / ne me dit rien / m'agace [*bothers, "bugs" me*] ».)

1. la musique classique   **2.** le jazz   **3.** la musique de certaines stars du rock (par exemple, celle de Bruce Springsteen ou de Tina Turner)   **4.** l'opéra, en général, et certaines compositions (comme *Carmen*)   **5.** l'art des impressionnistes et quelques-uns de leurs tableaux (comme Renoir ou Manet)   **6.** l'art moderne de l'après-guerre et certains peintres (comme

312

Picasso ou Dali) ou certains tableaux   **7.** le cinéma et les films de certains
acteurs ou de certains cinéastes *(directors)*   **8.** le théâtre et les pièces de
certains dramaturges *(playwrights)* (par exemple, celles de Sartre ou de
Tennessee Williams)   **9.** la télé, en général, et certaines émissions
10. les voyages à l'étranger *(abroad)*

—— *VOCABULAIRE* ——————————————————————————————

NOMS
  la **bague** *ring*
  la **chanson** *song*
  le **cinéaste** *director*
le/la **dramaturge** *playwright*
  le **mouchoir** *handkerchief*
  la **pièce (de théâtre)** *play*
  la **solde** *clearance sale;* **en
    solde** *on sale*
VERBES
agacer *to irritate, annoy*

tenir (à la main) *to hold (in
  one's hand)*
ADJECTIF
fabriqué(e) *made, built*
DIVERS
à l'étranger *(m) abroad*
ça m'ennuie *it bothers me*
ça (m')est égal *it doesn't
  matter (to me)*
ça n'est rien *it's not serious*

ça ne (me) dit rien *it
  doesn't appeal to (me)*
qu'est-ce que c'est que ça ?
  what's that?
MOTS AMIS
  la **boutique**
  la **composition**
intriguer
PRONOMS DÉMONSTRATIFS
see pp. 309–311

313

Nos amis ont l'intention d'aller à Fontainebleau,✦ mais en chemin ils se trompent de route.

ROGER Il y a presque deux heures que nous avons quitté Melun.

JEAN Je commence à avoir mal aux jambes. Je n'ai plus l'habitude de faire du vélo.

ROGER J'ai l'impression que nous avons pris la mauvaise route.

JEAN Moi aussi, j'en ai bien peur.

ROGER Voilà un homme qui travaille dans son champ. Il pourra nous donner des renseignements.

ROGER *(à l'homme)* Est-ce que nous sommes loin de Fontainebleau ?

LE CULTIVATEUR Mais oui, mon pauvre monsieur. Je suis désolé de vous apprendre que vous vous êtes trompé de route.

ROGER Comment y va-t-on, alors ?

ROGER We left Melun almost two hours ago.

JOHN My legs are beginning to hurt. I'm not used to bicycling any more.

ROGER I think we took the wrong road.

JOHN (Me too), I'm afraid so.

ROGER There's a man working in his field. He can give us some information.

ROGER *(to the man)* Are we far from Fontainebleau?

FARMER You certainly are, sir. I'm sorry to tell you that you took the wrong road.

ROGER Then how do we get there?

314

LE CULTIVATEUR Vous voyez ce village, là-bas ? C'est Barbizon.✦ Allez-y. À la sortie du village, prenez le premier chemin à gauche. *(De la main gauche, il indique la direction.)* Il vous mènera à Fontainebleau.

ROGER À quelle distance est-ce d'ici ?

LE CULTIVATEUR C'est à sept ou huit kilomètres.

ROGER Zut alors ! Par cette chaleur, ce n'est pas drôle !

LE CULTIVATEUR Si vous avez chaud et si vous avez soif, vous pourrez vous arrêter à Barbizon. C'est ma femme qui tient le petit café juste en face de l'église.

FARMER You see that village over there? That's Barbizon. Go there. As you leave the village, take the first road on the left. *(With his left hand, he points out the direction.)* It will take you to Fontainebleau.

ROGER How far is it from here?

FARMER It's seven or eight kilometers.

ROGER Well, darn it! In this hot weather, this isn't much fun!

FARMER If you're hot and (if you're) thirsty, you can stop at Barbizon. My wife runs the little café right across the street from the church.

UN TABLEAU DE THÉODORE ROUSSEAU REPRÉSENTANT LA FORÊT DE FONTAINEBLEAU

I. *Exercice de mise en train : La rentrée* (Fall return to school) *(révision de l'impératif)*

C'est la rentrée. Votre frère va à la fac pour la première fois. Vous lui dites ce qu'il faut faire pour réussir à l'université.

EXEMPLE aller en classe tous les jours   Va en classe tous les jours !

Dites à votre frère de (d') :

1. se lever de bonne heure chaque matin.
2. se dépêcher pour arriver en classe à l'heure.
3. faire attention en classe.
4. prendre beaucoup de notes.
5. écouter les réponses des autres.
6. ne pas dormir en classe
7. étudier beaucoup chaque soir.
8. finir tous ses devoirs chaque soir.
9. ne pas sortir tous les soirs.
10. se coucher de bonne heure.

II. *Présentation du dialogue : Excursion à la campagne*

III. *Questions de compréhension du dialogue*

Répondez aux questions d'après le dialogue.

1. Où vont Jean et Roger ?
2. Comment voyagent-ils ?
3. Il y a combien de temps qu'ils ont quitté Melun ?
4. Pourquoi est-ce que Jean commence à avoir mal aux jambes ?
5. Est-ce qu'ils sont tous les deux sur la bonne route ?
6. À qui est-ce que Roger demande des renseignements ?
7. Ils sont près de quel village ?
8. Quelle route faut-il prendre à la sortie du village ?

IV. *Substitutions : On est perdu !*

Changez les phrases suivantes en substituant les mots indiqués.

1. Il y a presque deux heures que* *nous avons quitté Melun.*
   nous avons quitté la maison / **nous sommes arrivé(e)s** / **je suis parti(e)** / **Jean et Roger sont partis**

---

*As expressions of time, when **il y a... que**, **voilà... que** are used with a **passé composé**, they mean *ago*. EXAMPLES **Il y a deux heures que** nous avons quitté Melun. **Voilà deux heures que** nous avons quitté Melun. When used with a present indicative, these expressions indicate that the action began in the past and is still going on at the time the statement is made. They have practically the same meaning as *depuis*. EXAMPLE **Depuis** combien de temps attendez-vous l'autobus ? / **Il y a** combien de temps que vous attendez l'autobus ? — Je l'attends **depuis** un quart d'heure. / **Voilà** un quart d'heure **que** je l'attends.

316

2. Voilà presque deux heures que *nous avons quitté Melun.*
**nous avons quitté la maison / nous sommes arrivé(e)s / je suis
parti(e) / Jean et Roger sont partis**

3. J'ai l'impression que *nous avons pris la mauvaise route.*
**nous ne sommes pas sur la bonne route / nous n'avons pas pris la
bonne route / nous nous sommes trompé(e)s de route / nous avons
pris le mauvais chemin**

4. Tu sais, je n'ai plus l'habitude *de faire du vélo.*
**d'aller à pied / de faire du jogging / de travailler le soir / de me lever
de bonne heure / de me coucher tard**

5. Je commence à avoir *mal aux jambes.*
**mal à la tête / mal au dos / mal aux pieds / mal à la gorge / mal à
l'estomac / chaud / soif / faim**

v.   *Exercices d'application*

A. Détails personnels (il y a combien de temps que... ? ; depuis quand... ?)
Nous allons poser les questions suivantes tous ensemble, mais vous y
répondrez individuellement.

1. Il y a combien de temps que vous êtes dans cette ville ?   **2.** Il y a combien
de temps que vous allez à cette université ?   **3.** Il y a combien de temps que
vous étudiez le français ?   **4.** Il y a combien de temps que vous êtes dans ce
cours ?   **5.** Depuis quand êtes-vous dans cette ville ?   **6.** Depuis quand
allez-vous à cette université ?   **7.** Depuis quand étudiez-vous le français ?
8. Depuis quand êtes-vous dans ce cours ?

B. Ce matin (quitter et partir de) Nous allons poser les questions suivantes
tous ensemble, mais vous y répondrez individuellement. En employant la
forme **tu,** demandez à quelqu'un :

1. à quelle heure il a quitté la maison ce matin.   **2.** à quelle heure il est parti
de la maison ce matin. **3.** s'il est parti sans déjeuner.   **4.** s'il a quitté la
maison sans déjeuner.   **5.** s'il y a longtemps qu'il a quitté la maison.   **6.** s'il
y a longtemps qu'il est parti de la maison.

Questions personnelles : Faire du vélo

Répondez individuellement aux questions suivantes.

1. Aimez-vous faire du vélo ? Pourquoi ou pourquoi pas ? **2.** Pourquoi est-ce que faire du vélo est populaire aux États-Unis ? **3.** Quelle est votre marque de vélo préférée ? Pourquoi ? **4.** Croyez-vous qu'il est dangereux de faire du vélo aux États-Unis ? Pourquoi ou pourquoi pas ? **5.** Que pensez-vous de la motocyclette ? À votre avis, est-elle plus dangereuse ou moins dangereuse que le vélo ? Pourquoi ?

VII. *Conversations improvisées (en équipes de deux)*

A. Se tromper de route Racontez à un(e) camarade un incident qui vous est arrivé (ou qui est arrivé à quelqu'un que vous connaissez) où vous vous êtes trompé(e) de route. Votre camarade vous montre son intérêt en vous posant des questions et en employant des expressions comme : « Ce n'est pas très drôle, ça ! » « C'était sans doute agaçant (*irritating*) / ennuyeux / pas très amusant / pas du tout amusant ». Après ça, *changez de rôle*.

B. Moyens de transport dans une grande ville Avec un(e) camarade, échangez vos idées sur les avantages et les désavantages d'aller à bicyclette, à motocyclette, à vélomoteur, à pied et en voiture dans une grande ville. Décidez de quel moyen, tous les deux, vous prendriez si vous habitiez dans une grande ville ou si vous la visitiez.

Changez de partenaire : Dites à ce nouveau / cette nouvelle partenaire quel moyen de transport vous prendriez si vous habitiez dans une grande ville et pourquoi. Votre partenaire vous explique sa préférence aussi.

VIII. *Dictée d'après la Conversation 28*

—— VOCABULAIRE ——

NOMS
la **chaleur** *heat;* **par cette chaleur** *in such hot weather*
le **champ** *field*
le **chemin** *path; way; route;* **en chemin** *along the ways;* le **bon / mauvais chemin** *right/wrong way*
le **cultivateur,** la **cultivatrice** *farmer*
le **dos** *back (part of body)*
l' **estomac** *(m)* *stomach*

la **rentrée** *fall return to school*
la **sortie** *exit*
VERBES
mener *(à) to lead (to)*
tenir *to manage, keep, run (a place)*
se tromper *to be wrong, make a mistake;* **se tromper de route** *to take the wrong road*
ADJECTIFS
agaçant(e) *irritating*

désolé(e) *sorry*
DIVERS
voilà + *period of time* **que** *ago*
voilà combien de temps que... ? *how long has it been since . . . ?*
MOTS AMIS
faire du jogging
le **village**

318

GRAMMAR UNIT 22
Irregular verbs in -er and -ir

76. Remarks about irregular verbs

The easiest and quickest way to learn irregular verbs is to study their forms carefully, note which forms are irregular, and practice using them. Here are some helpful tips.

A. Present indicative

The only tense of irregular verbs that is almost always irregular is the present indicative.

1. **Stem**   Instead of having one stem throughout the tense like **parler : parl-**, irregular verbs generally have two stems—one for the first and second person plural (**nous** and **vous**) and another for the other persons. Sometimes this difference is very striking (**je vais, nous allons**) and sometimes it is hardly noticeable (**je connais, nous connaissons**).

2. **Endings**   Most of the irregular verbs studied in this chapter have the present indicative endings **-s, -s, -t, -ons, -ez, -ent**, but a few have **-e, -es, -e** in the singular: **ouvrir — j'ouvre, tu ouvres, il ouvre.**

B. Future and conditional

Very few irregular verbs have an irregular future or conditional. Those that do are irregular only in the stem: **aller — j'irai ; envoyer — j'enverrai**, etc.

C. Imperfect

Except for **être**, the imperfect always follows the pattern of regular verbs; that is, the endings, which are always the same, are used with the stem of the first person plural of the present indicative: **nous allons — nous allions ; nous envoyons — nous envoyions** (see ¶ 52, Grammar Unit 16).

D. Past participle

The formation of the past participle of irregular verbs follows several different patterns. Those with the same pattern are grouped together in the following examples.

77. *Irregular verbs ending in -er*

There are only three irregular verbs in this group: **aller** *(to go)*, **s'en aller** *(to leave)*, and **envoyer** *(to send)*. **Renvoyer** *(to send back/away)* is conjugated like **envoyer**.

A. aller (to go)

Où **allez-vous** ce soir ?	*Where **are you going** this evening?*
Je **vais** au cinéma.	*I'm **going** to the movies.*
Où **êtes-vous allé(e)** l'été dernier ?	*Where **did you go** last summer?*
Je **suis allé(e)** à la campagne.	*I **went** to the country.*
Comment **irez-vous** en ville ?	*How **will you go** downtown?*
J'irai à pied.	*I'll walk.*

PRÉSENT je vais, tu vas, il va, nous allons, vous allez, ils vont
IMPARFAIT j'allais   PASSÉ COMPOSÉ je suis allé(e)   FUTUR j'irai

Note that **aller** + *infinitive* is often used to express the future.

Qu'est-ce que **tu vas faire** ce week-end ?	*What are **you going to do** this weekend ?*
— **Je vais aller** au cinéma.	—*I'm **going to go** to the movies.*

B. s'en aller (to leave, go away)

Quand partez-vous ?	*When are you leaving?*
—**Je m'en vais** demain soir.	—*I'm **leaving** tomorrow evening.*

S'en aller has practically the same meaning and use as **partir** but is rarely used in compound tenses. It is conjugated like **aller**, except that it is reflexive: **Je m'en vais, il s'en va**, etc. **S'en aller** is commonly used in the imperative.

Allez-vous-en !
Va-t'en ! } *Go away!*

C. envoyer (to send)

Envoyez-vous des cartes postales à vos amis quand vous voyagez ?	*Do you send postcards to your friends when you travel?*
— Oui, j'**en envoie** quelquefois.	—*Yes, I send some occasionally.*

320

Hier **j'ai envoyé** des fleurs à ma grand-mère.

I sent some flowers to my grandmother yesterday.

Nous vous **enverrons** la facture.

We will send you the bill.

J'ai envoyé chercher le journal.

I sent for the paper.

Je pourrai vous le **faire envoyer** cet après-midi.

I can have it sent to you this afternoon.

PRÉSENT j'envoie, tu envoies, il envoie, nous envoyons, vous envoyez, ils envoient IMPARFAIT j'envoyais PASSÉ COMPOSÉ j'ai envoyé FUTUR j'enverrai

---

I. *Substitutions : Acheter un journal* (aller *et* envoyer)

Changez les phrases suivantes en substituant les mots indiqués.

1. *Je m'en vais* maintenant, Sylvie.
Nous nous en allons / Jean s'en va / Jean et Roger s'en vont / Tu t'en vas... ? / Vous vous en allez... ?
2. *Je vais* chercher le journal.
Nous allons / Marie va / Marie et Roger vont / Tu vas ... ? / Vous allez ... ?
3. Mais non ! *J'enverrai* Richard chercher le journal.
Nous enverrons / Roger enverra / Marie et Jean enverront / Tu enverras... ? / Vous enverrez... ?

II. *Questions personnelles : Vous et vos parents*

Nous allons poser les questions suivantes tous ensemble, mais vous y répondrez individuellement. En employant la forme **vous,** demandez à quelqu'un :

1. quand il va rendre visite à ses parents. **2.** s'il est allé chez eux récemment. **3.** si ses parents sont tristes quand il s'en va et comment il se sent quand il s'en va. **4.** si ses parents lui envoient souvent des lettres, des paquets, de l'argent. **5.** s'il a jamais fait envoyer des fleurs à ses parents. Si oui, pourquoi et comment.

78. First group of irregular verbs in -ir : partir, sortir, sentir *(to smell, sense)*, servir, dormir, *etc.*

The characteristics of this group are that they all have two stems in the present indicative: **par-, part-** ; **sor-, sort-; sen-, sent-**, etc., and a past participle ending in **-i**; that is, they are irregular only in the present indicative.

A. partir (to leave)

Quand **partez-vous ?**
—Mon train **part** à neuf heures, alors **je partirai** de la maison à huit heures et demie.

*When **are you leaving?***
*—My train **leaves** at nine o'clock, so **I'll leave** the house at eight-thirty.*

PRÉSENT je pars, tu pars, il part, nous partons, vous partez, ils partent
IMPARFAIT je partais   PASSÉ COMPOSÉ je suis parti(e)   FUTUR je partirai

B. sortir (to go out) (intransitive)

Est-ce que **vous sortez** souvent le soir ?
— Oui, **je sors** assez souvent.

Do you go out *often in the evening?*
*—Yes, **I go out** rather often.*

PRÉSENT je sors, tu sors, il sort, nous sortons, vous sortez, ils sortent
IMPARFAIT je sortais   PASSÉ COMPOSÉ je suis sorti(e)   FUTUR je sortirai

C. sentir (to smell); se sentir (to feel)

Sentez-vous ces roses ?
— Oui, **elles sentent** très bon.
Je ne me sens pas très bien.

Do you smell *those roses?*
*—Yes, **they smell** very good.*
***I don't feel** very well.*

PRÉSENT je sens, tu sens, il sent, nous sentons, vous sentez, ils sentent
IMPARFAIT je sentais   PASSÉ COMPOSÉ j'ai senti   FUTUR je sentirai

Compounds of these verbs, such as **consentir** *(to consent)* follow the same pattern of conjugation.

D. servir (to serve); se servir de (to use; to help oneself)

On sert le dîner à huit heures.
Voici les hors-d'œuvre. **Servez-vous.**

*Dinner **is served** at eight o'clock.*
*Here are the hors d'œuvres. **Help yourself.***

Vous êtes-vous servi de *votre auto hier soir ?*

***Did you use** your car last night?*

PRÉSENT je sers, tu sers, il sert, nous servons, vous servez, ils servent
IMPARFAIT je servais   PASSÉ COMPOSÉ j'ai servi   FUTUR je servirai

E. dormir (to sleep); **s'endormir** (to fall asleep)

Avez-vous bien **dormi** cette nuit ?	*Did you sleep well last night?*
— Oui, **je me suis endormi**(e) à dix heures, et **j'ai dormi** toute la nuit.	*—Yes, I went to sleep at ten o'clock, and I slept all night.*

PRÉSENT je dors, tu dors, il dort, nous dormons, vous dormez, ils dorment
IMPARFAIT je dormais   PASSÉ COMPOSÉ j'ai dormi   FUTUR je dormirai

79. *Second group of irregular verbs in* -ir : venir, tenir

The characteristics of this group are that they have two stems for the present indicative (**vienn-, ven-**), an irregular future (**viendrai**), and a past participle ending in **-u** (**venu**).

A. venir (to come)

D'où **venez-vous ?**	*Where have you been? (lit., Where are you coming from?)*
— **Je viens** de l'aéroport.	*—I've been to the airport. (lit., I'm coming from the airport.)*
Il est venu nous chercher en auto.	*He came for us in his car.*
Nous viendrons vous voir à cinq heures.	*We will come see you at five o'clock.*

PRÉSENT je viens, tu viens, il vient, nous venons, vous venez, ils viennent
IMPARFAIT je venais   PASSÉ COMPOSÉ je suis venu(e)   FUTUR je viendrai

Compounds conjugated like **venir** include **revenir** *(to come back);* **devenir** *(to become);* **se souvenir** (**de**) *(to remember);* **prévenir** *(to warn).*

B. venir de + infinitive = to have just + past participle

Ce que **vous venez de dire** est vrai.	*What you have just said is true.*
Le docteur **vient d'arriver.**	*The doctor has just arrived.*
Je venais d'arriver quand vous avez téléphoné.	*I had just arrived when you called.*

The present tense of **venir** followed by **de** + *infinitive* expresses immediate past action: **Je viens d'arriver** has the same meaning as **Je suis arrivé(e) il y a un instant.**

The imperfect of **venir** followed by **de** + *infinitive* expresses immediate past action in the past: **Je venais d'arriver quand vous avez téléphoné** has the same meaning as **J'étais arrivé(e) un instant plus tôt quand vous avez téléphoné.**

323

C. tenir *(to hold; to keep)*

C'est ma femme qui **tient** le petit café.   *My wife **runs** the little café.*
Tenez la porte ouverte, s'il vous plaît.   ***Hold** the door open, please.*

PRÉSENT je tiens, tu tiens, il tient, nous tenons, vous tenez, ils tiennent
IMPARFAIT je tenais   PASSÉ COMPOSÉ j'ai tenu   FUTUR je tiendrai

Compounds conjugated like **tenir** are **retenir** *(to retain)* and **appartenir** (à) *(to belong [to]).*

80. *Third group of irregular verbs in* -ir : ouvrir *(to open), etc.*

The characteristics of this group are that the past participle ends in **-ert** and that the endings of the singular of the present indicative are **-e, -es, -e.**

À quelle heure le bureau de poste   *What time **does** the post office*
ouvre-t-il ?   ***open?***
— **Il ouvre** à neuf heures du matin.   *—It **opens** at 9 o'clock in the*
    morning.

Qui **a ouvert** la fenêtre ?   *Who **opened** the window?*

PRÉSENT j'ouvre, tu ouvres, il ouvre, nous ouvrons, vous ouvrez, ils ouvrent
IMPARFAIT j'ouvrais   PASSÉ COMPOSÉ j'ai ouvert   FUTUR j'ouvrirai

Offrir *(to offer);* **souffrir** *(to suffer);* **couvrir** *(to cover);* and compounds of **ouvrir** and **couvrir** are conjugated according to the same pattern.

III.   *Substitutions : Le Restaurant de ma mère (verbes en -ir)*

Changez les phrases suivantes en substituant les mots indiqués.

1. *Ma mère tient ce petit restaurant-là.*
   Je tiens / Nous tenons / Brigitte tient / Brigitte et Pierre tiennent / Est-ce que vous tenez...? / Est-ce que tu tiens...?
2. *Elle sert de très bons repas.*
   Je sers / Nous servons / On y sert / Brigitte et Pierre servent / Vous servez..., n'est-ce pas ? / Tu sers..., n'est-ce pas ?
3. *Elle ouvre le restaurant à midi.*
   Hier elle a ouvert / Demain elle ouvrira / Demain elle va ouvrir
4. *Elle sort du restaurant assez tard — après minuit.*
   Je sors / Nous sortons / Brigitte et Pierre sortent / Tu sors..., n'est-ce pas ? / Vous sortez..., n'est-ce pas ?
5. *Mes amis viennent souvent à ce restaurant.*
   Je viens / Jacques vient / Tu viens..., n'est-ce pas ? / Vous venez..., n'est-ce pas ?

6. *Nous nous sentons* bien dans ce restaurant.

Je me sens / Jacques se sent / Jacques et Louise se sentent / Tu te sens..., n'est-ce pas ? / Vous vous sentez..., n'est-ce pas ?

IV.   *Exercices d'application*

A. La journée de ma mère (verbes en **-ir**)   En deux groupes : Groupe A, vous parlez de ce que votre mère fait aujourd'hui. Groupe B, vous remarquez qu'elle a fait les mêmes choses hier. Après ça, *changez de rôle*.

EXEMPLE   A: Maman sort de la maison à 9h.
                   B: Et hier aussi, elle est sortie de la maison à 9h.

1. Maman dort jusqu'à 7h. **2.** Elle part de la maison à 8h. **3.** Elle ouvre le restaurant à midi. **4.** Elle sert les repas jusqu'à 11h du soir. **5.** Elle revient à la maison après minuit.

B. Un camarade insistant (venir de au présent)   En deux groupes : Groupe A, vous devez toujours rappeler à votre camarade Philippe (Groupe B) ce qu'il a à faire. Donc, vous lui téléphonez pour lui demander s'il a fait certaines choses ce matin. Il vous répond qu'il vient de faire ces choses. Après ça, *changez de rôle.*

EXEMPLE   Demandez à Philippe s'il a envoyé une lettre à ses parents ce matin.
                   A: Est-ce que tu as envoyé une lettre à tes parents ce matin ?
                   B: Mais oui ! Je viens justement d'envoyer une lettre à mes parents.

En employant la forme **tu**, demandez à Philippe :

1. s'il a téléphoné à ses parents ce matin. **2.** s'il a ouvert toutes les fenêtres dans l'appartement. **3.** s'il est allé chercher un journal. **4.** s'il a fait son lit. **5.** s'il a rangé toutes les affaires dans l'appartement. **6.** s'il a fini tous ses devoirs. **7.** s'il a acheté les provisions pour le dîner de ce soir.

C. Quand vous m'avez téléphoné, je venais de... (venir de à l'imparfait)
Réponses individuelles : Je vous ai téléphoné hier soir. Dites-moi ce que vous veniez de faire quand je vous ai téléphoné.

EXEMPLE   Je venais d'arriver à la maison quand vous m'avez téléphoné hier soir.

V.   *Conversations improvisées (en équipes de deux)*

A. Les voyages   Posez 5 ou 6 questions (à la forme **tu**) à un(e) camarade sur un voyage qu'il / elle *va faire*. Après ça, votre camarade vous pose des questions sur un voyage que vous *avez déjà fait*.

B. La vie d'un restaurateur *(restaurant owner)*   En 7 ou 8 phrases, décrivez votre journée typique comme restaurateur à un(e) camarade. Il / Elle vous montre sa curiosité et son intérêt en posant des questions et en employant des expressions comme : « Quelle longue journée ! » « Ça me semble très intéressant / très difficile ». Après ça, *changez de rôle.*

325

C. Une sœur paresseuse *(lazy)*   Vous jouez le rôle d'un frère qui demande à sa sœur paresseuse si elle a fait certaines choses (6 ou 7) dans la maison. Votre sœur (un/e partenaire) vous indique qu'elle vient justement de faire ces choses. Après ça, *changez de rôle.*

_____ *VOCABULAIRE* _____

NOM
la **facture** *bill, invoice*
le **restaurateur** *restaurant owner*
VERBES
s'en aller *to leave, go away*
appartenir (à) *to belong (to)*
consentir à *to consent*

couvrir *to cover*
devenir *to become*
s'endormir *to fall asleep*
prévenir *to warn*
renvoyer *to send back; to send away*
retenir *to retain*
revenir *to come back, return*
sentir *to smell*

se servir de *to use; to help oneself*
souffrir *to suffer*
se souvenir de *to remember*
ADJECTIFS
paresseux(euse) *lazy*
MOTS AMIS
la **rose**
servir

326

Par un beau soir de juin, Marie et Jean sont allés au cinéma ensemble. Sur le chemin du retour, ils décident de s'asseoir dans un café pour bavarder un peu avant de rentrer.

— Dis, Marie, demande Jean à Marie, Roger m'a dit que tu étais une fana° du cyclisme. C'est vrai ?   *fan*

— Sans aucun doute. Et si ça t'intéresse aussi, tu pourrais venir chez moi voir le Tour de France à la télé à la fin du mois.

— C'est gentil, mais qu'est-ce que c'est que le Tour de France ?

— C'est une course° cycliste de quatre ou cinq mille kilomètres   *race*
qui fait le tour de France et qui dure près de trois semaines.

— Eh bien ! Ce sont des sportifs — ceux qui y participent !

— Oui, ce sont des coureurs° professionnels des pays d'Europe   *racers*
de l'Ouest. C'est un peu comme votre World Series de base-ball aux États-Unis, un événement sportif très populaire.

Jean, de plus en plus intéressé, sort de sa sacoche°✦ une carte   *shoulder bag*
de la France.

— Montre-moi le parcours° de cette course, demande-t-il à   *course*
Marie.

— Oh ! Il change d'une année sur l'autre. Ça permet à toutes les régions de France d'avoir leur tour... de France. La course commence dans une partie différente en France chaque année, mais elle finit toujours à Paris. Tous les ans, avec d'autres millions de fanas comme moi, j'attends le vainqueur° aux Champs-Élysées pour l'accla-   *winner*
mer.

— La course est divisée en étapes° ?   *stages*

— Oui, une vingtaine. On dit que chaque année, plus de 35 millions de Français sont sur le parcours du Tour de France pour voir passer les cyclistes. Le coureur qui arrive en tête d'une étape a le privilège de porter le maillot° jaune le lendemain.   *yellow jersey*

— Et toi, pourquoi est-ce que cette course cycliste t'intéresse tant ?

— Ça remonte° à mon enfance°. Quand j'avais 8 ou 9 ans, le   ***Ça...** It goes back / childhood (f)*
Tour de France est passé par mon village en Bretagne. Je me souviens encore des émotions qui soulevaient° le village ! Tous ensemble,   *roused*
nous sommes restés sur la place pendant des heures pour voir pas-

327

ser les cyclistes et les encourager au passage. Ça m'a beaucoup impressionnée. Depuis ce jour-là, je ne manque jamais de suivre un Tour de France. Cette année, tu veux venir avec moi accueillir° le vainqueur aux Champs-Élysées ?

to welcome

— Quelle bonne idée ! Je compte sur toi pour me le rappeler, d'ac ?

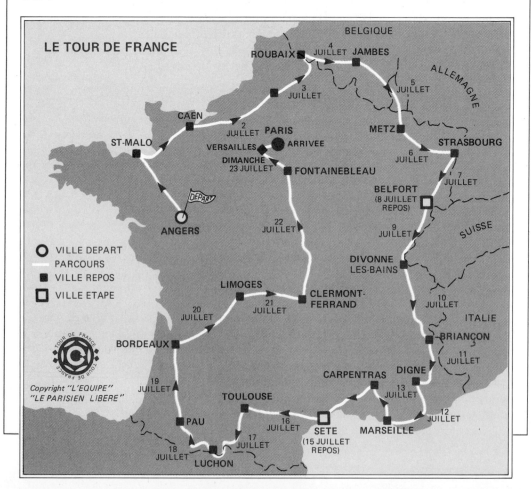

LE TOUR DE FRANCE

BELGIQUE
ALLEMAGNE
SUISSE
ITALIE

ROUBAIX
4 JUILLET JAMBES
3 JUILLET
5 JUILLET
CAEN
2 JUILLET PARIS
METZ
ST-MALO VERSAILLES ARRIVEE
6 JUILLET STRASBOURG
DIMANCHE 23 JUILLET FONTAINEBLEAU
7 JUILLET
BELFORT (8 JUILLET REPOS)
DEPART
22 JUILLET
9 JUILLET
ANGERS
DIVONNE LES-BAINS

○ VILLE DEPART
— PARCOURS
■ VILLE REPOS
□ VILLE ETAPE

LIMOGES CLERMONT-FERRAND
21 JUILLET
10 JUILLET
20 JUILLET
BRIANÇON
11 JUILLET
BORDEAUX
CARPENTRAS DIGNE
19 JUILLET
13 JUILLET
TOULOUSE
12 JUILLET
PAU 16 JUILLET SETE (15 JUILLET REPOS) MARSEILLE
17 JUILLET
18 JUILLET
LUCHON

Copyright "L'EQUIPE" "LE PARISIEN LIBERE"

I.   *Vrai ou faux ?*

Dites si les phrases suivantes sont vraies ou fausses. Si une phrase est fausse, changez-la.

1. Le Tour de France est une course cycliste professionnelle.
2. Les coureurs qui y participent doivent être français.
3. La course a un parcours qui est toujours le même *(the same)* tous les ans.
4. Les cyclistes de la course portent tous des maillots jaunes.
5. Marie s'intéresse au Tour de France parce qu'elle voudrait y participer un jour.

II.   *Questions sur la compréhension de la lecture*

1. Dans cette anecdote, où est-ce que Marie et Jean sont allés ?
2. Qu'est-ce qu'ils ont fait au café ?
3. De quoi ont-ils parlé ?
4. Quand Jean s'est montré intéressé au Tour de France, qu'est-ce que Marie lui a proposé ?
5. Le Tour de France, qu'est-ce que c'est ?
6. Quel est le parcours de la course ? Est-il long ? Combien d'étapes y a-t-il ? Où finit-il toujours ? Quand a-t-il lieu ?
7. Relevez les détails qui montrent que la course est très populaire.
8. Qui porte le maillot jaune ?
9. Qu'est-ce qui s'est passé quand Marie avait 8 ou 9 ans ? Donnez les détails de l'événement.
10. Où est-ce que Marie ira à la fin de la course ? Pourquoi ?

III.   *À votre tour*

A. Les fans   Vous êtes sûrement un(e) fan de quelque chose (d'un sport, d'un instrument de musique ou d'une collection spéciale, par exemple). Parlez à un(e) camarade de classe de l'objet de votre fanatisme. Décrivez en 10 ou 12 phrases pourquoi ce sujet vous intéresse.

B. Le World Series de base-ball   Imaginez que la personne à côté de vous est un(e) étudiant(e) étranger / étrangère. Il / Elle s'intéresse beaucoup au World Series (ou autre grand événement américain) et il / elle vous pose toutes sortes de questions sur ce sujet. Répondez-y.

329

CONVERSATION 30
À la ferme

Mme Deschamps accueille avec plaisir les deux jeunes gens lorsqu'ils arrivent chez elle.

ROGER Bonjour, ma cousine. Mon ami Jean et moi, nous avons décidé de profiter du beau temps pour venir te voir.

MME DESCHAMPS Tiens ! Quelle bonne surprise ! J'espère bien que vous allez rester quelques jours avec nous.

ROGER Hi (cousin). My friend John and I decided to take advantage of the nice weather to come and see you.

MRS. DESCHAMPS What a pleasant surprise! I hope (very much) you will stay with us a few days.

ROGER Nous ne voulons pas te déranger. Nous avons l'intention de repartir demain matin.

MME DESCHAMPS Vous n'êtes pas pressés. Asseyez-vous et reposez-vous. Voulez-vous prendre quelque chose ?

ROGER Nous prendrons de la bière si tu en as.... Mais où sont tes fils ?

MME DESCHAMPS Oh ! tu ne sais pas ? Ils sont partis tous les deux travailler dans une usine à Reims. (*Elle soupire.*) Les enfants ne veulent plus rester à la ferme...

Le lendemain, comme nos amis suivent une route peu fréquentée, Roger aperçoit des champignons.

ROGER Je vois des champignons au bord de la route. Il doit y en avoir beaucoup dans le bois. Si nous en rapportions quelques-uns à la maison ?

JEAN Pourquoi pas ? Est-ce que ceux-là sont bons ?

ROGER Ramasse seulement ceux-ci. Tu vois, le dessus est brun et le dessous est jaune. On ne peut pas se tromper.

JEAN Oh ! J'en vois beaucoup au pied de cet arbre.

ROGER Fais attention ! N'oublie pas que les mauvais champignons ressemblent beaucoup aux bons.

JEAN Pourquoi ne m'as-tu pas dit ça plus tôt ?

ROGER J'ai eu tort de ne pas te prévenir. En tout cas, il vaut mieux laisser ceux dont tu n'es pas sûr....

ROGER We don't want to inconvenience you. We plan to set out again tomorrow morning.

MRS. DESCHAMPS You're not in a hurry. Sit down and rest. Would you like something?

ROGER We'll take some beer, if you have any. . . . (But) Where are your sons?

MRS. DESCHAMPS Oh! You don't know? They've both left to work in a factory in Rheims. (*She sighs.*) Children no longer want to stay on the farm . . .

The next day, as our friends are following a seldom-used road, Roger sees some mushrooms.

ROGER I see some mushrooms on the side of the road. There must be lots of them in the woods. Suppose we take some home?

JOHN Why not? Are those good?

ROGER Just pick these. You see, the top is brown and the underside is yellow. You can't go wrong.

JOHN Oh! I see lots of them at the foot of this tree.

ROGER Watch out! Don't forget that the poisonous mushrooms look very much like the good ones.

JOHN Why didn't you tell me that sooner?

ROGER I was wrong not to warn you. In any case, it's better to leave the ones you're not sure of. . . .

331

Exercices de mise en train : Révision : aller, s'en aller, partir, sortir, quitter, venir

A. Un voyage en Floride   Nous allons poser les questions suivantes tous ensemble, mais vous y répondrez individuellement (dans le rôle de Julie). Votre camarade Julie va aller en Floride. En employant la forme **tu,** demandez-lui :

1. quand elle s'en va en Floride.
2. à quelle heure l'avion part.
3. à quelle heure elle va quitter la maison pour prendre l'avion.
4. avec qui elle sortira là-bas.
5. ce qu'elle visitera.
6. quand elle en reviendra.

B. Un voyage à New York   Nous allons poser les questions suivantes tous ensemble, mais vous y répondrez individuellement (dans les rôles de Robert et de Jean). Vos camarades Robert et Jean sont allés à New York. En employant la forme **vous,** demandez-leur :

1. quand ils sont allés à New York.
2. à quelle heure l'avion est parti.
3. à quelle heure ils ont quitté la maison pour prendre l'avion.
4. avec qui ils sont sortis à New York.
5. ce qu'ils ont visité à New York.
6. quand ils sont rentrés.

332   II.   *Présentation du dialogue : À la ferme*

III. *Questions de compréhension du dialogue*

Répondez aux questions d'après le dialogue.

1. Où est-ce que Jean et Roger arrivent ?
2. Est-ce que Mme Deschamps attendait *(was expecting)* leur arrivée ?
3. Pourquoi est-ce que Jean et Roger ont décidé de venir la voir ?
4. Quand est-ce qu'ils vont repartir ?
5. Le lendemain, qu'est-ce que Roger voit au bord de la route ?
6. Est-ce que Roger dit à Jean de ramasser tous les champignons qu'il voit ? Pourquoi pas ?

IV. *Substitutions : Visite chez une cousine*

Changez les phrases suivantes en substituant les mots indiqués.

1. Bonjour, ma cousine. Nous avons décidé de profiter du beau temps pour *venir te voir.*

   aller à la campagne / faire une excursion en vélo / faire une promenade à bicyclette / te rendre visite
2. Nous avons l'intention de *repartir demain matin.*

   rester jusqu'à demain matin / rester quelques jours / passer quelques jours avec toi / nous reposer un peu
3. Les enfants, Roger ? Ah, tu sais, les enfants ne veulent plus *rester à la ferme.*

   travailler à la ferme / travailler dans les champs / habiter à la campagne / être cultivateurs / s'occuper des vignobles *(vineyards)*
4. Mais écoute — tu as vu les champignons *au bord de la route ?*

   le long de *(along)* la route / à côté de la route / de l'autre côté de la route / tout près de la route
5. Eh oui ! Jean voulait ramasser de mauvais champignons. J'ai eu tort de *ne pas le prévenir.*

   ne pas lui en parler / ne pas lui dire de faire attention

V. *Exercices d'application*

A. **Mettre la table** *(Setting the table)* (**il doit y avoir** [*there must be*])
En deux groupes : Groupe A, vous aidez votre camarade (Groupe B) à mettre la table chez lui / elle, mais vous ne savez pas exactement où se trouvent les choses dont vous avez besoin. Alors, vous lui demandez où sont les choses suivantes. Après ça, *changez de rôle.*

EXEMPLE   le beurre / dans le frigo   A: **Mais où est le beurre ?**
                                      B: **Il doit y avoir du beurre dans le frigo.**

1. le lait / dans le frigo aussi   2. le pain / sur la table   3. le sel et le poivre / dans le buffet *(sideboard)*   4. le vin / dans la cave *(cellar)*   5. les serviettes *(napkins)* / dans le tiroir *(drawer)*   6. les verres *(glasses)* / dans le placard *(cupboard)*   7. les assiettes *(plates)* / dans le placard aussi

333

B. Ranger les affaires (les adverbes qui indiquent un endroit)*
En deux groupes : Groupe A, votre camarade de chambre Pierre (Groupe B) ne range jamais ses affaires dans l'appartement. Vous voulez être sûr qu'il a bien tout mis en ordre parce que vos parents vous rendent visite aujourd'hui. Alors, vous lui demandez s'il a mis les objets suivants dans les endroits indiqués. Groupe B, vous répondez affirmativement en employant l'adverbe qui convient. Après ça, *changez de rôle.*

EXEMPLE   son imperméable dans l'armoire *(wardrobe, f)*✦
          A: **Tu as mis ton imperméable dans l'armoire ?**
          B: **Eh oui, je l'ai mis là-dedans.**

1. son manteau dans l'armoire   **2.** son sac à dos sous *(under)* le bureau
3. son pull-over dans la commode *(chest of drawers)*   **4.** ses livres sur le bureau   **5.** ses chaussures sous le lit   **6.** les coussins *(cushions)* sur le divan   **7.** ses cravates dans la commode

---

CULTURAL NOTE

*An **armoire** is a large, upright piece of furniture with two or three doors, shelves, and a rod for hanging clothing. It is commonly found in bedrooms in France and became popular some centuries ago when closets were taxed as rooms.*

C. Une visite chez un(e) ami(e) (Si nous... + l'imparfait)†
En deux groupes : Groupe A, vous passez le week-end chez un(e) ami(e) (Groupe B) qui n'a pas vraiment fait de projets pour ce week-end. Donc, vous lui suggérez de faire les choses suivantes. Votre ami(e) indique qu'il / elle est d'accord avec vos suggestions et il / elle insiste là-dessus (en employant l'impératif). Après ça, *changez de rôle.*

EXEMPLE   aller en ville   A: **Si nous allions en ville ?**
                             B: **Bonne idée ! Allons en ville !**

1. déjeuner en ville   **2.** aller au cinéma   **3.** jouer au tennis   **4.** faire une excursion en vélo   **5.** aller à un centre commercial   **6.** y acheter des cassettes   **7.** prendre un bain de soleil   **8.** faire une promenade à la campagne

---

*Le dessus *(upper surface)* and le dessous *(lower surface)* are nouns. Note the adverbs that correspond to these words: **(là-)dessus** *(on that, thereon)*, **(là-)dessous** *(under that/there)*. Compare also: **(là-)haut** *(up there)*, **(là-)dedans** *(in there)*, and **là-bas** *(over/down there)*.

†As seen in the sentence in Conversation 30 (**Si nous en rapportions quelques-uns à la maison ?**), **Si nous** followed by the imperfect tense is used in French to make suggestions.

334

Questions personnelles : Visites

Nous allons poser les questions suivantes tous ensemble, mais vous y répondrez individuellement. En employant la forme **vous,** demandez à quelqu'un :

1. s'il rend visite souvent à ses oncles *(uncles)* et ses tantes. **2.** quand il leur rend visite et pourquoi. **3.** chez quel oncle ou quelle tante il aime aller et pourquoi. **4.** si son père et sa mère lui rendent visite souvent à l'université et ce qu'ils font pendant ces visites. **5.** si sa sœur et son frère lui rendent visite à l'université et ce qu'ils font pendant ces visites.

VII. *Conversations improvisées (en équipes de deux)*

A. Un coup de fil : Votre camarade joue le rôle d'un(e) ami(e) qui vous téléphone pour annoncer qu'il / elle compte passer le week-end chez vous à l'université. Discutez de ce que vous allez faire pendant ce week-end (7 ou 8 activités).

B. Une visite amusante

1. En 7 ou 8 phrases, décrivez à un(e) camarade une visite récente que vous avez rendue à un parent (par exemple, un cousin, une tante) ou à un copain / une copine. Votre camarade vous montre son intérêt en posant des questions et en employant des expressions comme « Ça, c'était sans doute amusant / intéressant » ou « C'est vrai ? ».

2. *Changez de rôle.* En 7 ou 8 phrases, votre camarade vous décrit une visite que quelqu'un lui a rendue, ici à l'université ou chez ses parents. Vous réagissez à ce qu'il dit.

VIII. *Dictée d'après la Conversation 29*

--- *VOCABULAIRE* ---

NOMS
l' **armoire** *(f) closet, wardrobe*
l' **assiette** *(f) dish, plate*
le **buffet** *sideboard*
la **cave** *cellar, basement*
le **champignon** *mushroom*
la **commode** *chest of drawers*
le **coussin** *cushion*
le **dessous** *underside*
le **dessus** *top, upper side*
la **ferme** *farm*
l' **oncle** *uncle*
le **placard** *cupboard*
la **serviette** *napkin*

le **tiroir** *drawer*
le **verre** *(drinking) glass*
le **vignoble** *vineyard*
VERBES
accueillir *to welcome*
apercevoir *to catch a glimpse of, see*
s'attendre à *to expect*
mettre la table *set the table*
être pressé(e) *to be in a hurry*
ramasser *to pick (up)*
rapporter *to bring/take back*
repartir *to leave again*
suivre *to follow; to take (a course)*

valoir mieux *to be better;* **il vaut mieux** *it would be better*
DIVERS
dessous *below*
dessus *above*
là-dedans *in there*
là-dessous *under there*
là-dessus *on that*
là-haut *up there*
le long de *along*
quelques-un(e)s *a few*
sous *under*
MOT AMI
fréquenté(e)

335

GRAMMAR UNIT 23
Irregular verbs in -re

81. First group: past participle in -u

A. connaître* (to know, to be acquainted with; in **passé composé**, to meet)

Connaissez-vous Roger Duplessis ?	*Do you know Roger Duplessis?*
— Oui, **je le connais** un peu.	*—Yes, I know him slightly.*
Où l'**avez-vous connu** ?	*Where did you meet him?*
— **Je l'ai connu** à Paris.	*—I met him in Paris.*

PRÉSENT je connais, tu connais, il connaît, nous connaissons, vous connaissez, ils connaissent   IMPARFAIT je connaissais   PASSÉ COMPOSÉ j'ai connu   FUTUR je connaîtrai

B. croire (to believe)

Croyez-vous ce que disent les journaux ?	*Do you believe what the papers say?*
— **Je ne crois pas** tout ce qu'ils disent.	*—I don't believe all they say.*
Je n'ai pas cru ce qu'il m'a dit.	*I didn't believe what he told me.*

PRÉSENT je crois, tu crois, il croit, nous croyons, vous croyez, ils croient   IMPARFAIT je croyais   PASSÉ COMPOSÉ j'ai cru   FUTUR je croirai

C. boire (to drink)

Buvez-vous du café ?	*Do you drink coffee?*
— Non, **je ne bois** que du lait.	*—No, I drink only milk.*
Qu'est-ce que Jean **a bu** ?	*What did John drink?*
—Il **a bu** de la bière.	*—He drank some beer.*

---

*For the uses of **connaître** and **savoir**, see footnote, p. 72.

PRÉSENT je bois, tu bois, il boit, nous buvons, vous buvez, ils boivent
IMPARFAIT je buvais   PASSÉ COMPOSÉ j'ai bu   FUTUR je boirai

D. lire (to read)

Lisez-vous la *Nouvelle Revue Française ?*	*Do you read* the Nouvelle Revue Française?
— Oui, **je** la **lis** quelquefois.	—Yes, *I read* it sometimes.
Avez-vous lu des romans de Balzac ?	*Have you read* any novels of Balzac?
— Oui, j'en **ai lu** deux ou trois.	—Yes, *I've read* two or three (of them).

PRÉSENT je lis, tu lis, il lit, nous lisons, vous lisez, ils lisent   IMPARFAIT je lisais   PASSÉ COMPOSÉ j'ai lu   FUTUR je lirai

I.   *Substitutions : Un Journaliste* (**connaître, lire, croire**)

Changez les phrases suivantes en substituant les mots indiqués.

1. *Connaissez-vous le journaliste Pierre Labarre ?*
   Est-ce que tu connais / Est-ce que Jean connaît / Est-ce que Jean et Marie connaissent
2. Mais oui, *je le connais. Je lis* tous ses articles.
   nous le connaissons... Nous lisons / Jean le connaît... Il lit / Roger et Marie le connaissent... Ils lisent
3. Mais *je ne crois pas* tout ce qu'il dit.
   nous ne croyons pas / Roger ne croit pas / croyez-vous... ? / est-ce que tu crois... ? / je n'ai jamais cru

II.   *Questions personnelles : Les arts*

A. Nous allons poser les questions suivantes tous ensemble, mais vous y répondrez individuellement. En employant la forme **vous**, demandez à quelqu'un :

1. s'il connaît les œuvres de Camus (de Sartre / de Steinbeck / de Hemingway).   **2.** quelles œuvres de Camus (de Sartre / de Steinbeck / de Hemingway) il a lues.   **3.** s'il lit souvent des romans. Si oui, quel roman il a lu récemment.   **4.** s'il connaît *Carmen* de Bizet et ce qu'il en pense.   **5.** s'il connaît les films de Truffaut (de Resnais / de Malle). Si oui, lesquels il préfère.   **6.** s'il connaît les œuvres de Monet (de Renoir / de Degas / de Toulouse-Lautrec / de Picasso). Si oui, lesquelles il préfère.

B. En équipes de deux : En employant la forme **tu**, posez les questions impaires de l'exercice précédent à un(e) camarade de classe. Pour les questions paires, *changez de rôle*.

337

82. Second group: part participle in -i, -is, or -it

A. dire (to say; to tell)

Qu'est-ce que **vous dites ?**	*What's that?/What **are you saying?***
— **Je dis** que je ne crois pas ce que le marchand m'**a dit.**	—**I'm saying** that I don't believe what the storekeeper **told me.**

PRÉSENT je dis, tu dis, il dit, nous disons, vous dites, ils disent   IMPARFAIT je disais   PASSÉ COMPOSÉ j'ai dit   FUTUR je dirai

B. écrire (to write)

Écrivez-vous souvent à vos parents ?	*Do you write to your parents often?*
— **Je** ne leur **écris** pas souvent, mais **je** leur **ai écrit** dimanche dernier.	—*I don't **write** (to) them often, but **I wrote** (to) them last Sunday.*

PRÉSENT j'écris, tu écris, il écrit, nous écrivons, vous écrivez, ils écrivent   IMPARFAIT j'écrivais   PASSÉ COMPOSÉ j'ai écrit   FUTUR j'écrirai

C. suivre (to follow; to take a course)

Suivez-vous le conseil de vos parents ?	*Do you follow the advice of your parents?*
— Oui, **je** le **suis** toujours.	—*Yes, I always **follow** it.*
Avez-vous suivi un cours d'histoire ?	*Did you take a history course?*
— Oui, j'en **ai suivi** plusieurs.	—*Yes, I took several (of them).*

PRÉSENT je suis, tu suis, il suit, nous suivons, vous suivez, ils suivent   IMPARFAIT je suivais   PASSÉ COMPOSÉ j'ai suivi   FUTUR je suivrai

D. prendre (to take)

Est-ce que **vous prenez** l'autobus ?	*Are you taking the bus?*
— Non, **je prends** l'avion, et **j'ai** déjà **pris** mon billet.	—*No, I'm taking the plane, and I've already **got** (lit., taken) my ticket.*
Prenez-vous du sucre ?	*Do you take sugar?*
— Non, **je prends** un peu de crème.	—*No, I take a little cream.*

PRÉSENT je prends, tu prends, il prend, nous prenons, vous prenez, ils prennent   IMPARFAIT je prenais   PASSÉ COMPOSÉ j'ai pris   FUTUR je prendrai

Other verbs (compounds) conjugated like **prendre** include **apprendre** *(to learn);* **comprendre** *(to understand);* **entreprendre** *(to undertake);* and **surprendre** *(to surprise).*

338

E. mettre (to put; to put on); **se mettre à** (to start, begin)

Où **mettez-vous** votre argent ?	*Where **do you put** your money?*
— **Je** le **mets** dans mon portefeuille.	*—**I put** it in my wallet.*
Je ne sais pas où **j'ai mis** mon stylo.	*I don't know where **I put** my pen.*
Marie **a mis** sa nouvelle robe.	*Marie **put on** her new dress.*
Nous nous sommes mis à travailler à une heure et demie.	***We started** to work at one-thirty.*
Il **se met** à pleuvoir.	*It **is beginning** to rain.*

PRÉSENT je lis, tu lis, il lit, nous lisons, vous lisez, ils lisent   IMPARFAIT   je lisais   PASSÉ COMPOSÉ j'ai lu   FUTUR je lirai

83. faire *(to do; to make)*

A. Common uses of **faire**

Qu'est-ce que **vous faites** ce soir ?	*What **are you doing** tonight?*
— Je ne sais pas ce que **je ferai.**	*—I don't know what **I'll do.***
Je n'ai rien à **faire.**	*I have nothing **to do.***
Cela ne **fait** rien.	*That **makes** no difference.*

B. Special uses of **faire**

1. Impersonal:

Il fait beau (mauvais).	***It's** nice (awful) weather.*
Il fait bon (jour, nuit, etc.).	***It's** pleasant (light, dark, etc.).*

2. Faire + infinitive = *to have* + *past participle:*

Qui **a fait construire** ce château ?	*Who **had** this chateau **built?***
J'ai **fait réparer** ma montre.	***I had** my watch **repaired.***
Elle **a fait venir** un agent de police.	***She sent for** a policeman.*

3. S'en faire *(to worry):*

Ne **vous en faites** pas.	*Don't worry.*

PRÉSENT je fais, tu fais, il fait, nous faisons, vous faites, ils font   IMPARFAIT   je faisais   PASSÉ COMPOSÉ j'ai fait   FUTUR je ferai

84. plaindre *(to pity);* se plaindre *(to complain)*

Je le **plains** beaucoup.	*I **feel** very **sorry** for him.*
De quoi **vous plaignez-vous** ?	*What **are you complaining** about?*
— Je ne **me plains** pas.	*—I am not **complaining.***

339

PRÉSENT je plains, tu plains, il plaint, nous plaignons, vous plaignez, ils plaignent IMPARFAIT je plaignais PASSÉ COMPOSÉ j'ai plaint FUTUR je plaindrai

Craindre *(to fear)* is conjugated like **plaindre**. EXAMPLE Qu'est-ce que **vous craignez ?** — **Je** ne **crains** rien.

Other verbs ending in **-indre** and conjugated like **plaindre** include **atteindre** *(to reach, attain)*; **éteindre** *(to turn off; to extinguish)*; **peindre** *(to paint)*; **rejoindre** *(to meet; to catch up with)*.

Éteignez le feu.	*Put out the fire.*
— Je l'ai déjà éteint.	*—I've already put it out.*
Qui a peint ce tableau ?	*Who painted that picture?*
Je vous rejoins tout de suite.	*I'll be with you right away.*

III. *Substitutions : Pour réussir mes études*

Changez les phrases suivantes en substituant les mots indiqués.

1. *Je suis* toujours le conseil de *mes* parents.
   Nous suivons... nos / Paul suit... ses / Paul et Pierre suivent... leurs / Est-ce que tu suis... tes / Suivez-vous... vos

2. Par exemple, *je fais* toujours attention en classe.
   nous faisons / Pierre fait / Pierre et Paul font / est-ce que tu fais / est-ce que vous faites

3. Et *je prends* beaucoup de notes en classe.
   nous prenons / Pierre prend / Pierre et Paul prennent / est-ce que tu prends / est-ce que vous prenez

4. *Je ne me plains jamais de mes* devoirs aux professeurs.
   Nous ne nous plaignons jamais de nos / Pierre ne se plaint jamais de ses / Paul et Pierre ne se plaignent jamais de leurs / Est-ce que tu te plains jamais de tes / Est-ce que vous vous plaignez jamais de vos

5. *Je me mets* à étudier tout de suite après le dîner.
   Nous nous mettons / Pierre se met / Pierre et Paul se mettent / Est-ce que tu te mets / Est-ce que vous vous mettez

6. Et *j'ecris* une lettre à *mes* parents chaque semaine !
   nous écrivons... nos / Pierre écrit... ses / Pierre et Paul écrivent... leurs / est-ce que tu écris... tes / est-ce que vous écrivez... vos

IV. *Exercices d'application*

A. **Je suis sage !** En deux groupes : Groupe A, vous êtes maintenant moins rebelle. Alors, vous indiquez que vous suivez les conseils de vos parents cette année. Groupe B, vous êtes plus vieux et vous indiquez que vous faisiez ces choses-là quand vous étiez jeune. Après ça, *changez de rôle.*

340

A: Je suis toujours les conseils de mes parents.

B: À ton âge, moi aussi, je suivais toujours les conseils de mes parents.

1. Je fais attention en classe. **2.** Je prends beaucoup de notes. **3.** Je ne me plains jamais de mes devoirs. **4.** Je me mets à étudier tout de suite après le dîner. **5.** J'écris une lettre à mes parents chaque semaine.

B. À 16 ans Tous ensemble : Quand Pierre avait 16 ans, il était sage et assez innocent. Dites ce qu'il faisait (ou ne faisait pas) d'après la liste suivante.

faire toujours ses devoirs	ne pas boire de bière
suivre toujours les conseils de ses parents	ne jamais prendre de drogues
croire tout ce qu'on lui dire	ne jamais se plaindre de sa vie

C. Individuellement À partir de la liste précédente, dites ce que vous faisiez (ou ne faisiez pas) à l'âge de 16 ans.

D. Jean est paresseux ! En deux groupes : Groupe A, vous dites que Marie a fait les choses suivantes l'été passé. Groupe B, vous dites que Jean les a fait faire.

EXEMPLE construire une maison   A: Marie a construit une maison.

B: Mais Jean a fait construire une maison.

peindre sa maison	couper *(to cut)* l'herbe
nettoyer *(to clean)* sa maison	réparer son vélo
faire le ménage	laver sa voiture
planter des arbres	

E. D'autres gens paresseux *Changez de rôle.* Groupe B, vous dites que vous avez fait les choses précédentes l'été passé et Groupe A (paresseux !), vous dites que vous les avez fait faire.

F. Un(e) camarade curieux / curieuse En deux groupes : Groupe B, vous venez d'arriver à l'université et vous faites la connaissance de votre nouveau / nouvelle camarade de chambre (Groupe A). Il / Elle vous pose beaucoup de questions et vous y répondez affirmativement.

EXEMPLE boire du café   A: Est-ce que tu bois du café ?

B: Mais oui, je bois du café.

1. prendre du lait dans ton café **2.** mettre du sucre dans ton café **3.** lire le journal le matin **4.** faire le ménage régulièrement **5.** éteindre toujours les lumières *(lights)* **6.** mettre toujours tes affaires en ordre **7.** dire toujours la vérité *(truth)* **8.** suivre les conseils de tes amis

G. Et vous? *Changez de rôle.* Mais maintenant Groupe B, vous posez les questions à deux camarades (en employant la forme **vous**) et Groupe A, vous répondez aux questions (en employant la forme **nous**).

EXEMPLE boire du café   B: Est-ce que vous buvez du café ?

A: Oui, nous buvons du café.

V. *Questions personnelles : Pour mieux connaître un(e) camarade*

A. Nous allons poser les questions suivantes tous ensemble, mais vous y répondrez individuellement. En employant la forme **tu**, demandez à quelqu'un :

Ses études
1. quels cours il suit.   **2.** s'il fait beaucoup de devoirs.   **3.** s'il croit tout ce que les professeurs disent.   **4.** s'il lit beaucoup de romans.

Ses goûts
1. s'il boit du café le matin.   **2.** s'il met du sucre ou de la crème dans son café.   **3.** s'il boit du lait ou du vin avec ses repas.   **4.** ce qu'il prend comme dessert.

Ses passe-temps
1. ce qu'il fait pour s'amuser pendant le week-end.   **2.** s'il fait du ski en hiver.   **3.** s'il prend des bains de soleil en été.   **4.** s'il écrit beaucoup de lettres à ses amis.

Ses sentiments
1. s'il craint le tonnerre *(thunder)* / les chiens méchants *(mean)* / les examens. Si non, ce qu'il craint alors.   **2.** de quoi il se plaint (des examens ? de sa situation financière ? du temps ? de quoi d'autre ?)   **3.** de qui il se plaint (de ses professeurs ? de certains copains ou certaines copines ? des hommes / des femmes politiques ? de qui d'autre ?)   **4.** ce qui le met en colère *(makes him angry)*.

B. Interviews (en équipes de deux)   Posez les questions d'une des catégories précédentes à un(e) camarade. Prenez des notes sur ses réponses. Après ça, vous répondez à ses questions pendant que lui / elle aussi prend des notes sur vos réponses.

Enfin, changez de partenaire pour poser les questions d'une autre section — et ainsi de suite.

C. Échange d'information (en équipes de deux)   Maintenant, avec un nouveau / une nouvelle partenaire, vous échangez ce que vous avez appris sur les camarades que vous avez interviewé(e)s et vous comparez les goûts de chacun(e). (Par exemple, [A] « Richard lit beaucoup de romans, mais il n'écrit pas beaucoup de compositions » ; [B] « Par contre, Marie, elle ne lit jamais de romans ».)

342

NOMS
le **conseil** _advice_
la **lumière** _light_
le **tonnerre** _thunder_
la **vérité** _truth_
VERBES
atteindre _to reach, attain_
couper _to cut_
craindre _to fear_
entreprendre _to undertake_

éteindre _to extinguish, put out; to turn off (light)_
mettre qqn en colère _to make someone angry_
nettoyer _to clean_
peindre _to paint_
plaindre _to pity, feel sorry for;_ **se plaindre de** _to complain_
rejoindre _to meet; to catch up with_
surprendre _to surprise_

ADJECTIFS
financier (financière) _financial_
méchant(e) _mean, nasty_
MOTS AMIS
l' **article** _(m)_
l' **ordre** _(m)_
la **situation**

343

Arrivés au village, Jean et Roger sonnent à la porte du presbytère (rectory). *Le curé est en train de travailler dans son jardin.*

ROGER Bonjour, monsieur le curé. Nous nous excusons de vous déranger.

LE CURÉ Entrez donc. Vous ne me dérangez pas du tout. Je viens de tailler mes rosiers, et je suis à votre disposition.

JEAN Vous avez vraiment là un très beau jardin.

LE CURÉ Merci. J'essaie d'y faire pousser une variété de fleurs.

JEAN Vous avez l'air de savoir ce que vous faites... Que de fleurs ! Alors, mon Père, est-ce que nous pourrions visiter l'église, s'il vous plaît ?

LE CURÉ Certainement. Je crains* pourtant que vous ne soyez un peu déçus. Bien qu'elle soit classée « monument historique », il n'y a qu'une partie de l'édifice actuel qui date de l'époque romane.

JEAN J'ai surtout entendu parler des vitraux. On dit qu'ils sont très vieux.

LE CURÉ Je ne crois pas qu'il y en ait plus de deux ou trois vraiment anciens. La plupart d'entre eux✝ sont relativement modernes.

ROGER Good morning, sir (Father). We apologize for bothering you.

PRIEST Do come in. You aren't bothering me at all. I've just trimmed my rosebushes, and I'm at your service.

JOHN You really have (here) a very beautiful garden.

PRIEST Thank you. I'm trying to make different kinds of flowers grow here.

JOHN It looks like you know what you're doing . . . What a lot of flowers! Father, could we visit the church, please?

PRIEST Certainly. However, I'm afraid that you'll be a little disappointed. Although it's classified as a "historical monument," there is only one part of the present structure that dates from the Romanesque period.

JOHN I have heard mostly about the stained-glass windows. They say they are very old.

PRIEST I don't believe there are more than two or three really old ones. Most of them are relatively modern.

---

*When a subordinate clause depends on **craindre** (and a few other expressions) used affirmatively, the subordinate clause is often introduced by **que... ne** instead of **que** alone. This pleonastic **ne**, as it is called, is meaningless and is frequently omitted in conversation.

✝Note that you say **la plupart** *d'entre eux*, not just *d'eux*. The same is true after **beaucoup, quelques-uns, plusieurs,** and **certains.**

L'ÉGLISE DE CHALLANS EN VENDÉE

ROGER Pouvons-nous entrer dans l'église par cette porte ?

LE CURÉ Oui, mais il faut que j'aille au presbytère chercher la clef. *(Il s'en va et revient avec la clef.)* Entrez donc, s'il vous plaît.

JEAN L'intérieur est vraiment sombre !

ROGER Oui, mais patience ! Nos yeux s'habitueront vite à l'obscurité. Et ça vaut la peine pour pouvoir regarder ces beaux vitraux.

ROGER May we enter the church by this door?

PRIEST Yes, but I must go to the rectory to look for the key. *(He leaves and returns with the key.)* Please go in.

JOHN The inside is really dark!

ROGER Yes, but be patient! Our eyes will quickly get used to the darkness. And it's worth the trouble to be able to look at these beautiful stained-glass windows.

345

I. *Exercice de mise en train : Révision de l'impératif*

Si nous allions en ville ce matin ?   En deux groupes : Groupe A, vous
suggérez à un(e) camarade (Groupe B) de faire les activités suivantes ce matin.
Groupe B, vous indiquez que ce sont de bonnes idées. Après ça, *changez de
rôle.*

EXEMPLE   aller en ville ce matin   A: Si nous allions en ville ce matin ?
                                     B: Bonne idée ! Allons en ville ce matin.

1. prendre l'autobus pour aller en ville
2. se promener en ville
3. déjeuner dans un bon restaurant
4. aller au cinéma
5. entrer dans ce magasin
6. faire des achats
7. rentrer à pied

II. *Présentation du dialogue : À l'église du village*

III. *Questions de compréhension du dialogue*

Répondez aux questions d'après le dialogue.

1. Comment est-ce que Roger salue *(greets)* le curé ?
2. De quoi est-ce qu'il s'excuse ?
3. Qu'est-ce que le curé vient de faire ?
4. Pourquoi est-ce que le curé craint que Jean et Roger ne soient un peu
   déçus de l'église ?
5. De quoi est-ce que Jean a entendu parler ?
6. Est-ce que tous les vitraux sont très vieux ?
7. Qu'est-ce que le curé va chercher pour entrer dans l'église ?
8. Pourquoi est-ce que Jean et Roger pourront vite voir dans l'obscurité ?

IV. *Substitutions : Visite à l'église du village*

Changez les phrases suivantes en substituant les mots indiqués.

1. Bonjour, monsieur le curé. Nous nous excusons *de vous déranger.*
   de vous interrompre *(to interrupt)* / **d'arriver si tard** / **de ne pas être à
   l'heure**

346

2. Ça ne fait rien. Je viens *de tailler mes rosiers.*
   de m'occuper de mon jardin / d'arroser *(to water)* **mes fleurs / de cueillir** *(to pick)* **des fleurs / de planter un arbre**

3. Si nous visitions l'église ? J'ai entendu parler *des vitraux de cette église.*
   de cette église / de cette cathédrale / de cette statue

4. On dit qu'ils sont très *vieux.*
   anciens / beaux / intéressants / impressionnants *(impressive)*

v.   *Exercices d'application*

A. Visite guidée (entre eux / elles)   En deux groupes : Groupe A, vous êtes un touriste qui visite une cathédrale avec un guide (Groupe B). Vous vous croyez expert(e) et vous rappelez des détails au guide en lui posant des questions sur la cathédrale. Le guide vous répond en employant un pronom personnel. Après ça, *changez de rôle.*

EXEMPLE   A: Est-ce que la plupart des vitraux sont modernes ?
            B: Mais oui, madame ! La plupart d'entre eux sont modernes.

1. Est-ce que quelques-uns des vitraux sont assez anciens ?   **2.** Mais plusieurs des vitraux sont relativement modernes, n'est-ce pas ?   **3.** Et ces statues ? La plupart de ces statues *(f)* sont relativement modernes aussi, n'est-ce pas ?   **4.** Mais, d'autre part *(on the other hand)*, quelques-unes des statues sont anciennes, n'est-ce pas ?   **5.** Et n'est-ce pas que certaines statues ont été détruites *(destroyed)* pendant la guerre ?

UNE ÉGLISE ROMANE

347

B. Mes inquiétudes pour mon frère (je crains que... ne) En deux groupes: Groupe A, vous vous inquiétez pour votre frère pendant ses premiers jours à l'université. Vous exprimez votre inquiétude à un(e) camarade (Groupe B). Votre camarade vous indique qu'il / elle est d'accord avec vous. Après ça, *changez de rôle.*

EXEMPLE A: J'ai peur qu'il ne soit un peu déçu.

B: Moi aussi, je crains qu'il ne soit un peu déçu.

1. J'ai peur qu'il ne soit un peu fatigué. **2.** J'ai peur qu'il ne s'amuse un peu trop avec ses copains. **3.** J'ai peur qu'il ne se couche trop tard le soir. **4.** J'ai peur qu'il ne soit en retard pour ses cours. **5.** J'ai peur qu'il ne perde patience avec ses professeurs.

C. Mais ton frère réussira dans ses études ! (bien qu'il soit...)
En deux groupes : Groupe A, vous vous inquiétez toujours pour votre frère et pour son succès à la fac. Vous exprimez votre inquiétude à un(e) ami(e) en employant les phrases précédentes de l'exercice B. Cet ami / Cette amie (Groupe B) vous rassure qu'il réussira dans ses études. Après ça, *changez de rôle.*

L'INTÉRIEUR DE LA CATHÉDRALE DE NICE

EXEMPLE A: J'ai peur qu'il ne soit un peu déçu.

B: Ne t'inquiète pas. Bien qu'il soit un peu déçu, il réussira dans ses études.

VI.   *Conversations improvisées (en équipes de deux)*

A. Devinette — Un monument historique   En 8 ou 10 phrases, décrivez un monument historique (américain ou français) que vous avez visité ou dont vous avez entendu parler. Votre partenaire vous écoute et il / elle essaie de deviner quel est ce monument historique. Après ça, *changez de rôle.*

B. Question de goût   Dans une discussion simultanée avec un(e) camarade, parlez de 5 ou 6 bâtiments *(buildings)* dans la ville et dites ce que vous en pensez.

VII.   *Dictée d'après la Conversation 30*

___ *VOCABULAIRE* _____

NOMS
le **bâtiment** building
la **clef** (la **clé**) key
le **curé** priest; **monsieur le curé** Father
l' **obscurité** (f) darkness
le **presbytère** rectory
le **rosier** rosebush
le **vitrail** (pl les **vitraux)** stained-glass window
VERBES
arroser to water
cueillir to gather, pick (flower/fruit)
entendre parler de to hear of/ about
être à la disposition de (qqn) to be at (someone's) service

être en train de to be in the process of
s'excuser to apologize
s'habituer to get used to
interrompre to interrupt
pousser to grow
tailler to trim
saluer to greet
ADJECTIFS
classé(e) classified
déçu(e) disappointed
détruit(e) destroyed
impressionnant(e) impressive
roman(e) Romanesque
sombre dark

DIVERS
d'autre part on the other hand
bien que although
entre among; between; **la plupart d'entre (eux)** most of (them)
que de (fleurs) ! so many (flowers)!
MOTS AMIS
dater de
édifice (m)
historique
intérieur (m)
relativement
la **patience**
la **statue**

NEUVIÈME LECTURE
À la campagne

Ce matin, Jean et Roger ont quitté Paris de très bonne heure pour aller voir des cousins de Roger, les Deschamps, qui habitent dans un petit village près de Fontainebleau. Ils ont pris le train jusqu'à Melun. De là, ils ont fini la route à bicyclette. À dix heures du matin, ils sont heureux de pédaler le long d'une jolie route bordée d'arbres. Il fait chaud et bientôt Jean commence à être un peu fatigué.

— Voilà une auberge° qui a l'air sympa, dit-il, quand ils traversent la place d'un village. Si nous nous arrêtions pour prendre quelque chose ? Je meurs° de soif et j'ai un peu mal aux jambes. Pas toi ?

inn

I'm dying

— Si, un peu. Mais nous ne sommes qu'à un quart d'heure de la ferme. Alors je pense qu'il vaudrait mieux attendre que nous soyons arrivés chez mes cousins. De plus, si tu bois maintenant, tu auras encore plus chaud qu'avant.

Un quart d'heure plus tard, Mme Deschamps, qui les voit arriver, vient à leur rencontre. Les présentations faites, elle fait entrer les visiteurs dans sa cuisine, vaste salle avec une haute cheminée° et de vieux ustensiles de cuivre° accrochés° au mur.

fireplace
copper / hanging

— Vous allez prendre quelque chose, n'est-ce-pas ? leur dit-elle en leur offrant une bière. Vous devez en avoir bien besoin.

Après s'être reposés un peu, nos deux amis accompagnent Mme Deschamps au jardin où elle va chercher des lègumes et cueillir des fleurs. Comme beaucoup de jardins français, son jardin est entouré de murs et il est divisé en carrés° séparés les uns des autres par de petites allées.

squares

On se partage° le travail. Tandis que° Mme Deschamps s'occupe des roses, Jean cueille des haricots verts et Roger choisit quelques pieds de salade°.

they share
While

pieds . . . *heads of lettuce*

Enfin, tout le monde revient à la maison attendre le retour de M. Deschamps. Il est avec son tracteur dans un champs près du village et il a promis de rentrer avant la tombée de la nuit.

350

351

Vrai ou faux ?

Dites si les phrases suivantes sont vraies ou fausses. Si une phrase est fausse, corrigez-la.

1. Les Deschamps sont des parents de Roger.
2. Jean et Roger font tout le voyage, de Paris à la ferme, à bicyclette.
3. En route, ils décident de ne pas s'arrêter pour boire parce qu'ils ne sont plus très loin de la ferme.
4. Mme Deschamps les fait entrer dans son salon et leur offre du thé.
5. Ils ont tous un petit quelque chose à faire dans le jardin.

II. *Questions sur la compréhension de la lecture*

1. Qui sont les Deschamps ?
2. Comment est-ce que Jean et Roger sont allés à la ferme ?
3. Qu'est-ce que Jean propose à Roger de faire quand ils traversent la place d'un village ?
4. Qu'est-ce que Roger lui conseille ? Pourquoi ?
5. Où boivent-ils une bière ? Décrivez cette salle.
6. Que font-ils tous dans le jardin ? Décrivez ce jardin.
7. Où est M. Deschamps ? Quand va-t-il revenir ?

III. *À votre tour*

A. Racontez à un(e) camarade une excursion que vous avez faite à la campagne. Dites-lui où, quand, comment et avec qui vous l'avez faite et donnez le plus de détails possible sur ce petit voyage. Après ça, *changez de rôle.*

B. En groupe de trois, imaginez la conversation que Jean, Roger et Mme Deschamps ont eue dans la cuisine de la ferme. Choisissez d'être un personnage (Jean, Roger ou Mme Deschamps). Ensuite, Roger, vous présentez Jean à Mme Deschamps. Après ça, Jean et Roger, parlez de votre voyage et ainsi de suite *(and so on).*

GRAMMAR UNIT 24
The subjunctive

85. *Present subjunctive of* être, avoir, *and regular verbs*

A. être

que je sois, que tu sois, qu'il soit, que nous soyons, que vous soyez, qu'ils soient

B. avoir

que j'aie, que tu aies, qu'il ait, que nous ayons, que vous ayez, qu'ils aient

C. Regular verbs

donner que je donne, que tu donnes, qu'il donne, que nous donnions, que vous donniez, qu'ils donnent

finir que je finisse, que tu finisses, qu'il finisse, que nous finissions, que vous finissiez, qu'ils finissent

répondre que je réponde, que tu répondes, qu'il réponde, que nous répondions, que vous répondiez, qu'ils répondent

1. The endings of the present subjunctive of all verbs (except **être** and **avoir**) are **-e, -es, -e, -ions, -iez, -ent.**

2. The stem of the present subjunctive of regular verbs is the same as that of the first person plural of the present indicative (except **être** and **avoir**).
EXAMPLE *present indicative:* nous **finiss-ons;** *present subjunctive:* je **finiss-e,** etc.

86. *Most common use of the present subjunctive*

The subjunctive is used in certain cases in French,* including the following:

A. After **falloir que** and **valoir mieux que**

Il faut que **nous donnions** notre adresse à la concierge.	*We must give our address to the concierge.*
Il faut que **je finisse** mon travail.	*I have to finish my work.*
Il faut que **tu répondes** à cette lettre.	*You have to answer this letter.*
Il faut que **je sois** à la gare à 16 h.	*I must be at the station at 4 P.M.*
Il vaut mieux que **vous finissiez** votre travail.	*It's better for you to finish (lit., that you finish) your work.*
C'est vrai. Il vaudrait mieux que **je finisse** mon travail.	*That's true. It would be better for me to finish (lit., that I finish) my work.*

The subjunctive is used in subordinate clauses introduced by **que** and depending on the impersonal expressions **falloir** (**il faut**) and **valoir mieux** (**il vaut mieux**).

Note, however, that if the dependent verb has no expressed subject, the infinitive is normally used instead of the subjunctive clause.

Il faut **travailler** davantage.	*It is necessary to work harder.* (unexpressed subject)
Il faut que **vous travailliez** davantage.	*You must work harder.* (expressed subject)
Il vaut mieux **partir** tout de suite.	*It is better to leave right away.* (unexpressed subject)
Il vaut mieux que **vous partiez** tout de suite.	*It is better for you to leave (lit., that you leave) right away.* (expressed subject)

B. After verbs and expressions of emotion

Voulez-vous que **nous** vous **aidions ?**	*Do you want us to help you?*
J'aime mieux qu'**il attende** jusqu'à ce soir.	*I prefer that he wait until this evening.*
Je regrette que **vous ayez** mal à la tête.	*I'm sorry you have a headache.*
J'ai peur que **vous** ne **soyez** un peu déçu.	*I'm afraid you will be a little disappointed.*
Je doute qu'**il vienne** ce soir.	*I doubt that he will come this evening.*

---

*Note that subjunctive forms are rarely used in English, so the French subjunctive is usually translated into the present tense (or past tense, in the case of the past subjunctive).

The subjunctive is used in subordinate clauses introduced by **que** and depending upon certain verbs that express wishing, wanting, desiring; joy, sorrow, happiness, regret, doubt, fear; etc. Among the verbs of this group that take the subjunctive, the following are the ones most frequently used:

vouloir	aimer mieux	craindre	regretter
désirer	préférer	être content	avoir peur
souhaiter *(to wish)*	douter	être heureux	

In the above examples, the subject of the verb of the dependent clause is different from that of the main clause. Note that when the main verb and the subordinate verb have the same subject, the infinitive is used instead of the subjunctive clause.

Subjunctive
Je regrette que **nous** soyons en retard.   *I'm sorry that we're late.*

Infinitive
Nous regrettons d'être en retard.   *We're sorry to be late.*

Subjunctive
J'aime mieux qu'**il** attende jusqu'à ce soir.   *I prefer that he wait until this evening.*

Infinitive
Il aime mieux attendre jusqu'à ce soir.   *He prefers to wait until this evening.*

C. After certain conjunctions

Bien qu'**elle soit classée** monument historique...   *Although it is classified as a historic monument . . .*
Je vais attendre jusqu'à ce que **vous arriviez.**   *I am going to wait until you arrive.*

The subjunctive must be used in clauses introduced by certain conjunctive expressions of which the following are the most frequently used: **à moins que** *(unless)*; **avant que** *(before)*; **bien que** *(although)*; **jusqu'à ce que** *(until)*; **pour que** *(so that)*; **de peur que** *(for fear that).*

D. In certain relative clauses

C'est le meilleur roman que **j'aie lu.**   *That's the best novel I've read.*
Henri est le seul étudiant qui **soit** absent.   *Henry is the only student who is absent.*

The subjunctive is used in relative clauses whose antecedent is modified by a superlative (when an *opinion,* not a fact, is given) or by the word **seul.**

355

E. After expressions indicating uncertainty or doubt

Croyez-vous qu'**il y ait** de la place dans l'autobus ?	*Do you think there will be room in the bus?*
Je ne pense pas que **vous soyez** en retard.	*I don't think you'll be late.*

The subjunctive is not always used after **croire, penser,** and **espérer.** For these verbs and others that express belief or certainty (**être sûr, il me semble** [*it seems to me*], etc.), note that:

1. the indicative is always used in clauses depending on affirmative forms: **Je crois qu'il y aura de la place. J'espère que vous viendrez.**

2. the subjunctive is used following negations. The indicative is used after interrogatives if simple information is requested; the subjunctive is used if the speaker wishes to insert an element of doubt or expects a negative answer.

   In conversation many people use the indicative after all forms of **croire, penser,** and **espérer.**

87. *Present subjunctive of the most common irregular verbs*

Il faut que **j'aille** chercher la clef.	*I must (have to) go and get the key.*
Il vaut mieux attendre jusqu'à ce qu'**il fasse** moins chaud.	*It's better to wait until it is cooler.*
Je ne crois pas qu'**il sache** mon adresse.	*I don't think he knows my address.*

The most common irregular verbs whose present subjunctive has two stems

aller aille, ailles, aille, **allions, alliez,** aillent
boire boive, boives, boive, **buvions, buviez,** boivent
croire croie, croies, croie, **croyions, croyiez,** croient
envoyer envoie, envoies, envoie, **envoyions, envoyiez,** envoient
prendre prenne, prennes, prenne, **prenions, preniez,** prennent
recevoir reçoive, reçoives, reçoive, **recevions, receviez,** reçoivent
tenir tienne, tiennes, tienne, **tenions, teniez,** tiennent
venir vienne, viennes, vienne, **venions, veniez,** viennent
voir voie, voies, voie, **voyions, voyiez,** voient
vouloir veuille, veuilles, veuille, **voulions, vouliez,** veuillent

The most common irregular verbs whose present subjunctive has one irregular stem:

faire fasse, fasses, fasse, fassions, fassiez, fassent
pouvoir puisse, puisses, puisse, puissions, puissiez, puissent
savoir sache, saches, sache, sachions, sachiez, sachent

The most common irregular verbs whose present subjunctive follows the pattern of regular verbs and can be found from the first person plural of the present indicative (see ¶ 85).

connaître	lire	sentir
dire	mettre	servir
dormir	partir	sortir
écrire	plaindre	suivre

88. *Formation and use of the* passé composé* *of the subjunctive*

A. Forms

The **passé composé** of the subjunctive is composed of the present subjunctive of the auxiliary verb and the past participle of the verb.

être j'aie été, tu aies été, il ait été, nous ayons été, vous ayez été, ils aient été
avoir j'aie eu, tu aies eu, il ait eu, nous ayons eu, vous ayez eu, ils aient eu
donner j'aie donné
arriver je sois arrivé(e)

B. Use

Generally speaking, the **passé composé** of the subjunctive is used like the present subjunctive, except that it expresses actions that have already taken place.

Je regrette que l'accident **ait eu** lieu.	*I am sorry the accident took place.*
Nous sommes contents qu'il **soit arrivé.**	*We are glad he has arrived.*
Je ne crois pas que vous **ayez lu** ce roman.	*I don't think you have read this novel.*

---

*Because the imperfect and pluperfect of the subjunctive are purely literary tenses, they will appear only in the verb charts in the appendix.

357

Substitutions

A. Un week-end chez notre grand-père   Changez les phrases suivantes en substituant les mots indiqués.

1. Il faut *que nous y arrivions avant midi.*
que nous soyons à l'heure / que nous lui apportions des cadeaux / que nous ayons de la patience avec lui / que nous parlions assez haut *(loudly)* / que nous fassions attention à ce qu'il dit

2. Il veut *que nous prenions un taxi de la gare.*
que nous arrivions avant midi / que nous déjeunions de bonne heure / que nous nous reposions pendant l'après-midi / que nous allions au cinéma demain soir

3. Je doute *qu'il soit de bonne humeur.*
qu'il ait envie de beaucoup sortir / qu'il puisse aller en ville à pied / qu'il nous attende avant midi / qu'il fasse beau ce week-end

4. Mais écoute — il sera content *que nous soyons venus le voir.*
que nous lui ayons rendu visite / que nous lui ayons apporté des cadeaux / que nous ayons célébré son anniversaire

5. Je t'assure — *bien qu'il n'en dise rien,* il sera content de notre visite.
bien qu'il n'ait pas l'air de l'apprécier / bien qu'il soit fatigué / bien que nous partions un peu tôt

B. Des conseils à vos frères   Vos frères commencent leurs études à la fac. Vous leur donnez les conseils suivants :

1. Il faut *que vous vous leviez de bonne heure.*
que vous vous dépêchiez pour arriver en classe à l'heure / que vous fassiez attention en classe / que vous preniez beaucoup de notes

2. Il vaut mieux *que vous arriviez en classe à l'heure.*
que vous parliez français dans ce cour-là / que vous répondiez souvent aux questions du prof / que vous finissiez vos devoirs avant de sortir le soir / que vous laissiez votre voiture à la maison

3. Maman et papa voudraient *que vous travailliez beaucoup.*
que vous fassiez toujours tous vos devoirs / que vous leur téléphoniez chaque semaine / que vous leur écriviez souvent une lettre

Exercices d'application

A. Conseils des parents (il faut que)   En deux groupes : Les parents de Marie et de Georges sortent ce soir. Avant de sortir, leur père (Groupe A) leur donne des conseils. Leur mère (Groupe B) insiste sur ces conseils. Après ça, *changez de rôle.*

EXEMPLE   se coucher de bonne heure
          A: Couchez-vous de bonne heure.
          B: Mais oui — il faut que vous vous couchiez de bonne heure !

1. finir vos devoirs   **2.** écrire une lettre à votre grand-mère   **3.** mettre vos

358

affaires en ordre dans votre chambre   **4.** boire du lait avant de vous
coucher   **5.** choisir vos vêtements pour demain

B. La classe de français (il vaut mieux que)   En deux groupes : Votre
cousin Philippe (Groupe A) vous dit ce qu'il fait pour réussir dans le cours de
français. Votre cousin Paul insiste que, vous aussi, vous fassiez ces choses en
employant **il vaut mieux que.**

EXEMPLE   faire toujours tous les devoirs
        A: Je fais toujours tous les devoirs.
        B: C'est ça — il vaut mieux que tu fasses toujours tous les devoirs !

1. faire attention en classe   **2.** prendre beaucoup de notes   **3.** répondre
souvent aux questions   **4.** rendre toujours les devoirs au professeur
5. suivre les conseils du professeur

C. Visite d'une grande ville (J'ai peur que... ne / ne... pas)   Tous ensemble:
Un(e) ami(e) va visiter une grande ville et cela vous inquiète un peu. Alors,
vous lui dites de quoi vous vous inquiétez.

EXEMPLE   se perdre *(get lost)*   J'ai peur que tu (ne) te perdes.

1. perdre ton porte-monnaie   **2.** ne pas avoir assez d'argent   **3.** ne pas
connaître assez bien la ville   **4.** ne pas savoir quels moyens de transport
utiliser   **5.** ne pas pouvoir trouver un bon hôtel   **6.** les hôtels / être trop
chers

D. Un séjour en France (il faut que)   Un(e) camarade va passer un mois en
France. Vous y avez déjà passé du temps et, comme certaines de vos
expériences ont été géniales, vous lui dites qu'il faut qu'il / elle fasse ces
choses-là.

EXEMPLE   aller à la Tour Eiffel
        Il faut que tu ailles à la Tour Eiffel !

1. aller au musée de Cluny◆   **2.** se promener dans le Quartier latin   **3.** être
à Notre-Dame à midi un dimanche   **4.** rendre visite à mon amie Brigitte
5. descendre à *(stay at)* cet hôtel que je connais   **6.** prendre le métro à la
Défense◆   **7.** faire un voyage à Tours◆   **8.** visiter les châteaux de la Loire
9. prendre le TGV de Paris à Lyon   **10.** revenir à Paris en voiture pour voir la
campagne

E. Souvenirs d'un voyage en France (le superlatif suivi du subjonctif)
En deux groupes : Vous et votre ami(e) parlez de votre voyage en France l'été
passé. Groupe A, vous commentez sur certaines choses que vous avez vues et
Groupe B, vous indiquez que ce sont les meilleures choses que vous connaissiez.

EXEMPLE   A: Villandry est un beau château.
        B: Ah, oui, c'est le plus beau château que je connaisse !

1. Tours est une jolie ville.   **2.** Chenonceaux est un beau château.   **3.** Le
TGV est un train rapide.   **4.** Le musée de Cluny est un musée intéressant.
5. Notre-Dame est une vieille cathédrale.   **6.** Le Quartier latin est un quartier
pittoresque.

359

LA TAPISSERIE DE
LA DAME À LA LICORNE

LE QUARTIER DE LA DÉFENSE À PARIS

F. *Changez de rôle.* Groupe B, vous parlez des souvenirs de votre voyage (en employant les phrases précédentes), et Groupe A, vous indiquez que chaque chose est la meilleure que vous ayez jamais vue.

EXEMPLE   B: Villandry est un beau château.
           A: Mais oui ! C'est le plus beau château que j'aie jamais vu !

III.   *Questions personnelles : Le Week-end*

Nous allons poser les questions suivantes tous ensemble, mais vous y répondrez individuellement. En employant la forme **vous**, demandez à quelqu'un s'il faut qu'il fasse les activités suivantes pendant le week-end.

EXEMPLE   faire le ménage
           Est-ce qu'il faut que vous fassiez le ménage pendant le week-end ?

1. faire des courses   **2.** aller à la banque   **3.** écrire des lettres   **4.** rendre visite à vos parents   **5.** travailler   **6.** nettoyer la maison   **7.** laver la voiture **8.** faire des devoirs

IV.   *Conversations improvisées (en équipes de deux)*

A. Une interview :   À partir de la liste ci-dessous, posez 5 ou 6 questions à un(e) camarade sur ce qu'il faut qu'il / elle fasse ce week-end. Il / Elle vous répond en donnant 2 ou 3 détails sur ses réponses. Prenez des notes sur ses réponses parce que vous allez en parler plus tard avec un(e) autre partenaire. Après ça, *changez de rôle.*

EXEMPLE   faire le ménage
           Est-ce qu'il faut que tu fasses le ménage ce week-end ?
           Oui, il faut que je fasse le ménage parce que ma camarade de chambre s'en va et mes parents me rendent visite.

faire des courses
aller en ville
écrire une lettre à quelqu'un
rendre visite à quelqu'un
aller à la banque
travailler
rester à la maison
préparer un repas spécial

acheter certaines provisions; si oui, lequelles ?
aller chez ses parents
téléphoner à quelqu'un
aller à un centre commercial
faire un voyage
se reposer

B. Bavardage   Changez de partenaire : Avec un nouveau / une nouvelle partenaire, parlez du week-end de votre partenaire original(e). (Par exemple, « Tu sais, ce week-end il faut que Julie fasse le ménage parce que sa camarade de chambre s'en va et ses parents lui rendent visite » .) Dans une conversation simultanée, votre camarade vous parle des réponses de son / sa partenaire original(e).

361

C. Bienvenue à la fac ! (Welcome to the university!) Vous et un(e) camarade de classe, vous êtes des anciens / anciennes dans votre fac, et au début de l'année vous accueillez un groupe de nouveaux étudiants. Préparez 6 ou 7 conseils (chacun). Par exemple, dites-leur comment étudier en classe et à la maison, comment réussir dans leurs études, comment garder le moral *(keep their spirits up),* où habiter, quels moyens de transport utiliser. Dans vos conseils, employez des expressions comme **il faut que, il vaudrait mieux que, j'ai peur que, il est préférable que.**

D. Changez de partenaire et donnez-lui les conseils que vous avez préparés. Après ça, *changez de rôle.*

─── *VOCABULAIRE* ───────────────────────────────

NOM
la **poule** *chicken, hen*
VERBES
aimer mieux *to prefer*
descendre (à) *to stay (at)*
douter *to doubt*
garder le moral *to keep spirits up*
parler haut *to speak loudly*
se perdre *to get lost*

prendre rendez-vous *to make an appointment*
sembler *to seem*
souhaiter *to wish*
ADJECTIVES
bienvenue *welcome*
CONJONCTIONS suivies du subjonctif
avant que *before*

bien que *although*
jusqu'à ce que *until*
à moins que *unless*
de peur que *for fear that*
pour que *so that*
MOTS AMIS
absent(e)
apprécier

À LA FAC

362

Non sans peine (not without effort), Roger décide Jean à aller à la pêche (fishing) le dernier jour de leurs vacances.

ROGER Si nous allions à la pêche demain matin ? Je connais un endroit génial sous le vieux pont de l'autre côté de la rivière. Ça te tente ?

JEAN *(hésitant)* Tu sais, je ne prends jamais rien.

ROGER Qu'est-ce que ça fait ? Moi, je vais à la pêche parce que j'aime être au bord de l'eau et respirer l'air pur.

ROGER How about going fishing tomorrow morning? I know a great place under the old bridge on the other side of the river. Does that appeal to you?

JOHN *(hesitating)* You know, I never catch anything.

ROGER What difference does that make? Personally, I go fishing because I like to be by the water and breathe fresh air.

À LA PÊCHE

363

JEAN *(pas convaincu)* Oui, mais, dis donc, à quelle heure est-ce que tu as l'intention de partir ?

ROGER Je compte partir de bonne heure. Il faudrait que nous nous levions à quatre heures du matin.

JEAN Oh, non ! Et moi qui pensais faire la grasse matinée une dernière fois ! *(Il soupire, résigné.)*

Deux jours après, à la Gare du Nord.

MARIE Bonjour, Jean ! Bonjour, Roger !

ROGER Tiens, salut, Marie ! Alors tu as reçu mon télégramme ? Quelle chance !

MARIE Oui, mais c'était de justesse ! Je l'ai reçu il y a à peu près une heure. Mais tu aurais dû me dire l'heure exacte de ton arrivée !

ROGER Désolé, mais nous ne la savions pas nous-mêmes. Nous n'étions pas sûrs d'attraper le train de sept heures et demie.

MARIE Dis donc, Jean. Ta concierge m'a téléphoné pour me dire qu'un télégramme est arrivé pour toi ce matin.

JEAN Tant mieux ! Ça doit être de mon amie Hélène Frazer.

ROGER Ah oui ? Qui est-ce ?

JEAN C'est une amie d'enfance à moi. Comme elle vient passer quelques jours à Paris, je lui ai proposé d'être son guide.

JOHN *(unconvinced)* OK, but, wait, (at) what time do you plan to leave?

ROGER I intend to leave early. We should get up at 4 A.M.

JOHN Oh, no! And I had hoped to sleep late one last time! *(He sighs, resigned.)*

Two days later, at the Gare du Nord.

MARIE Hello, John! Hello, Roger!

ROGER Well, hi, Marie! So, you received my telegram! Great! *(lit., What luck!)*

MARIE Yes, but it was just in time. I received it about an hour ago. But you should have told me the exact time of your arrival.

ROGER Sorry, but we didn't know it ourselves. We weren't sure of catching the seven-thirty train.

MARIE Say, John. Your concierge called me to say that a telegram came for you this morning.

JOHN Great! That must be from my friend Helen Frazer.

ROGER Oh, really? Who is she?

JOHN She's a childhood friend of mine. Since she's coming to Paris to spend a few days here, I offered to be her guide.

À LA GARE

Exercice de mise en train : Un week-end en famille (révision du subjonctif)

En deux groupes : Groupe B, vous venez d'arriver chez vous pour passer un week-end en famille. Votre mère (Groupe A) vous indique ce qu'il faut que vous fassiez pendant ce week-end. Vous lui dites que vous le ferez. Après ça, *changez de rôle.*

EXEMPLE   rendre visite à ta grand-mère
A: Tu sais, il faut que tu rendes visite à ta grand-mère ce week-end.
B: Bon, d'accord. Je lui rendrai visite.

1. rendre visite à ton oncle Maurice
2. faire une excursion en vélo avec ton frère Richard
3. aller au cinéma avec ton père
4. me conduire en ville
5. choisir des cadeaux pour ton anniversaire
6. déjeuner en ville avec ta tante Yvonne
7. sortir un soir avec tes cousins
8. te reposer un peu

II.   ***Présentation du dialogue : La Fin des vacances***

III.   ***Questions de compréhension du dialogue***

Répondez aux questions d'après le dialogue.

1. Où est-ce que Roger propose d'aller demain matin ?
2. Est-ce que Jean espère prendre des poissons ?
3. Pourquoi est-ce que Roger aime aller à la pêche ?
4. Est-ce qu'il compte partir assez tard demain matin ?
5. À quelle heure est-ce qu'il faudra qu'ils se lèvent ?
6. Qu'est-ce que Jean pensait faire le lendemain matin ?
7. Qui est venu attendre Jean et Roger à la gare ?
8. Est-ce que Marie savait l'heure exacte de leur arrivée ?
9. Qui est Hélène Frazer ?
10. Qu'est-ce que Jean lui a proposé de faire ?

ASSOCIATION FRANÇAISE DU FONDS MONDIAL POUR LA NATURE

365

Substitutions

Changez les phrases suivantes en substituant les mots indiqués.

A. Si nous allions à la pêche ?

1. Si nous allions à la pêche *demain matin ?*
   de bonne heure / de bonne heure demain matin / à 5h / avant le lever du soleil

2. Je compte *partir de bonne heure.*
   aller à la pêche de bonne heure / y aller de très bonne heure / me mettre en route (*start out*) de bonne heure / revenir assez tard

3. Tu sais, il faudra *que nous nous levions à 4h du matin.*
   que nous partions avant le lever du soleil / que nous y arrivions vers 5h / que nous soyons patients / que nous revenions à 6h du soir

4. Ah, non ! Je pensais *faire la grasse matinée* demain matin !
   ne pas me lever de bonne heure / ne pas me réveiller avant 10h / dormir aussi tard que possible

B. À la gare

1. Écoute, Roger. Tu aurais dû me dire *l'heure exacte de ton arrivée.*
   à quelle heure tu arriverais / à quelle heure ton train arriverait / à quelle heure tu serais ici / à quelle heure t'attendre

2. *Désolé*, Marie, mais nous ne la savions pas nous-mêmes.
   Je suis désolé / Je le regrette / Je m'excuse / Pardon

3. Et ton amie, Hélène ? Est-ce qu'elle va venir te voir ? — Oui, je lui ai proposé *d'être son guide à Paris.*
   de lui faire visiter Paris / de lui montrer Paris / de la mener à Notre-Dame / d'aller avec elle au Louvre

v. *Exercices d'application : Départ impromptu* (unexpected) (*tu aurais dû* [you should have])

A. En deux groupes : Un(e) de vos camarades de chambre est parti(e) en vacances sans en parler avec les deux autres. Quand il / elle en revient, l'un de vous (Groupe A) lui indique ce qu'il / elle n'a pas fait et l'autre (Groupe B) lui dit qu'il / elle aurait dû faire ces choses.

EXEMPLE   (ne pas) nous dire que tu partais en vacances
   A: Tu ne nous as pas dit que tu partais en vacances !
   B: Et tu aurais dû nous dire que tu partais en vacances !

1. (ne pas) nous dire où tu allais   **2.** (ne pas) dire à tes parents que tu partais en vacances   **3.** (ne pas) nous donner ton adresse   **4.** (ne pas) nous téléphoner pendant tes vacances   **5.** (ne pas) écrire à tes parents pendant tes vacances   **6.** (ne pas) nous indiquer quand tu reviendrais

B. *Changez de rôle.* Mais cette fois il s'agit de deux camarades de chambre qui sont parti(e)s en vacances sans en dire un mot aux deux autres. Donc, vous vous servez des phrases précédentes, mais en employant la forme **vous**.

EXEMPLE   (ne pas) nous dire que vous partiez en vacances
          B: Vous ne nous avez pas dit que vous partiez en vacances !
          A: Et vous auriez dû nous dire que vous partiez en vacances !

VI.   *Questions personnelles : Passe-temps*

Nous allons poser les questions suivantes tous ensemble, mais vous y répondrez individuellement. En employant la forme **tu**, demandez à quelqu'un :

1. s'il aime aller à la pêche ; si oui, pourquoi et si non, pourquoi pas.   **2.** s'il est allé à la pêche une fois ; où il est allé et avec qui ; s'il a pris des poissons *(fish)*; qui a préparé les poissons.   **3.** s'il a jamais passé du temps à la campagne ; où exactement il est allé / allait ; ce qu'il y faisait ou y a fait.   **4.** quelles autres activités il fait quand il a du temps libre (par exemple, s'il joue au tennis ou aux cartes ; s'il joue d'un instrument de musique ; s'il lit beaucoup ; s'il écoute ses cassettes).

VII.   *Conversations improvisées (en équipes de deux)*

A.   Des invités arrivent à l'improviste *(unexpectedly)*   Un(e) camarade de chambre arrive chez vous avec quatre ami(e)s qu'il / elle a invité(e)s pour le week-end — mais sans rien vous en dire à l'avance. Dites-lui 7 ou 8 choses qu'il / elle aurait dû faire avant d'amener ces gens à la maison. (Par exemple, « Mais tu aurais dû mettre tes affaires en ordre avant de les amener *(bringing)* ici ! ») Votre camarade indique que vous avez raison en répondant, « Mais oui, tu as raison ! J'aurais dû... ».

B.   *Changez de rôle.* Maintenant c'est vous qui avez invité 6 copains à dîner chez vous sans en parler à l'avance à votre camarade de chambre.

C.   Une interview : Ce week-end   Avec un(e) camarade, écrivez 9 ou 10 questions à poser à vos camarades sur leurs activités ce week-end. (Par exemple, « Est-ce que tu joueras au tennis ce week-end ? »)

D.   À la chasse   Vous et votre camarade, vous vous levez et vous posez vos questions à des camarades différents en prenant des notes sur leurs réponses.

E.   Bavardage   Dans une discussion simultanée avec votre partenaire original(e), parlez des activités de vos camarades ce week-end.

F.   Un séjour paisible *(peaceful)*   En 9 ou 10 phrases, décrivez à un(e) camarade un séjour que vous avez fait à la campagne (ou quelque part d'autre de paisible) ou une journée paisible (par exemple, une journée à la pêche). Votre partenaire indique son intérêt en posant des questions et en disant « C'était sans aucun doute agréable / paisible / reposant *(restful)* » ou « Moi aussi, j'aimerais bien / je voudrais faire ça », etc. Après ça, *changez de rôle.*

367

___ *VOCABULAIRE* _____

NOMS
l' **endroit** (m) place
l' **enfance** (f) childhood
le **passe-temps** pastime
la **pêche** fishing
le **poisson** fish
le **pont** bridge
VERBES
amener (qqn) to bring (someone)
se mettre en route to start out
prendre un poisson to catch a fish

proposer to offer, propose
respirer to breathe
tenter to appeal; to tempt
ADJECTIFS
impromptu, unexpected
à l'improviste, unexpectedly
paisible peaceful
reposant(e) restful, relaxing
DIVERS
(c'était) de justesse (it was) just in time
non sans peine not without effort

qu'est-ce que ça fait ? what difference does that make?
MOTS AMIS
l' **activité** (f)
l' **air** (m)
exact(e)
le/la **guide**
indiquer
pur(e)
le **télégramme**

368

89. *Remarks about verbs in -oir*

The characteristics of this group are that they have two stems in the present indicative (**pouvoir : peu-, pouv-**), an irregular future (**je pourrai**), and a past participle in **-u** (except **s'asseoir**).

     Devoir corresponds to English *must, should, ought to, to have to, was to, should have, ought to have,* and so on. Because **devoir** has so many possible meanings, it is necessary to study carefully the use and meaning of the different tenses of this verb. **Pouvoir** and **vouloir** can also be difficult for English-speaking students.

90. devoir*

PRÉSENT je dois, tu dois, il doit, nous devons, vous devez, ils doivent
IMPARFAIT je devais PASSÉ COMPOSÉ j'ai dû FUTUR je devrai
CONDITIONNEL je devrais

A. Présent

The present tense of **devoir** is used to express:

1. *Necessity:*

Vous devez changer de train à Épernay.	*You **have** to change trains at Épernay.*
Je dois être de retour demain.	*I **must** be back tomorrow.*

2. *Probability:*

Il doit être chez lui en ce moment.	*He's **probably** at home now.*
Il doit y avoir un avion vers 8h.	*There **must be** a plane around eight o'clock.*

---

*Devoir is also used as a transitive verb meaning *to owe.* EXAMPLE **Vous** me **devez** mille francs.

3. *An action that one expects to fulfill:*

Je dois jouer au tennis demain.

I'm supposed to play tennis tomorrow.

Je dois rentrer de bonne heure.

I'm supposed to be home early.

B. Imparfait

The imperfect of **devoir** is most commonly used to express an action that was expected to take place but that did not necessarily take place:

Je devais jouer au tennis ce matin, mais j'ai décidé de venir vous attendre à la gare.

I was to (was expecting to) play tennis this morning, but I decided to come meet you at the station.

C. Passé composé

The **passé composé** of **devoir** is most commonly used to express probability (past):

Où est votre livre ?
— Je ne sais pas. **J'ai dû** le laisser dans l'autobus.

Where is your book?
— I don't know. I must have left it on the bus.

D. Conditionnel

1. The conditional of **devoir** is used to express the speaker's judgment as to the desirability or propriety of a present or future action:

Vous devriez travailler davantage.
Vous ne devriez pas faire cela.

You ought to work more.
You shouldn't do that.

2. The conditional perfect is used to express the desirability or propriety of a past action:

Vous n'auriez pas dû faire cela.
Tu aurais dû me dire l'heure exacte de ton arrivée.

You shouldn't have done that.
You should have told me the exact time of your arrival.

91. pouvoir *(to be able)*

PRÉSENT *may, can*

Est-ce que **je peux** voir la chambre ?
— Oui, **vous pouvez** la voir.

May (Can) I see the room?
—Yes, you may see it.

370

PASSÉ COMPOSÉ *could, was able to*

Je n'ai pas pu trouver une place dans l'autobus.   *I couldn't find a seat in the bus.*

FUTUR *may, can*

Vous pourrez revenir dans huit jours.   *You may come back in a week.*

CONDITIONNEL *could, might*

Vous pourriez lui envoyer un mot.   *You could write to him (to her).*

PRÉSENT je peux, tu peux, il peut, nous pouvons, vous pouvez, ils peuvent (*I may; I can; I am able*) IMPARFAIT je pouvais (*I was able, I could*) PASSÉ COMPOSÉ j'ai pu (*I have been able, I could*) FUTUR je pourrai (*I will be able, I can, I may*) CONDITIONNEL je pourrais (*I could, I might*)

92. vouloir (*to want*)

PRÉSENT *want*

Voulez-vous essayer ce manteau ?   *Do you want to try on this coat?*
Roger **veut** aller à la pêche.   *Roger wants to go fishing.*
Jean **ne veut pas** y aller.   *John doesn't want to go.*

IMPARFAIT *wanted*

Je voulais faire une promenade hier, mais il a plu toute la journée.   *I wanted (but didn't necessarily act on my desire) to take a walk yesterday, but it rained all day.*

PASSÉ COMPOSÉ *wanted, decided*

J'ai voulu profiter du beau temps.   *I decided to take advantage of the fine weather (and did so).*

Marie **n'a pas voulu** sortir.   *Marie didn't want to go out.*

CONDITIONNEL *would like, want*

Je voudrais un billet aller-retour pour Reims, s'il vous plaît.   *I would like a round-trip ticket to Rheims, please.*
Je voudrais partir le plus tôt possible.   *I would like to leave as soon as possible.*

PRÉSENT je veux, tu veux, il veut, nous voulons, vous voulez, ils veulent (*I want; I will, i.e., I insist*) IMPARFAIT je voulais (*I wanted, I intended*) PASSÉ COMPOSÉ j'ai voulu (*I wanted, I decided*) FUTUR je voudrai (*I will want*) CONDITIONNEL je voudrais (*I would like, I want*)

93. *Expressions with* vouloir

A. **vouloir bien** (to be willing)

Voulez-vous bien vous asseoir ?	*Will you please sit down?*
Voulez-vous bien monter ?	*Will you please go up?*
Je veux bien.	*I am willing.*
Je voudrais bien avoir ma montre le plus tôt possible.	*I would like to have my watch as soon as possible.*

B. **vouloir dire** (to mean)

Que **voulez-vous dire** ?	*What do you mean?*
Que **veut dire** « déçu » ?	*What does "déçu" mean?*

94. *Impersonal expressions with* falloir

A. **falloir** *(to have to, must):* necessity

Il faut que j'aille en ville faire des courses.	*I must go downtown to do some errands.*
Il a fallu que nous attendions la correspondance.	*We had to wait for the connection.*
Il faudra que nous nous levions de bonne heure.	*We shall have to get up early.*
Il ne faut pas faire cela.	*You must not do that.*

B. **falloir** *(it takes):* period of time

Il faut une heure pour aller de Paris à Versailles.	*It takes an hour to go from Paris to Versailles.*
Il a fallu plus de 300 ans pour construire le Louvre.	*It took more than 300 years to build the Louvre.*

PRÉSENT il faut *(must)*   IMPARFAIT il fallait *(had to, should have)*   PASSÉ COMPOSÉ il a fallu *(had to)*   FUTUR il faudra *(will have to)*

95. valoir* mieux *(to be better):* impersonal

Il vaut mieux laisser ceux dont on n'est pas sûr.	*It's better to leave the ones you are not sure about.*

---

*Valoir is also used with the meaning to be worth. EXAMPLE Cette montre vaut mille francs.

Il vaudrait mieux faire venir un agent de police.

*It **would be better** to send for a police officer.*

PRÉSENT il vaut mieux *(it is better)* IMPARFAIT il valait mieux PASSÉ COMPOSÉ il a mieux valu FUTUR il vaudra mieux

96. pleuvoir *(to rain): impersonal*

S'il pleut, je prendrai un taxi.
Il pleuvait quand j'ai quitté la maison.
Il a plu cette nuit.

*If **it rains,** I'll take a taxi.*
*It **was raining** when I left the house.*
*It **rained** last night.*

PRÉSENT il pleut IMPARFAIT il pleuvait PASSÉ COMPOSÉ il a plu FUTUR il pleuvra

97. voir *(to see)*

Vous voyez ce village là-bas ?
Je vois des champignons au bord de la route.
Il y a longtemps que **je ne** vous **ai pas vu.**
Je vois venir le facteur.

*You **see** that village over there?*
*I **see** some mushrooms on the side of the road.*
*I **haven't seen** you in a long time.*
*I **see** the postman **coming.***

PRÉSENT je vois, tu vois, il voit, nous voyons, vous voyez, ils voient
IMPARFAIT je voyais PASSÉ COMPOSÉ j'ai vu FUTUR je verrai

98. savoir *(to know, to know how)**

Savez-vous quand vivait Jeanne d'Arc ?

Je sais qu'elle est morte à Rouen en 1431.
Je vous le dirai aussitôt que **je le saurai.**
Vous ne sauriez pas où j'ai mis mon portefeuille ?
Savez-vous conduire une auto ?

*Do **you know** when Joan of Arc lived?*
*I **know** that she died in Rouen in 1431.*
*I shall tell you as soon as I **find out.***
*You **wouldn't know** where I put my wallet, would you?*
*Do **you know how** to drive a car?*

PRÉSENT je sais, tu sais, il sait, nous savons, vous savez, ils savent IMPARFAIT je savais PASSÉ COMPOSÉ j'ai su *(I knew, found out)* FUTUR je saurai *(I will know how; I will find out)*

---

*See note on **savoir** and **connaître**, page 72.

373

I.   *Substitutions: Conseils d'un(e) ami(e)*

Changez les phrases suivantes en substituant les mots indiqués.

1. *Je vois* que tu n'es pas en bonne forme.
Je crois / Je peux voir / Je sais / Il faut dire / Il faudrait dire
2. Tu as l'air fatigué. *Tu devrais* te reposer un peu plus.
Tu dois / Il vaut mieux / Il vaudrait mieux / Est-ce que tu peux / Est-ce que tu pourrais
3. Mais va te promener aussi. *Il faut* profiter du beau temps !
Il faudra / Tu devrais / Tu dois / Il vaut mieux / Tu sais qu'il faut

II.   *Exercices d'application (en deux groupes): Verbes en -oir*

A. Projets pour ce soir   Groupe A, vous suggérez à un(e) ami(e) de faire les choses suivantes ce soir. Groupe B, vous répondez que oui en employant un pronom (si nécessaire). Après ça, *changez de rôle.*

EXEMPLE   Est-ce que tu peux aller   A: **Est-ce que tu pourrais aller au cinéma**
au cinéma ce soir ?   **ce soir?**
                            B: **Mais oui, je pourrais y aller.**

1. Est-ce que tu peux sortir ce soir ?   **2.** Est-ce que tu veux aller en ville ?
3. Est-ce que tu peux aller en ville à pied ?   **4.** Est-ce que tu veux dîner en ville ?   **5.** Est-ce que tu peux te promener un peu après le dîner ?   **6.** Est-ce qu'il faut rentrer avant minuit ?

B. Une mauvaise mémoire (devoir au passé indiquant la probabilité)
Un(e) camarade (Groupe A) qui a une mauvaise mémoire essaie de se rappeler où sont ses affaires. Il / Elle vous dit ce qu'il / elle en a sans doute fait et vous (Groupe B), vous lui dites qu'il / elle a dû faire cela. Après ça, *changez de rôle.*

EXEMPLE   un livre / laisser en classe
          A: **J'ai sans doute laissé mon livre en classe.**
          B: **C'est ça. Tu as dû le laisser en classe.**

1. un parapluie / laisser dans la voiture   **2.** un imperméable / mettre dans l'armoire   **3.** un sac à dos / oublier dans l'autobus   **4.** des gants / perdre à la fac   **5.** un stylo / laisser tomber *(drop)* en rentrant à la maison   **6.** un cahier / mettre dans le bureau à la maison

C. Responsabilités (devoir au conditionnel indiquant l'obligation) Votre sœur et vous, vous passez vos vacances chez vos parents. Vous voudriez vous reposer, mais votre mère (Groupe A) vous dit que vous devriez faire les choses ci-dessous et votre père (Groupe B) insiste pour que vous les fassiez.

EXEMPLE   écrire une lettre à votre grand-mère
          A: **Vous devriez écrire une lettre à votre grand-mère.**
          B: **En fait, il faut que vous écriviez une lettre à votre grand-mère.**

374

1. téléphoner à vos grands-parents   **2.** aller à la pêche avec votre grand-père   **3.** rendre visite à votre tante Marie   **4.** passer du temps avec vos cousins   **5.** préparer un repas spécial pour la famille   **6.** faire les courses pour le repas   **7.** faire une excursion en vélo avec votre petit frère   **8.** mettre vos affaires en ordre dans votre chambre

D. Les souhaits des parents Maintenant, *changez de rôle,* mais cette fois votre mère et votre père vous parlent, à vous seul(e) (en employant la forme **tu**). À partir des phrases de l'exercice précédent, ils vous disent ce que vous devriez faire.

EXEMPLE   écrire une lettre à ta grand-mère
          B: Tu devrais écrire une lettre à ta grand-mère.
          A: En fait, il faut que tu écrives une lettre à ta grand-mère.

E. J'ai oublié (devoir au conditionnel passé indiquant les obligations)
Un(e) camarade de chambre (Groupe A) vous rappelle que vous devriez faire certaines choses. Vous (Groupe B), vous lui répondez que vous auriez dû faire ces choses hier (en employant le pronom qui convient). Après ça, *changez de rôle.*

EXEMPLE   téléphoner à ta mère
          A: Tu sais, tu devrais téléphoner à ta mère.
          B: Oh, zut, j'ai oublié ! J'aurais dû lui téléphoner hier.

1. répondre à la lettre de ton père   **2.** aller à la banque   **3.** acheter des provisions   **4.** faire le plein de la voiture   **5.** laver la voiture   **6.** aller chercher le nettoyage à sec

III.   *Questions personnelles*

Nous allons poser les questions suivantes tous ensemble, mais vous y répondrez individuellement.

A. Les passe-temps En employant la forme **tu**, demandez à quelqu'un :

1. s'il sait jouer au tennis.   **2.** s'il peut jouer au tennis avec vous ce week-end   **3.** s'il sait jouer au base-ball.   **4.** s'il doit se reposer ou s'il peut jouer au base-ball avec vous cet après-midi.   **5.** s'il sait jouer du piano.   **6.** s'il voudrait jouer du piano dans un petit orchestre.

B. Cet après-midi En employant toujours la forme **tu**, demandez à quelqu'un :

1. s'il voudrait aller en ville avec vous cet après-midi.   **2.** s'il pourrait y aller avant 2h.   **3.** s'il vaut mieux y aller à pied ou en voiture.   **4.** s'il doit faire ses devoirs avant d'y aller.   **5.** si vous devriez inviter votre ami Pierre à vous accompagner.   **6.** s'il faudra rentrer de bonne heure.

C. En équipes de deux Posez 5 ou 6 questions des exercices A et B à un(e) camarade de classe. Après ça, *changez de rôle.*

375

Conversations improvisées (en équipes de deux)

A. Ce soir En 9 ou 10 phrases, dites à un(e) camarade ce que vous voudriez faire ce soir, mais aussi ce que vous devriez faire. Enfin, dites-lui ce que vous allez faire ce soir. Votre camarade vous montre son intérêt en vous posant des questions et en disant, « Moi aussi, je devrais / voudrais / vais... » ou « Pas moi, je ne vais pas... » . Après ça, *changez de rôle.*

B. Un nouveau / Une nouvelle camarade de chambre Un(e) camarade joue le rôle de votre nouveau / nouvelle camarade de chambre. Il / Elle vous pose 8 ou 9 questions pour savoir ce qu'il / elle devrait faire (ou ne devrait pas faire) pour vivre harmonieusement avec vous. (Par exemple, « Est-ce que je dois acheter les provisions moi-même ? Faut-il que je prépare les repas ? ») Vous lui répondez en indiquant ce qu'il / elle doit ou devrait faire (ou ne pas faire).

C. La politesse *Changez de rôle.* Vous êtes invité(e) chez ce / cette camarade pour le week-end et vous lui demandez ce que vous devriez faire pour l'aider.

—— *VOCABULAIRE* ————————————————————

VERBES
devoir *to be supposed to;*
   devoir être *must be;* **je**
   devrais *I ought to, should;*
   j'aurais dû *I should have*

être en forme *to be in good*
   shape
falloir (+ *period of time*) *to*
   take
valoir *to be worth*
vouloir: j'ai voulu *I wanted, I*

decided
MOTS AMIS
accompagner
l' **orchestre** *(m)*
spécial(e)

DIXIÈME LECTURE
De retour à Paris

— Si nous visitions le Panthéon✦ ? dit un jour Jean à Roger. Je n'y suis jamais allé.

Les deux jeunes gens se dirigent° donc vers le Panthéon. À quelque distance, ils s'arrêtent un instant pour regarder la façade de l'édifice.

go toward

— Tu vois là-haut l'inscription « Aux grands hommes la patrie reconnaissante° » ? C'est la révolution qui a transformé cette vieille église du dix-huitième siècle en lieu de sépulture° pour ses grands hommes — Voltaire et Rousseau, par exemple. Plus tard, on y a enterré des hommes politiques ainsi que° des écrivains à tendance révolutionnaire comme Hugo et Zola.

patrie... grateful country

en... into a burial site

ainsi que as well as

À l'intérieur, un guide explique aux visiteurs les peintures murales qui représentent des scènes de la vie de Sainte-Geneviève, la patronne de Paris. Selon la légende, il y a quinze cents ans, c'est elle qui sauva° Paris des mains d'Attila et de ses Huns. Le Panthéon a été

saved

L'INTÉRIEUR DU PANTHÉON

377

NOTRE DAME DE PARIS, ET LA STATUE DE SAINTE-GENEVIÈVE AU PONT DE LA TOURNELLE

construit en son honneur. Du reste on appelait autrefois tout le quartier de l'université la montagne Sainte-Geneviève.

— C'est une montagne bien accessible, dit Jean en souriant. Remarque, nous aussi, on dit bien Mount Vernon, qui n'est aussi qu'une simple colline.°   *hill*

Le guide conduit ensuite les visiteurs dans la galerie souterraine où se trouvent les tombeaux.° Après leur visite, les deux jeunes gens   *tombs* descendent le boulevard Saint-Michel jusqu'à la Seine. Arrivés en vue de Notre-Dame, ils tournent à gauche et décident de longer la Seine. C'est là qu'à l'ombre° des arbres les bouquinistes ont installé leurs   *shadow* boîtes. Tout en marchant, Jean jette un coup d'œil sur les étalages de livres anciens et modernes, de timbres, de vieilles pièces de monnaie et d'autres objets curieux.

Enfin un peu fatigués, nos deux amis traversent la Seine et la place de la Concorde et finissent leur après-midi à la terrasse d'un café sur les grands boulevards.

I.   *Vrai ou faux ?*

Dites si les phrases suivantes sont vraies ou fausses. Si une phrase est fausse, corrigez-la.

1. Jean a déjà visité le Panthéon 2 ou 3 fois.
2. À l'intérieur du Panthéon, il y a des tombeaux d'hommes célèbres.
3. La montagne Sainte-Geneviève est une montagne au cœur de Paris.
4. C'est Sainte-Geneviève qui a fait construire le Panthéon en l'honneur d'Attila et de ses Huns.
5. Pendant leur visite, les deux jeunes gens ont vu des peintures murales et des tombeaux.

378

LE PANTHÉON

II.   *Questions sur la compréhension de la lecture*

    1. Qu'est-ce que Jean veut visiter à Paris ? Pourquoi ?

    2. Qu'est-ce qui est inscrit sur la façade du Panthéon ?

    3. Quand a été construite cette vieille église ? En l'honneur de qui ?

    4. Qui est Sainte-Geneviève ? Pourquoi est-elle célèbre ?

    5. Où se trouve le Panthéon ?

    6. Est-ce que la montagne Sainte-Geneviève est une montagne ?

    7. Qu'est ce qu'on peut voir dans le Panthéon ?

    8. Qui a été enterré là ? Pourquoi ?

    9. Qu'est-ce que Jean et Roger font après leur visite du Panthéon ?

    10. Sur quoi est-ce que Jean jette un coup d'œil, en chemin ?

III.   *À votre tour*

A. Racontez à un(e) camarade de classe une visite d'un musée que vous avez
faite. Dites-lui ce que vous avez vu et appris et donnez-lui vos impressions.
Après ça, *changez de rôle.*

B. Regardez un plan de Paris et, toujours avec un(e), camarade, promenez-
vous ensemble le long des rues et des boulevards de la capitale. Dites ce que
vous voyez, où vous entrez et pourquoi, par où vous passez, etc. (Par
exemple, « Prenons le boulevard Saint-Michel. J'aime observer les étudiants »
ou « Arrêtons-nous... je veux voir / acheter / jeter un coup d'œil sur.... Tu es
d'accord ? »)

379

GRAMMAR UNIT 26
Use of infinitives and present participles

99. Verbs that may take an infinitive

A. Verbs and verbal expressions followed by the preposition **de** + infinitive

Permettez-moi de vous présenter mon ami Jean Hughes.	*Allow me to introduce my friend John Hughes.*
Vous serez obligé de passer la nuit à Épernay.	*You will be obliged to spend the night at Épernay.*
Je regrette d'être en retard.	*I am sorry to be late.*
Nous avons décidé de profiter du beau temps.	*We decided to take advantage of the fine weather.*
J'ai demandé à mon père **de** m'envoyer un chèque.	*I asked my father to send me a check.*
Il m'a dit de ne pas l'attendre.	*He told me not to wait for him.*
Il m'a conseillé de me reposer.	*He advised me to rest.*

1. The most common verbs followed by **de** that may take an infinitive are **conseiller de, décider de, demander de, dépêcher de, dire de, essayer de, être obligé de, permettre de** *(to allow),* **prier de** *(to ask),* **refuser de, regretter de,** as well as the expressions **avoir besoin de, avoir envie de, avoir l'habitude de, être en train de.**

2. You have seen that some of these verbs may govern a subordinate clause. EXAMPLE **Il m'a dit qu'il reviendrait.** *(indicative)* **Je regrette qu'il soit venu.** *(subjunctive)*

B. Verbs followed by the preposition **à** + infinitive

Il a commencé à pleuvoir.	
Il s'est mis à pleuvoir.	*It began to rain.*
Avez-vous appris à parler français ?	*Have you learned to speak French?*
Vous n'avez qu'à traverser la rue.	*You have only to cross the street.*

The most common verbs followed by the preposition à taking an infinitive are **aider à, apprendre à, avoir à, commencer à, continuer à, encourager à, inviter à, se mettre à, réussir à** *(to succeed),* **tenir à** *(to be anxious to).*

C. Verbs that may take an infinitive without a preposition

Je vais faire des courses cet après-midi.	*I'm going to do some errands this afternoon.*
Pouvez-vous me **donner** votre adresse ?	*Can you give me your address?*
Savez-vous jouer au bridge ? *	*Do you know how to play bridge?*
Savez-vous jouer de la guitare ? *	*Do you know how to play the guitar?*
Je dois partir par le train de sept heures.	*I have to leave on the seven o'clock train.*
Voulez-vous faire une promenade avec moi ?	*Do you want to take a walk with me?*
Faut-il changer de train en route ?	*Is it necessary to change trains on the way?*

The most common verbs that may take an infinitive without a preposition are **aller, devoir, faire, falloir (il faut), oser** *(to dare),* **pouvoir, savoir, venir, vouloir.**

100. *Forms of the verb used after a preposition*

A. Present infinitive after prepositions **par, pour, sans,** and expressions such as **avant de**

Il m'a envoyé un télégramme **avant de partir.**	*He sent me a telegram **before leaving.***
Il est parti **sans dire** au revoir.	*He left **without saying** goodbye.*
Le vent finira **par le ramener** au bord.	*The wind will finally **bring** it **back** to the edge.*
Nous ne l'attendrons pas **pour déjeuner.**	*We will not wait for him **to have lunch.***
Pour arriver à l'heure, j'ai quitté la maison à sept heures.	*(So as) To arrive on time, I left home at seven o'clock.*
Il faut manger **pour vivre.**	*You must eat **to live.***

---

*Note that *to play a game* is **jouer à,** but that *to play a musical instrument* is **jouer de.**

381

B. Perfect infinitive after **après**

Après avoir visité Versailles, nous sommes allé(e)s à Fontainebleau.	*After visiting (**Having visited**) Versailles, we went to Fontainebleau.*
Après être allée en Normandie, Marie est allée en Bretagne.	*After going (**Having gone**) to Normandy, Marie went to Brittany.*
Après s'être promenés dans le Quartier latin, Robert et Philippe sont allés à leur hôtel.	*After going for a walk (**Having gone for a walk**) in the Latin Quarter, Robert and Philip went to their hotel.*

C. Present participle after **en**

En partant à cinq heures, vous serez chez vous à sept heures.	*By leaving at five o'clock, you will be home at seven.*
En arrivant en haut, vous pourrez prendre d'autres photos.	*On arriving at the top, you can take some more pictures.*

The present participle of verbs may be found by adding the ending **-ant** to the stem of the first person plural of the present indicative, except for the verbs **avoir, être,** and **savoir** whose present participles are, respectively, **ayant, étant,** and **sachant.**

I. *Substitutions : Les Courses*

Changez les phrases suivantes en substituant les mots indiqués.

1. J'*ai besoin* de faire des courses ce soir.
   suis obligé(e) / ai demandé à Jean / ai dit à Jean / ai conseillé à Jean / ai décidé
2. Jean aussi, il *a envie* de faire des courses en ville.
   a besoin / est en train / est content / a l'habitude
3. Mais Marie, elle *n'aime pas* faire les courses.
   n'a pas envie de / ne veut pas / n'a pas l'habitude de / a décidé de ne pas / a refusé de
4. Elle préfère jouer *aux cartes.*
   au bridge / au tennis / du piano / de la clarinette
5. Et voilà. Quand Jean et moi, nous étions sur le point de partir *(were about to leave)*, elle *a commencé* à jouer aux cartes.
   s'est mise / a continué / a invité Roger

II. *Exercices d'application*

382   **A. Notre visite à Paris** (le passé de l'infinitif) En deux groupes : Groupe A et

Groupe B, vous êtes deux ami(e)s qui avez visité Paris récemment. Vous racontez des événements de votre visite à des copains.

EXEMPLE visiter New York / prendre l'avion pour Paris
A: Nous avons visité New York, puis nous avons pris l'avion pour Paris.
B: C'est ça. Après avoir visité New York, nous avons pris l'avion pour Paris.

1. arriver à Paris / aller tout de suite à notre hôtel
2. prendre le petit déjeuner / aller au Quartier latin
3. regarder les étalages *(displays)* des bouquinistes / visiter le musée de Cluny
4. déjeuner / se promener dans le Quartier latin
5. se promener dans le Quartier latin / rentrer à l'hôtel

Changez de rôle et continuez votre histoire.

6. le lendemain se lever de bonne heure / prendre le train pour Chartres
7. faire une visite guidée de la cathédrale / passer du temps à admirer les vitraux
8. acheter des souvenirs / rentrer en train
9. arriver à Paris / aller à la place de la Concorde
10. faire le tour du jardin des Tuileries / dîner à La Tour d'Argent✦

UNE TABLE D'HÔTE AVEC VUE SUR LA SEINE, À LA TOUR D'ARGENT

CULTURAL NOTES

La Tour d'Argent *is one of finest four-star restaurants in Paris.*

Le Pont-Neuf *is the oldest and best known of the Paris bridges. Although it was built in the seventeenth century, it is still called the "new" bridge.*

La place des Vosges, *located in the* **quartier du Marais**, *was built by Henry IV and completed by Louis XIII. It was used as a royal residence over those years. Today it is a popular and lively gathering place during the dinner hours and into the evening. Housing in the* **place des Vosges** *is among the most expensive and most sought after in all of Paris.*

B. Retour à Paris (le participe présent) En deux groupes : Vous projetez d'aller ensemble à Paris. Groupe A, vous proposez d'aller voir certains endroits. Groupe B, vous dites que vous êtes d'accord.

EXEMPLE   aller au Quartier latin / pouvoir voir le Panthéon
A: Quand nous irons au Quartier latin, nous pourrons voir le Panthéon.
B: Bonne idée ! En allant au Quartier latin, nous pourrons voir le Panthéon.

1. aller à l'Île de la Cité / traverser le Pont-Neuf✦
2. passer par l'Île de la Cité / visiter Notre-Dame
3. aller à la place des Vosges✦ / voir la maison de Victor Hugo
4. visiter la place des Vosges / pouvoir visiter aussi la place de la Bastille
5. rentrer par la rue de Rivoli / passer devant des magasins de vêtements

Changez de rôle mais cette fois-ci, Groupe B, vous suggérez des endroits à visiter et Groupe A, vous êtes d'accord avec ça.

EXEMPLE   aller au Quartier latin / pouvoir voir le Panthéon
B: Si nous allons au Quartier latin, nous pourrons voir le Panthéon.
A: Oui, c'est vrai ! En allant au Quartier latin, nous pourrons voir le Panthéon.

LA PLACE DES VOSGES

384

III.   *Questions personnelles : Sentiments et projets*

A. Nous allons poser les questions suivantes tous ensemble, mais vous y répondrez individuellement. En employant la forme **tu**, demandez à quelqu'un :

1. s'il regrette de finir ce cours ; si oui, pourquoi ; si non, pourquoi pas.
2. s'il a l'intention de continuer à étudier le français ; si oui, quel cours il a l'intention de suivre et pourquoi ; si non, quels autres cours il a l'intention de suivre et pourquoi.   **3.** s'il est content d'avoir étudié le français ; si oui, ce qu'il a aimé le plus dans ces études ; si non, ce qu'il aurait préféré étudier.
4. s'il va encourager ses camarades à suivre un cours de français ; si oui, ce qu'il a l'intention de leur dire; si non, quoi d'autre il va les encourager à étudier.   **5.** s'il a l'intention d'aller en France ou au Canada un de ces jours ; si oui, ce qu'il a l'intention de visiter et de faire et s'il a l'intention d'y parler français ; si non, dans quels autres pays il a l'intention d'aller un jour.

B. En équipes de deux : Posez 4 ou 5 questions de l'exercice précédent à un(e) camarade de classe et discutez ensemble ses réponses. Après ça, *changez de rôle.*

385

Conversations improvisées (en équipes de deux)

A. À nous la liberté ! Bientôt vous aurez du temps libre. Dans 10 ou 12 phrases, dites à un(e) camarade ce que vous avez l'intention de faire cet été et pourquoi. Comparez vos projets pour cet été à ce que vous avez fait (ou n'avez pas fait) l'été passé. Votre camarade vous montre son intérêt en vous posant des questions et en exprimant son accord ou son désaccord avec vos projets pour cet été. Après ça, *changez de rôle.*

B. Visite en France ! Avec un(e) camarade, écrivez 8 ou 10 questions à poser à vos camarades sur ce qu'ils / elles feront quand ils / elles visiteront la France.

C. À la chasse ! Levez-vous et posez vos questions à des camarades différent(e)s, en prenant des notes sur leurs réponses.

D. Échange d'information Avec votre partenaire original(e), échangez les réponses que, tous les deux, vous avez obtenues à vos questions.

E. Allons en France ensemble ! Enfin, avec ce / cette partenaire, choisissez 8 ou 10 choses que, tous les deux, vous feriez si vous alliez en France ensemble.

─── *VOCABULAIRE* ───────────────────────────────

NOMS
l' **étalage** *(m) display (stand);*
  shop window
VERBES
être sur le point de *to be*
  about to (do something)
oser *to dare*

permettre de *to allow*
prier de *(formal) to ask*
ramener *to bring back*
réussir à *to succeed*
tenir à *to be anxious to*
traverser *to cross*

ADJECTIF
celèbre *famous*
MOTS AMIS
admirer
encourager
la **façade**
refuser

386

APPENDICE A   L'usage des infinitifs

Verbs that may take infinitives

I.   Verbs and verbal expressions followed by the preposition *de* that may take infinitives

—**Permettez-moi de** vous présenter mon ami Jean Hughes.

Allow me to *introduce my friend John Hughes.*

—**Vous serez obligé de** passer la nuit à Épernay.

You will be obliged to *spend the night at Épernay.*

—**Je regrette d'**être en retard.

I am sorry to *be late.*

—**Nous avons décidé de** profiter du beau temps.

We decided to *take advantage of the fine weather.*

—**J'ai demandé à** mon père **de** m'envoyer un chèque.

I asked *my father* **to** *send me a check.*

—**Il m'a dit de** ne pas l'attendre.

He told *me not* **to** *wait for him.*

—**Il m'a conseillé de** me reposer.

He advised *me* **to** *rest.*

(1) The most common verbs followed by **de** that may take infinitives are: **conseiller de, décider de, demander de, refuser de, se dépêcher de, dire de, essayer de, être obligé de, permettre de, refuser de,** etc., and such expressions as **avoir besoin de, avoir l'habitude de, être en train de,** etc.
(2) You have seen that some of these verbs may govern a subordinate clause. EXAMPLE: **Il m'a dit qu'il reviendrait.** (indicative) **Je regrette qu'il soit venu.** (subjunctive)

II.   Verbs followed by the preposition *à* that may take infinitives

—**Il a commencé à** pleuvoir.

It began to *rain.*

—**Il s'est mis à** pleuvoir.

It began to *rain.*

—**Avez-vous appris à** parler français?

Have you learned to *speak French?*

—**Nous avons continué à** marcher.

We kept on *walking.*

—**Vous n'avez qu'à** traverser la rue.

You have only to *cross the street.*

The commonest verbs followed by the preposition **à** that may take infinitives are: **aider à, apprendre à, réussir à, inviter à, se mettre à, avoir à,** etc.

III.   Verbs that may take infinitives without a preposition

—**Je vais faire** des courses cet après-midi.

I am going to do *some errands this afternoon.*

—**Pouvez-vous** me **donner** votre adresse?

Can you give *me your address?*

—**Savez-vous jouer** au bridge?*

Do you know *how* **to play** *bridge?*

—**Savez-vous jouer** de la guitare?*

Do you know *how* **to play** *the guitar?*

Note that *playing games* is **jouer à**, but *playing a musical instrument* is **jouer de**.

—**Je dois partir** par le train de sept heures.
—**Voulez-vous faire** une promenade avec moi?
—**Faut-il changer** de train en route?

I am to leave *by the seven o'clock train.*
Do you want to take *a walk with me?*
Must one change *trains on the way?*

The most common verbs that may take an infinitive without a preposition are: **aller; devoir; faire; falloir (il faut,** etc.); **oser,** *to dare;* **pouvoir; savoir; venir; vouloir.**

Forms of the verb used after prepositions

IV. Present infinitive after prepositions *par, pour, sans,* and expressions such as *avant de:*

—Il m'a envoyé une dépêche **avant de partir.**
—Il est parti **sans dire** au revoir.
—Le vent finira **par le ramener** au bord.
—Nous ne l'attendrons pas **pour déjeuner.**

He sent me a wire **before leaving.**
He left **without saying** *good-bye.*
The wind will finally **bring** *it* **back** *to the edge.*
We will not wait lunch for him (We will not wait for him **to have lunch).**

—**Pour arriver** à l'heure, j'ai quitté la maison à sept heures.
—Il faut manger **pour vivre** . . .

So as to arrive *on time, I left home at seven o'clock.*
You must eat **to live** . . .

Pour is generally used with an infinitive to express the idea *so as to* or *in order to;* but when it is used after **aller** with an infinitive, it has the meaning *for the express purpose of.*

—Je vais en ville **faire** des courses.
—Je vais en ville **pour faire** des courses.

I am going downtown **to do** *some errands.*
I am going downtown **for the express purpose of doing** *some errands.*

V. Perfect infinitive after *après:*

—**Après avoir visité** Versailles, nous sommes allé(e)s à Fontainebleau.
—**Après être allé** en Normandie, Jean est allé en Bretagne.

After visiting (having visited) *Versailles, we went to Fontainebleau.*
After going (having gone) *to Normandy, John went to Brittany.*

APPENDICE B *L'usage du participe présent après* en

—**En partant** à cinq heures, vous serez chez vous à sept heures.
—**En arrivant** en haut, vous pourrez prendre d'autres photos.

By leaving *at five o'clock, you will be home at seven.*
On arriving *at the top, you can take some more pictures.*

The present participle of verbs may be found by adding the ending **-ant** to the stem of the first person plural of the present indicative, except for the verbs **avoir, être,** and **savoir** whose present participles are, respectively, **ayant, étant,** and **sachant.**

APPENDICE C *Le passé simple*

Meaning and use of the *passé simple*

The names **passé simple** *(simple past)* and **passé composé** *(compound past)* are used to distinguish two tenses which, generally speaking, have the same meaning: both tenses are used to express simple past actions.
You have seen that the **passé composé** is commonly used in conversation. The **passé simple** is used only in literary narrative style and in rather formal speech. Even then, only the third person (singular and plural) is ordinarily used today.

Example of the use of the *passé simple*

À cette époque, il y **eut** une épidémie dans le pays des Troglodytes. Un médecin habile **arriva** du pays voisin et **donna** ses remèdes. Quand il **demanda** à ses clients de lui payer ses services, il ne **trouva** que des refus. Le médecin

retourna dans son pays et il y **arriva** très fatigué. Il **apprit** peu après que la même maladie ravageait de nouveau le pays des Troglodytes. Ils **allèrent** à lui tout de suite lui demander de revenir avec ses remèdes.

Le médecin **refusa**. Les Troglodytes **moururent** et **furent** victimes de leurs propres injustices.

At that time there **was** an epidemic in the land of the Troglodytes. A skillful doctor **arrived** from the neighboring country and **gave** his remedies. When he **asked** his patients to pay him for his services he **received** only refusals. The doctor **returned** to his own country and he **arrived** there very tired. He **learned** soon afterwards that the same disease was again ravaging the land of Troglodytes. They **went** to him immediately to ask him to come back with his remedies.

The doctor **refused.** The Troglodytes **died** and they **were** victims of their own injustice.

Forms of the *passé simple*
Regular verbs

First conjugation	*Second conjugation*	*Third conjugation*
je donnai *I gave*	je finis *I finished*	je répondis *I answered*
tu donnas	tu finis	tu répondis
il (elle) donna	il (elle) finit	il (elle) répondit
nous donnâmes	nous finîmes	nous répondîmes
vous donnâtes	vous finîtes	vous répondîtes
ils (elles) donnèrent	ils (elles) finirent	ils (elles) répondirent

Être and avoir

Être	*Avoir*
je fus *I was*	j'eus *I had*
tu fus	tu eus
il (elle) fut	il (elle) eut
nous fûmes	nous eûmes
vous fûtes	vous eûtes
ils (elles) furent	ils (elles) eurent

(The **passé simple,** which is primarily used in writing, will be used here only for oral practice.)

VERBES RÉGULIERS
[-er, -ir, -re]

Infinitif Participes	Indicatif			
	Présent	*Imparfait*	*Passé composé*	*Futur*
parler	parle	parlais	ai parlé	parlerai
	parles	parlais	as parlé	parleras
	parle	parlait	a parlé	parlera
parlant	parlons	parlions	avons parlé	parlerons
parlé	parlez	parliez	avez parlé	parlerez
	parlent	parlaient	ont parlé	parleront
finir	finis	finissais	ai fini	finirai
	finis	finissais	as fini	finiras
	finit	finissait	a fini	finira
finissant	finissons	finissions	avons fini	finirons
fini	finissez	finissiez	avez fini	finirez
	finissent	finissaient	ont fini	finiront
perdre	perds	perdais	ai perdu	perdrai
	perds	perdais	as perdu	perdras
	perd	perdait	a perdu	perdra
perdant	perdons	perdions	avons perdu	perdrons
perdu	perdez	perdiez	avez perdu	perdrez
	perdent	perdaient	ont perdu	perdront

390

Conditionnel	Impératif	Subjonctif	Temps littéraires	
Présent		*Présent*	*Passé simple*	*Imparfait du Subjonctif*
parlerais		parle	parlai	parlasse
parlerais	parle	parles	parlas	parlasses
parlerait		parle	parla	parlât
parlerions	parlons	parlions	parlâmes	parlassions
parleriez	parlez	parliez	parlâtes	parlassiez
parleraient		parlent	parlèrent	parlassent
finirais		finisse	finis	finisse
finirais	finis	finisses	finis	finisses
finirait		finisse	finit	finît
finirions	finissons	finissions	finîmes	finissions
finiriez	finissez	finissiez	finîtes	finissiez
finiraient		finissent	finirent	finissent
perdrais		perde	perdis	perdisse
perdrais	perds	perdes	perdis	perdisses
perdrait		perde	perdit	perdît
perdrions	perdons	perdions	perdîmes	perdissions
perdriez	perdez	perdiez	perdîtes	perdissiez
perdraient		perdent	perdirent	perdissent

VERBES IRRÉGULIERS

Infinitif Participes	Indicatif				
	Présent	Imparfait	Passé composé		Futur
acheter	achète	achetais	ai	acheté	achèterai
	achètes	achetais	as	acheté	achèteras
	achète	achetait	a	acheté	achètera
achetant	achetons	achetions	avons	acheté	achèterons
acheté	achetez	achetiez	avez	acheté	achèterez
	achètent	achetaient	ont	acheté	achèteront
admettre (voir **mettre**)					
aller	vais	allais	suis	allé(e)	irai
	vas	allais	es	allé(e)	iras
	va	allait	est	allé(e)	ira
allant	allons	allions	sommes	allé(e)s	irons
allé	allez	alliez	êtes	allé(e)(s)	irez
	vont	allaient	sont	allé(e)s	iront
apparaître (voir **paraître**)					
appeler	appelle	appelais	ai	appelé	appellerai
	appelles	appelais	as	appelé	appelleras
	appelle	appelait	a	appelé	appellera
appelant	appelons	appelions	avons	appelé	appellerons
appelé	appelez	appeliez	avez	appelé	appellerez
	appellent	appelaient	ont	appelé	appelleront

392

Conditionnel	Impératif	Subjonctif	Temps littéraires	
Présent		*Présent*	*Passé simple*	*Imparfait du Subjonctif*
achèterais		achète	achetai	achetasse
achèterais	achète	achètes	achetas	achetasses
achèterait		achète	acheta	achetât
achèterions	achetons	achetions	achetâmes	achetassions
achèteriez	achetez	achetiez	achetâtes	achetassiez
achèteraient		achètent	achetèrent	achetassent
irais		aille	allai	allasse
irais	va	ailles	allas	allasses
irait		aille	alla	allât
irions	allons	allions	allâmes	allassions
iriez	allez	alliez	allâtes	allassiez
iraient		aillent	allèrent	allassent
appellerais		appelle	appelai	appelasse
appellerais	appelle	appelles	appelas	appelasses
appellerait		appelle	appela	appelât
appellerions	appelons	appelions	appelâmes	appelassions
appelleriez	appelez	appeliez	appelâtes	appelassiez
appelleraient		appellent	appelèrent	appelassent

Infinitif Participes	Indicatif			
	Présent	*Imparfait*	*Passé composé*	*Futur*
apprendre (voir **prendre**)				
s'asseoir	assieds	asseyais	suis assis(e)	assiérai
	assieds	asseyais	es assis(e)	assiéras
	assied	asseyait	est assis(e)	assiéra
asseyant	asseyons	asseyions	sommes assis(es)	assiérons
assis	asseyez	asseyiez	êtes assis(e)(s)	assiérez
	asseyent	asseyaient	sont assis(es)	assiéront
atteindre (voir **peindre**)				
avoir	ai	avais	ai eu	aurai
	as	avais	as eu	auras
	a	avait	a eu	aura
ayant	avons	avions	avons eu	aurons
eu	avez	aviez	avez eu	aurez
	ont	avaient	ont eu	auront
battre	bats	battais	ai battu	battrai
	bats	battais	as battu	battras
	bat	battait	a battu	battra
battant	battons	battions	avons battu	battrons
battu	battez	battiez	avez battu	battrez
	battent	battaient	ont battu	battront
boire	bois	buvais	ai bu	boirai
	bois	buvais	as bu	boiras
	boit	buvait	a bu	boira
buvant	buvons	buvions	avons bu	boirons
bu	buvez	buviez	avez bu	boirez
	boivent	buvaient	ont bu	boiront
commencer	commence	commençais	ai commencé	commencerai
	commences	commençais	as commencé	commenceras
	commence	commençait	a commencé	commencera
commençant	commençons	commencions	avons commencé	commencerons
commencé	commencez	commenciez	avez commencé	commencerez
	commencent	commençaient	ont commencé	commenceront

394

Conditionnel	Impératif	Subjonctif	Temps littéraires	
Présent		*Présent*	*Passé simple*	*Imparfait du Subjonctif*

assiérais		asseye	assis	assisse
assiérais	assieds-toi	asseyes	assis	assisses
assiérait		asseye	assit	assît
assiérions	asseyons-nous	asseyions	assîmes	assissions
assiériez	asseyez-vous	asseyiez	assîtes	assissiez
assiéraient		asseyent	assirent	assissent
aurais		aie	eus	eusse
aurais	aie	aies	eus	eusses
aurait		ait	eut	eût
aurions	ayons	ayons	eûmes	eussions
auriez	ayez	ayez	eûtes	eussiez
auraient		aient	eurent	eussent
battrais		batte	battis	battisse
battrais	bats	battes	battis	battisses
battrait		batte	battit	battît
battrions	battons	battions	battîmes	battissions
battriez	battez	battiez	battîtes	battissiez
battraient		battent	battirent	battissent
boirais		boive	bus	busse
boirais	bois	boives	bus	busses
boirait		boive	but	bût
boirions	buvons	buvions	bûmes	bussions
boiriez	buvez	buviez	bûtes	bussiez
boiraient		boivent	burent	bussent
commencerais		commence	commençai	commençasse
commencerais	commence	commences	commenças	commençasses
commencerait		commence	commença	commençât
commencerions	commençons	commencions	commençâmes	commençassions
commenceriez	commencez	commenciez	commençâtes	commençassiez
commenceraient		commencent	commencèrent	commençassent

Infinitif Participes	Indicatif			
	Présent	Imparfait	Passé composé	Futur
comprendre (voir **prendre**)				
conduire	conduis	conduisais	ai conduit	conduirai
	conduis	conduisais	as conduit	conduiras
	conduit	conduisait	a conduit	conduira
conduisant	conduisons	conduisions	avons conduit	conduirons
conduit	conduisez	conduisiez	avez conduit	conduirez
	conduisent	conduisaient	ont conduit	conduiront
connaître	connais	connaissais	ai connu	connaîtrai
	connais	connaissais	as connu	connaîtras
	connaît	connaissait	a connu	connaîtra
connaissant	connaissons	connaissions	avons connu	connaîtrons
connu	connaissez	connaissiez	avez connu	connaîtrez
	connaissent	connaissaient	ont connu	connaîtront
comprendre (voir **prendre**)				
construire (voir **conduire**)				
courir	cours	courais	ai couru	courrai
	cours	courais	as couru	courras
	court	courait	a couru	courra
courant	courons	courions	avons couru	courrons
couru	courez	couriez	avez couru	courrez
	courent	couraient	ont couru	courront
couvrir (voir **ouvrir**)				
craindre	crains	craignais	ai craint	craindrai
	crains	craignais	as craint	craindras
	craint	craignait	a craint	craindra
craignant	craignons	craignions	avons craint	craindrons
craint	craignez	craigniez	avez craint	craindrez
	craignent	craignaient	ont craint	craindront
croire	crois	croyais	ai cru	croirai
	crois	croyais	as cru	croiras
	croit	croyait	a cru	croira
croyant	croyons	croyions	avons cru	croirons
cru	croyez	croyiez	avez cru	croirez
	croient	croyaient	ont cru	croiront

Conditionnel	Impératif	Subjonctif	Temps littéraires	
Présent		Présent	Passé simple	Imparfait du Subjonctif
conduirais		conduise	conduisis	conduisisse
conduirais	conduis	conduises	conduisis	conduisisses
conduirait		conduise	conduisit	conduisît
conduirions	conduisons	conduisions	conduisîmes	conduisissions
conduiriez	conduisez	conduisiez	conduisîtes	conduisissiez
conduiraient		conduisent	conduisirent	conduisissent
connaîtrais		connaisse	connus	connusse
connaîtrais	connais	connaisses	connus	connusses
connaîtrait		connaisse	connut	connût
connaîtrions	connaissons	connaissions	connûmes	connussions
connaîtriez	connaissez	connaissiez	connûtes	connussiez
connaîtraient		connaissent	connurent	connussent
courrais		coure	courus	courusse
courrais	cours	coures	courus	courusses
courrait		coure	courut	courût
courrions	courons	courions	courûmes	courussions
courriez	courez	couriez	courûtes	courussiez
courraient		courent	coururent	courussent
craindrais		craigne	craignis	craignisse
craindrais	crains	craignes	craignis	craignisses
craindrait		craigne	craignit	craignît
craindrions	craignons	craignions	craignîmes	craignissions
craindriez	craignez	craigniez	craignîtes	craignissiez
craindraient		craignent	craignirent	craignissent
croirais		croie	crus	crusse
croirais	crois	croies	crus	crusses
croirait		croie	crut	crût
croirions	croyons	croyions	crûmes	crussions
croiriez	croyez	croyiez	crûtes	crussiez
croiraient		croient	crurent	crussent

Infinitif Participes	Indicatif			
	Présent	*Imparfait*	*Passé composé*	*Futur*
décevoir (voir **voir**)				
découvrir (voir **ouvrir**)				
décrire (voir **écrire**)				
déplaire (voir **plaire**)				
détruire (voir **conduire**)				
devenir (voir **venir**)				
devoir	dois	devais	ai dû	devrai
	dois	devais	as dû	devras
	doit	devait	a dû	devra
devant	devons	devions	avons dû	devrons
dû, due	devez	deviez	avez dû	devrez
	doivent	devaient	ont dû	devront
dire	dis	disais	ai dit	dirai
	dis	disais	as dit	diras
	dit	disait	a dit	dira
disant	disons	disions	avons dit	dirons
dit	dites	disiez	avez dit	direz
	disent	disaient	ont dit	diront
disparaître (voir **paraître**)				
dormir	dors	dormais	ai dormi	dormirai
	dors	dormais	as dormi	dormiras
	dort	dormait	a dormi	dormira
dormant	dormons	dormions	avons dormi	dormirons
dormi	dormez	dormiez	avez dormi	dormirez
	dorment	dormaient	ont dormi	dormiront
écrire	écris	écrivais	ai écrit	écrirai
	écris	écrivais	as écrit	écriras
	écrit	écrivait	a écrit	écrira
écrivant	écrivons	écrivions	avons écrit	écrirons
écrit	écrivez	écriviez	avez écrit	écrirez
	écrivent	écrivaient	ont écrit	écriront

398

Conditionnel	Impératif	Subjonctif	Temps littéraires	
Présent		Présent	Passé simple	Imparfait du Subjonctif
devrais		doive	dus	dusse
devrais	dois	doives	dus	dusses
devrait		doive	dut	dût
devrions	devons	devions	dûmes	dussions
devriez	devez	deviez	dûtes	dussiez
devraient		doivent	durent	dussent
dirais		dise	dis	disse
dirais	dis	dises	dis	disses
dirait		dise	dit	dît
dirions	disons	disions	dîmes	dissions
diriez	dites	disiez	dîtes	dissiez
diraient		disent	dirent	dissent
dormirais		dorme	dormis	dormisse
dormirais	dors	dormes	dormis	dormisses
dormirait		dorme	dormit	dormît
dormirions	dormons	dormions	dormîmes	dormissions
dormiriez	dormez	dormiez	dormîtes	dormissiez
dormiraient		dorment	dormirent	dormissent
écrirais		écrive	écrivis	écrivisse
écrirais	écris	écrives	écrivis	écrivisses
écrirait		écrive	écrivit	écrivît
écririons	écrivons	écrivions	écrivîmes	écrivissions
écririez	écrivez	écriviez	écrivîtes	écrivissiez
écriraient		écrivent	écrivirent	écrivissent

399

Infinitif Participes	Indicatif			
	Présent	Imparfait	Passé composé	Futur
s'endormir (voir **dormir**)				
entretenir (voir **tenir**)				
envoyer	envoie	envoyais	ai envoyé	enverrai
	envoies	envoyais	as envoyé	enverras
	envoie	envoyait	a envoyé	enverra
envoyant	envoyons	envoyions	avons envoyé	enverrons
envoyé	envoyez	envoyiez	avez envoyé	enverrez
	envoient	envoyaient	ont envoyé	enverront
éteindre (voir **peindre**)				
être	suis	étais	ai été	serai
	es	étais	as été	seras
	est	était	a été	sera
étant	sommes	étions	avons été	serons
été	êtes	étiez	avez été	serez
	sont	étaient	ont été	seront
faire	fais	faisais	ai fait	ferai
	fais	faisais	as fait	feras
	fait	faisait	a fait	fera
faisant	faisons	faisions	avons fait	ferons
fait	faites	faisiez	avez fait	ferez
	font	faisaient	ont fait	feront
falloir	il faut	il fallait	il a fallu	il faudra
fallu				
s'inscrire (voir **écrire**)				
joindre	joins	joignais	ai joint	joindrai
	joins	joignais	as joint	joindras
	joint	joignait	a joint	joindra
joignant	joignons	joignions	avons joint	joindrons
joint	joignez	joigniez	avez joint	joindrez
	joignent	joignaient	ont joint	joindront

400

Conditionnel	Impératif	Subjonctif		Temps littéraires	
Présent		Présent		Passé simple	Imparfait du Subjonctif
enverrais		envoie		envoyai	envoyasse
enverrais	envoie	envoies		envoyas	envoyasses
enverrait		envoie		envoya	envoyât
enverrions	envoyons	envoyions		envoyâmes	envoyassions
enverriez	envoyez	envoyiez		envoyâtes	envoyassiez
enverraient		envoient		envoyèrent	envoyassent
serais		sois		fus	fusse
serais	sois	sois		fus	fusses
serait		soit		fut	fût
serions	soyons	soyons		fûmes	fussions
seriez	soyez	soyez		fûtes	fussiez
seraient		soient		furent	fussent
ferais		fasse		fis	fisse
ferais	fais	fasses		fis	fisses
ferait		fasse		fit	fît
ferions	faisons	fassions		fîmes	fissions
feriez	faites	fassiez		fîtes	fissiez
feraient		fassent		firent	fissent
il faudrait		il faille		il fallut	il fallût
joindrais		joigne		joignis	joignisse
joindrais	joins	joignes		joignis	joignisses
joindrait		joigne		joignit	joignît
joindrions	joignons	joignions		joignîmes	joignissions
joindriez	joignez	joigniez		joignîtes	joignissiez
joindraient		joignent		joignirent	joignissent

Infinitif Participes	Indicatif			
	Présent	Imparfait	Passé composé	Futur
lire	lis	lisais	ai lu	lirai
	lis	lisais	as lu	liras
	lit	lisait	a lu	lira
lisant	lisons	lisions	avons lu	lirons
lu	lisez	lisiez	avez lu	lirez
	lisent	lisaient	ont lu	liront
manger	mange	mangeais	ai mangé	mangerai
	manges	mangeais	as mangé	mangeras
	mange	mangeait	a mangé	mangera
mangeant	mangeons	mangions	avons mangé	mangerons
mangé	mangez	mangiez	avez mangé	mangerez
	mangent	mangeaient	ont mangé	mangeront
mentir	mens	mentais	ai menti	mentirai
	mens	mentais	as menti	mentiras
	ment	mentait	a menti	mentira
mentant	mentons	mentions	avons menti	mentirons
menti	mentez	mentiez	avez menti	mentirez
	mentent	mentaient	ont menti	mentiront
mettre	mets	mettais	ai mis	mettrai
	mets	mettais	as mis	mettras
	met	mettait	a mis	mettra
mettant	mettons	mettions	avons mis	mettrons
mis	mettez	mettiez	avez mis	mettrez
	mettent	mettaient	ont mis	mettront
mourir	meurs	mourais	suis mort(e)	mourrai
	meurs	mourais	es mort(e)	mourras
	meurt	mourait	est mort(e)	mourra
mourant	mourons	mourions	sommes mort(e)s	mourrons
mort	mourez	mouriez	êtes mort(e)(s)	mourrez
	meurent	mouraient	sont mort(e)s	mourront
naître	nais	naissais	suis né(e)	naîtrai
	nais	naissais	es né(e)	naîtras
	naît	naissait	est né(e)	naîtra
naissant	naissons	naissions	sommes né(e)s	naîtrons
né	naissez	naissiez	êtes né(e)(s)	naîtrez
	naissent	naissaient	sont né(e)s	naîtront

402

Conditionnel	Impératif	Subjonctif	Temps littéraires	
Présent		**Présent**	**Passé simple**	**Imparfait du Subjonctif**
lirais		lise	lus	lusse
lirais	lis	lises	lus	lusses
lirait		lise	lut	lût
lirions	lisons	lisions	lûmes	lussions
liriez	lisez	lisiez	lûtes	lussiez
liraient		lisent	lurent	lussent
mangerais		mange	mangeai	mangeasse
mangerais	mange	manges	mangeas	mangeasses
mangerait		mange	mangea	mangeât
mangerions	mangeons	mangions	mangeâmes	mangeassions
mangeriez	mangez	mangiez	mangeâtes	mangeassiez
mangeraient		mangent	mangèrent	mangeassent
mentirais		mente	mentis	mentisse
mentirais	mens	mentes	mentis	mentisses
mentirait		mente	mentit	mentît
mentirions	mentons	mentions	mentîmes	mentissions
mentiriez	mentez	mentiez	mentîtes	mentissiez
mentiraient		mentent	mentirent	mentissent
mettrais		mette	mis	misse
mettrais	mets	mettes	mis	misses
mettrait		mette	mit	mît
mettrions	mettons	mettions	mîmes	missions
mettriez	mettez	mettiez	mîtes	missiez
mettraient		mettent	mirent	missent
mourrais		meure	mourus	mourusse
mourrais	meurs	meures	mourus	mourusses
mourrait		meure	mourut	mourût
mourrions	mourons	mourions	mourûmes	mourussions
mourriez	mourez	mouriez	mourûtes	mourussiez
mourraient		meurent	moururent	mourussent
naîtrais		naisse	naquis	naquisse
naîtrais	nais	naisses	naquis	naquisses
naîtrait		naisse	naquit	naquît
naîtrions	naissons	naissions	naquîmes	naquissions
naîtriez	naissez	naissiez	naquîtes	naquissiez
naîtraient		naissent	naquirent	naquissent

403

Infinitif Participes	Indicatif			
	Présent	*Imparfait*	*Passé composé*	*Futur*
offrir	offre	offrais	ai offert	offrirai
	offres	offrais	as offert	offriras
	offre	offrait	a offert	offrira
offrant	offrons	offrions	avons offert	offrirons
offert	offrez	offriez	avez offert	offrirez
	offrent	offraient	ont offert	offriront
ouvrir	ouvre	ouvrais	ai ouvert	ouvrirai
	ouvres	ouvrais	as ouvert	ouvriras
	ouvre	ouvrait	a ouvert	ouvrira
ouvrant	ouvrons	ouvrions	avons ouvert	ouvrirons
ouvert	ouvrez	ouvriez	avez ouvert	ouvrirez
	ouvrent	ouvraient	ont ouvert	ouvriront
paraître	parais	paraissais	ai paru	paraîtrai
	parais	paraissais	as paru	paraîtras
	paraît	paraissait	a paru	paraîtra
paraissant	paraissons	paraissions	avons paru	paraîtrons
paru	paraissez	paraissiez	avez paru	paraîtrez
	paraissent	paraissaient	ont paru	paraîtront
partir	pars	partais	suis parti(e)	partirai
	pars	partais	es parti(e)	partiras
	part	partait	est parti(e)	partira
partant	partons	partions	sommes parti(e)s	partirons
parti	partez	partiez	êtes parti(e)(s)	partirez
	partent	partaient	sont parti(e)s	partiront
payer	paie	payais	ai payé	paierai
	paies	payais	as payé	paieras
	paie	payait	a payé	paiera
payant	payons	payions	avons payé	paierons
payé	payez	payiez	avez payé	paierez
	paient	payaient	ont payé	paieront
peindre	peins	peignais	ai peint	peindrai
	peins	peignais	as peint	peindras
	peint	peignait	a peint	peindra
peignant	peignons	peignions	avons peint	peindrons
peint	peignez	peigniez	avez peint	peindrez
	peignent	peignaient	ont peint	peindront

404

Conditionnel	Impératif	Subjonctif	Temps littéraires	
Présent		*Présent*	*Passé simple*	*Imparfait du Subjonctif*
offrirais		offre	offris	offrisse
offrirais	offre	offres	offris	offrisses
offrirait		offre	offrit	offrît
offririons	offrons	offrions	offrîmes	offrissions
offririez	offrez	offriez	offrîtes	offrissiez
offriraient		offrent	offrirent	offrissent
ouvrirais		ouvre	ouvris	ouvrisse
ouvrirais	ouvre	ouvres	ouvris	ouvrisses
ouvrirait		ouvre	ouvrit	ouvrît
ouvririons	ouvrons	ouvrions	ouvrîmes	ouvrissions
ouvririez	ouvrez	ouvriez	ouvrîtes	ouvrissiez
ouvriraient		ouvrent	ouvrirent	ouvrissent
paraîtrais		paraisse	parus	parusse
paraîtrais	parais	paraisses	parus	parusses
paraîtrait		paraisse	parut	parût
paraîtrions	paraissons	paraissions	parûmes	parussions
paraîtriez	paraissez	paraissiez	parûtes	parussiez
paraîtraient		paraissent	parurent	parussent
partirais		parte	partis	partisse
partirais	pars	partes	partis	partisses
partirait		parte	partit	partît
partirions	partons	partions	partîmes	partissions
partiriez	partez	partiez	partîtes	partissiez
partiraient		partent	partirent	partissent
paierais		paie	payai	payasse
paierais	paie	paies	payas	payasses
paierait		paie	paya	payât
paierions	payons	payions	payâmes	payassions
paieriez	payez	payiez	payâtes	payassiez
paieraient		paient	payèrent	payassent
peindrais		peigne	peignis	peignisse
peindrais	peins	peignes	peignis	peignisses
peindrait		peigne	peignit	peignît
peindrions	peignons	peignions	peignîmes	peignissions
peindriez	peignez	peigniez	peignîtes	peignissiez
peindraient		peignent	peignirent	peignissent

405

Infinitif Participes	Indicatif			
	Présent	*Imparfait*	*Passé composé*	*Futur*

permettre
(voir **mettre**)

plaindre
(voir **craindre**)

plaire	plais	plaisais	ai	plu	plairai
	plais	plaisais	as	plu	plairas
	plaît	plaisait	a	plu	plaira
plaisant	plaisons	plaisions	avons	plu	plairons
plu	plaisez	plaisiez	avez	plu	plairez
	plaisent	plaisaient	ont	plu	plairont

pleuvoir	il pleut	il pleuvait	il a	plu	il pleuvra
pleuvant					
plu					

pouvoir	peux, puis	pouvais	ai	pu	pourrai
	peux	pouvais	as	pu	pourras
	peut	pouvait	a	pu	pourra
pouvant	pouvons	pouvions	avons	pu	pourrons
pu	pouvez	pouviez	avez	pu	pourrez
	peuvent	pouvaient	ont	pu	pourront

préférer	préfère	préférais	ai	préféré	préférerai
	préfères	préférais	as	préféré	préféreras
	préfère	préférait	a	préféré	préférera
préférant	préférons	préférions	avons	préféré	préférerons
préféré	préférez	préfériez	avez	préféré	préférerez
	préfèrent	préféraient	ont	préféré	préféreront

prendre	prends	prenais	ai	pris	prendrai
	prends	prenais	as	pris	prendras
	prend	prenait	a	pris	prendra
prenant	prenons	prenions	avons	pris	prendrons
pris	prenez	preniez	avez	pris	prendrez
	prennent	prenaient	ont	pris	prendront

prévoir
(voir **voir**)

produire
(voir **conduire**)

promettre
(voir **mettre**)

Conditionnel	Impératif	Subjonctif	Temps littéraires	
Présent		*Présent*	*Passé simple*	*Imparfait du Subjonctif*

plairais		plaise	plus	plusse
plairais	plais	plaises	plus	plusses
plairait		plaise	plut	plût
plairions	plaisons	plaisions	plûmes	plussions
plairiez	plaisez	plaisiez	plûtes	plussiez
plairaient		plaisent	plurent	plussent
il pleuvrait		il pleuve	il plut	il plût

pourrais		puisse	pus	pusse
pourrais		puisses	pus	pusses
pourrait		puisse	put	pût
pourrions		puissions	pûmes	pussions
pourriez		puissiez	pûtes	pussiez
pourraient		puissent	purent	pussent
préférerais		préfère	préférai	préférasse
préférerais	préfère	préfères	préféras	préférasses
préférerait		préfère	préféra	préférât
préférerions	préférons	préférions	préférâmes	préférassions
préféreriez	préférez	préfériez	préférâtes	préférassiez
préféreraient		préfèrent	préférèrent	préférassent
prendrais		prenne	pris	prisse
prendrais	prends	prennes	pris	prisses
prendrait		prenne	prit	prît
prendrions	prenons	prenions	prîmes	prissions
prendriez	prenez	preniez	prîtes	prissiez
prendraient		prennent	prirent	prissent

Infinitif Participes	Indicatif			
	Présent	Imparfait	Passé composé	Futur
recevoir	reçois	recevais	ai reçu	recevrai
	reçois	recevais	as reçu	recevras
	reçoit	recevait	a reçu	recevra
recevant	recevons	recevions	avons reçu	recevrons
reçu	recevez	receviez	avez reçu	recevrez
	reçoivent	recevaient	ont reçu	recevront
reconnaître (voir **connaître**)				
rejoindre (voir **joindre**)				
repeindre (voir **peindre**)				
retenir (voir **tenir**)				
revenir (voir **venir**)				
revoir (voir **voir**)				
rire	ris	riais	ai ri	rirai
	ris	riais	as ri	riras
	rit	riait	a ri	rira
riant	rions	riions	avons ri	rirons
ri	riez	riiez	avez ri	rirez
	rient	riaient	ont ri	riront
savoir	sais	savais	ai su	saurai
	sais	savais	as su	sauras
	sait	savait	a su	saura
sachant	savons	savions	avons su	saurons
su	savez	saviez	avez su	saurez
	savent	savaient	ont su	sauront
sentir	sens	sentais	ai senti	sentirai
	sens	sentais	as senti	sentiras
	sent	sentait	a senti	sentira
sentant	sentons	sentions	avons senti	sentirons
senti	sentez	sentiez	avez senti	sentirez
	sentent	sentaient	ont senti	sentiront

Conditionnel	Impératif	Subjonctif	Temps littéraires	
Présent		**Présent**	**Passé simple**	**Imparfait du Subjonctif**
recevrais		reçoive	reçus	reçusse
recevrais	reçois	reçoives	reçus	reçusses
recevrait		reçoive	reçut	reçût
recevrions	recevons	recevions	reçûmes	reçussions
recevriez	recevez	receviez	reçûtes	reçussiez
recevraient		reçoivent	reçurent	reçussent

rirais		rie	ris	risse
rirais	ris	ries	ris	risses
rirait		rie	rit	rît
ririons	rions	riions	rîmes	rissions
ririez	riez	riiez	rîtes	rissiez
riraient		rient	rirent	rissent
saurais		sache	sus	susse
saurais	sache	saches	sus	susses
saurait		sache	sut	sût
saurions	sachons	sachions	sûmes	sussions
sauriez	sachez	sachiez	sûtes	sussiez
sauraient		sachent	surent	sussent
sentirais		sente	sentis	sentisse
sentirais	sens	sentes	sentis	sentisses
sentirait		sente	sentit	sentît
sentirions	sentons	sentions	sentîmes	sentissions
sentiriez	sentez	sentiez	sentîtes	sentissiez
sentiraient		sentent	sentirent	sentissent

409

Infinitif Participes	Indicatif			
	Présent	*Imparfait*	*Passé composé*	*Futur*
servir	sers	servais	ai servi	servirai
	sers	servais	as servi	serviras
	sert	servait	a servi	servira
servant	servons	servions	avons servi	servirons
servi	servez	serviez	avez servi	servirez
	servent	servaient	ont servi	serviront
sortir	sors	sortais	suis sorti(e)	sortirai
	sors	sortais	es sorti(e)	sortiras
	sort	sortait	est sorti(e)	sortira
sortant	sortons	sortions	sommes sorti(e)s	sortirons
sorti	sortez	sortiez	êtes sorti(e)(s)	sortirez
	sortent	sortaient	sont sorti(e)s	sortiront
souffrir (voir **offrir**)				
sourire (voir **rire**)				
se souvenir (voir **venir**)				
suivre	suis	suivais	ai suivi	suivrai
	suis	suivais	as suivi	suivras
	suit	suivait	a suivi	suivra
suivant	suivons	suivions	avons suivi	suivrons
suivi	suivez	suiviez	avez suivi	suivrez
	suivent	suivaient	ont suivi	suivront
surprendre (voir **prendre**)				
se taire	tais	taisais	suis tu(e)	tairai
	tais	taisais	es tu(e)	tairas
	tait	taisait	est tu(e)	taira
taisant	taisons	taisions	sommes tu(e)s	tairons
tu	taisez	taisiez	êtes tu(e)(s)	tairez
	taisent	taisaient	sont tu(e)s	tairont
tenir	tiens	tenais	ai tenu	tiendrai
	tiens	tenais	as tenu	tiendras
	tient	tenait	a tenu	tiendra
tenant	tenons	tenions	avons tenu	tiendrons
tenu	tenez	teniez	avez tenu	tiendrez
	tiennent	tenaient	ont tenu	tiendront

410

Conditionnel	Impératif	Subjonctif	Temps littéraires	
Présent		*Présent*	*Passé simple*	*Imparfait du Subjonctif*
servirais		serve	servis	servisse
servirais	sers	serves	servis	servisses
servirait		serve	servit	servît
servirions	servons	servions	servîmes	servissions
serviriez	servez	serviez	servîtes	servissiez
serviraient		servent	servirent	servissent
sortirais		sorte	sortis	sortisse
sortirais	sors	sortes	sortis	sortisses
sortirait		sorte	sortit	sortît
sortirions	sortons	sortions	sortîmes	sortissions
sortiriez	sortez	sortiez	sortîtes	sortissiez
sortiraient		sortent	sortirent	sortissent
suivrais		suive	suivis	suivisse
suivrais	suis	suives	suivis	suivisses
suivrait		suive	suivit	suivît
suivrions	suivons	suivions	suivîmes	suivissions
suivriez	suivez	suiviez	suivîtes	suivissiez
suivraient		suivent	suivirent	suivissent
tairais		taise	tus	tusse
tairais	tais	taises	tus	tusses
tairait		taise	tut	tût
tairions	taisons	taisions	tûmes	tussions
tairiez	taisez	taisiez	tûtes	tussiez
tairaient		taisent	turent	tussent
tiendrais		tienne	tins	tinsse
tiendrais	tiens	tiennes	tins	tinsses
tiendrait		tienne	tint	tînt
tiendrions	tenons	tenions	tînmes	tinssions
tiendriez	tenez	teniez	tîntes	tinssiez
tiendraient		tiennent	tinrent	tinssent

Infinitif Participes	Indicatif			
	Présent	*Imparfait*	*Passé composé*	*Futur*
traduire (voir **conduire**)				
valoir	vaux	valais	ai valu	vaudrai
	vaux	valais	as valu	vaudras
	vaut	valait	a valu	vaudra
valant	valons	valions	avons valu	vaudrons
valu	valez	valiez	avez valu	vaudrez
	valent	valaient	ont valu	vaudront
venir	viens	venais	suis venu(e)	viendrai
	viens	venais	es venu(e)	viendras
	vient	venait	est venu(e)	viendra
venant	venons	venions	sommes venu(e)s	viendrons
venu	venez	veniez	êtes venu(e)(s)	viendrez
	viennent	venaient	sont venu(e)s	viendront
vivre	vis	vivais	ai vécu	vivrai
	vis	vivais	as vécu	vivras
	vit	vivait	a vécu	vivra
vivant	vivons	vivions	avons vécu	vivrons
vécu	vivez	viviez	avez vécu	vivrez
	vivent	vivaient	ont vécu	vivront
voir	vois	voyais	ai vu	verrai
	vois	voyais	as vu	verras
	voit	voyait	a vu	verra
voyant	voyons	voyions	avons vu	verrons
vu	voyez	voyiez	avez vu	verrez
	voient	voyaient	ont vu	verront
vouloir	veux	voulais	ai voulu	voudrai
	veux	voulais	as voulu	voudras
	veut	voulait	a voulu	voudra
voulant	voulons	voulions	avons voulu	voudrons
voulu	voulez	vouliez	avez voulu	voudrez
	veulent	voulaient	ont voulu	voudront

Conditionnel	Impératif	Subjonctif	Temps littéraires	
Présent		**Présent**	**Passé simple**	**Imparfait du Subjonctif**
vaudrais		vaille	valus	valusse
vaudrais	vaux	vailles	valus	valusses
vaudrait		vaille	valut	valût
vaudrions	valons	valions	valûmes	valussions
vaudriez	valez	valiez	valûtes	valussiez
vaudraient		vaillent	valurent	valussent
viendrais		vienne	vins	vinsse
viendrais	viens	viennes	vins	vinsses
viendrait		vienne	vint	vînt
viendrions	venons	venions	vînmes	vinssions
viendriez	venez	veniez	vîntes	vinssiez
viendraient		viennent	vinrent	vinssent
vivrais		vive	vécus	vécusse
vivrais	vis	vives	vécus	vécusses
vivrait		vive	vécut	vécût
vivrions	vivons	vivions	vécûmes	vécussions
vivriez	vivez	viviez	vécûtes	vécussiez
vivraient		vivent	vécurent	vécussent
verrais		voie	vis	visse
verrais	vois	voies	vis	visses
verrait		voie	vit	vît
verrions	voyons	voyions	vîmes	vissions
verriez	voyez	voyiez	vîtes	vissiez
verraient		voient	virent	vissent
voudrais		veuille	voulus	voulusse
voudrais	veuille	veuilles	voulus	voulusses
voudrait		veuille	voulut	voulût
voudrions	veuillons	voulions	voulûmes	voulussions
voudriez	veuillez	vouliez	voulûtes	voulussiez
voudraient		veuillent	voulurent	voulussent

413

LEXIQUES

Abbréviations

adj	adjective	*neg*	negative
adv	adverb	*obj pron*	object pronoun
art	article	*pers pron*	personal pronoun
dem adj	demonstrative adjective	*pl*	plural
disj pron	disjunctive pronoun	*poss pron*	possessive pronoun
f	feminine	*prep*	preposition
fam	familiar	*pron*	pronoun
inf	infinitive	*qq ch*	quelque chose
interrog adj	interrogative adjective	*qqn*	quelqu'un
inv	invariable	*rel pron*	relative pronoun
m	masculine	*subj pron*	subject pronoun
n	noun		

NOTE: Active vocabulary is indicated parenthetically by the number of the chapter in which it is first listed or explained. C–indicates Conversation chapter, G–Grammar unit and L–Lecture.

A

a at, to, into, by (*C2*); **à peu près** about, nearly (*C18*)

abord: d'abord first (*C15*)

absent(e) absent (*G24*)

absolument absolutely (*G14*)

absurde absurd (*G20*)

accent *m* accent (*C14*)

accepter to accept (*G18*)

acceuillir to welcome (*C30*)

accident *m* accident (*C27*)

accompagner to accompany (*G25*)

accord: d'accord (d'ac) OK, I agree, sure (*C6*); **être d'accord avec** to agree with (*C14*)

achat *m* purchase (*C20*); **faire des achats** to go shopping (*C20*)

acheter to buy (*G3*)

acteur *m* actor (*C10*)

actif (active) active (*G7*)

activité *f* activity (*C32*)

actrice *f* actress (*C10*)

actuel(le) present (*C25*); **à l'heure actuelle** nowadays, at the present time (*C25*)

actuellement now, presently (*C27*)

addition *f* check, bill (*C6*)

adieu farewell; goodbye (*C7*)

admirer to admire (*G26*)

adresse *f* address (*C5*)

adroit(e) skillful, clever (*G7*)

aéroport *m* airport (*C3*)

affaire *f* matter; business; case (*C15*); **une bonne affaire** bargain (*C15*); **faire de bonnes affaires** to get bargains (*C15*)

affaires *f pl* things (*G17*)

affreux (affreuse) horrible, dreadful (*C27*)

agaçant(e) irritating (*C29*)

agacer to irritate, annoy (*G21*)

âge *m* age (*C5*); **quel âge avez-vous?** how old are you? (*C5*)

agent *m* agent; **agent de change** *m* investment broker (*C14*); **agent de police** *m* police officer (*C3*)

agir: s'agir de to be about, be a question of; **de quoi s'agit-il?** what is it about? (*C28*)

agréable pleasant, nice (*G7*)

agriculteur *m* farmer (*C14*)

aide *f* help, aid (*C25*)

aider to help (*C23*)

aie! aye! ouch! (*C23*)

aimable kind, nice (*G7*)

aimer to like, love (*C6*); **aimer mieux** to prefer (*G24*)

air *m* air (*C32*); **avoir l'air** to look, seem (*C15*)

album *m* album (*C21*)

allemand(e) German (*C5*)

aller to go; to feel (health) (*C3*); **s'en aller** to leave (*G22*); **aller (à ravir)** to suit, fit (very well); **ça te va?** is this OK with you? (*C15*); **comment allez-vous?** *formal;* **comment ça va?** *fam* how are you? (*C1; C4*); **allons-y** let's go (*C6*); **aller-retour** round trip (*C18*)

alors then, well, so (*C6*); **ça alors!** (expression of surprise) (*C18*)

Alpes *f pl* the Alps (*C21*)

amener *qqn* to bring someone (*C32*)

américain(e) American (*C5*)

Amérique *f* America (*C9*)

ami *m,* **amie** *f* friend (*C12*); **le petit ami** *m* boyfriend (*C12*); **la petite amie** *f* girlfriend (*C12*)

amusant(e) amusing, funny (*C21*)

amuser: s'amuser to have a good time, have fun (*G12*)

an *m* year (*C5*); **jour de l'an** *New Year's Day* (*C24*); **veille du jour de l'an** *f* New Year's Eve (*C24*); **avoir (vingt) ans** to be (twenty) years old (*C5*)

ancien (ancienne) old, former, past (*C14*)

anglais *m* English (language) (*C1*)

Angleterre *f* England (*C14*)

animal *m* animal (*G16*)

année *f* year (emphasis on duration) (*C7*)

anniversaire *m* birthday (*G5*)

annoncer to announce (*C10*)

anorak *m* ski jacket (*C15*)

août August (*C7*)

apercevoir to catch a glimpse of, see (*C30*)

appareil-photo *m* camera (*G17*)

apparence *f* appearance (*C10*)

appartement *m* apartment (*C16*)

appartenir à to belong to (*C25*)

appeler to call (*C19*); **s'appeler** to be called, named (*C5*); **comment vous appelez-vous?** *Formal;* **comment t'appelles-tu?** *fam* what's your name? (*C5*)

appendicite *f* appendicitis (*C22*)

apporter to bring (*C6*)

apprécier to appreciate (*G24*)

apprendre to learn (*C21*)

s'approcher de to come close to (*C20*)

après after (*C4*); **après-midi** *m/f* afternoon (*C4*); **de l'après-midi** P.M. (in the afternoon) (*C4*)

arbre *m* tree (*G6*)

architecte *m/f* architect (*C5*)

argent *m* money (*G13*)

417

armoire f wardrobe (C16)

arrêt m stop (C20)

arrêter to stop (C23); **s'arrêter** to stop (oneself) (C18)

arrivée f arrival (C9)

arriver to arrive (C4); to happen (G19); **qu'est-ce qui arrive?** what's happening? (C24)

arrondissement m administrative subdivision in large French cities (C16)

arroser to water (C31)

art m art (C9); **beaux-arts** m pl fine arts (C19)

article m article (G23)

aspirine m aspirin (C22)

asseoir to sit down (G14)

assez fairly; enough (C4); **en avoir assez** to be fed up, have enough (C25)

assiette f plate (C30)

assister à to attend (C10)

assurer to assure (C26)

atteindre to reach; attain (G23)

attendre to wait for (G9); to expect (C30)

attention f attention (G14); **faire attention** to pay attention (G14)

attraper to catch (G12)

au/à l'/à la, pl **aux** at the, to the, in the (C3)

au juste exactly (C14)

aujourd'hui today (C7)

auquel/à laquelle, pl **auxquels/ auxquelles)'** at/to which/whom (G19, G20)

aussi also, too (C6); **aussi . . . que** as . . . as (C12)

autobus m bus (C4); **en autobus** by bus **autocar (car)** m tourist/ intercity bus (G5)

automne m fall, autum (C12); **en automne** in the fall/autumn

automobile (l'auto) f car, automobile (G6)

autre other (C13); **ni l'un ni l'autre** neither one nor the other (G26); **d'autre part** on the other hand (C31)

en avance early, ahead of time (G5)

avant before (G13); **(la nuit) d'avant** (the night) before (G18); **avant de** + inf before (G6); **avant que** + subj before (G24)

avec with (C3)

aventurier m **aventurière** f adventurer (C25)

avenue f avenue (C5)

avion m airplane (G5)

avis m opinion (G7)

à ton/votre avis m in your opinion (G7)

avocat m, **avocate** f lawyer (C5)

avoir to have (C3, C5); **avoir (vingt) ans** to be (twenty) years old (C5); **en avoir assez** to be fed up, have enough (C25); **avoir besoin de** to need (C13); **avoir bonne/mauvaise mine** to look well/ill (C22); **avoir chaud** to be warm (C11); **avoir confiance en** to trust, have confidence in (C11); **avoir envie de** to want, feel like (G15); **avoir faim** to be hungry (C6); **avoir froid** to be cold (C11); **avoir l'air** to look, seem (C15); **avoir l'habitude de** to be used to (C10); **avoir lieu** to take place (C26); **avoir mal** to ache, be sore (C22); **avoir mal à (la gorge)** to have a sore (throat); **avoir mal à la tête** to have a headache (C22); **en avoir marre** fam to be fed up (C25); **avoir peur** to be afraid (C11); **avoir raison** to be right (C11); **avoir soif** to be thirsty (C11); **avoir tort** to be wrong (G11); **qu'est-ce que tu as?** what's the matter? (C22)

avril April (C7)

B

bagarre f fight, brawl (C27)

bain m bath; **salle de bains** f bathroom (C16); **prendre un bain de soleil** to sunbathe (C12)

bal m dance, ball (G16)

banane f banana (G2)

banque f bank (C14)

banquier m banker (C14)

bar m bar (G12)

base-ball m baseball (C12)

basket-ball m basketball (G16)

bateau m boat (C25)

bâtiment m building (C31)

bavardage m gossip, chatter (C10)

bavarder to chat (C13)

beau (bel)/belle, pl **beaux/belles** beautiful (C10); **il fait beau** it's nice out (C11)

beaucoup much, very much, a lot (C1)

beauté f beauty (C13); **produit de beauté** m beauty product (C13)

beaux-arts m pl fine arts (C19)

besoin m need (C13); **avoir besoin de** to need (C13)

bête dumb, stupid (C21)

beurre m butter (G11)

bibliothèque f library (C10)

bicyclette f bicycle, bike (C4); **à bicyclette** by bicycle

bien adv well, fine, OK, good (C1); adj rather (C15); **faire du bien** to do some good (C15); **bien que** conj although (C31); **bien sûr!** of course! (C9); **bien?** well? so? (C10)

bientôt soon (C7); **à bientôt** see you soon

bière f beer (C6)

bifteck frites m steak and french fries (C6)

billet m bill (money) (C8); ticket (G5)

blanc (blanche) white (C6)

blessé(e) hurt, injured (C27)

bleu(e) blue (C10)

blond(e) blond (C10)

blue-jean m blue jeans (C15)

bœuf m beef (C13)

boire to drink (C22)

bois m wood, woods (C14)

bon (bonne) good (C1); **bon marché** low priced, cheap (C15); **de bonne heure** early (G12)

bonbon m candy (G14)

bondé(e) crowded (C24)

bonjour hello, good morning, good afternoon (C1)

bord m edge (C19); **bord de la mer** m seashore

boucher m, **bouchère** f butcher (C13)

boucherie f butcher's shop (C13)

boulanger m, **boulangère** f baker (C13)

boulangerie f bakery (C13)

boum (argot) f party (C10)

bouquiniste m/f secondhand book dealer (G26)

bout: un petit bout m a little bit (C20)

boutique f boutique, shop (G21)

bras m arm (C22)

Bretagne *f* Brittany (C24)

breton (bretonne) from Brittany (G7)

bridge *m* bridge (card game) (C14)

bronchite *f* bronchitis (C22)

se brosser (les cheveux/les dents) to brush (one's hair/one's teeth) (G12)

bruit *m* noise (C16)

brun(e) dark-haired; brown (C10)

buffet *m* sandwich counter, lunchroom (C18); sideboard (D30)

bureau *m* office (G13); desk (C16); **bureau de poste** *m* **(la poste)** post office (C2); **bureau de tabac** *m* tobacco shop (C2)

C

cadeau *m* present (C17)

café *m* café (C2); coffee (C6); **café au lait** hot milk with coffee (C6); **café crème** coffee with creme (C6); **café noir** black coffee (C6)

cahier *m* notebook, workbook (G6)

calmer to calm down (G14)

camarade *m/f* classmate, partner (C2, C4); **camarade de chambre** roommate (C16)

caméra *f* movie camera (G19)

camion *m* truck (C27)

campagne *f* country, countryside (C12)

canadien(ne) Canadian (C5)

cancer *m* cancer (G23)

cantine *f* cafeteria (G11; C4)

car because (G18)

carte *f* card (C5); map (C19); menu (C6); **carte d'identité** *f* ID card (C5); **carte de travail** *f* worker's ID card (C5); **carte postale** *f* postcard (C18)

cas *m* case (C22); **en tout cas** in any case (C22)

casser to break (G19); **se casser** to break (+ *part of body*) (C22)

cassette *f* cassette (G18)

cassoulet *m* baked bean dish from southern France (C6)

cathédrale *f* cathedral (G13)

cause *f* cause (C27); **à cause de** because of (C11)

cave *f* cellar, basement (C30)

ce *pron* this/that; he, she, it, they (C3); **ce que/qu'** what/that which (C27); **ce ...-ci** this (+ *noun*)

(G6); **ce ...-là** that (+ *noun*) (G6); **ce (cet)/cette,** *pl* **ces** *dem adj* this/that; these/those (C4)

ceci this, it (G21)

cela (ça) that, it (C4; G21); **ça (cela)** this, that *subj* (C4); **ça(m')est égal** it doesn't matter to (me) (G21); **ça n'est rien** it's not serious (G21); **ça ne (me) dit rien** it does not appeal to (me) (G21); **ça ne fait rien** it makes no difference (C20); it doesn't matter (C32); **ça te va?** is it OK with you? (C6); **ça va?** how are you? how is it going? (C4); **ça y est!** that's it! (C11); **comment ça?** how is that? (C11); **qu'est-ce que c'est que ça?** what's that? (G21)

célèbre famous (C31)

célébrer to celebrate (C24)

célibataire single (C26)

celui/celle, *pl* **ceux/celles** the one/the ones (C26, G21); **celui-ci/celle-ci,** *pl* **ceux-ci/celles-ci** this one/these (G21); **celui-là/celle-là,** *pl* **ceux-là/celles-là** that one/those (G21)

cent a hundred (C3)

centième hundredth

central(e) central (C16)

centre *m* center (C21); **centre commercial** shopping center (C21)

certain(e) certain (C13)

certainement certainly (C4)

chaine-stéréo *f* stereo (G9)

chaise *f* chair (C16)

chaleur *f* heat (C29); **par cette chaleur** in such hot weather (D29)

chambre *f* bedroom (C16); **camarade de chambre** *m/f* roommate (C16)

champ *m* field (C29)

champignon mushroom (C30)

chance *f* luck (G13); **avoir de la chance** to be lucky (G5); **quelle chance!** how lucky! (G13)

changer de to change (C18)

chanson *f* song (G21)

chanter to sing (C9)

chanteur *m* **chanteuse** *f* singer (G21)

chapeau *m* hat (G17)

chaque each (C11)

charcuterie *f* pork butcher's (C13)

charcutier *m*, **charcutière** *f* pork butcher (C13)

charmant(e) charming (G7)

chat *m*, **chatte** *f* cat (G16)

château *m* castle (C2)

chaud (e) warm, hot (C12); **il fait chaud** it's warm (C11); **avoir chaud** to be warm/hot (C11)

chauffage *m* heating (C16)

chaussée *f* road (G18)

chaussette *f* sock (C15)

chaussure *f* shoe (C15)

chemin *m* path; way; route (C29); **en chemin** along/on the way (C15); **bon/mauvais chemin** right/wrong route (C29)

chemise *f* shirt (men's) (C15)

chemisier *m* shirt (women's), blouse (C15)

chèque *m* check (G18)

cher (chère) expensive, dear (C15)

chercher to look for; to pick up (C17)

chéri(e) dear, darling (G14)

cheval (*pl* **chevaux**) *m* horse (G6)

cheveux *m pl* hair (C10); **chez (qqn)** at/to (someone)'s house/place (C7); **chez qui?** at/to whose house/place? (C14)

chic: chic alors! great! wonderful! (C12)

chien *m*, **chienne** *f* dog (G16)

chimique chemical (C21)

chimiste *m/f* chemist (C5)

Chine *f* China (C25)

chocolat *m* chocolate (C6); **au chocolat** chocolate *adj*

choisir to choose (C15)

chose *f* thing (C13); **pas grand-chose** not much, nothing much (C9)

chouette (alors)! great! fantastic! (C12)

ciel *m* sky (C11)

cigare *m* cigar (G5)

cinéma *m* movies, movie theater (C2)

circulation *f* traffic (C23)

classe *f* class (G11)

classé(e) classified (C31)

classique classic (C9)

clef (clé) *f* key (C31)

client *m*, **cliente** *f* customer (C28)

coiffeur *m*, **coiffeuse** *f* hairdresser (*C20*)

coin *m* corner (*C12*); **au coin du feu** in front of the fire (*C12*)

colère *f* anger (*G23*); **mettre qqn en colère** to make someone angry (*G23*)

collège *m* high school (*in France*) (*C21*)

collision *f* collision (*C27*)

combien? how much, how many? (*C8*); **combien de temps?** how long, how much time? (*C14*); **c'est combien?** how much is it? (*C8*)

commander to order (*G8*)

comme as, like; how (*C4*); **comme çi, comme ça** so-so (*C4*); **comme d'habitude** as usual (*C4*)

commencement *m* beginning (*C9*)

commencer (par) to start (*G8*); to begin (with) (*G19*)

comment? how? (*C4*); **comment allez-vous?** how are you? (*C1*); **comment ça va?** how are you? how is it going? (*C4*); **ça va (bien)** fine, OK; **comment ça?** how's that? (*C11*); **comment vous appelez-vous?** what's your name? (*C5*)

commercial(e) (*pl* **commerciaux/commerciales**) commercial *adj* (*C21*)

commissaire de police *m* police commissioner (*C27*)

commissariat de police *m* police station (*C27*)

commode *f* chest of drawers (*C30*)

compartiment *m* compartment (*C24*)

complet *m* suit (*C23*)

complet (complète) full; complete (*C3*)

compliqué(e) complicated (*C28*)

composition *f* composition; essay (*G21*)

comprendre to understand (*C13*)

compris(e) included (*C3*); **tout compris** utilities included (*rent*) (*C16*)

compter to count (*G3*); to plan (*C7*)

concierge *m/f* apartment manager (*C1*)

conducteur *m*, **conductrice** *f* driver (*C27*)

conduire to drive (*C21*); **permis de conduire** *m* driver's licence (*C21*)

confiance *f* confidence (*C11*)

connaissance *f* knowledge; **faire la connaissance de** to meet, get acquainted with (*C10*)

connaître to know, be acquainted with (*C6*)

conseil *m* advice (*G23*)

conseiller to advise (*C22*)

construire to build (*C21*)

content(e) content, happy (*G7*)

continuer to continue (*C28*)

contraire: au contraire on the contrary, quite the opposite (*C11*)

convenir (à qqn) to suit someone (*C16*)

copain *m*, **copine** *f* friend, pal (*C7*)

copier to copy (*G3*)

cordonnier *m*, **cordonnière** *f* shoemaker (*C27*)

correct(e) correct (*G18*)

correspondance *f* connection (*transport*); correspondence (*C18*)

corriger to correct (*G14*)

costume *m* suit (*C15*)

côté *m* side (*C23*)

coton *m* cotton (*G17*); **en coton** cotton *adj*

coucher: se coucher to lie down, go to bed (*G12*)

couleur *f* color (*C20*)

coup: coup de téléphone, coup de fil *m* phone call (*G9*)

couper to cut (*G23*)

couple *m* couple (*C10*)

couramment fluently (*C14*)

cours *m* course, class (*C9*); **au cours duquel** in the course of which/during which (*C27*)

courses *f pl* errands (*C13*); **faire des courses** to do, run errands (*C10*)

court(e) short (*C10*)

cousin *m*, **cousine** *f* cousin (*G6*)

coussin *m* cushion (*C30*)

couteau *m* knife (*G14*)

coûter to cost (*C8*)

couvrir to cover (*G22*)

craindre to fear (*G23*)

cravate *f* tie (*C15*)

crayon *m* pencil (*G17*)

créer to create (*C2*)

crème *f* cream (*C6*); **crème caramel** *f* caramel custard (*C6*); **café crème** *m* coffee with cream (*C6*)

crèmerie *f* dairy (*C13*)

critique *m* critic (*C19*)

croire to believe, think (*C7*)

croissant *m* croissant (*G16*)

cueillir to gather, pick (flowers/ fruit) (*C31*)

cusine *f* cuisine, cooking (*C3*); kitchen (*C16*); **faire la cuisine** to cook (*C9*)

cuisinière *f* stove (*C16*)

cultivateur *m*, **cultivatrice** *f* farmer (*C30*)

culture *f* culture (*C25*)

curé *m* priest (*C31*); **monsieur le curé** Father

D

d'accord OK, I agree (*C6*); **être d'accord avec** to agree with (*C14*)

dame *f* lady (*G19*)

dans in (*C2*)

danser to dance (*C9*)

d'après according to (*C2*)

dater de to date from (*C31*)

davantage more; harder (*C18*)

de of, from (*C3*)

debout upright; standing up; **se tenir debout** to stand up (*C15*)

décembre December (*C7*)

décider to decide (*C16*)

Déclaration de l'indépendance *f* Declaration of Independence (*C9*)

découverte (de qqch) *f* discovery (*C9*)

découvrir to discover, come across (*C15*)

décrire to describe (*C10*)

déçu(e) disappointed (*C31*)

déjà already (*G11*)

déjeuner *m* lunch (*C3*); **petit déjeuner** *m* breakfast (*C3*)

déjeuner to have lunch (*C4*)

demain tomorrow (*C16*); **à demain** see you tomorrow (*C7*)

demander to ask (*G3*); **se demander** to wonder (*C22*)

demeurer to live (*in a place*) (*C5*)

demie *f* half (*C19*); **et demi(e)** half-past (*the hour*) (*C4*); **la demi-heure** half an hour (*C18*)

dent *f* tooth (*G12*)

dentiste *m* dentist (*C16*)

dépêcher to hurry (*G12*)

déprimant(e) depressing (*C27*)

déprimer to depress (*C26*)

depuis (+ *period of time*) since, for (*C14*)

déranger to bother, incovenience (*C16*)

dernier (dernière) last (*C9*)

désavantage *m* disadvantage (*C26*)

descendre to go down (*G10*); **descendre à** to stay at (*G24*)

désirer to wish, desire (*G5*)

désolé(e) sorry (*C29*)

dessert *m* dessert (*C6*)

dessin *m* drawing (*G6*)

dessous *m* underside; below (*C30*)

dessus *m* top, upperside; above (*C30*)

détruit(e) destroyed (*C31*)

deux two (*C2*)

devant in front of (*G16*)

devenir to become (*G10*)

devoir to have to; must; ought to; to owe (*C18*); to be supposed to (*G25*); **je devrais** I ought to, I should (*G25*); **j'aurais dû** I should have (*G25*); **devoir être** to have to be (*G25*); **devoir** *m* homework; duty (*G9*)

dictée *f* dictation (*G11*)

différence *f* difference (*C24*)

différent(e) different (*C13*)

difficile difficult (*C28*)

dimanche Sunday (*C7*)

diminuer to decrease, lower (*C27*)

dîner to eat dinner, dine (*C4*); **dîner** *m* dinner (*C3*)

dire to say; to tell (*C11*); **vouloir dire** to mean (*C11*); **ça ne (me) dit rien** it doesn't appeal to (me) (*G21*); **dis donc!** say! tell me! (*C9*)

discuter(de) to discuss (*G8*)

dispute *f* dispute, quarrel (*C27*)

disque *m* record (phonograph) (*C12*)

dix ten (*C2*)

docteur *m*, **doctoresse** *f* doctor (*C27*)

dommage too bad; sorry (*C23*); **quel dommage** that's too bad

donc then, well, so; therefore (*C7*); **dis donc!** say! tell me (*C9*)

donner to give (*G3*)

dont *rel pron* of/from/about which/whom/whose (*C27*)

dormir to sleep (*G18*)

dos *m* back (*part of body*) (*C29*)

douloureux (douloureuse) painful (*C22*)

doute *m* doubt; **sans doute** probably (*C22*)

douter to doubt (*G24*); **se douter de** to suspect; to think so (*C28*)

doux (douce) gentle, sweet (*G7*); **il fait doux** it's mild out (*C11*)

douzaine *f* dozen (*G19*)

dramaturge *m/f* playwright (*G21*)

drogue *f* drug (*C25*)

droit(e) straight; **tout droit** straight ahead (*C2*); **à droite** on/to the right (*C2*)

drôle funny (*C24*)

drugstore *m* small department store (*C32*)

du/de l'/de la, *pl* **des de** *neg* of the/from the (*C3*); some, any (*C5*)

duquel/de laquelle, *pl* **desquels/ desquelles** from/of/about which (one)/whom (*G19*, *G20*)

dur(e) hard (*C21*)

durer to last (*C12*)

E

eau *f* water (*C6*)

échanger to exchange (*C24*)

écharpe *f* scarf (*C23*)

échecs *m pl* chess (*C14*)

échouer to fail (*G19*)

éclair *m* eclair (*pastry*) (*G14*)

école *f* school (*G14*); **école secondaire** *f* secondary school (*C22*)

écouter to listen to (*C12*)

écrire to write (*G11*)

édifice *m* building (*C31*)

édition *f* edition (*C8*)

effet: en effet really (*C26*)

égal: ça m'est égal it doesn't matter (to me) (*G21*)

église *f* church (*C2*)

Égypte *f* Egypt (*C25*)

eh bien? well? so? (*C10*)

électricien *m*, **électricienne** *f* electrician (*C10*)

élève *m/f* pupil, grade school/high school student (*G14*)

elle/elles she, it/they (*C4*); her/them (*C14*)

embêter to annoy, bother; to bore (*C25*)

émission *f* program (TV/radio) (*G11*)

employé *m*, **employée** *f* employee (*C2*)

employer to use (*C2*)

en in, by (*C5*); *pron* of it/them; some, any (*G11*); **en (entrant)** upon, by, while (entering) (*G11*); **en ce moment** right now (*G9*); **en effet** indeed (*C26*); **en général** in général (*C4*); **en route** along/on the way (*C18*); **en sortant** upon leaving (*G11*)

encore again; yet (*C4*); **pas encore** not yet

encourager to encourage (*G26*)

endormir: s'endormir to fall asleep (*G22*)

endroit *m* place (*C32*)

enfance *f* childhood (*C32*)

enfant *m/f* child (*C5*)

enfin at last, finally (*G14*); **mais enfin!** (*expression of irritation*) (*G14*)

engager: s'engager to take on causes (*C25*)

ennuyer to bother; to bore (*C23*, *G21*)

ennuyeux (ennuyeuse) boring, tedious, annoying (*G6*)

enrhumé having a cold (*C22*)

ensemble together (*G8*)

ensuite then (*C24*)

entendre to hear (*G9*); **entendre parler de** hear of/about (*C31*)

entendu fine, OK, I got it (*C6*); **c'est entendu** it's all set (*C7*)

entre among; between (*C31*); **la plupart d'entre (eux)** most of (them)

entrée *f* first course (*C6*); entrance hall (*C16*)

entreprendre to undertake (*G23*)

entrer to enter (*G3*)

environ about, around, approximately (*C27*)

environs *m pl* vicinity, neighborhood (*C2*); **dans les environs** nearby, in the vicinity (*C2*)

envoyer to send (*G11*)

épicerie *f* grocery store (*C13*)

épicier *m*, **épicière** *f* grocer (*C13*)

époque *f* period, time (*C14*)

escalier *m* stairs, staircase (*C16*)

espagnol(e) Spanish (*C5*)

espèce *f* sort, kind (*C13*)

espérer to hope (*C20*)

essayer to try (*G13*)

essence *m* gasoline (*G5*)

est east (*C17*)

estomac *m* stomach (*C29*)

et and (*C1*)

étage *m* floor (*C16*); **premier étage** second floor

étalage *m* display (stand); shop window (*G26*)

état *m* state (*C5*)

États-Unis *m* United States (*C5*)

été *m* summer (*C12*); **en été** in the summer

éteindre to extinguish, put out; to turn off (*light*) (*G23*)

étranger (étrangère) foreign; *n* foreigner (*L8*); **à l'étranger** abroad (*G21*)

être to be (*C1, C2, C3*); **est-ce que (qu')?** is/are . . .? (*C3*); **ça y est!** that's it! (*C11*); **n'est-ce pas?** right?, aren't you? (*C1*); **être (fort) enrhumé(e)** to have a (bad) cold (*C22*); **être à** to belong to, be someone's (*G17*); **être à la disposition de (qqn)** to be at (someone's) service (*C31*); **être d'accord avec** to agree with (*C14*); **être d'origine (allemande)** to be originally from (Germany) (*G7*); **être de retour** to be back, return (*C24*); **être en forme** to be in shape (*G25*); **être en train de** to be in the process of (*C31*); **être obligé(e) de** to have to, be forced to (*C18*); **être pressé(e)** to be in a hurry (*C20*); **être sage** to behave (*G14*); **être sur le point de** to be about to (do something) (*G27*); **être trempé(e) jusqu'aux os** be soaked to the skin (*C11*); **être volé(e)** to be robbed (*G24*)

études *f pl* studies (*C28*)

étudiant *m*, étudiante *f* university student (*C1*)

étudier to study (*G3*)

Europe *f* Europe (*G13*)

eux them, they (*C14*)

éviter to avoid (*C22*)

exacte exact (*C32*)

exactement exactly (*C3*)

examen *m* exam (*G14*)

excès *m* excess (*C27*)

excursion *f* excursion (*C20*)

excuse *f* excuse (*C24*); **excuser: s'excuser** to apologize (*C31*)

exemple *m* example (*G13*); **par exemple** for example

exercice *m* exercise (*G9*)

explorer to explore (*C25*)

express *m* express train (*G5*)

F

fabriqué(e) made, built (*G21*)

face: **en face de** across from (*C2*)

fâché(e) angry (*C26*); **fâcher: se fâcher** to get mad, angry (*C9*)

facilement easily (*G9*)

facture *f* bill, invoice (*G22*)

faculté (fac) *f* university, college (*G20*)

faim *f* hunger (*C6*); **avoir faim** to be hungry

faire to do; to make (*C10*); **s'en faire** to worry (*C17*); **faire** (+ *inf*) to have (+ *past part*) (*C28*); **faire attention** to pay attention (*G14*); **faire de bonnes affaires** to get bargains (*C15*); **faire de la voile** to go sailing (*C12*); **faire des achats** to go shopping (*C20*); **faire des courses** to do, run errands (*C10*); **faire du bien** to do a lot of good (*C15*); **faire du jogging** to jog (*C29*); **faire du ski** to ski (*C12*); **faire du vélo** to go bicycling (*C12*); **faire la connaissance de (qqn)** to meet, get acquainted with (*C10*); **faire la cuisine** to cook (*C9*); **faire la grasse matinée** to sleep late (*G12*); **faire le ménage** to do housework (*G15*); **faire le plein** to fill up (with gas) (*C27*); **faire le tour (du monde)** to go around (the world); see the whole (world) (*C25*); **faire plaisir** to please (*C26*); **faire réparer (qqch)** to have (*something*) repaired (*C28*); **faire un voyage** to travel, take a trip (*G18*); **faire une promenade** to take a walk (*C11*); **faire venir** to send for (*C22*); **en fait** to in fact (*C12*); **il fait beau** it's nice out (*C11*); **il fait chaud** it's warm (*C11*); **il fait doux** it's mild out (*C11*); **il fait du soleil** it's sunny (*C11*); **il fait du vent** it's windy (*C11*); **il fait froid** it's cold (*C11*); **il fait mauvais** the weather is bad (*C11*); **il fait un temps formidable** the weather is great (*C11*); **ça ne fait rien** it makes no difference, it does not matter

(*C20*); **qu'est-ce que ça fait?** what difference does that make? (*C32*)

falloir to be necessary; **il faut** it's necessary, one needs (*C11*); **falloir** (+ *period of time*) to take (*G25*)

famille *f* family (*C5*)

famine *f* famine, starvation (*G23*)

fatigué(e) tired (*C15*)

fatiguer to tire, strain, fatigue (*C17*)

faute *f* fault; mistake (*C27*)

fauteuil *m* armchair (*C16*)

femme *f* wife; woman (*G7*)

fenêtre *f* window (*C23*)

ferme *f* farm (*C30*)

fermer to close, shut (*G3*)

fête *f* holiday, festival (*C9*); **fête nationale** national holiday

feu *m* fire (*C12*); **au coin du feu** in front of the fire

février February (*C7*)

fiancé *m*, fiancée *f* fiancé, fiancée (*G6*)

fièvre *f* fever (*C22*)

fille *f* daughter; girl (*C5*); **jeune fille** girl, young woman (*C10*)

film *m* movie (*C9*)

fils *m* son (*C5*)

fin *f* end (*C9*); **fin de la semaine** weekend (*C7*)

financier (financière) financial (*G23*)

finir to finish, end (*G9*)

fleur *f* flower (*G6*)

flûte *f* flute (*G16*)

fois *f* time; **la (première) fois** the (first) time (*C12*); **une fois par semaine** weekly (*C13*)

fonctionnaire *m/f* government employee (*C14*)

football *m* soccer (*C10*); **football américain** football

forme *f* form; shape (*G25*); **être en forme** to be in shape (*G25*); **garder la forme** to keep in shape (*C22*)

former to form (*C10*)

formidable great, terrific (*C11*)

fort(e) strong (*C14*)

frais *m pl* expenses (*G18*)

franc *m* Franc (*C3*)

français *m* French (language) (*C1*)

français(e) French (*C5*)

France *f* France (*C5*)

fréquenté(e) used (*C30*)

frère *m* brother (*C5*)

frigo (*fam*) *m* refrigerator (*C16*)

frites *f pl* french fries (*C6*)

froid *m* cold (*C12*); **avoir froid** to be cold (*C11*); **il fait froid** it's cold out (*C11*)

froid(**e**) cold (*C12*)

fromage *m* cheese (*C6*); **plateau de fromage** *m* cheese platter (*G15*)

fruit *m* fruit (*C6*)

fumer to smoke (*C22*)

furieux (**furieuse**) furious (*C26*)

futur *m* future (*G9*)

futur(**e**) future *adj* (*G9*)

G

gagner to earn (*money*); to win (*G18*)

galerie *f* gallery (*C19*)

gant *m* glove (*G17*)

garage *m* garage (*G5*)

garçon *m* boy (*G19*); waiter (*C6*)

garder to keep; to preserve; to retain (*C22*); **garder la forme** to keep in shape

gare *f* railroad station (*C2*)

gâteau *m* cake (*C6*)

à gauche on/to the left (*C2*)

gêner to bother (*C24*)

général: en général in general (*C4*)

génial(**e**) clever, smart; great (*C9*)

gens *m pl* people (*C27*)

gentil (**gentille**) nice, friendly (*C10*)

glace *f* ice cream (*C6*)

glissant(**e**) slippery (*G18*)

golf *m* golf (*C12*)

gorge *f* throat (*C22*)

goût *m* taste (*C10*)

grand(**e**) tall; big, large (*C10*)

grand-mère *f* grandmother (*C5*)

grands-parents *m* grandparents (*C5*)

grand-père *m* grandfather (*C5*)

grave serious, important (*C22*)

Grèce *f* Greece (*C25*)

grippe *f* flu (*C22*)

gris(**e**) gray (*G7*)

gros (**grosse**) big, fat, large (*G7*)

grossir to get fat; to gain weight (*G9*)

groupe *m* group (*C19*)

guerre *f* war (*C9*); **guerre mondiale** world war

guichet *m* ticket window (*C18*)

guide *m/f* guide (*C32*)

guidé(**e**) guided (*C18*)

guitare *f* guitar (*C10*)

H

habiller to dress; **s'habiller** to get dressed (*G12*)

habiter to live (in a place) (*C5*)

habitude *f* habit, custom (*C10*); **avoir l'habitude** to be used to (*C10*); **comme d'habitude** as usual (*C4*); **d'habitude** usually (*C10*)

habituer: s'habituer to get used to (*C31*)

haut: en haut (**de**) up above, on top (of); upstairs (*C16*)

hélas alas, unfortunately (*C14*)

hélicoptère *m* helicopter (*C18*)

herbe *f* grass (*C19*)

heure *f* hour, time (*C4*); **à l'heure** on time (*G5*); **demi-heure** *f* half an hour (*C18*); **tout à l'heure** in a little while (*G13*); **de bonne heure** early (*G12*); **à quelle heure?** at what time? (*C6*); **à l'heure actuelle** nowadays, at the present time (*C25*); **quelle heure est-il?** what time is it? (*C4*); **à(six) heures!** see you at (six)! (*C7*)

heureusement fortunately (*C24*)

heureux (**heureuse**) happy (*G7*)

hier yesterday (*G7*)

histoire *f* history (*C9*); **histoire naturelle** natural history (*C19*)

historique historic (*C31*)

hiver *m* winter (*C12*); **en hiver** in the winter

homme *m* man (*C9*)

hôpital (*pl* **hôpitaux**) *m* hospital(s) (*G6*)

horloger *m*, **horlogère** *f* watchmaker, clockmaker (*C28*)

horreur: quelle horreur! how horrible! (*C27*)

horriblement horribly (*C24*)

hors-d'œuvre *m inv* appetizer (*C6*)

hôtel *m* hotel (*C3*)

hôtelier *m* **hôtelière** *f* hotel manager (*C3*)

huit eight (*C2*); **huit jours** one week (*C18*); **(mardi)en huit** a week from (Tuesday) (*C28*); **dans huit jours** in a week (*C28*)

humeur *f* mood (*G18*); **être de bonne/mauvaise humeur** to be in a good/bad mood

humour *m* humor; **sens** (*m*) **de l'humour** sense of humor (*G20*)

I

ici here (*C2*); **par ici** this way, over here (*C16*)

idéal(**e**) ideal (*C14*)

idée *f* idea (*G13*)

identité *f* identity (*C5*); **carte d'identité** *f* ID card (*C5*)

il/ils he, it/they (*C4*)

il y a (**y a-t-il?**) there is, there are (is there, are there?) (*C2*); **il y a** (+ *period of time*) ago (*C14*); **il y a** (+ *period of time*) **que** for (*C20*); **il y a combien de temps que?** how long has it been since . . .? (*C20*); **qu'est-ce qu' il y a?** what's the matter? (*C28*)

immédiatement immediately (*G9*)

immense immense (*C16*)

immeuble *m* apartment building (*C23*)

impatience *f* impatience (*C9*)

impatient(**e**) impatient (*G14*)

impeccable impeccable (*C12*)

imperméable *m* raincoat (*C11*)

important(**e**) important (*C26*)

impression: avoir l'impression to have the feeling (*C11*)

impressionant(**e**) impressive (*C31*)

Impressionniste *m/f* Impressionist painter (*C19*)

incident *m* incident (*C27*)

indiquer to indicate (*C32*)

infirmier *m*, **infirmière** *f* nurse (*C5*)

ingénieur *m*, **femme-ingénieur** *f* engineer (*C5*); **ingénieur-chimiste** chemical engineer (*C5*)

innocent(**e**) innocent (*C11*)

(s')inquiéter to worry (*C25*)

institut *m* institute (*C27*)

instituteur *m*, **institutrice** *f* school teacher (*G14*)

instrument *m* instrument (*G16*)

intelligent(**e**) intelligent (*G7*)

intention: avoir l'intention de to plan, intend to (*C7*)

intéressant(**e**) interesting (*C10*)

intéresser to interest (*C18*)

intérieur *m* interior (*C31*)

interro (**interrogation**) *f* quiz (*C9*)

interrompre to interrupt (*C31*)

intitulé(**e**) entitled (*C19*)

intriguer to intrigue; to puzzle (*G21*)

invitation *f* invitation (*G18*)

inviter to invite (*C10*)

irlandais(e) Irish (*G7*)
italien(ne) Italian (*C5*)
ivresse *m* intoxication (*C27*)

J

jaloux (jalouse) jealous (*C26*)
jamais ever; never (*C18*); **ne ... jamais** never, not ever (*C16*)
jambe *f* leg (*C22*)
jambon *m* ham (*C6*)
janvier January (*C7*)
Japon *m* Japan (*C25*)
jardin *m* yard, garden (*G6*)
jaune yellow (*G7*)
jazz *m* jazz (*C9*)
je I (*C1*); **je crois que oui** I believe so, I think so (*C8*); **je n'en sais rien** I have no idea (*C22*)
jeter: jeter un coup d'œil to glance (*C19*)
jeu *m* game (*C21*)
jeudi Thursday (*C7*); **à jeudi** see you Thursday (*C7*)
jeune young (*C10*)
jeune fille *f* girl, young woman (*C10*)
jeunesse *f* youth (*C27*)
joli(e) pretty (*C10*)
jouer to play; **jouer à** to play (*sport, game*) (*C12*); **jouer de** play (*musical instrument*) (*C10*)
jour *m* day (*C7*); **quel jour sommes-nous?** What's the date? (*c7*); **huit jours** a week (*C18*); **plat du jour** *m* special dish of the day (*G6*); **quinze jours** two weeks (*C18*); **à un de ces jours** see you one of these days (*C7*); **tous les jours** every day (*C13*); **veille** (*f*) **du jour de l'an** New Year's Eve (*C24*); **jour** *m* **de l'an** New Year's day (*C24*); **quel jour sommes-nous?** what's the date? (*C7*)
journal (*pl* **journaux**) *m* newspaper (*C8*)
journaliste *m/f* journalist (*C10*)
journée *f* (all) day (*C1*); **bonne journée!** have a good day! (*C1*)
juillet July (*C7*)
juin June (*C7*)
jupe *f* skirt (*C15*)
jus *m* juice (*C22*); **jus d'(orange)** (orange) juice
jusqu'à until, up to, as far as (*C4*); **jusqu'à ce que** until (*G24*)
juste just, fair (*C18*); **au juste** exactly (*C14*)
justement as a matter of fact; by coincidence (*C19*)
justesse: (c'est) de justesse (it's) just in time (*C32*)

K

kilomètre (km) *m* kilometer (*C27*); **(30) kilomètres à l'heure (30 km/h)** (30) kilometers an hour (30km/hr) (*C27*)
kiosque *m* newsstand (*C8*)

L

la *art* the (*C2*); *pron* it, her (*C8*)
là there (*C2*); **par là** that way, over there (*C16*); **là-bas** over there (*C2*); **là-dedans** in there (*C30*); **là-dessous** under there (*C30*); **là-dessus** on that (*C30*); **là-haut** up there (*C30*)
laboratoire (labo) *m* laboratory (lab) (*C4*)
lac *m* lake (*G13*)
laine *f* wool (*G17*); **(pull) en laine** wool (sweater)
laisser to let, allow (*G8*); to leave behind (*C6*); **laisser qqn en paix** to leave someone alone (*C25*); **laisser tomber** to drop (*G25*)
lait *m* milk (*C6*)
lampe *f* lamp (*C16*)
lapin *m* rabbit (*G16*)
laver to wash (*G15*); **laver** to wash (oneself) (*G12*)
le *art* the (*C1*); *pron* it, him (*C8*)
leçon *f* lesson (*G9*)
léger (légère) light (*in weight*) (*G13*)
légume *m* vegetable (*C6*)
lendemain *m* the next day (*C1*)
lentement slowly (*G14*)
lequel/laquelle, *pl* **lesquels/lesquelles?** which one? which ones? (*C26*); **(sur) lequel/laquelle,** *pl* **lesquels/lesquelles** (on) which (*G20*)
les *art* the; *pron* them (*C3*) (*C8*)
lettre *f* letter (*C1*); **papier à lettres** *m* stationery (*C13*)
leur *pers pron* (at/to) them (*G11*); **leur(s)** *poss adj* their (*C5*); **le/la leur, les leurs** theirs (*G17*)
lever; se lever to get up (*G12*); **lever du soleil** *m* sunrise (*C19*)
libraire *m/f* bookseller, book

dealer (*C13*)
librairie *f* bookstore (*C8*)
libre free (*C6*)
limite *f* limit (*C27*)
limite de vitesse *f* speed limit (*C27*)
lire to read (*G11*)
liste *f* list (*C13*)
lit *m* bed (*C16*)
livre *m* book (*C13*)
logement *m* lodging, living quarters, housing (*C16*)
loi *f* law (*G9*)
loin far; **loin de** far from (*C2*)
long (longue) long (*C10*); **le long de** along (*C30*)
longtemps a long time (*C12*)
lorsque when (*G13*)
louer to rent (*C16*)
loyer *m* rent (*C16*)
lui him, he, it (*C14*); (at/to) him, her, it (*G11*)
lumière *f* light (*G23*)
lundi Monday (*C7*)
lune *f* moon (*C9*)
lunettes *f pl* glasses (*G17*); **les lunettes de soleil** sunglasses
lycée *m* high school (*C22*)

M

madame Mrs.; ma'am (*C1*)
mademoiselle miss (*C1*)
magasin *m* store (*C13*)
magazine *m* magazine (*G18*)
magnifique magnificent (*G24*)
mai May (*C7*)
maigre skinny; very thin (*G7*)
maigrir to lose weight (*G9*)
maintenant now (*C11*)
mairie *f* city/town hall (*C2*)
mais but (*C6*); **mais enfin!** (*expression of irritation*) (*G14*); **mais non, voyons!** of course not! (*C11*); **mais oui!** yes, indeed (lit., but yes)! (*C2*)
maison *f* house (*G3*); **à la maison** at home (*C6*)
mal bad, badly (*C1*); **pas mal** not bad (*C1*); **pas mal de** quite a few (*C15*); **avoir mal à** to ache, be sore (*C22*)
malade sick (*G9*)
maladie *f* disease (*C22*)
maladroit(e) awkward (*G7*)
malheureux (malheureuse) unhappy; unfortunate (*C25*)

424

manger to eat (*G8*); **salle à manger** *f* dining room (*C16*)

manquer to miss (*C18*); **manquer de respect** to be disrespectful (*C23*)

manteau *m* coat (*C11*)

maquiller: se maquiller to put on makeup (*G12*)

marchand *m* shopkeeper (*C13*)

marché *m* market (*C2*); **bon marché** low price, cheap (*C15*)

marcher to walk; run, work (function) (*C15*)

mardi Tuesday (*C7*)

marguerite *f* daisy (*C31*)

mari *m* husband (*C14*)

mariage *m* marriage (*C10*)

marier: se marier to get married (*C10*)

marque *f* make, brand (*C28*)

marron brown (*C10*)

mars March (*C7*)

match *m* game (sports) (*C10*)

matin *m* morning (*C1*); **du matin** A.M., in the morning (*C4*)

matinée morning (*emphasis on duration*) (*G12*); **faire la grasse matinée** to sleep late (*G12*)

mauvais(e) bad (*G7*); **il fait mauvais** the weather is bad (*C11*)

me me, to me (*C9*)

méchant(e) mean, nasty (*C23*)

médecin *m*, **femme-médecin** *f* doctor (*C5*)

médicament *m* medicine (*C13*)

meilleur(e) better; best (*G7*)

même *adv* even (*C8*); **même(s)** same one(s) *pron* (*G26*); **-même -self (-selves)** (*C15, C1, G15*); **quand même** anyway, anyhow; after all (*C20*)

mémoire *f* memory (*C9*)

ménage: faire le ménage to do the housework (*G15*)

mener (à) to lead (to) (*C29*)

menu *m* menu (*C6*)

mer *f* sea (*C19*); **le bord** *m* **de la mer** seashore (*C19*)

merci thank you (*C1*)

mercredi Wednesday (*C7*)

mère *f* mother (*C5*)

messe *f* Mass (*C24*); **messe de minuit** midnight Mass

messieurs gentlemen (*C6*)

métro (métropolitain) *m* subway (*C17*); **en métro** by subway

metteur en scène *m* director (film, play)) (*G21*)

mettre to put; to put on (*G11*); **se mettre à** to start, begin to (*C12*); **se mettre en route** to be on the way (*C32*); **mettre qqn en colère** to make someone angry (*G23*)

meuble *m* piece of furniture (*C16*)

meublé(e) furnished (*C16*)

mexicain(e) Mexican (*C5*)

midi noon (*C4*); **après-midi** *m/f* afternoon (*C4*)

le mien/la mienne, *pl* **les miens/ les miennes** mine (*C23*)

mieux *adv* better; best (*G7*); **tant mieux** so much the better, great (*C3*)

milieu *m* middle (*C28*)

mille a thousand (*G4*)

milliard *m* a billion

millième thousandth

un million (de) million (*C25*)

millionnaire *m/f* millionaire (*C25*)

mince thin (*G7*)

minuit *m* midnight (*C4*); **messe de minuit** *f* midnight Mass (*C24*)

minute *f* minute (*C23*)

moderne modern (*C9*)

moi *disj pron* me (*C6*)

moins less, least (*C12*); **à moins que** unless (*G24*); **moins ... que** less . . . . than (*G7*)

mois *m* month (*C7*)

moment *m* moment (*G9*); **en ce moment** right now (*G9*)

mon/ma, *pl* **mes** my (*C5*)

monde *m* world (*G7*); **tout le monde** everyone, everybody (*G11*); **beaucoup de monde** a lot of people (*C17*); **trop de monde** too many people (*C17*)

mondial(e) wordly **guerre** *f* **mondiale** word war (*C9*)

monnaie *f* change (coins) (*C8*)

porte-monnaie *m* change purse (*G17*)

monsieur Mr., sir; gentleman (*C1*)

monter to go up; to climb (*G10*)

montre *f* watch (*C28*)

montrer to show (*C16*)

monument *m* monument (*C20*)

moquer: se moquer de to make fun of (*C25*)

morceau *m* piece (*C16*)

mort(e) dead (*C9*); **il est mort** he died

motocyclette (moto) *f* motorcycle (*C9*)

mouchoir *m* handkerchief (*G21*)

mourir to die (*G10*)

moyen *m* means; way (*C20*)

mur *m* wall (*C19*)

musée *m* museum (*C2*)

musicien *m*, **musicienne** *f* musician (*C10*)

musique *f* music (*C9*)

N

nager to swim (*C12*)

naître to be born; **je suis né(e)** I was born (*C5*)

national(e) national (*C19*)

nationalité *f* nationality (*C5*)

ne not, no; **ne ... jamais** never, not ever (*C16*); **ne ... pas un seul** not one (*C11*); **ne ... plus** no longer, not anymore (*C5*)

négociant *m*, **négociante** *f*, **en vins** *f* wholesale wine merchant (*C14*)

neige *f* snow (*C12*)

neiger to snow (*C11*)

nerveux (nerveuse) nervous (*C26*)

nettoyage *m* cleaning (*C27*); **nettoyage à sec** dry cleaning

nettoyer to clean (*C28*)

neuf (neuve) (brand) new (*G7*)

Nil *m* the Nile river (*C25*)

Noël *m* Christmas (*C24*); **réveillon de Noël** *m* Christmas Eve

noir(e) black (*C6*)

nom *m* name (*C19*)

nombre *m* number (*C27*)

non no (*C1*); **mais non!** of course not! (*C11*)

nord *m* north (*C17*)

norvégien (norvégienne) Norwegian (*G7*)

le/la nôtre, *pl* **les nôtres** ours (*G17*)

le/la nourriture *f* food (*C6*)

nous we (*C4*); (at/to) us (*G11*), (*G15*)

nouveau (nouvel)/nouvelle, *pl* **nouveaux/nouvelles** new (*G7*)

nouvelles *f pl* news (*G11*)

novembre November (*C7*)

nuage *m* cloud (*C11*)

nuit *f* night (*G6*)

O

obéir à to obey (*G9*)

obscurité *f* darkness (*C31*)

observer to observe, notice (*C27*)

occuper: s'occuper de to take care of (*G15*)

octobre October (*C7*)

œil *m* (*pl* **yeux**) eye (*C10*); **jeter un coup d'œil** to glance (*C19*)

œuf *m* egg (*G2*)

œuvre *f* work (*C9*)

offrir to offer (*C23*)

oignon *m* onion (*G15*); **soupe à l'oignon** *f* onion soup (*C22*)

on one, we, people (*G3*)

oncle *n* uncle (*C30*)

opéra *m* opera (*C14*)

orange *f* orange (*C22*); **jus d'orange** *m* orange juice (*C22*)

orchestre *m* orchestra (*G25*)

ordre order (*G23*)

oreillons *m pl* mumps (*C22*)

origine *f* origin (*G7*)

os *m* bone (*C11*)

oser to dare (*G26*)

ou or (*C9*)

où where; *rel pron* when (*G20*); **d'où?** where; from where? (*G19*); **où?** where? (*C2*)

oublier to forget (*C17*)

ouest *m* west (*C18*)

oui yes (*C1*); **je crois que oui** I believe so, I think so (*C8*); **mais oui!** yes, indeed! (*C2*)

ours *m* bear (*G24*)

ouvert(e) open (*C4*)

ouvrir to open (*G14*)

P

pain *m* bread (*G2*)

paire *f* pair, couple (*G15*)

paisible peaceful (*C32*)

paix *f* peace (*C25*); **laisser (qqn) en paix** to leave (someone) alone

pâle pale (*G7*)

pantalon *m* pants (*C15*)

papeterie *f* stationery store (*C13*)

papier *m* paper (*C13*); **papier à lettres** *m* stationery (*C13*)

Pâques *m pl* Easter (*C24*)

paquet *m* package (*G11*)

par by; through (*C9*); **par (jour)** per (day) (*C16*); **par ici** this way, over here (*C16*); **par là** that way, over there (*C16*); **par terre** on the floor/ground (*C25*)

parapluie *m* umbrella (*C11*)

parc *m* park (*G12*)

parce que because (*C9*)

pardessus *m* topcoat (*C11*)

pardon pardon (me), excuse me (*C2*)

parents *m pl* parents, relatives (*C5*)

grands-parents *m pl* grandparents (*C5*)

parfait(e) perfect (*C7*)

Parisien *m*, **Parisienne** *f* Parisian (*C8*)

parking *m* (**place de**) parking space (*C23*)

parler to speak, talk (*C1*)

parler de (qqn/qqch) to talk about (*C10*); **parler de la pluie et du beau temps** to make small talk (*C13*); **parler haut** to speak loudly (*G24*)

part: de (ta) part on (your) part (*C20*); **à part (ça)** apart from (that), except for (that) (*C21*)

partenaire *m/f* partner (*G12*)

partie *f* part; party (*G18*); **surprise-partie** *f* party; surprise party (*G12*)

partir to leave (*C4*); **partir de** starting at, from (*C3*)

partout everywhere (*C25*)

pas not (*C1*); **ne... pas** not, no (*C1*); **pas du tout** not at all (*C3*); **pas mal de** quite a few (*C15*)

passage *m* passage (*G14*)

passant *m*, **passante** *f* passer-by (*C2*)

passé(e) last (*C15*)

passe-temps *m* pastime (*C32*)

passer to spend (time); to pass by, go by (*C14*); **se passer** to happen, take place (*G19*)

pâté *m* pâté (meat paste) (*C6*)

patience *f* patience (*G9*)

patiner to ice skate (*C12*)

pauvre poor (*C25*)

payer to pay (*G8*)

pays *m* country (*C18*)

pêche *f* fishing (*C32*)

peigner: se peigner to comb one's hair (*G12*)

peindre to paint (*G23*)

peine: à peine scarcely, barely (*C24*); **ce n'est pas la peine** it's not worth the trouble (*C11*); **non sans peine** not without effort (*C32*)

peintre *m* painter (*C19*)

peinture *f* painting (*G18*)

pendant during, for (*G8*)

pendule *f* clock (*C28*)

penser to think; **penser à** to think of (*C26*); **penser de** to think, have an opinion about/of (*C10*)

pension *f* room and board (*C3*)

pensionnaire *f/m* boarder (*C21*)

perdre to lose (*G9*); **se perdre** to get lost (*G24*); **perdre du temps** to waste time (*G9*); **perdre patience** to lose one's temper, get angry (*G9*)

père *m* father (*C5*)

permettre to allow (*G26*)

permis *m* license, permit (*C21*); **permis de conduire** *m* driver's license

perruche *f* parakeet (*G16*)

personne *f* person (*G7*)

petit(e) small, little (*C3*); **petit déjeuner** *m* breakfast (*C3*)

peu little (*C1*); **un peu** a little; **à peu près** about, nearly (*C18*)

peur: avoir peur (de) to be scared (of) (*C11*); **de peur que** for fear that (*G24*)

pharmacie *f* drugstore (*C13*)

pharmacien *m*, **pharmacienne** *f* pharmacist (*C13*)

philanthrope *m/f* philanthropist (*C25*)

photographie (photo) *f* photography; photograph (*C21*)

piano *m* piano (*C10*)

pièce *f* room (16); play (*theater*) (*G12*); **un trois-pièces** two-bedroom, one living room apartment

pied *m* foot (*C4*); **à pied** on foot, walking

pipe *f* pipe (*G21*)

pique-nique *m* picnic (*C11*)

pizza *f* pizza (*C6*)

pizzéria *f* pizzeria (*C32*)

placard *m* cupboard (*C30*)

place *f* city square (*C2*); seat (*C20*)

plage *f* beach (*C13*)

plaindre to pity, feel sorry for (*C23*); **plaindre** to complain (*G23*)

plaire (à) to please, be pleasing (to) (*C19*); **s'il vous/te plaît** please (*C2*)

plaisanter to kid, joke (*C22*)

plaisir *m* pleasure; **faire plaisir** to please (*C26*); **avec plaisir** with pleasure (*C15*)

plan *n* map (*C2*)

planter to plant (*G10*)

plat *m* dish, course (*C6*); **plat principal** *m* main course; **plat du jour** *m* special dish of the day (*G6*)

plateau de fromage *m* cheese platter (*G15*)

plein full; **faire le plein** to fill up (with gas) (*C27*)

pleuvoir to rain; **il pleut** it's raining (*C11*)

pluie *f* rain (*C11*)

plupart (de) *f* the most; the majority (of) (*G18*); **plupart d'entre (eux)** *f* most of them (*C31*)

plus more (*G7*); **plus... que** more . . . than (*G7*); **ne... plus** no longer, not anymore (*C5*); **non plus** neither (*C20*); **le/la plus** (+ *adj*) the most (*C12*)

plusieurs several (*C14*)

pneumonie *f* pneumonia (*C22*)

poche *f* pocket (*G16*)

poème *m* poem (*G17*)

poire *f* pear (*C6*)

poisson *m* fish (*C6*)

poivre *m* pepper (*C13*)

poli(e) polite (*G7*)

police *f* police (*G9*); **agent de police** *m* police officer (*C3*); **préfecture de police** *f* police headquarters (*C5*)

politique *f* politics (*G6*)

pollution *f* pollution (*C25*)

pomme *f* apple (*G2*)

pont *m* bridge (*C32*)

populaire popular (*L8*)

porc *m* pork (*C13*)

porte *f* door (*C16*)

porte-monnaie *m* change purse (*G17*)

porter to wear; to carry (*C15*)

poser: poser une question to ask a question (*C2*)

possibilité *f* possibility (*C4*)

possible possible (*C24*)

poste *f* post office (*C2*)

poule *f* chicken, hen (*G24*)

poulet *m* chicken (*C6*)

pour for, to, in order to (*C1*); **pour que** so that (*G24*)

pourboire *m* tip (*in a restaurant*) (*C6*)

pourquoi(?) why(?) (*C9*)

pourtant however (*C22*)

pousser to grow (*C31*)

pouvoir to be able to, can; may (*C18*)

précis(e) precise, exact (*C17*); **à (huit) heures précises** at (eight) o'clock sharp

préfecture de police *f* police headquarters (*C5*)

préféré(e) favorite (*G6*)

préférer to prefer (*C12*)

premier (première) first (*C1*); **première fois** *f* first time (*C12*)

prendre to take; to have something to eat or drink (*C6*); **prendre rendez-vous** to make an appointment (*G24*); **prendre un bain de soleil** to take a sunbath (*C12*); **prendre un poisson** to catch a fish (*C32*); **prendre un pot** to have a drink (*C15*)

préparer to prepare (*G11*)

près near, nearby; **à peu près** about, nearly (*C18*); **près de** near, close to (*C2*)

presbytère *m* rectory (*C31*)

présent(e) present (*C24*)

président *m* president (*C9*)

presque almost (*C9*)

prêt(e) ready (*C4*)

prêter to lend (*C23*)

prévenir to warn (*G22*)

prier: prier de to ask *formal* (*G26*)

printemps *m* spring (*C12*); **au printemps** in the spring

prise *f* capture (*C9*)

prix *m* price (*C3*)

problème *m* problem (*C16*)

prochain(e) next (*C7*)

produit *m* product (*C13*); **produit de beauté** *m* beauty product

professeur *m* teacher (*C5*)

profession *f* profession (*C5*)

profiter de to take advantage of (*C15*)

projet *m* plan; project (*C17*)

promenade *f* walk; **faire une promenade** to take a walk (*C11*); **se promener** to go for a walk (*G12*)

proposer to offer; to propose (*C32*)

provisions *f pl* groceries; provisions (*C13*)

publicité *f* advertisement (*G11*)

puis then (*C24*)

pull-over *m* sweater (*G5*)

pur(e) pure (*C32*)

pyramide *f* pyramid (*C25*)

Q

qu'est-ce que?/que? what? *dir obj* (*C6*); **qu'est-ce qu'il y a?** what's the matter? (*C28*); **qu'est-ce que c'est que ça?** what's that? (*G21*);

qu'est-ce que ça fait? what difference does that make? (*C32*); **qu'est-ce qui?** what? *subj* (*G19*)

quand when (*C7*); **quand même** anyway, anyhow; after all (*C20*)

quant à as for (*G12*)

quart: moins le quart quarter to, fifteen to (*the hour*) (*C4*); **et quart** quarter past, fifteen after (*the hour*) (*C4*)

quartier *m* neighborhood (*C16*)

que than (*G7*)

ne... que only (*C13*)

que *rel pron* that, which, whom (*C9*); **que/qu'est-ce que?** what? (*C6*); **que, ce que** *dir obj* what, that which (*C27*); **qui est-ce que/qui?** whom? who? (*G19*); **que de (fleurs)!** so much/many (flowers)! (*C31*)

quel/quelle, *pl* **quels/quelles** which, what (*C3*); **quel jour sommes-nous?** what's the date? (*C7*); **quel temps fait-il?** how is the weather? (*C11*); **quel temps!** what horrible weather! (*C12*); **quelle heure est-il?** what time is it? (*C4*); **quelle heure?** at what time? (*C4*); **quelle horreur!** how horrible! (*C27*)

quelque(s) a few, some (*C5*)

quelque chose something; **avoir quelque chose** to be the matter (*C26*)

quelquefois sometimes (*G12*)

quelque part somewhere (*G11*)

quelques-uns/quelques-unes a few (*C30*)

querelle *f* quarrel (*C27*)

question *f* question (*C9*); **poser une question** to ask a question (*G10*)

qui *rel pron* which, who, whom, that (*C10*); **à qui** to whom (*G21*); **ce qui** *sub* what, which (*C27*); **qui est-ce que?** *dir obj* who? whom? (*G19*); **qui est-ce qui?** *sub* who? (*G19*); **qu'est-ce qui?** *sub* what? (*C10*); **à qui?** whose? (*G19*)

quinze fifteen (*C3*); **(mardi) en quinze** two weeks from (Tuesday) (*C28*); **(dans) quinze jours** (in) two weeks (*C18*)

quitter to leave (*G16*)

quoi what (*G17*); what? (*G19*)

R

radio *f* radio (*G8*)

raisonnable reasonable, rational (*G5*)

ramasser to pick (up) (*C30*)

ramener to bring back (*C26*)

ranger to put away, tidy up (*G19*)

se rappeler to remember (*G20*)

rappport *m* report (*C24*)

rapporter to bring back, take back (*C30*)

raquette *f* racket (*C17*); **raquette de tennis** *f* tennis racket

rare rare (*C12*)

raser: se raser to shave (*G12*)

rater to fail (*G24*)

ravissant(e) very attractive, beautiful (*C10*)

récemment recently (*G9*)

récent(e) recent (*G6*)

recevoir to receive, get (*G15*)

recherche *f* search; research (*C3*)

recommander to recommend (*C22*)

refuser to refuse (*G26*)

regarder to watch, look at (*C12*); **regarde!** look! (*C11*)

regretter to regret, be sorry (*C8*)

rejoindre to meet; to catch up with (*G23*)

relativement relatively (*C31*)

remarquer to notice (*C13*)

remercier to thank (*C27*)

rencontre *f* meeting (*C1*)

rencontrer to meet (*C15*)

rendez-vous *m* appointment, date (*G24*); **prendre rendez-vous** to make an appointment (*C23*)

rendre to return, give back (*something*) (*G9*); **rendre visite à** to visit (*someone*) **rendre (triste)** to make (sad); **ça (me) rend (triste)** (it makes (me)(sad)) (*C26*)

renseigné(e) informed (*C9*)

renseignements *m pl* information (*C2*)

renseigner to inform (*C13*)

rentrer to go home, return (*C15*)

renverser to spill (*G19*)

renvoyer to send back; to send away (*G22*)

réparation *f* repair (*C28*)

réparer to repair (*G15*)

repartir to leave again (*C30*)

repas *m* meal (*C3*)

répondre (à) to answer (*G9*)

réponse *f* answer (*G9*)

reposant(e) restful, relaxing (*C32*)

reposer: se reposer to rest (*G12*)

représenter to represent (*C19*)

reproduction *f* reproduction (*C19*)

réputation *f* reputation (*C3*)

respect *m* respect (*C23*)

respirer to breathe (*C32*)

ressembler (à) to resemble, look like (*C15*)

ressort *m* spring (*mechanical device*) (*C28*)

restaurant *m* restaurant (*C2*)

reste: du reste besides (*C10*)

rester to stay (*G10*)

retard: en retard late (*G5*)

retour *m* return, trip back (*C4*); **être de retour** to be back; to return (*C24*); **aller-retour** roundtrip (*C18*)

retourner to return, come back (*G10*)

retraite *f* retirement (*C25*)

retrouver to find again; to meet again (*C14*)

réunion *f* meeting (*C24*)

réussir (à) to succeed (*G14*)

(se) réveiller to wake up (*C28*), (*G12*)

réveillon de Noël/du jour de l'an *m* Christmas Eve/New Year's Eve party (*C24*)

revenir to come back (*C7*)

rêver to dream (*C25*)

revoir to see again (*C24*); **au revoir** goodbye (*C1*)

revue *f* magazine (*G5*)

rez-de-chaussée *m* main/ground floor (*C16*)

rhume *m* cold (illness) (*G9*)

riche rich (*C25*)

rien nothing; **ne... rien** nothing, not a thing (*C22*); **rien ne** *sub* nothing (*C27*); **ça ne fait rien** it makes no difference, it doesn't matter (*C20*); **ça ne (me) dit rien** it doesn't appeal to (me) (*G21*)

rivière *f* river (*G20*)

robe *f* dress (*G5*)

roman *m* novel (*C11*); **roman d'espionnage** *m* spy novel

roman(e) romanesque (*C31*)

rose pink (*G7*); **rose** (*C22*)

rosier *m* rosebush (*C31*)

rough red (*C6*)

rougeole *f* measles (*C22*)

route *f* road; route (*C18*); **se tromper de route** to take the wrong road (*C29*); **en route** on the way (*C18*); **se mettre en route** to be on the way (*C32*)

rue *f* street (*C2*)

ruine *f* ruin (*G20*)

russe Russian (*G7*)

S

sac à dos *m* backpack (*G17*)

sage wise; well-behaved, good (*G14*)

saison *f* season (*C12*)

salade *f* salad (*C6*)

salle *f* room (*C16*)

salle à manger *f* dining room (*C16*) **salle de bains** *f* bathroom (*C16*)

salon *m* living room (*C16*)

saluer to greet (*C31*)

salut! hi! hello! *fam* (*G11*)

samedi Saturday (*C7*)

sandwich *m* sandwich (*C6*)

sans without (*C16*); **sans doute** probably (*C22*); **sans peine** without effort (*C32*)

santé *f* health (*C20*)

sardine *f* sardine (*C20*)

sauf except (*C12*)

savoir to know; to know how (*C3*); **je n'en sais rien** I have no idea (*C22*)

scène *f* scene; stage; **metteur en scène** *m* stage director (*G21*)

se *reflexive pron* (to) oneself, himself, herself, themselves (*G12*)

second(e) second (*C18*)

séjour *m* stay (*C23*)

sel *m* salt (*C13*)

semaine *f* week (*C7*); **fin de la semaine** *f* weekend (*C7*)

sembler to seem (*G24*)

sens de l'humour *m* sense of humor (*G20*)

sensationnelle (sensas) sensational (*C12*)

sentir to smell; sense (*G22*); **se sentir** to feel (*C22*)

septembre September (*C7*)

sérieux (sérieuse) serious (*G7*)

serré: être serré comme des sardines to be packed like sardines (*C20*)

serveur *m* waiter (*C5*)

serveuse *f* waitress (*C5*)

serviette *f* napkin (*C30*)

servir to serve (*G22*); **se servir (de)** to use; to help oneself (*G22*)

seul(e) alone; only (*C11*); **ne... pas un seul** not one (*C11*)

seulement only (*C8*)

si yes (*to a negative question*) (*C10*); if (*C9*)

siècle *m* century (*C9*)

le sien/la sienne, *pl* **les siens/les siennes** his/hers (*C23*)

simple simple (*C28*)

simplement simply (*C22*)

situation *f* situation (*G23*)

ski *m* ski (*C12*)

sœur *f* sister (*C5*)

sofa *m* sofa (*C16*)

soif *f* thirst (*C11*); **avoir soif** to be thirsty (*C11*)

(se) soigner to take care of (oneself) (*when sick*) (*G14*); **avec soin** with care, carefully (*G12*)

soir *m* evening (*C4*); **du soir** P.M., in the evening (*C4*); **à ce soir!** see you tonight! (*C7*)

soirée *f* evening (*emphasis on duration*) (*G8*)

solde *f* clearance sale (*G21*); **en solde** on sale

soleil *m* sun (*C11*); **il fait du soleil** it's sunny (*C11*); **lever du soleil** *m* sunrise (*C19*); **lunettes de soleil** *f pl* sunglasses (*G17*); **prendre un bain de soleil** to sunbathe (*C12*)

sombre dark (*C31*)

son/sa, *pl* **ses** his/her (*C10*)

sonner to ring (*G9*)

sorte *f* sort, kind (*C13*)

sortie *f* exit (*C29*)

sortir to go out (*G10*)

souffrir to suffer (*G22*)

souhaiter to wish (*G24*)

soupe *f* soup (*C6*); **soupe à l'oignon** *f* onion soup (*G15*)

sous under (*C30*)

sous-sol *m* basement (*C16*)

souvenir *m* memory; souvenir (*C21*); **se souvenir de** to remember (*G22*)

souvent often (*G6*)

spécial(e) special (*G25*)

spécialité *f* specialty (*C6*)

sport *m* sport (*C12*); **faire du sport** to practice a sport (*C12*)

sportif (sportive) athletic (*C26*)

stade *m* stadium (*C20*)

statue *f* statue (*C31*)

studio *m* studio (*C16*)

stylo *m* pen (*G17*)

succès *m* success (*G9*)

sucre *m* sugar (*C6*)

sud *m* south (*C17*)

suédois(e) Swedish (*G7*)

ça suffit that's enough (*C25*)

suivre to follow; to take a course (*C30*)

sujet *m* subject (*C27*); **au sujet de** about

supermarché *m* supermarket (*C2*)

sur on (*C2*)

sûr(e) sure (*C11*); **bien sûr!** of course! (*C9*)

sûrement surely, for sure (*C25*)

surpopulation *f* overpopulation (*C25*)

surprendre to surprise (*G23*)

surprise *f* surprise (*G16*); **quelle surprise!** what a surprise!; **surprise-partie** *f* surprise/party, party (*G12*)

surtout above all, most of all, especially (*C12*)

sympathique pleasant, nice, friendly (*C6*)

symptôme *m* symptom (*C22*)

T

table *f* table (*C6*)

tableau *m* painting (*C19*)

taille *f* size (*C16*)

tailler to trim (*C31*)

talent *m* talent (*G5*); **avoir du talent** to be talented (*G5*)

tant(de) so much, so many (*G14*); **tant mieux** so much the better, great (*C3*)

tante *f* aunt (*C26*)

tapis *m* rug (*C16*)

taquiner to tease (*C23*)

tard late (*G9*)

tas: un tas de a lot of (*C9*)

taxi *m* taxi (*C4*); **en taxi** by taxi

te you, to you *obj pron* (*C9*)

tee-shirt *m* T-shirt (*C15*)

tel/telle, *pl* **tels/telles** such (*C18*)

télégramme *m* telegram (*C32*)

téléphone *m* telephone (*G9*); **coup de téléphone** *m* phone call (*G9*)

téléphoner à to call on the phone, phone (*C10*)

télévision (télé) *f* television (TV) (*C12*)

tellement so much/many (*C26*)

témoin *m* witness (*C27*)

température *f* temperature (*G13*)

temps *m* time; weather (*C11*)
à temps in time (*C2*); **combien de temps?** how long, how much time (*C14*); **de temps en temps** from time to time (*G13*); **passe-temps** *m* pastime (*C32*); **perdre du temps** to waste time (*G9*); **le temps passe** time flies (*C26*); **voilà combien de temps?** how long has it been since? (*C29*); **quel temps fait-il?** how's the weather? (*C11*); **il fait un temps formidable** the weather is great (*C11*); **quel temps!** what (horrible) weather! (*C12*)

tenir to manage, keep, run (*a place*) (*C29*); **tenir (à la main)** to hold (in one's hand) (*G21*); **tenir à** to be anxious to (*G26*); **ne ... pas tenir debout** to be unable to stand up (*C15*)

tennis *m* tennis (*C13*)

tenter to appeal; to tempt (*C32*)

terre: par terre on the floor/ground (*C25*)

tête *f* head (*C22*); **avoir mal à la tête** to have a headache (*C22*)

théâtre *m* theater, playhouse (*G5*); **pièce de théâtre** *f* play (*theater*) (*G21*); **le tien/la tienne,** *pl* **les tiens/les tiennes** yours *fam* (*C23*)

tiens! say! Hey! (*C6*)

tiroir *m* drawer (*C30*)

toi you *disj pron* (*C6*)

tomber to fall (*G10*); **laisser tomber** drop (*G25*)

ton/ta, *pl* **tes** your *fam* (*C5*)

tonnerre *m* thunder (*G23*)

tôt early (*G12*); **le plus tôt possible** as soon as possible (*C28*)

totalement totally (*C25*)

toucher (un chèque) to cash (a check) (*C27*)

toujours always, still (*C4, C11*)

tour *m* tour (*C25*); **faire le tour du monde** to go around the world (*C25*)

touriste *m/f* tourist (*C19*)

tous/toutes les (deux) the (two) of (them, us, you); both (*C17*); **tout** *adv* very, quite (*C8*); **tout/toute,** *pl* **tous/toutes** all, every (*C3*); *pron* everything (*C9*); **c'est tout** that's all (*C1*); **de tout** all sorts of things (*C15*); **pas du tout** not at all (*C3*); **tout à fait** exactly, totally (*C16*); **tout de suite** right away (C6); **tout droit** straight ahead (C2); **tout le monde** everyone, everybody (G11)

tousser to cough (C22)

traditionnel(le) traditional (C24)

train m train (C4); **en train** by train; **être en train de** to be in the process of (C31)

tranquille calm, quiet (C16)

tranquillement calmly (G16)

transistor m transistor radio (G17)

transport m transportation (C20)

travail m work (C5); **carte de travail** f foreign worker's ID card (C5)

travailler to work (G8)

traverser to cross (G26)

trempé(e) soaked (C11)

très very (C1)

triste sad (C26)

tromper: se tromper to be wrong, make a mistake (C29); **se tromper de route** to take the wrong road (C29)

trompette m trumpet (G16)

trop (de) too much/many (C11)

trouver to find, to think (C10); **se trouver** to be located (C14)

tu you fam (C4)

Turquie Turkey (C25)

type (argot) m guy, fellow (C10)

U

un/une a, an (C1)

usage m usage (C25)

usine f factory (C21)

utile useful (C8)

utiliser to use (C20)

V

vacances f pl vacation (C10); **en vacances** on vacation

valoir to be worth (G25); **valoir mieux** to be better (C30); **il vaut mieux** it would be better

vécu lived (L3)

veille f the day before, eve **veille de Noël** Christmas Eve **veille du**

jour de l'an New Year's Eve (C24)

vélo m bicycle (C12); **faire du vélo** to go bicycling (C12)

vélomoteur m moped (C20); **en vélomoteur** by moped

vendre to sell (C8)

vendredi Friday (C7)

venir to come (C7); **faire venir** to send for (C28); **venir de** (+ inf) to have just done (something) (C10)

vent m wind; **il fait du vent** it's windy (C11)

vérité f truth (G23)

verre m drinking glass (C30)

verres de contact m pl lenses (C28)

vers toward(s), to; about (G9)

vert(e) green (G7)

veste f jacket (C15)

vêtements m pl clothes, clothing (C15)

viande f meat (C6)

victime f victim (C27)

vidéo m video (C21)

vieillesse f old age (C27)

vieux (vieil)/vieille, pl vieux/ vieilles old (G7)

vignoble m vineyard (C30)

vilain(e) naughty, nasty (G7)

village m village (C29)

ville f city, town (C2); **en ville** downtown (G8); **ville natale** f home town (C21)

vin m wine (C6)

violon m violin (G16)

visite f visit (C18)

visiter to visit (a place) (C16)

vitamine f vitamin (C22)

vite quickly (G14)

vitesse f speed (C27); **limite de vitesse** f speed limit

vitrail (pl vitraux) m stained-glass window (C31)

vivre to live; to be alive (G16)

voici here/there is (C6)

voilà there is, there are (C1); **voilà** (+ period of time) **que** ago (C29); **le/la voilà, pl les voilà** here (there) he/she/it is, here (there) they are (C8); **voilà combien de temps que...?** how long has it been since? (C29)

voir to see (C9)

voisin m, **voisine** f neighbor (G9)

voiture f car (C4); **en voiture** by car

volontiers gladly, I'd be glad to (C7)

votre (pl vos) your formal (C5); **le/ la vôtre, pl les vôtres** yours formal/pl (G17)

vouloir to want, wish (C3); **vouloir bien** accept, be glad to (G11); to be willing (G25); **vouloir dire** to mean (C11); **vouloir** to want **j'ai voulu** I wanted, I decided; **voudrais** I would like (G25)

vous you formal/pl; sub (C1); (at/to) you (G11)

vous-même yourself (C1)

voyage m trip (C7); **faire un voyage** to travel, take a trip (G18)

voyager to travel (C18)

voyons! (expression of reproach) come on (G10)

vrai(e) true (G10)

vraiment really (C9)

W

wagon m car (train) (C7); **wagon- fumeur** m smoking car (C24); **wagon-restaurant** m dining car (C7)

WC m toilet, restroom (C16)

week-end m weekend (G3)

Y

y there; (at/to) it/them (G11)

yeux m pl eyes (C10)

Z

zut! darn it! (C23)

Lexique anglais-français

A

a un/une (C1)

able: to be able to pouvoir (C18)

A.M. du matin (C4)

about *adv* environ (C27); au sujet de (C26); vers (G9); à peu près (C18)

above dessus (C30); **above all** surtout (C12)

abroad à l'étranger (G21)

absent absent(e) (G24)

absolutely absolument (G14)

absurd absurde (G20)

accent accent *m* (C14)

accept accepter (G18); vouloir bien (C11)

accident accident *m* (C26)

accompany accompagner (G25)

according to d'après (C2)

ache avoir mal à (C22)

across: across from en face de (C2)

acquainted: to get acquainted with faire la connaissance de (C10)

active actif (active) (G7)

activity activité *f* (C32)

actor acteur *m* (C10)

actress actrice *f* (C10)

address adresse *f* (C5)

admire admirer (G26)

adventurer aventurier *m*, aventurière *f* (C25)

advertisement publicité *f* (G11)

advice conseil *m* (G23)

advise conseiller (C22)

afraid: to be afraid avoir peur (C11)

after après (C4); **after all** quand même (C20)

afternoon après-midi *m/f* (C4); **good afternoon** bonjour (C1)

again encore (C4)

age âge *m* (C5); **old age** vieillesse *f* (C27)

agent agent *m* (C14)

ago il y a (+ period of time) (C14); voilà (+ period of time) que (C29)

agree (with) être d'accord (avec) (C14); **I agree** d'accord (C6)

ahead: ahead of time en avance (G5)

airplane avion *m* (G5)

airport aéroport *m* (C3)

alas hélas (C14)

album album *m* (C21)

all tout/toute, *pl* tous/toutes (C3); **above all** surtout (C12); **after all** quand même (C20); **not at all** pas du tout (C3); **all sorts of things** de tout (C15); **that's all** c'est tout (C1)

allow laisser (G8); permettre (G26)

almost presque (C9)

alone seul(e) (C11)

along le long de (C30); **along the way** en chemin (C15)

Alps Alpes *f pl* (C21)

already déjà (G11)

also aussi (C6)

although bien que (C31)

always toujours (C4, C11)

America Amérique *f* (C9)

American américain(e) (C5)

amusing amusant(e) (C21)

and et (C1)

angry fâché(e) (C26); **to get angry** se fâcher, perdre patience (C9); **to make someone angry** mettre qqn en colère (G23)

animal animal *m* (G16)

announce announcer (C10)

annoy embêter (C25); agacer (G21)

annoying ennuyeux (ennuyeuse) (G6)

answer réponse *f* (G9); **to answer** répondre à (G9)

anxious: to be anxious to tenir à (G27)

any du/de l'/de la, *pl* des (neg de) (C5), *pron* en (G11)

anyhow quand même (C20)

apart: apart from (that) à part (ça) (C21)

apartment appartement *m* (C16); **apartment building** immeuble *m* (C23); **apartment manager** concierge *m/f* (C1)

apologize excuser (C31)

appeal tenter (C32); **it doesn't appeal to** (me) ça ne (me) dit rien (G21)

appearance apparence *f* (C10)

appendicitis appendicite *f* (C22)

appetizer hors-d'oeuvre *m inv* (C6)

apple pomme *f* (C6)

appointment rendez-vous *m* (G24); **to make an appointment** prendre rendez-vous (C23)

appreciate apprécier (G24)

approach s'approcher de (C20)

approximately environ; approximativement (C27)

April avril (C7)

architect architecte *m/f* (C5)

arm bras *m* (C22)

armchair fauteuil *m* (C16)

around *adv* environ (C27)

arrival arrivée *f* (C9)

arrive arriver (C4)

art art *m* (C9); **fine arts** beaux-arts *m pl* (C19)

article article *m* (G23)

as comme (C4); **as ... as** aussi... que (C12); **as a matter of fact** justement (C19); **as for** quant à (G12); **as soon as possible** le plus tôt possible (C28); **as usual** comme d'habitude (C4)

ask demander (G3); **to ask a question** poser une question (G10)

aspirin aspirine *m* (C22)

assure assurer (C26)

at à (C2); **at home** à la maison (C11); **at (someone)'s house/place** chez (qqn) (C7); **at last** enfin (G14); **at the** au/à l'/à la, *pl* aux (C3); **at the present time** actuellement (C27); **at what time** à quelle heure (C4); **at whose house/place?** chez qui? (C14)

athletic sportif (sportive) (C26)

attain atteindre (G23)

attend assister à (C10)

attention attention *f* (G14); **to pay attention** faire attention (C29)

August août (C7)

aunt tante *f* (C26)

autumn automne *m* (C12)

avenue avenue *f* (C5)

avoid éviter (C22)

awkward maladroit(e) (G7)

B

back (*part of body*) dos *m* (C29)

backpack sac à dos *m* (G17)

bad mauvais(e) (G7); **(that's) too bad!** (quel) dommage! (C23); **badly** mal (C1)

baker boulanger *m*, boulangère *f* (C13)

bakery boulangerie *f* (C13)

ball bal *m* (G16)

banana banane *f* (G2)

bank banque *f* (C14)

banker banquier *m* (C14)

bar bar *m* (G12)

barely à peine (C24)

bargain bonne affaire *f* (C15); **to get bargains** faire de bonnes affaires (C15)

baseball base-ball *m* (C12)

basement sous-sol *m* (C16); cave *f* (C30)

basketball basket-ball (basket) *m* (G16)

bathroom salle de bains *f* (C16)

be être (C1), (C2), (C3); **how are you?** *formal* comment allez-vous? (C1); *fam* comment vas-tu? (C4); **I'm fine** ça va bien (C4); **to be ... years old** avoir ... ans (C5); **to be a question of** s'agir de (C28); **to be about to (do something)** être sur le point de (G26); **to be afraid (of)** avoir peur (de) (C11); **to be better** valoir mieux (C30); **it would be better** il vaut mieux (C30); **to be cold** avoir froid (C11); **to be fed up** en avoir assez; *fam* en avoir marre (C25); **to be forced to** être obligé(e) de (C18); **to be hot** avoir chaud (C11); **to be in the process of** être en train de (C31); **to be located** se trouver (C14); **to be originally from (Germany)** être d'origine (allemande) (G7); **to be right** avoir raison (C11); **to be warm/hot** (*person*) avoir chaud (C11); **it's hot** (*weather*) il fait chaud (C12); **to be soaked to the skin** être trempé(e) jusqu'aux os (C11); **to be thirsty** avoir soif (C11); **to be used to** avoir l'habitude de (C10); **to be wrong** avoir tort (G13); se tromper (C29); **is it OK with you?** ça te va? (C6); **it's nice out** il fait beau (C11); **it's sunny** il fait du soleil (C11); **it's windy** il fait du vent (C11)

beach plage *f* (G13)

bear ours *m* (G24)

beautiful beau (bel)/belle, *pl* beaux/belles); ravissant(e) (C10)

beauty beauté *f*; **beauty product** produit de beauté *m* (C13)

because parce que (C9); car (G18); **because of** à cause de (C11)

become devenir (G10)

bed lit *m* (C16)

bedroom chambre *f*; **two-bedroom house/apartment** trois-pièces *m* (C16)

beef bœuf (C13)

beer bière *f* (C6)

before avant (G13); avant de + *inf* (G6); avant que (C24); **the night before** la nuit d'avant (G18)

begin (with) commencer (par) (G8); **to begin to** se mettre à (C12)

beginning commencement *m* (C9)

behave être sage (G14)

believe croire (C7); **I believe so** je crois que oui (C8)

belong (to) appartenir à (C25); être à (G17)

below dessous (C30)

besides du reste (C10)

best *adj* meilleur(e) (G5); *adv* mieux (G7)

better *adj* meilleur(e) (G5); *adv* mieux (G7); **so much the better** tant mieux (C3); **to be better** valoir mieux (C30)

between entre (C31)

bicycle bicyclette *f* (C4); vélo *m* (C12); **by bicycle** à bicyclette/vélo; **to go bicycling** faire du vélo (C12)

big grand(e) (C10); gros (se) (G7)

bill addition *f* (C6); billet (*money*) *m* (C8); facture *f* (G22)

billion milliard *m*

birthday anniversaire *m* (G5)

black noir(e); **black coffee** café noir (C6)

blond blond(e) (C10)

blue bleu(e) (C10); **blue jeans** blue-jean *m* (C15)

boarder pensionnaire *m/f* (C21)

boat bateau *m* (C25)

bone os *m* (C11)

book livre *m* (C13); **book dealer** libraire *m/f* (C13); **secondhand book seller** bouquiniste *m/f* (G27)

bookstore librairie *f* (C8)

bore embêter (C25); ennuyer (C23, G21)

boring ennuyeux (ennuyeuse) (G6)

both tous les deux (C17)

bother déranger (C16); embêter (C25); ennuyer (C23, G21); gêner (C24)

boutique boutique *f* (G21)

boy garçon *m* (G19)

boyfriend petit ami *m* (G6)

brand marque *f* (C28)

brawl bagarre *f* (C27)

bread pain *m* (G2)

break casser (G19); **to break** (*part of body*) se casser (+ *part of body*) (C22)

breakfast petit déjeuner *m* (C3)

breathe respirer (C32)

bridge pont *m* (C32); bridge *m*, (*card game*) (C14)

bring apporter (C6); **bring back** rapporter (G26); **bring**

someone amener qqn (*C32*)

Brittany Bretagne *f* (*C24*); **from Brittany (Breton)** breton(ne) (*G7*)

broker (investment) agent de change *m* (*C14*)

bronchitis bronchite *f* (*C22*)

brother frère *m* (*C5*)

brown marron, brun(e) (*C10*)

brush (*one's hair/teeth*) se brosser (les cheveux/les dents) (*G12*)

build construire (*C21*)

building bâtiment *m* (*C31*); édifice *m* (*C31*); **apartment building** immeuble *m* (*C23*)

built fabriqué(e) (*G21*)

bus autobus *m* (*C4*); **by bus** en autobus; **intercity/tourist bus** autocar (car) *m* (*G5*)

business affaire *f* (*C15*)

but mais (*C6*)

butcher boucher *m*, bouchère *f* (*C13*); **beef butcher's** boucherie *f* (*C13*); **pork butcher** charcutier *m*, charcutière *f* (*C13*); **pork butcher's** charcuterie *f* (*C13*)

butter beurre *m* (*G11*)

buy acheter (*G3*)

by à (*C2*); *with pres part* en (*C5*); par (*C9*)

C

cafe café *m* (*C2*)

cafeteria cantine *f* (*C4, G11*)

cake gâteau *m* (*C6*)

call appeler (*C19*); téléphoner à (*C10*); **to be called/named** s'appeler (*C5*)

calm tranquille (*C16*); **to calm (down)** se calmer (*G14*)

calmly tranquillement (*G16*)

camera appareil-photo *m* (*G17*); **movie camera** caméra *f* (*G19*)

Canadian canadien(ne) (*C5*)

cancer cancer *m* (*C23*)

candy bonbon *m* (*G14*)

capture prise *f* (*C9*)

car voiture *f* (*C4*), automobile (auto) *f* (*G6*); wagon (train) *m* (*C7*); **smoking car** wagon-fumeur *m* (*C24*); **by car** en voiture (*C4*)

card carte *f* (*C5*); **ID card** carte d'identité (*C5*); **foreign worker's ID card** carte de travail (*C5*) **postcard** carte postale *f* (*C18*)

care: to take care of (oneself) when sick avec soin se soigner (*G14*); **with care** (*G12*)

carefully avec soin (*G12*)

carry porter (*C15*)

case cas *m* (*C22*); affaire *f* (*C15*); **in any case** en tout cas (*C22*)

cash (*a check*) toucher (un chèque) (*C27*)

cassette cassette *f* (*G18*)

castle château *m* (*C2*)

cat chat *m*, chatte *f* (*G16*)

catch attraper (*G12*); **catch a fish** prendre un poisson (*C32*); **catch a glimpse of** apercevoir (*C30*)

cathedral cathédrale *f* (*G13*)

cause cause *f* (*C27*)

celebrate célébrer (*C24*)

cellar cave *f* (*C30*)

center centre *m* (*C21*); **shopping center** centre commercial *m*

central central(e) (*C16*)

century siècle *m* (*C9*)

certain certain(e) (*C13*)

certainly certainement (*C4*)

chair chaise *f* (*C16*)

change changer de (*C18*)

change (coins) monnaie *f* (*C8*); **change purse** porte-monnaie *m* (*G17*)

charming charmant(e) (*G7*)

chat bavarder (*C13*)

chatter bavardage *m* (*C10*)

cheap bon marché (*C15*)

check addition *f* (*C6*); chèque *m* (*G18*)

cheese fromage *m* (*C6*); **cheese platter** plateau de fromage *m* (*G15*)

chemical *adj* chimique (*C21*); **chemical engineer** ingénieur-chimiste *m* (*C5*)

chemist chimiste *m/f* (*C5*)

chess échecs *m pl* (*C14*)

chicken poulet *m* (*C6*); poule *f* (*G24*)

child enfant *m/f* (*C5*)

childhood enfance *f* (*C32*)

China Chine *f* (*C25*)

chocolate chocolat *m; adj* au chocolat (*C6*)

choose choisir (*C15*)

Christmas Noël *m* (*C24*); **Christmas Eve** veille de Noël *f* (*C24*); **Christmas Eve party** réveillon de Noël *m* (*C24*)

church église *f* (*C2*)

cigar cigare *m* (*G5*)

city ville *f* (*C2*); **city hall** mairie *f* (*C2*); **city square** place *f* (*C2*)

class classe *f* (*G11*); cours *m* (*C9*)

classic classique (*C9*)

classified classé(e) (*C31*)

classmate camarade *m/f* (*C4*)

clean nettoyer (*C28*)

cleaning nettoyage *m* (*C27*); **dry cleaning** nettoyage à sec *m*

clever adroit(e) (*G7*); génial(e) (*C9*)

climb monter (*G10*)

clock pendule *f* (*C28*)

clockmaker horloger *m*, horlogère *f* (*C28*)

close fermer (*G3*)

close (to) près de (*C2*)

clothing vêtements *m/pl* (*C15*)

cloud nuage *m* (*C11*)

coat manteau *m* (*C11*); **overcoat** pardessus *m* (*C11*)

coffee café (*C6*); **black coffee** café noir *m* (*C6*); **coffee with cream** café crème *m* (*C6*)

coincidence: by coincidence justement (*C19*); par coincidence

cold *n* froid *m* (*C12*); **rhume** (*illness*) *m* (*G9*); *adj* froid(e) (*C12*); **to be cold** (*person*) avoir froid (*C11*); (*weather*) il fait froid (*C12*); **to have a bad cold** être (fort) enrhumé(e) (*C22*)

college faculté (fac) *f* (*G20*); **college (of Arts and Letters)** faculté (des lettres) (*G20*)

collision collision *f* (*C27*)

color couleur *f* (*C20*)

comb (one's hair) se peigner (*G12*)

come venir (*C7*); **to come back** revenir (*C7*); retourner (*G10*)

commercial *adj* commercial(e) (*pl* commerciaux/commerciales) (*C21*)

compartment compartiment *m* (*C24*)

complain se plaindre (*G23*)

complete complet (complète) (*C3*)

complicated compliqué(e) (*C28*)

composition composition *f* (*G21*)

confidence confiance *f* (*C11*); **to have confidence in** avoir confiance en (*C11*)

connection (transport) correspondance *f* (*C18*)

contact lens verre *m* de contact (*C28*)

continue continuer (*C28*)

contrary: on the contrary au contraire (*C11*)

cook faire la cuisine (C9)
cooking cuisine *f* (C3)
copy copier (G3)
corner coin *m* (C12)
correct corriger (G14); *adj* correct(e) (G18)
correspondence correspondance *f* (C18)
cost coûter (C8)
cotton coton *m* (G17); *adj* en coton
cough tousser (C22)
count compter (G3)
country pays *m* (C18)
countryside campagne *f* (C12)
couple couple *m* (C10); paire *f* (G5)
course (*class*) cours *m* (C9); (**meal**) plat *m* (C6); **first course** entrée *f* (C6); **main course** plat principal *m* (C6); **of course** bien sûr (C11)
cousin cousin *m*, cousine *f* (G6)
cover couvrir (G22)
cream crème *f* (C6)
to create créer (C2)
critic critique *m/f* (C19)
croissant croissant *m* (G16)
crowded bondé(e) (C24)
cuisine cuisine *f* (C3)
culture culture *f* (C25)
cupboard placard *m* (C30)
cushion coussin *m* (C30)
custard: caramel custard crème caramel *f* (C6)
customer client *m*, cliente *f* (C28)
cut couper (G23)

D

dairy crèmerie *f* (C13)
daisy marguerite *f* (C31)
danse danser (C9); *n m* bal (G16)
dare oser (G27)
dark sombre (C31); **dark-haired** brun(e) (C10)
darkness obscurité *f* (C31)
darling *n/adj* chéri(e) (G14)
darn! zut! (C23)
date (**from**) dater de (C31); **date** *n m* rendez-vous (G24); **what's the date?** quelle est la date?, quel jour sommes-nous? (C7)
daughter fille *f* (C5)
day jour *m* (C7); **the next day** lendemain *m* (C1); **the day before** veille *f* (C24); **all day** journée *f*, toute la journée (C1); **have a good day!** bonne journée! (C1)

dead mort(e) (C9)
dear *adj* cher (chère) (C15); *n* chérie (G14)
December décembre (C7)
decide décider (C16); **I decided** j'ai voulu (G25)
Declaration of Independence Déclaration de l'indépendance *f* (C9)
decrease diminuer (C27)
dentist dentiste *m* (C16)
department store (small) drugstore *m* (C32)
depress déprimer (C26)
depressing déprimant(e) (C27)
disappointed déçu(e) (C31)
describe décrire (C10)
design dessin *m* (G5)
desire désirer (C6)
desk bureau *m* (C16)
dessert dessert *m* (C6)
destroyed détruit(e) (C31)
dictation dictée *f* (G11)
die mourir (G10) **he died** il est mort (C9)
difference différence *f* (C24); **it makes no difference** ça ne fait rien (C20); **What difference does that make?** qu'est-ce que ça fait? (C32)
different différent(e) (C13)
difficult difficile (C28)
dine dîner (C4); **dining car** wagon-restaurant *m* (C7); **dining room** salle à manger *f* (C16)
dinner dîner *m* (C3)
director (theater) metteur en scène *m* (G21)
disadvantage désavantage *m* (C26)
discover découvrir (C15)
discovery découverte (de qq ch) *f* (C9)
discuss discuter (de) (G8)
disease maladie *f* (C22)
dish plat *m* (C6); **special of the day** plat du jour *m* (G6)
display (stand) étalage *m* (G26)
dispute dispute *f* (C27)
district (in large French cities) arrondissement *m* (C16)
do faire (C10); **to do a lot of good** faire du bien (C15); **to do errands** faire des courses (C10) **to do housework** faire le méngage (G15)
doctor docteur *m*, doctoresse *f* (C27); médecin *m* (C5)

dog chien *m*, chienne *f* (G16)
door porte *f* (C16)
doubt douter (G24)
downtown en ville (G8)
dozen douzaine *f* (G19)
drawer tiroir *m* (C30); **chest of drawers** commode *f* (C30)
dreadful affreux (affreuse) (C27)
dream rêver (C25)
dress robe *f* (G5); **to dress** s'habiller (C15)
drink boire (C22); **to have a drink** *fam* prendre un pot (C15)
drive conduire (C21)
driver conducteur *m*, conductrice *f* (C27); **driver's license** permis de conduire *m* (C21)
drop laisser tomber (G25)
drug drogue *f* (C25)
drugstore pharmacie *f* (C13)
dumb bête (C21)
during pendant (G8); **during which** au cours duquel (C27)
duty devoir *m* (G9)

E

each chaque (C11)
early de bonne heure, tôt (G2); en avance (G5)
earn (*money*) gagner (de l'argent) (G18)
easily facilement (G9)
east est *m* (C17)
Easter Pâques *m pl* (C24)
eat manger (G6)
eclair (*pastry*) éclair *m* (G14)
edge bord *m* (C19)
edition édition *f* (C8)
effort: without effort sans peine (C32)
egg œuf *m* (G2)
Egypt Égypte *f* (C25)
eight huit (C2)
electrician électricien *m*, electricienne *f* (C10)
employee employé *m*, employée *f* (C2); **government employee** fonctionnaire *m/f* (C14)
encourage encourager (G26)
end finir (C11, G9); *nf* fin *f* (C9)
engineer ingénieur *m*, femme-ingénieur *f* (C5)
England Angleterre *f* (C14)
English (*language*) anglais *m* (C1)
enough assez (C4); **to have enough** en avoir assez (C25); **that's enough** ça suffit (C25)
enter entrer (G3)

entitled intitulé(e) (C19)

entrance (hall) entrée f (C16)

errands courses f pl (C13); **to run errands** faire des courses (C10)

especially surtout (C12)

essay composition f (G21)

Europe Europe f (G13)

even adv même (C8)

evening soir m (C4); soirée f (emphasis on duration) (G8)

ever jamais (C18); **not ever** ne... jamais, jamais (C16)

every tout/toute, pl tous/toutes (C3); **every day** tous les jours (C13)

everyone tout le monde (G11)

everything tout (C9)

everywhere partout (C25)

exact précis(e) (C17); exacte (C32)

exactly exactement (C3); au juste (C14); tout à fait (C16)

exam examen m (G14)

example exemple m (G13); **for example** par exemple

except sauf (C12); **except for (that)** à part (ça) (C21)

excess excès m (C27)

exchange échanger (C24)

excursion excursion f (C20)

excuse excuse f (C24); **excuse me** pardon (C2)

exercise exercice m (G9)

exit sortie f (C29)

expect attendre (C30)

expenses frais m pl (G18)

expensive cher (chère) (C15)

explore explorer (C25)

express (train) express m (G5)

extinguish éteindre (G23)

eye œil (pl yeux) m (C10)

F

fact: as a matter of fact justement (C19); **in fact** en fait (C12)

factory usine f (C21)

fail échouer (G19); rater (C24)

fair juste (C18)

fairly assez (C4)

fall (season) automne m (12); **in the fall** en automne m (C12); **to fall** tomber (G10); **to fall asleep** s'endormir (G22)

family famille f (C5)

famine famine f (G23)

famous célèbre (C31)

fantastic! chouette (alors)! (C12)

far (from) loin (de) (C2)

farewell adieu (C7)

farm ferme f (C30)

farmer agriculteur m, agricultrice f (C14); cultivateur m, cultivatrice f (C30)

fat: to get fat (G9); adj gros (grosse) (G7)

father père m (C5)

fault faute f (C27)

favorite préféré(e) (G6)

fear craindre (G23); **for fear that** de peur que (G24)

February février (C7)

feel (se) sentir (C22); **to feel like** avoir envie de (G15); **to have the feeling** avoir l'impression (C11)

fellow (slang) type m (C10)

festival fête f (C9)

fever fièvre f (C22)

few: a few quelques-un(e)s (C30); quelque(s) (C5); **quite a few** pas mal de (C15)

fiancé, fiancée fiancé m, fiancée m (G6)

field champ m (C29)

fifteen quinze (C3)

fight bagarre f (C27)

fill: to fill up (with gas) faire le plein (C27)

film film m (C9)

finally enfin (G14)

financial financier (financière) (G23)

find trouver (C10); **to find again** retrouver (C14)

fine adv bien (C1)

finish finir (C11)

fire feu m (C12); **in front of the fire** au coin du feu

first adj premier (première) (C1); adv d'abord (C15)

fish poisson m (C6)

fishing pêche f (C32)

fit (very well) aller (à ravir) (C15)

floor étage m (C16); **ground floor** rez-de-chaussée m (C16); **second floor** premier étage m (C16)

flower fleur f (G6)

flu grippe f (C22)

fluently couramment (C14)

flute flûte f (G16)

follow suivre (C30)

food nourriture f (C6)

foot pied m (C4); **on foot** à pied

football football américain m (C10)

for pour (C1); pendant (G8); il y a

(+ period of time) que (C20); depuis (C14)

as for quant à (G12)

foreign étranger (étrangère) (L8)

forget oublier (C17)

form former (C10); n/f forme (G25)

former ancien(ne) (C14)

formerly autrefois (G9)

fortunately heureusement (C24)

Franc franc m (C3)

France France f (C5)

free libre (C6)

French français(e) (C5); **French (language)** français m (C1); **french fries** frites f pl (C6)

Friday vendredi (C7)

friend ami m, amie f (G5); copain m (C12), copine m (C7); camarade m/f (C2)

friendly gentil (gentille) (C10); sympathique (C6)

from de (C3); **from the** du/de l'/de la, pl des (C3); **from time to time** de temps en temps (G13); **from where?** d'où? (G19); **from which (one)/whom** duquel/de laquelle, pl desquels/desquelles (G19); **from which/whom** rel pron dont (C27)

front: in front of devant (C16)

fruit fruit m (C6)

full complet (complète) (C3); plein (C27)

fun: to have fun s'amuser (G12); **to make fun of** se moquer de (C25)

funny amusant(e) (C21); drôle (C24); marant(e) (G26)

furious furieux (furieuse) (C26)

furnished meublé(e) (C16)

furniture (piece) meuble m (C16)

future nm futur (G9); adj futur(e) (G9)

G

gain (weight) grossir (G9)

gallery galerie f (C19)

game jeu m (C21); match (sport) m (C10)

garage garage m (G5)

garden jardin m (G6)

gasoline essence m (G5)

gather (flowers/fruit) cueillir (D31)

gentle doux (douce) (G7)

gentleman monsieur (C1), pl messieurs (C6)

German allemand(e) (C5)

get recevoir (*G15*); **to get acquainted with** faire la connaissance de (*C10*); **to get angry** se fâcher (*C9*); perdre patience (*G9*); **to get lost** se perdre (*G24*); **to get up** se lever (*G12*); **to get used to** s'habituer (*C31*)

girl fille *f* (*C5*); jeune fille *f* (*C10*)

girlfriend petite amie *f* (*G6*)

give donner (*G3*); **to give back** rendre (qq ch) (*G9*)

glad: to be glad to vouloir bien (*G11*)

gladly volontiers (*C7*)

glance jeter un coup d'œil (*C19*)

glass verre *m* (*C30*)

glasses lunettes *f pl* (*G17*); **sunglasses** lunettes de soleil *f pl*

glove gant *m* (*G17*)

go aller (*C3*); **let's go** allons-y (*C6*); **go around (the world)** faire le tour (du monde) (*C25*); **go by** passer (par) (*C14*); **go down** descendre (*G10*); **go home** rentrer (*C15*); **go out** sortir (*G10*); **go shopping** faire des achats (*C20*); **go to bed** se coucher (*G12*); **go up** monter (*G10*)

golf golf *m* (*C12*)

good bon (bonne) (*C1*); sage (*G14*); *adv* bien (*C1*); **goodbye** au revoir (*C1*); adieu (*C7*); **good morning/ afternoon** bonjour (*C1*)

gossip bavardage *m* (*C10*)

grandfather grand-père *m* (*C5*)

grandmother grand-mère *f* (*C5*)

grandparents grands-parents *m pl* (*C5*)

grass herbe *f* (*C19*)

gray gris(e) (*G7*)

great! chic alors!, chouette (alors)!, tant mieux! (*C3*); formidable! (*C11*); génial(e)! (*C9*); marrant(e)! (*C26*)

Greece Grèce *f* (*C25*)

green vert(e) (*G7*)

greet saluer (*C31*)

grocer épicier *m* épicière *f* (*C13*)

groceries provisions *f pl* (*C13*)

grocery (store) épicerie *f* (*C13*)

ground: on the ground par terre (*C25*); **ground floor** rez-de-chaussée *m* (*C16*)

group groupe *m* (*C19*)

grow pousser (*C31*)

guide guide *m f* (*C32*)

guitar guitare *f* (*C10*)

guy *slang* type *m* (*C10*)

H

habit habitude *f* (*C10*)

hair cheveux *m pl* (*C10*)

hairdresser coiffeur *m*, coiffeuse *f* (*C20*)

half demie *f* (*C19*); **half an hour** demi-heure *f* (*C18*); **half past the hour** et demi(e) (*C4*)

ham jambon *m* (*C6*)

hand: on the other hand d'autre part (*C31*)

handkerchief mouchoir *m* (*G21*)

happen arriver, se passer (*G19*)

happy content(e), heureux (heureuse) (*G7*)

hard dur(e) (*C21*)

hat chapeau *m* (*G17*)

have avoir (*C3*); **to have** (*something to eat or drink*) prendre (*C6*); **to have a drink** prendre un pot (*C15*); **have just done something** venir de (+ *inf*) (*C10*); **to have to** devoir, être obligé(e) de (*C18*); **to have (something done)** faire (+ *inf*) (*C28*)

he *subj pron* il (*C4*); ce (*C3*); *disj pron* lui (*C14*)

head tête *f* (*C22*); **headache** mal à la tête *m* (*C22*); **to have a headache** avoir mal à la tête (*C22*)

health santé *f* (*C20*)

hear entendre (*G9*); **to hear of/ about** entendre parler de (*C31*)

heating chauffage *m* (*C16*)

helicopter hélicoptère *m* (*C18*)

hello bonjour (*C1*); salut! (*G11*)

help aider (*C23*); **to help oneself** se servir (*G22*)

her *obj pron* la, lui, elle (*C8*); *poss adj*, son/sa, *pl* ses (*C10*)

here ici (*C2*); **here is/are** voici (*C6*); **here he/she/it is** le/la voilà (*C8*); **here they are** les voilà (*C8*)

hers *poss pron* le sien/la sienne, *pl* les siens/les siennes (*C23*)

herself elle-même (*C15*)

hey! tiens! (*C6*)

hi! salut! (*G11*)

high school lycée *m* (*C22*)

him *obj pron* le, lui (*C8*), (*G11*)

himself lui-même (*C15*)

his son/sa, *pl* ses (*C10*); *poss pron* le sien/la sienne, *pl* les siens/les siennes (*C23*)

historical historique (*C31*)

history histoire *f* (*C9*); **natural history** histoire naturelle *f* (*C19*)

hold (in one's hand) tenir (à la main) (*G21*)

holiday fête *f* (*C9*); **national holiday** fête nationale *f*

home maison (*C11*); **at home** à la maison; **home town** ville natale *f* (*C21*)

homework devoir *m* (*G9*)

hope espérer (*C20*)

horrible affreux (affreuse) (*C27*); **how horrible!** quelle horreur (*C27*)

horribly horriblement (*C24*)

horse cheval *m* (*pl* chevaux) (*G6*)

hospital hôpital (*pl* hôpitaux) *m* (*G6*)

hot (très) chaud(e) (*C12*); **to be hot** (*person*) avoir (très) chaud; (*weather*) faire chaud (*C11*)

hotel hôtel *m* (*C3*); **hotel manager** hôtelier *m*, hôtelière *f* (*C3*)

hour heure *f* (*C4*); **rush hour** heure de pointe *f* (*C17*)

house maison *f* (*G3*); **to/at (someone')s house** chez qqn (*C7*)

housing logement *m* (*C16*)

how comment (*C4*); **how are you?** *formal* comment allez-vous? (*C1*); *fam* comment vas-tu? (*C4*); **how's is it going?** (comment) ça va? (*C4*); **how's that?** comment ça? (*C11*); **how old are you?** quel âge avez-vous? (*C5*)

however pourtant (*C22*)

humor: sense of humor sens de l'humour *m* (*G20*)

hundredth centième

hungry: to be hungry avoir faim (*C6*)

hurry se dépêcher (*G12*); **to be in a hurry** être pressé(e) (*C20*)

hurt blessé(e) (*C27*)

husband mari *m* (*C14*); époux *m* (*G18*)

I

I je (*C1*)

ice cream glace *f* (*C6*)

ice skate patiner (*C12*)

idea idée *f* (*C13*); **I have no idea** je n'en sais rien (*C22*)

ideal idéal(e) (*C14*)

identity identité *f* (*C5*)

if si *(C10)*
immediately immédiatement *(G9)*
immense immense *(C16)*
impatience impatience *f (C9)*
impatient impatient(e) *(G14)*
impeccable impeccable *(C12)*
important important(e) *(C26)*; grave *(C22)*
impressionist *(painter)* impressionniste *m/f (C19)*
impressive impressionnat(e) *(C31)*
in dans *(C2)*; en *(C5)*; **in a week** dans huit jours *(C28)*; **in general** en général *(C4)*; **in order to** pour *(C1)*; **in time** à temps *(C27)*; **in two weeks** dans quinze jours *(C28)*
incident incident *m (C27)*
included compris(e) *(C3)*; **utilities included** *(rent)* tout compris *(C16)*
inconvenience gêner *(C24)*; déranger *(C16)*
indeed! mais oui! *(C2)*
indicate indiquer *(C32)*
inform renseigner *(C13)*
information renseignements *m/pl (C2)*
injured blessé(e) *(C27)*
innocent innocent(e) *(C11)*
institute institut *m (C27)*
instrument instrument *m (G16)*
intelligent intelligent(e) *(G7)*
intend compter, avoir l'intention de *(C7)*
interest intéresser *(C18)*
interesting chic *(G26)*; intéressant(e) *(C10)*
interior intérieur *m (C31)*
interrupt interrompre *(C31)*
into à *(C2)*; dans
intoxication ivresse *m (C27)*
intrigue intriguer *(G21)*
invitation invitation *f (G18)*
invite inviter *(C10)*
invoice facture *f (G22)*
Irish irlandais(e) *(G7)*
irritate agacer *(G21)*
irritating agaçant(e) *(C29)*
it *subj pron* il, elle *(C4)*; ce *(C3)*; ceci, cela, ça *(G21)*; *obj pron* le, l', la *(C8)*; lui *(C14)*; **of it** en *(G11)*
Italian italien(ne) *(C5)*

J

jacket veste *f (C15)*
January janvier *(C7)*
Japan Japon *m (C25)*
jazz jazz *m (C9)*

jealous jaloux (jalouse) *(C26)*
jeans blue-jean *m (C15)*
jog faire du jogging *(C29)*
joke plaisanter *(C22)*
journalist journaliste *m/f (C10)*
juice jus *m (C22)*; **(orange) juice** jus d'(orange) *m*
July juillet *(C7)*
June juin *(C7)*
junior high collège *m (C21)*
just juste *(C18)*; **just in time** de justesse *(C32)*

K

keep garder *(C22)*; tenir *(C29)*; **to keep in shape** garder la forme *(C22)*
key clef (clé) *f (C31)*
kilometer (km) kilomètre (km) *m (C27)*; **(30) kilometers an hour (km/hr)** (30) kilomètres à l'heure (km/h) *(C27)*
kind aimable *(G7)*
kitchen cuisine *f (C3)*
knife couteau *m (G14)*
know *(something)* savoir *(C3)*; **to be acquainted with** *(someone/ something)* connaître *(C6)*; **to know how** savoir *(C9)*

L

laboratory (lab) laboratoire (labo) *m (C4)*
lady dame *f (G19)*
lake lac *m (G13)*
lamp lampe *f (C16)*
large grand(e) *(C10)*; gros (grosse) *(G7)*
last durer *(C12)*; *adj* dernier (dernière) *(C9)*; passé(e) *(C15)*; **at last** enfin *(G14)*
late en retard *(G5)*; tard *(G9)*
law loi *f (G9)*
lawyer avocat *m* avocate *f (C5)*
lead (to) mener (à) *(C29)*
learn apprendre *(C21)*
least moins *(C12)*
leave partir *(C4)*; quitter *(G16)*; s'en aller *(G22)*; **to leave again** repartir *(C30)*; **to leave behind** laisser *(C6)*; **to leave someone alone** laisser qqn en paix *(C25)*; **I don't have any left** il ne m'en reste aucun(e) *(G10)*
left: on/to the left à gauche *(C2)*
leg jambe *f (C22)*
lend prêter *(C23)*
less moins *(C12)*; **less . . . than** moins ... que *(G7)*

lesson leçon *f (G9)*
let laisser *(G8)*; **let's go** allons-y *(C6)*
letter lettre *f (C1)*
library bibliothèque *f (C10)*
license permis *m (C21)*; **driver's license** permis de conduire *m*
lie: to lie down se coucher *(G12)*
light lumière *f (G23)*
light *(in weight)* léger (légère) *(G13)*
like *adv* comme *(C4)*; **to like** aimer *(C6)*; **I would like** je voudrais *(G25)*
limit limite *f (C27)*; **speed limit** limite de vitesse *f (C27)*
list liste *f (C13)*
listen to écouter *(C12)*
little petit(e); *adv* peu *(C1)*; **a little** un peu; **a little bit** un petit bout *(C20)*
live habiter, demeurer *(in a place)* *(C5)*; vivre *(G16)*
lived vécu *(L3)*
living room salon *m (C16)*
lodging logement *m (C16)*
long long (longue) *(C10)*; **long time** longtemps *(C12)*; **how long?** combien de temps? *(C14)*; **how long has it been since . . . ?** il y a/voilà combien de temps que... ? *(C20)*, *(C29)*
look *(appearance)* avoir l'air *(C32)*; **to look at** regarder *(C12)*; **to look for** chercher *(C17)*; **to look like** ressembler à *(C15)*; **to look well/ill** avoir bonne/mauvaise mine *(C22)*
lose perdre *(G9)*; **to get lost** se perdre *(G24)*; **to lose one's temper** perdre patience *(G9)*; **to lose weight** maigrir *(G9)*
lot: a lot, lots of beaucoup (de) *(C1)*; un tas de *(C9)*
love aimer *(C6)*
lower diminuer *(C27)*
luck chance *f (G13)*; **how lucky!** quelle chance! *(G13)*
lunch déjeuner *m (C4)*; **to have lunch** déjeuner *(C3)*; **lunchroom** buffet *m (C18)*

M

ma'am madame *f (C1)*
made fabriqué(e) *(G21)*
magazine revue *f (C8)*, magazine *m (G5)*
magnificent magnifique *(G24)*

make marque *f* (C28); **to make** faire (C10); *followed by adj* rendre (C26); **to make (sad)** rendre (triste) **it makes (me) (sad)** ça (me) rend (triste) (C26); **to make an appointment** prendre rendez-vous (G24); **to make fun of** se moquer de (C25); **to make small talk** parler de la pluie et du beau temps (C13)

man homme *m* (C9)

manage tenir (C29)

manager (*apartment*) concierge *m/f* (C1); (*hotel*) hôtelier, hôtelière *m/f* (C3)

many beaucoup (C11); **so many** tant de (G14), tellement (C26); **too many** trop (C11); **how many?** combien? (C8)

map carte *f* (C19); plan *m* (C2)

March mars (C7)

market marché *m* (C2)

marriage mariage *m* (C10)

marry se marier (C10)

Mass messe *f* (C24); **midnight Mass** messe de minuit *f*

matter affaire *f* (C15); **it doesn't matter to me** ça m'est égal, ça ne fait rien (G21)

may pouvoir (C18)

May mai (C7)

me *obj pron* me (C9); *disj pron* moi (C6)

meal repas *m* (C3)

mean méchant(e) (G23); to mean vouloir dire (C11)

means moyen *m* (C20)

measles rougeole *f* (C22)

meat viande *f* (C6)

medicine médicament *m* (C13)

meet rencontrer (C15); faire la connaissance de (C10); rejoindre (G23); **to meet again** retrouver (C14)

meeting rencontre *f* (C1); réunion *f* (C24)

memory mémoire *f* (C9); souvenir *m* (C21)

menu menu *m* (C6); carte *f* (C19)

merchant: wholesale wine merchant négociant *m*, négociante *f*, en vins (C14)

Mexican mexicain(e) (C5)

middle milieu *m* (C28)

midnight minuit *m* (C4)

mild: to be mild (*weather*) faire doux (C11)

milk lait *m* (C6)

million million (de) *m* (C25)

millionaire millionnaire *m/f* (C25)

mine *poss pron* le mien/la mienne, *pl* les miens/les miennes (C23)

minute minute *f* (C23)

Miss mademoiselle *f* (C1)

miss manquer (C18)

mistake faute *f* (C27); **to make a mistake/be mistaken** se tromper (C29); avoir tort (G13)

modern moderne (C9)

moment moment *m* (G9)

Monday lundi (C7)

money argent *m* (G13)

month mois *m* (C7)

monument monument *m* (C20)

mood humeur *f* (G18); **to be in a good/bad mood** être de bonne/mauvaise humeur

moon lune *f* (C9)

moped vélomoteur *m* (C20); **by moped** en vélomoteur

more plus (G7); davantage (G18); **more . . . than** plus... que (G7)

morning matin *m* (C1); matinée *f*, (*emphasis on duration*) (G12); **good morning** bonjour (C1)

most: la plupart (de) (G18); **most of (them)** la plupart d'entre (eux) (C31); **most of all** surtout (C12); **the most** le/la plus + *adj* (C12)

mother mère *f* (C5)

motorcycle motocyclette (moto) *f* (C9)

movies (movie theater) cinéma *m* (C2)

Mr. monsieur *m* (C1)

Mrs. madame *f* (C1)

much beaucoup (de) (C1); **how much?** combien? (C8); **how much is it?** c'est combien? (C11); **not/nothing much** pas grand-chose (C9); **so much the better** tant mieux (C3); **so much** tant de (G14), tellement (C26); **too much** trop (de) (C11)

mumps oreillons *m/pl* (C22)

museum musée *m* (C2)

mushroom champignon *m* (C30)

music musique *f* (C9)

musician musicien *m*, musicienne *f* (C10)

must devoir (C18); **one must** il faut (C11)

my mon/ma, *pl* mes (C5)

N

name nom *m* (C19); **to be named** s'appeler (C5); **what's your name?** *formal* comment vous appelez-vous? *fam* comment t'appelles-tu? (C5)

napkin serviette *f* (C30)

nasty méchant(e) (G23); vilain (G7)

national national(e) (C19); **national holiday** fête nationale *f* (C9)

nationality nationalité *f* (C5)

naughty vilain(e) (G7)

near près de (C2)

nearby dans les environs (C3)

nearly à peu près (C18)

need avoir besoin de (C13); **one needs** il faut (C11)

neighbor voisin *m*, voisine *f* (G9)

neighborhood environs *m pl* (C3); quartier *m* (C16)

neither non plus (C20)

nervous nerveux (nerveuse) (C26)

never ne... jamais (C16); jamais (C18)

new nouveau (nouvel)/nouvelle, *pl* nouveaux/nouvelles (G7); **(brand) new** neuf (neuve) (G7); **New Year's Day** jour de l'an *m* (C24); **New Year's Eve** veille du jour de l'an *f* (C24); **New Year's Eve party** réveillon (*m*); du jour de l'an (C24)

news nouvelles *f pl* (G11)

newspaper journal (*pl* journaux) *m* (C8)

newsstand kiosque *m* (C8)

next prochain(e) (C7)

nice agréable (G7); gentil (gentille) (C10); sympathique (C6)

night nuit *f* (G6)

Nile (*river*) Nil *m* (C25)

no non (C1); ne... pas (C1); **no longer** ne... plus (C5)

noise bruit *m* (C16)

noon midi *m* (C4)

north nord *m* (C17)

Norwegian norvégien (norvégienne) (G7)

not pas; ne... pas (C1); **not a thing** ne... rien (C22); **not anymore** ne... plus (C5); **not at all** pas du tout (C3); **not ever** ne... jamais (C16); **not one** ne... pas un seul (C11)

notebook cahier *m* (G6)

nothing ne... rien (C22); rien (ne...) (C27); **nothing much** pas grand-chose (C9)

notice remarquer (C13); observer (C27)

novel roman *m* (C11); **spy novel** roman d'espionnage *m*

November novembre (C7)

now maintenant (C11); actuellement (C27)

nowadays à l'heure actuelle (C25)

number nombre *m* (C27)

nurse infirmier *m*, infirmière *f* (C5)

O

obey obéir à (G9)

observe observer (C27)

October octobre (C7)

of de (C3); **of it/of them** en (G11); **of the** du/de l'/de la, *pl* des (C3)

offer offrir (C23); proposer (C32)

office bureau *m* (G13)

often souvent (G6)

oh! aie! (C23)

OK bien (C1); d'accord (d'ac), entendu (C6)

old vieux (vieil)/vieille, *pl* vieux/ vieilles (G7); ancien (ancienne) (C14); **to be (twenty) years old** avoir (vingt) ans (C5); **how old are you?** quel âge avez-vous? (C5); **old age** vieillesse *f* (C27)

on sur (C2); **on that** là-dessus (C30); **on the other hand** d'autre part (C31); **on (your) part** de (ta) part (C20)

one *art* un, une (C3); *subj pron* on (G3); **the one** celui/celle, *pl* ceux/ celles; **this one** celui-ci/celle-ci (G21); **these** ceux-ci/celles-ci **those** ceux-là/celles-là (G21)

onion oignon *m* (G15); **onion soup** soupe à l'oignon *f*

only *adj* seul(e) (C11); *adv* seulement (C8); ne... que (C13)

open ouvrir (G14)

opened ouvert(e) (C4)

opera opéra *m* (C14)

opinion avis *m* (G7); **in your opinion** à ton/votre avis *m* (G7)

or ou (C9)

orange orange *f* (C22); **orange juice** jus d'orange *m*

orchestra orchestre *m* (G25)

order ordre *m* (C23); **to order** commander (G8); **in order to** pour (C1)

origin origine *f* (G7)

other autre (C13)

ouch! aie! (C23)

ought devoir (C18); **I ought to** je devrais (G25)

ours le/la nôtre, *pl* les nôtres (G17)

over: over here par ici (C16); **over there** là-bas (C2); par là (C16), (C2)

overpopulation surpopulation *f* (C25)

owe devoir (C18)

P

P.M. du soir (C4); de l'après-midi (C4)

package paquet *m* (G11)

painful douloureux (douloureuse) (C22)

paint peindre (G23)

painter peintre *m* (C19)

painting tableau *m* (C19); peinture *f* (G18)

pair paire *f* (G15)

pal copain *m*, copine *f* (C7)

pale pâle (G7)

pansy pensée *f* (C31)

pants pantalon *m* (C15)

paper papier *m* (C13)

parakeet perruche *f* (G16)

pardon (me) pardon (C2)

parent parent *m* (C5)

Parisian parisien (parisienne) (C8)

park parc *m* (G12)

parking space place de parking *m* (C20)

part partie *f* (G18)

partner camarade *m/f* (C4); partenaire *m/f* (G12)

party partie *f*; surprise-partie *f* (G12); *slang* boum *f* (C10)

pass: to pass by passer (C14)

passage passage *m* (G14)

passer-by passant *m*, passante *f* (C2)

past ancien (ancienne) (C14)

pastime passe-temps *m* (C32)

pâté (*meat paste*) pâté *m* (C6)

path chemin *m* (C29)

patience patience *f* (G9)

pay payer (G8); **to pay attention** faire attention (G14)

peace paix *f* (C25)

peaceful paisible (C32)

pear poire *f* (C6)

pen stylo *m* (G17)

pencil crayon *m* (G17)

people *subj pron* on (G3); gens *m pl* (C27); **a lot of people** beaucoup de monde (C17)

pepper poivre *m* (C13)

per (day) par (jour) (C16)

perfect parfait(e) (C7)

period (*time*) époque *f* (C14)

permit permis *m* (C21)

person personne *f* (G7)

pharmacist pharmacien *m*, pharmacienne *f* (C13)

philanthropist philanthrope *m/f* (C25)

phone téléphoner à (C10); **phone call** coup de téléphone/fil *m* (G9)

photograph photographie (photo) *f* (C21)

piano piano *m* (C10)

pick (*flowers/fruit*) ceuillir (C31); **to pick up** aller chercher (C17); ramasser (C30)

picnic pique-nique *m* (C11)

piece morceau *m* (C16)

pink rose (G7)

pipe pipe *f* (G21)

pity plaindre (G23)

pizza pizza *f* (C6)

pizzeria pizzéria *f* (C32)

place endroit *m* (C32); **to take place** avoir lieu (C26)

plan compter (C7); avoir l'intention de (C7); *n m* projet (C17)

plant planter (G10)

plate assiette *f* (C30)

play (*sport, game*) jouer à (C12); (*musical instrument*) jouer de (C10); *n f* pièce (de théâtre) *f* (G21)

playhouse théâtre *m* (G5)

playwright dramaturge *m/f* (G21)

pleasant sympathique (C6); agréable (G7)

please s'il te/vous plaît (C2); **to please** faire plaisir (C26); **to be pleasing** plaire (C19); **with pleasure** avec plaisir (C15)

pneumonia pneumonie *f* (C22)

pocket poche *f* (G16)

poem poème *m* (G17)

police police *f* (G9); **police commissioner** commissaire de police *m* (C27); **police officer** agent de police *m* (C3); **police station** préfecture de police *f* (C5); commissariat de police *m* (C27)

polite poli(e) (G7)
politics politique f (G6)
pollution pollution f (C25)
poor pauvre (C25)
popular populaire (L8)
pork porc m (C13); **pork butcher** charcutier m, charcutière f (C13)
possibility possibilité f (C4)
possible possible (C24); **as soon as possible** le plus tôt possible (C28)
postcard carte postale f (C18); **post office** le bureau de poste m; poste f (C2)
practice (sport) faire du sport (C12)
precise précis(e) (C17)
prefer préférer (C12); aimer mieux (G24)
prepare préparer (G11)
present cadeau m (C17)
present présenter (G20); adj présent(e) (C24); **of the present time** actuel(le) (C25); **at present/ presently** actuellement (C27)
preserve garder (C22)
president président m (C9)
pretty joli(e) (C10)
price prix m (C3)
priest curé m (C31); **Father** monsieur le curé (C31)
probably sans doute (C22)
problem problème m (C16)
product produit m (C13); **beauty product** produit de beauté m
profession profession f (C5)
program (TV/radio) emission f (G11)
project projet m (C17)
propose proposer (C32)
provisions provisions f pl (C13)
pupil élève m/f (G14)
purchase achat m (C20)
pure pur(e) (C32)
put mettre (G11); **to put away** ranger (G19); **to put on** (clothes) mettre (G11); **to put on makeup** se maquiller (G12); **to put out** (light) éteindre (G23)
puzzle intriguer (G21)
pyramid pyramide f (C25)

Q

quarrel dispute f, querelle f (C27)
quarter: quarter past (the hour) et quart (C4); **quarter to** (the hour) moins le quart (C4)
question question f (C9); **to ask a question** poser une question (G10)
quickly vite (G14)
quiet calme (C16)
quite adv tout (C8); **quite a few** pas mal de (C15); **quite the opposite** au contraire (C11)
quiz interro (interrogation) f (C9)

R

rabbit lapin m (G16)
radio radio f (G8), transistor m (G17)
railroad: railroad station gare f (C2)
rain pluie f (C11); **to rain** pleuvoir, **it's raining** il pleut (C11)
raincoat imperméable m (C11)
rare rare (C12)
rather adj bien (C1)
rational raisonnable (G5)
ravishing ravissant(e) (C10)
reach atteindre (G23)
read lire (G11)
ready prêt(e) (C4)
really vraiment (C9); en effet (C26)
reasonable raisonnable (G5)
receive recevoir (G15)
recent récent(e) (G6)
recently récemment (G9)
recommand recommander (C22)
record (phonograph) disque m (C12)
rectory presbytère m (C31)
red rouge (C6)
refrigerator frigo m (C16)
refuse refuser (G27)
regret regretter (C8)
relatively relativement (C31)
relative parent m (C5)
relaxing reposant(e) (C32)
remember se rappeler (G20); se souvenir de (G22)
rent loyer m (C16); **to rent** louer (C16)
repair réparation (C28); **to repair** réparer (G15)
report rapport m (C24)
represent représenter (C19)
reproduction reproduction f (C19)
reputation réputation f (C3)
resemble ressembler à (C15)
respect le respect (C23); **to be disrespectful** manquer de respect (C23)
rest se reposer (G12)
restaurant restaurant m (C2)

restful reposant(e) (C32)
restroom WC m (C16)
retain garder (C22)
retirement retraite f (C25)
return retour m (C4); **to return** être de retour (C24); rentrer (C15); retourner (G10); **to return** (something) rendre (G9)
rich riche (C25)
right: to be right avoir raison (C11); **right** vrai(e); **right away** tout de suite (C6); **right now** en ce moment (G9); **right way** (direction) bon chemin m (C29); **on/to the right** à droite (C2); **right?** n'est-ce pas? (C1)
ring sonner (G9)
river rivière f (G20)
road route f (C18); chaussée f (G18); **take the wrong road** se tromper de route (C29)
rob voler (G24)
romanesque roman(e) (C31)
room salle f, pièce f (C16); (space) place f (G12); **room and board** pension f (C3); **roommate** camarade de chambre m/f (C16)
rose rose f (C22)
rosebush rosier m (C31)
round trip aller-retour m (C18)
route chemin m, (C29); route f (C18)
rug tapis m (C16)
ruin ruine f (G20)
run (a place) tenir (C29); function marcher (C15)
Russian russe (G7)

S

sad triste (C26)
sail faire de la voile (C12)
salad salade m (C6)
sale (clearance) solde f (G21); **on sale** en solde (G21)
salt sel m (C13)
same pron même (G26)
sandwich sandwich m (C6); **sandwich counter** buffet m (C18)
sardine sardine f (C20)
Saturday samedi (C7)
say dire (C11); **say!** dis donc! (C9); tiens! (C6)
scarcely à peine (C24)
scarf écharpe f (C23)
scene scène m (G21)
school école f (G14); **secondary**

school école secondaire *f* (*C22*);
high school lycée *m* (*C22*);
junior high collège *m* (*C21*);
school teacher instituteur *m*,
institutrice *f* (*G14*)

sea mer *f* (*C19*); **seashore** bord de
la mer *m*

search recherche *f* (*C3*)

season saison *f* (*C12*)

seat place *f* (*C20*)

second second(e) (*C18*)

secondhand book dealer le/la
bouquiniste (*G26*)

see voir (*C13*); appercevoir (*C30*);
to see again revoir (*D24*); **to see
the whole (world)** faire le tour
du (monde) (*C25*); **see you
(Thursday)** à (jeudi) (*C7*); **see
you at (six)** à (six) heures (*C7*);
see you one of these days à un
de ces jours (*C7*); **see you
tomorrow** à demain (*C7*); **see
you tonight!** à ce soir! (*C7*)

seem avoir l'air (*C15*); sembler (*C32*)

self (-selves) même (*G15, C1*)

sell vendre (*C8*)

send envoyer (*G11*); **to send
away/back** renvoyer (*G22*); **to
send for** faire venir (*C22*)

sensational sensationnel(le)
(sensas) (*C12*)

sense sentir (*G22*)

sense of humor sens de
l'humour *m* (*G20*)

September septembre (*C7*)

serious grave (*C22*); sérieux
(sérieuse) (*G7*); **it's not serious**
ça n'est rien (*G21*)

serve servir (*G22*); **to be at
someone's service** être à la
disposition de qqn (*C31*)

set: it's all set c'est entendu (*C6*)

several plusieurs (*C14*)

shape forme *f* (*G25*); **to be in
shape** être en forme (*G25*); **to
keep in shape** garder la forme
(*C22*)

sharp: at (eight) o'clock à (huit)
heures précises (*C17*)

shave se raser (*G12*)

she *subj pron* elle (*C4*); *disj pron*
(*C14*) ce (*C3*)

shirt (*men's*) chemise *f* (*C15*);
(*women's*) chemisier *m* (*C15*)

shoe chaussure *f* (*C15*)

shoemaker cordonnier *m*,
cordonnière *f* (*C27*)

shop: to go shopping faire des
achats (*C20*); *n f* boutique (*G21*);
shopping center centre
commercial *m* (*C21*); **shop
window** étalage *m* (*G26*);
tobacco shop bureau de tabac
(*C2*)

shopkeeper marchand *m* (*C13*)

short court(e) (*C10*)

should devoir; **I should** je devrais;
I should have j'aurais dû (*G25*)

show montrer (*C16*)

shut fermer (*G3*)

sick malade (*G9*)

side côté *m* (*C23*)

sideboard buffet *m* (*C30*)

simple simple (*C28*)

simply simplement (*C22*)

since depuis (+ *period of time*)
(*C14*)

sing chanter (*C9*)

singer chanteur *m*, chanteuse *f*
(*G21*)

single célibataire (*C26*)

sir monsieur (*C1*)

sister sœur *f* (*C5*)

sit s'asseoir (*G14*)

situation situation *f* (*G23*)

size taille *f* (*C16*)

skate: to ice skate patiner (*C12*)

ski ski *m* (*C12*); **ski** faire du ski
(*C12*); **ski jacket** anorak *m* (*C15*)

skillful adroit(e) (*G7*)

skinny maigre (*G7*)

skirt jupe *f* (*C15*)

sky ciel *m* (*C11*)

sleep dormir (*G18*); **sleep late**
faire la grasse matinée (*G12*)

slippery glissant(e) (*G18*)

slowly lentement (*G14*)

small petit(e) (*C3*)

smart intelligent(e), génial(e) (*C9*)

smell sentir (*G22*)

smoke fumer (*C22*); **smoking car**
wagon-fumeur *m* (*C24*)

snow neige *f* (*C12*); **to snow**
neiger (*C11*)

so alors (*C6*); donc (*C7*); **so many/
much** tant de (*G14*); tellement
(*C26*); que de ... (*C31*); **so much
the better** tant mieux (*C3*); **so
that** pour que (*G24*); **so-so**
comme çi, comme ça (*C4*); **so?**
eh bien? (*C10*)

soaked trempé(e) (*C11*)

soccer football *m* (*C10*)

sock chaussette *f* (*C15*)

sofa sofa *m* (*C16*)

some du/de l'/de la, *pl* des (*neg de*)
(*C5*); quelque(s) (*C5*); quelques-
uns, quelques-unes (*G26*); *pron*
en (*G11*)

something quelque chose *m* (*C16*)

sometimes quelquefois (*G12*)

somewhere quelque part (*G11*)

son fils *m* (*C5*)

song chanson *f* (*G21*)

soon bientôt (*C7*); **see you soon** à
bientôt; **as soon as possible** le
plus tôt possible (*C28*)

sore: to have a sore (throat)
avoir mal à (la gorge) (*C22*)

sorry désolé(e) (*C29*); dommage
(*C23*); **to be sorry** regretter (*C8*);
to feel sorry for plaindre (*G23*)

sort sorte *f* (*G13*); espèce *f* (*C13*)

soup soupe *f* (*C6*)

south sud *m* (*C17*)

souvenir souvenir *m* (*C18*)

Spanish espagnol(e) (*C5*)

speak parler (*C1*); **to speak loudly**
parler haut (*G24*)

special spécial(e) (*G25*); **special
dish of the day** plat du jour *m*
(*G6*)

specialty spécialité *f* (*C6*)

speed vitesse *f* (*C27*); **speed limit**
limite de vitesse *f*

spend (time) passer (le temps)
(*C14*)

spill renverser (*G19*)

sport sport *m* (*C12*); **to practice a
sport** faire du sport

spring printemps *m* (*C12*); **in the
spring** au printemps;
(*mechanical device*) ressort *m*
(*C28*)

stadium stade *m* (*C20*)

stage scène *f* (*G21*)

stained-glass window vitrail (*pl*
vitraux) *m* (*C31*)

staircase escalier *m* (*C16*)

stairs escalier *m* (*C16*)

stand(up) se tenir debout (*C15*);
standing debout (*C15*)

start commencer (par) (*G8*); se
mettre à (*C12*); **starting at** à
partir de (*C3*)

starvation famine *f* (*G23*)

station: gas station station-
service *f* (*G5*); **railroad station**
gare *f* (*C2*)

stationery papier à lettres *m*
(*C13*)

stationery store papeterie *f* (C13)
  statue statue *f* (C31)
stay séjour *m* (C23)
stay rester (G10); **to stay at** descendre à (G24)
steak bifteck *m*; **steak and french fries** bifteck frites *m* (C6)
stereo chaîne-stéréo *f* (G9)
still toujours (C4, C11)
stomach estomac *m* (C29)
stop arrêt *m* (C20); **to stop** arrêter (C13); s'arrêter (C18)
store magasin *m* (C13)
stove cuisinière *f* (C16)
straight: straight ahead tout droit (C2)
strain fatiguer (C17)
street rue *f* (C2)
strong fort(e) (C14)
student (*grade school/high school*) elève *m/f* (G14); (*university*) étudiant *m*, étudiante *f* (C1)
studio studio *m* (C16)
study étudier (G3); **studies** études *f pl* (C28)
stupid bête (C21)
subject sujet *m* (C27)
subway métro (métropolitain) *m* **by subway** en métro (C17)
succeed réussir à (G14)
success succès *m* (G9)
such tel (telle) (C18)
suffer souffrir (G22)
sugar sucre *m* (C6)
suit costume *m* (C15); complet *m* (C23); **to suit** (*someone*) convenir à (qqn) (C16); aller (à ravir) (C15)
summer été *m* **in the summer** en été (C12)
sun soleil *m* (C11)
sunglasses lunettes de soleil *f* (G17)
to sunbathe prendre un bain de soleil (C12)
Sunday dimanche (C7)
sunrise lever du soleil *m* (C19)
supermarket supermarché *m* (C2)
sure d'accord (C6); sûr(e) (C11); **of course** bien sûr! (C9); **for sure** sûrement (C25)
surprise surprise *f* (G16); **surprise party** partie *f*; surprise-partie *f* (G12); **surprise** surprendre (G23)
suspect se douter de (C28)
sweater pull-over *m* (G5)
Swedish suédois(e) (G7)

sweet doux (douce) (G7)
swim nager (C12)
symptom symptôme *m* (C22)

T
table table *f* (C6)
take prendre (C6); (*+ period of time*) falloir (G25); **to take back** rapporter (C30); **to take a course** suivre un cours (C30); **to take a trip** faire un voyage (G18); **to take a walk** faire une promenade (C11); **take advantage of** profiter de (C15); **to take care of** s'occuper de (G15); **to take care of** (*oneself*) **when sick** (se) soigner (G14); **to take on causes** s'engager (C25); **to take place** se passer (G19), avoir lieu (C26)
talent talent *m* (G5)
talk parler (C1); **to talk about** parler de (qqn/qq ch) (C10)
tall grand(e) (C10)
taste goût *m* (C10)
taxi taxi *m* **by taxi** en taxi (C4)
teacher professeur *m* (C5); **grade school teacher** l'instituteur *m*, institutrice *f* (G14)
tease taquiner (C23)
tedious ennuyeux (ennuyeuse) (G6)
telegram télégramme *m* (C32)
telephone téléphone *m* (G9)
télévision télévision (télé) *f* (C12)
tell dire (C9); **tell me!** dis donc! (C11)
temperature température *f* (G13)
tempt tenter (C32)
ten dix (C2)
tennis tennis *m* (C13); **tennis raquet** raquette de tennis *f* (G17)
terrific formidable (C11)
than que (G7)
thank remercier (C27); **thank you** merci (C1)
that (those) *dem adj* ce (cet)/cette (C4); *subj pron* cela, ça (C4); *dem pron* celui/celle, *pl*, ceux/celles; (*+ noun*) ce... là (G6); **that one/those** celui-là/celle-là, *pl* ceux-là/celles-là (G21); **that** *rel pron* qui (C10); que (C9); **that's it!** ça y est! (C11); **so that** pour que (G24)
the le (C1); la (C2); les (C3)
theater (*movie*) cinéma *m* (C2)
their *poss adj* leur(s) (C5); **theirs** *poss pron* le/la leur, *pl* les leurs *pron poss* (G17)

them *disj pron* eux, elles (C14); les (G8); **at/to them** leur (G11); **of them** en (G11)
then alors (C6); ensuite, puis (C24)
there là (C2); y (G11); **there he/ she/it is** le/la voilà (C8); **there they are** les voilà (C8); **there is/ are** il y a (C2); voilà (C1); **voici** (C6); **in there** là-dedans (C30); **over there** là-bas (C2); par là (C16); **under there** là-dessous (C30); **up there** là-haut (C30)
therefore donc (C7)
these *dem adj* ces (C4) *dem pron* ceux-ci/celles-ci (G21)
they ce (C3); ils, elles *sub pron* (C4); *disj pron* eux (C24)
thin mince (G7); **very thin** maigre (G7)
thing chose *f* (C13)
things affaires *f pl* (G17); **all sorts of things** de tout (C15)
think croire (C7); trouver (C10); **to think about** penser à (C26); **to think about/of** (*opinion*) penser de (C10); **to think so** se douter de (C28); **I think so** je crois que oui (C8)
thirsty: to be thirsty avoir soif (C11)
this *dem adj* ce (cet)/cette, *pl* ces (C4); ça, cela (C4); ceci (G21); *dem pron* celui/celle, *pl* ceux/ celles; (*+ noun*) ce ... -ci (G6); **this one/those** celui-ci/ceux-là celle-ci/celles-là (G21); **those** *dem adj* ces (C4)
thousand mille (G4)
thousandth millième
throat gorge *f* (C22); **to have a sore throat** avoir mal à la gorge (G22)
through par (C9)
thunder tonnerre *m* (G23)
Thursday jeudi (C7)
ticket billet *m* (G5); **ticket window** guichet *m* (C18)
tidy: tidy up ranger (G19)
tie cravate *f* (C15)
time heure *f* (C5); temps *m* (C11); époque *f* (C14); **a long time** longtemps (C12); **ahead of time** en avance (G5); **at the present time** actuellement (C27); **how much time?** combien de temps? (C14); **in time** à temps (C27); **just in time** de justesse

(C32); **of the present time** actuel(le) (C25); **the (first) time** la (première) fois (C12); **to waste time** perdre son temps (G9); **on time** à l'heure (G5); **time flies** le temps passe (C26); **from time to time** de temps en temps (G13); **(at) what time ... ?** (à) quelle heure ...? (C6); **what time is it?** quelle heure est-il? (C4)

tip (*in a restaurant*) pourboire *m* (C6)

tire fatiguer (C17)

tired fatigué(e) (C15)

to à (C2); pour (C1); vers (G5); **to the** au/à l'/à la, *pl* aux (C3); **at/to (someone')s house** chez (qqn) (C7); **to whom** *rel pron* à qui (G21)

tobacco tabac *m*; **tobacco shop** bureau de tabac (C2)

today aujourd'hui (C7)

together ensemble (G8)

toilet WC *m* (C16)

tomorrow demain (C16)

too aussi (C6); **too much/many** trop (de) (C11); **(that's) too bad!** (quel) dommage! (C23)

tooth dent *f* (G12)

top dessus *m* (C30); **on top (of)** en haut (de) (C16)

topcoat pardessus *m* (C11)

totally totalement (C25); tout à fait (C16)

tourist touriste *m/f* (C19); **tourist bus** autocar (car) *m* (G5)

toward(s) vers (G9)

town ville *f* (C2); **home town** ville natale *f* (C21); **town hall** mairie *f* (C2)

traditional traditionnel(le) (C24)

traffic circulation *f* (C23)

train train *m*; **by train** en train; **express train** express *m* (C4)

transistor radio transistor *m* (G17)

transportation transport *m* (C20)

travel faire un voyage (G18); voyager (C18)

tree arbre *m* (G6)

trim tailler (C31)

trip voyage *m* (C7); **round trip** aller et retour *m* (C18); **trip back, return** retour *m* (C4); **to take a trip** faire un voyage (G18)

truck camion *m* (C27)

true vrai(e) (G10)

trumpet trompette *f* (G16)

trust avoir confiance en (C11)

truth vérité *f* (G23)

try essayer (G13)

T-shirt tee-shirt *m* (C15)

Tuesday mardi (C7)

Turkey Turquie *f* (C25)

turn off (*lights*) éteindre (G23)

TV télé *f* (C12)

two deux (C2)

U

umbrella parapluie *m* (C11)

uncle oncle *m* (C30)

under sous (C30); **under there** là-dessous (C30)

underside dessous *m* (C30)

understand comprendre (C13)

undertake entreprendre (G23)

unfortunate malheureux (malheureuse) (C25)

unfortunately hélas (C14)

unhappy malheureux (malheureuse) (C25)

United States États-Unis *m* (C5)

university faculté (fac) *f*, université *f* (G20); **university student** étudiant *m*, étudiante *f* (C1)

unless à moins que (G24)

until jusqu'à (C4); jusqu'à ce que (G24)

up: up above en haut (de) (C16); **up there** là-haut (C30); **upper side** dessus *m* (C30)

upon leaving en sortant (G11)

upright debout (C15)

upstairs en haut (de) (C16)

usage usage *m* (C25)

use utiliser (C20); se servir (G22), employer (C2)

used fréquenté(e) (C30)

useful utile (C8)

usually d'habitude (C10); **as usual** comme d'habitude (C4)

V

vacation les vacances *f pl*; **on vacation** en vacances (C10)

vegetable légume *m* (C6)

very très (C1); *adv* tout (C8); **very much** beaucoup (C1)

vicinity environs *m pl* (C2)

victim victime *f* (C27)

video vidéo *m* (C21)

village village *m* (C29)

vineyard vignoble *m* (C30)

violin violon *m* (G16)

visit visite *f* (C18)

visit (*a place*) visiter (C16); **to visit** (*someone*) rendre visite (à) (G9)

vitamin vitamine *f* (C22)

W

wait for attendre (G9)

waiter garçon *m*; (C6); serveur *m* (C5)

waitress serveuse *f* (C5)

wake up réveiller (C28); se réveiller (G12)

walk promenade *f* (C11); **to take a walk** faire une promenade (C11); **to go for a walk** se promener (G12); **to walk** marcher (C15)

walking à pied (C4)

wall mur *m* (C19)

want vouloir (C3); avoir envie de (G15)

war guerre *f*; **world war** guerre mondiale (C9)

wardrobe armoire *f* (C16)

warm chaud; **it's warm** (*weather*) (C12)

warn prévenir (G22)

wash laver (G15); **to wash oneself** se laver (G12)

watch montre *f* (C28)

watch regarder (C12)

watchmaker horloger *m*, horlogère *f* (C28)

water eau *f* (C6); **to water** arroser (C31)

way chemin *m* (C29); moyen *m* (C20); **to be on the way** se mettre en route (C32); **on/along the way** en chemin (C18); en route (C15); **that way** par là (C16); **wrong way** mauvais chemin (C29)

we nous (C4); on (G3)

wear porter (C15)

weather temps *m* (C11); **how is the weather?** quel temps fait-il? (C11); **in such hot weather** par cette chaleur (C29); **the weather is bad** il fait mauvais (C11); **the weather is great** il fait un temps formidable (C11)

Wednesday mercredi (C7)

week semaine *f* (C7); **in a week** dans huit jours (C28); **a week from (Tuesday)** (mardi) en huit (C28); **two weeks** quinze jours (C18); **two weeks from (Tuesday)** (mardi) en quinze (C28)

weekend la fin de la semaine (*C7*); week-end *m* (*G3*)

weekly une fois par semaine (*C13*)

weight: to lose weight maigrir (*G9*)

welcome accueillir (*C30*)

well alors (*C6*), donc (*C7*); bien (*C1*); **well-behaved** sage (*G14*); **well?** eh bien? (*C10*)

west ouest *m* (*C18*)

what quoi (*G17*); **what** *rel pron* ce qui, ce que (*C27*); **what?** qu'est-ce que? (*C6*); qu'est-ce qui? (*G19*); **what?** *interrog adj* quel/quelle, *pl* quels/quelles? (*C3*); **what** *obj of prep* quoi (*G19*); **what's that?** qu'est-ce que c'est que ça? (*G21*); **what's the date?** quel jour sommes-nous? (*C7*); **what's the matter?** qu'est-ce qu'il y a? (*C22*); qu'est-ce que tu as? (*C26*); **what's your name?** comment vous appelez-vous?, *formal*; comment t'appelles-tu? *fam* (*C5*); **what (horrible) weather!** quel temps! (*C12*)

when quand (*C7*); lorsque (*G13*); *rel pron* où (*G20*)

where où (*C2*); **from where?** d'où? (*G19*)

which quel/quelle, *pl* quels/quelles (*C3*); qui, que (*C9*), (*C10*); **of/from/about which** dont (*C27*); **during/in the course of, which** au cours duquel/de laquelle, *pl* desquel(le)s (*C27*); **that which** *rel pron* ce que (qu'), ce qui (*C27*); **(on) which** (sur) lequel/laquelle, *pl* lesquels/lesquelles (*G20*); **which one? which ones?** lequel/laquelle, *pl* lesquels/lesquelles? (*C26*); **at/to which/whom(?)** auquel/à laquelle, *pl* auxquels/auxquelles)(?) (*G20*); **from/of/about which?** duquel/de

laquelle, *pl* desquels/desquelles? (*G19*)

while (entering) en (entrant) (*G11*)

white blanc (blanche) (*C6*)

who *rel pron* qui, que (*C9*), (*C10*); **who?** *subj* qui est-ce qui? (*G19*)

whom *rel pron* qui (*C9*); que (*C10*); **whom** *rel pron* lequel/laquelle, *pl* lesquels/lesquelles) (*G19*); **to whom** à qui (*G21*); **of/from/about whom** dont (*C27*); **whom?** qui est-ce que/qui? (*G19*); **from/of/about whom?** duquel/de laquelle, *pl* desquels/desquelles? (*G19*)

whose? à qui? (*G19*); **to whose house/place?** chez qui? (*C14*)

why? pourquoi? (*C9*)

wife femme *f* (*G7*); épouse *f* (*G18*)

willing: to be willing vouloir bien (*G25*)

win gagner (*G18*)

wind vent *m*; **it's windy** il fait du vent (*C11*)

window fenêtre *f* (*C23*); **stained-glass window** vitrail (*pl* vitraux) *m* (*C31*); **ticket window** guichet *f* (*C18*)

wine vin *m* (*C6*)

winter hiver *m* (*C12*); **in the winter** en hiver

wise sage (*G14*)

wish vouloir (*C3*); souhaiter (*G24*); désirer (*C6*)

with avec (*C3*)

without sans (*C16*); **without effort** sans peine (*C32*)

witness témoin *m* (*C27*)

woman femme *f* (*G7*); **young woman** jeune fille *f* (*C10*)

wonder se demander (*C22*)

wonderful admirable, génial (*C22*)

wonderful! chic alors! (*C12*)

wood(s) bois *m* (*C14*)

wool laine *f*; **wool (sweater)** (pull) en laine (*G17*)

wordly mondial(e) (*C9*)

work œuvre *f* (*C9*); travail *m* (*C5*); **to work** travailler (*G8*); **to work (function)** marcher (*C15*); **workbook** cahier *m* (*G6*)

world monde *m* (*G7*); **to go around the world** faire le tour du monde (*C25*); **world war** guerre mondiale *f* (*C9*)

worry (s')inquiéter (*C25*); s'en faire (*C17*)

worth: to be worth valoir (*G25*); **it's not worth the trouble** ce n'est pas la peine (*C11*)

write écrire (*G11*)

wrong faux; **to be wrong** avoir tort (*G11*); se tromper (de) (*C29*)

Y

yard jardin *m* (*G6*)

year: to be (twenty) years old avoir (vingt) ans (*C5*); an *m* (*C5*); année *f* (*C7*); **New Year's Day** jour de l'an *m*; **New Year's Eve** veille du jour de l'an *f*; **New Year's Eve party** réveillon *m* du jour de l'an (*C24*)

yellow jaune (*G7*)

yes oui (*C1*); (*in answer to negative question*) si (*C10*); **yes, indeed** mais oui! (*C2*)

yesterday hier (*G7*)

yet encore (*C4*); **not yet** pas encore (*C4*)

at/to you *obj pron* te (*C9*); vous (*G11*)

you *subj pron* tu (*C4*); vous (*C1*); toi *disj pron* (*C6*)

young jeune (*C10*)

your *fam* ton/ta, *pl* tes, *formal* votre, *pl* vos (*C5*)

yours *formal* le/la vôtre, *pl* les vôtres (*G17*); **yours** *fam* le tien/la tienne, *pl* les tiens/les tiennes (*C23*); **yourself** *formal* vous-même, *fam* toi-même (*C1*)

youth jeunesse *f* (*C27*)

INDEX

445

446

Composition and camera work
The Clarinda Company
Cover
Monet's gardens at Giverny
Photograph by Charles Weckler
copyright © by Charles Weckler/
The Image Bank

Color Insert

1 (background) Peter Menzel, (right) Photo Researchers Inc./Susan McCartney; **2-3** (background) Photo Researchers Inc./Susan McCartney; **2** (top & center) Image Bank/Francisco Hidalgo, (bottom) Photo Researchers Inc./Dana Hyde; **3** (top) Image Bank/ Steve Niedorf, (center) Monkmeyer Press/Rogers, (bottom left) Photo Researchers Inc./Jim Dixon, (bottom right) Image Works/Mark Antman; **4-5** (background) Shostal Assoc./E. Streichan; **4** (top left) Monkmeyer Press/Rogers, (top right) Woodfin Camp and Assoc./Adam Woolfitt; **5** (top) Shostal Assoc./Phedon Salou; **6-7** (background) Julia Price; **6** (top left) Woodfin Camp & Assoc./Roland & Sabrina Michaud, (top right) Monkmeyer Press/Rogers, (top left) Photo Researchers Inc./Herb Levart, (top right) Bruce Coleman/Michael Markiw, (bottom) Peter Menzel; **8-9** (background) Image Bank/Peter Hendrie; **8** (left) Shostal Assoc., (right) Image Bank/Richard and Mary Magruder; **9** (left) Image Works/Chapman, (right) Photo Reseachers Inc./Robert Davis; **10-11** (background) Leo de Wys/Domke Photos; **10** (top left) Woodfin Camp and Assoc./George Hall, (top right) Woodfin Camp/Michael S. Yamachita, (bottom left) Woodfin Camp & Assoc./Marc Bernheim, (bottom right) Monkmeyer Press/Dick Huffman; **11** (left)

Photo Researchers Inc./Noboru Komine, (center) Leo de Wys/J. Bertrand, (right) Bruce Coleman/F. Jackson; **12** (background) Leo de Wys/Brennen, (top) Kay Reese and Assoc./Berlitz, (bottom) Photo Researchers Inc./Robert Clark.

Text

2 HRW Photo Library/Peter Buckley; **3** (top) Kay Reese & Assoc./Rapho/Niepce, (bottom) Kay Reese & Assoc./Rapho/Nadine C.; **6** Beryl Goldberg; **10** French Government Tourist Office; **11** Photo Researchers Inc./Rapho/Francois Ducasse; **12** Monkmeyer Press/Rogers; **13** (left) Image Works/Mark Antman, (right) Beryl Goldberg; **14** Helenal Kolda; **17** Helena Kolda; **18** Image Works/Thopam; **27** Monkmeyer Press/Rogers; **29** Peter Menzel; **30** Photo Researchers Inc./Pierre Berger; **31** Image Works/Mark Antman; **34** Image Works/Mark Antman; **35** (bottom) Monkmeyer Press/Rogers; (top) Peter Menzel; **36** French Government Tourist Office; **37** Helena Kolda; **38** Beryl Goldberg; **39** Beryl Goldberg; **49** (left) Beryl Goldberg; (right) Peter Menzel; **58** French Government Tourist Office; **61** Helena Kolda; **62** Helena Kolda; **71** French Government Tourist Office; **73** New York Public Library Picture Collection; **74** (left & right) New York Public Library Picture Collection; (bottom) Beryl Goldberg; **79** (top left) Beryl Goldberg; (bottom left) Helena Kolda; (right) Helena Kolda; **83** Photo Researchers Inc./Rapho/Robert Doisneau; **84** Photo Researchers Inc./Bobbie Kingsley; **85** Beryl Goldberg; **86** Beryl Goldberg; **91** Monkmeyer Press/Rogers; **94** Image Works/Mark Antman; **97** Image Works/Mark Antman; **99** Kay Reese and As-

soc./Rapho/Phelps; **100** Monkmeyer/Rogers; **104** Beryl Goldberg; **107** Beryl Goldberg; **109** Monkmeyer Press/Rogers; **110** Helena Kolda; **111** Beryl Goldberg; **112** Monkmeyer Press/Rogers; **124** Helena Kolda; **125** (top) Courtesy of IBM Corp.; (bottom) Image Works/Mark Antman; **132** Helena Kolda; **133** Monkmeyer Press/Rogers; **145** Beryl Goldberg; **146** Monkmeyer Press/Rogers; **152** Peter Menzel; **154** Photo Researchers Inc./Helena Kolda; **169** Monkmeyer Press/Rogers; **170** Photo Researchers Inc./Rapho/Paul Pougnet; **171** Photo Researchers Inc./Yan Lukas; **176** Monkmeyer Press/Rogers; **178** French Government Tourist Office; **179** Monkmeyer Press/Rogers; **180** Taurus Photos/Frank Siteman; **183** Image Works/Mark Antman; **189** Bernard P. Wolff/Photo Researchers Inc.; **191** Helena Kolda; **192** Kay Resse and Assoc./Photo Goursat; **193** Art Resource/Simone Oudot; **197** Art Resource/Alinari, S.P.A.; **198** French Cultural Services; **199** French Government Tourist Office; **207** E. Revault; **208** Kay Reese & Assoc./Rapho/Remi Berli; **209** (left), Liaison/Francois Vivier; (center & right), Alain Keler/Art Resource; **213** Catherine Ursillo; **217** (left), Commisariat Général au tourisme; (right), Kay Reese and Assoc./Rapho/De Sazo; **218** French Government Tourist Office; **219** Image Works/Mark Antman; **227** Image Works/Mark Antman; **228** Beryl Goldberg; **229** French Cultural Services; **238** Image Works/Mark Antman; **239** Kay Reese and Assoc./Monique Manceau; **240** Image Works/Mark Antman; **244** Helena Kolda; **245** Peter Menzel; **248** Monkmeyer Press/Rogers; **255** Granger Collection; **256** Image Works/Thopam; **257** Image Works/Mark Ant-

CARTE DES PAYS DE LANGUE FRANÇAISE

Cercle polaire

CANADA

NORV

QUÉBEC

DANE
EIRE · GRANDE BRETAGNE
BE

FRAN

S. PIERRE-ET-MIQUELON

LES PROVINCES
MARITIMES

ÉTATS-UNIS

ÎLES ACORES

PORTUGAL
ESPAGNE

MAROC

ALGER

Tropique du Cancer

ÎLES CANARIES

RIO DE ORO

MEXIQUE

ÎLES DU CAP VERT
MAURITANIE
MALI

ÎLES HAWAI

CUBA
REP. DOMINICAINE
S. MARTIN
S. BARTHELEMY
HONDURAS ANGL.
HAÏTI
DOMINIQUE
S. LUCIE · GUADELOUPE
GRENADE · MARTINIQUE
S. VINCENT

SÉNÉGAL
HAUTE
VOLTA
GAMBIE · GUINÉE
TOGO
SIERRA LEONE
GHANA
LIBERIA
CÔTE
D'IVOIRE · GUINÉE

GUATEMALA
HONDURAS
SALVADOR
NICARAGUA
COSTA RICA
PANAMA

ÎLE CLIPPERTON

VÉNÉZUÉLA
GUYANE
EX-BRIT.
GUYANE
SURINAM

COLOMBIE

Équateur

ÉQUATEUR

ÎLES MARQUISES

ÎLES DE LA SOCIÉTÉ
TAHITI
ÎLES TOUAMOUTOU

LES SAMOA

PÉROU

BRÉSIL

ÎLES TOUBOUAI
ÎLES GAMBIER

BOLIVIE

Tropique du Capricorne

PARAGUAY

CHILI

URUGUAY

ARGENTINE

LEGENDE

- Pays ou régions où le français est langue officielle et maternelle
- Pays ou régions où le français est langue officielle
- Îles où le français est langue officielle et maternelle
- Îles où le français est langue officielle ou maternelle
- Pays où le français est langue d'enseignement
- Pays où l'influence culturelle française reste importante
- Pays de langue romane
- • Minorités francophones